"一带一路"
工程建设标准国际化应用实践

秦 颖 主编
冯晓阳 董 军 副主编

中国财经出版传媒集团
中国财政经济出版社
·北京·

图书在版编目（CIP）数据

"一带一路"工程建设标准国际化应用实践 / 秦颖主编. -- 北京：中国财政经济出版社，2025.5.
ISBN 978 - 7 - 5223 - 3817 - 0

Ⅰ. TU - 65

中国国家版本馆 CIP 数据核字第 2025PK6964 号

责任编辑：高文欣	责任校对：胡永立
责任印制：史大鹏	

"一带一路"工程建设标准国际化应用实践
"YIDAI YILU" GONGCHENG JIANSHE BIAOZHUN GUOJIHUA YINGYONG SHIJIAN

中国财政经济出版社 出版

URL：http：//www.cfeph.cn
E - mail：cfeph@ cfeph.cn
（版权所有　翻印必究）

社址：北京市海淀区阜成路甲 28 号　邮政编码：100142
营销中心电话：010 - 88191522
天猫网店：中国财政经济出版社旗舰店
网址：https：//zgczjjcbs.tmall.com
涿州汇美亿浓印刷有限公司印刷　各地新华书店经销
成品尺寸：185mm×260mm　16 开　25 印张　444 000 字
2025 年 5 月第 1 版　2025 年 5 月河北第 1 次印刷
定价：128.00 元
ISBN 978 - 7 - 5223 - 3817 - 0
（图书出现印装问题，本社负责调换，电话：010 - 88190548）
本社图书质量投诉电话：010 - 88190744
打击盗版举报热线：010 - 88191661　QQ：2242791300

PREFACE 前言

"一带一路"倡议是中国为推动经济全球化深入发展而提出的国际合作新模式。"一带一路"倡议致力于加快共建地区的互联互通,其中设施联通是建设的优先领域。通过高质量共建"一带一路",深化中国与共建国家的交通、能源和网络等基础设施的互联互通建设,为工程建设企业参与"一带一路"共建市场打开了更大的空间,"一带一路"共建国家多为发展中国家,其中很多国家的基础设施建设程度较低,为我国建筑企业走出国门带来了发展机遇。2017年我国对外承包工程完成营业额1685.9亿美元,相当于之前20年业务量的总和,2023年我国对外承包工程业务完成营业额为11338.8亿元人民币,同比增长8.8%。这一数据反映了我国对外承包工程业务的持续增长趋势,从发展速度来看,整体规模每年都在以30%的速度增长。这表明我国在国际工程建设领域的活跃度和影响力不断提升,我国对外承包工程业务的增长与"一带一路"倡议的推进密切相关。总结近几年中国企业尤其是建筑企业"走出去"的历程发现,要想贯彻好"一带一路"倡议,"走出去"不仅是建设品牌项目,更重要的是推动中国工程建设标准走向国际化,《标准联通"一带一路"行动计划(2015~2017)》指出,深化与"一带一路"共建国家标准化互利合作。中国工程建设标准在"一带一路"共建国家的应用,能够更好地服务本土化建设和运营。由于共建国家的政治、经济、法律法规和历史文化背景存在较大差异,我国标准的推广遇到了一定困难,存在很多制约进一步应用的因素,我们的研究发现:一是中国标准缺乏国际竞争力,标准编制思路国际不通用,技术指标明显落后于国际标准,风俗习惯文化等方面不符合东道国要求,材料设备标准与当地标准的差异大;二是中国工程建设标准外文版本不成体系,国内虽有不同行业领域的标准外文版,但翻译版年代陈旧,缺少权威部门翻译的外文版,同时缺少成套的、形成体系的外文版标准;三是中国设计习惯与东道国本土设计习惯的差异；四是管理能力有待提高，部分中资企业仍存在技术人员底子薄、人力资源短缺、项目管理体系不健全、标准执行能力较弱等劣势，影响了中资企业的信誉和长远发展；五是中方设计人员不熟悉合同和所在国家强制性法规等很多因素导致中国标准被采纳的难度加大，而且在实施中增加了不少额外成本，可见中国工程建设标准国际化任重而道远。基于这样的背景，本团队在参与多个有关"一带一路"基础设施建设国际合作项目的基础上，通过问卷调查、实地访谈、案例分析等方式获得了大量一手资料编写本书，希望为"一带一路"倡议下的中国企业"走出去"提供一些有价值的参考，为中国工程建设标准国际化应用提供理论和方法支持。

在本书的编辑过程中，得到了中国建筑标准化研究院蔡成军团队、中建国际玻利维亚项目团队、北京建筑大学土木学院董军项目团队、人民大会堂管理局冯晓阳团队、山东德建国际公司崔志安团队、中建七局海外项目团队等大力支持和帮助，他们为本书提供了大量的一手案例资料。同时，感谢我和董军老师的研究生团队的阚金祚、丁超、郑家昌、曹雁鹏、杨新浩、房芷萱、孙丽梅、白杨曦、张婧等，在此不一一列示，他们为本书基础资料收集做了大量的工作。同时，在本书的写作过程中参考了众多学者已有的研究成果，在此一并表示感谢，如果在应用中有不恰当或者不合理的地方，望见谅并指正。

本书共分七章，第一章，标准化与国际标准体系；第二章，"一带一路"共建国家工程建设标准应用现状；第三章，我国工程建设标准在"一带一路"共建国家的应用；第四章，我国工程建设标准国际化推广存在的问题及影响因素；第五章，我国工程建设标准国际化影响机理研究；第六章，"一带一路"共建国家公路工程项目差异化研究；第七章，中国工程建设标准国际化应用案例。

受篇幅及编者的能力和知识水平所限，本书内容的分析深度、广度都不够充分全面深刻，还存在很多疏漏和不尽如人意的地方，敬请读者批评指正，待再版时修正完善。

CONTENTS 目录

第一章 标准化与国际标准体系

001	第一节 标准的概念与分类
004	第二节 标准化的概念与体系
005	第三节 国际工程建设标准体系
032	第四节 中国工程建设标准及国际化

第二章 "一带一路"共建国家工程建设标准应用现状

036	第一节 东亚国家基本情况及标准应用状况调查汇总
042	第二节 南亚国家基本情况及标准应用状况调查汇总
048	第三节 西亚国家基本情况及标准应用状况调查汇总
056	第四节 中亚国家基本情况及标准应用状况调查汇总
059	第五节 中东欧国家基本情况及标准应用状况调查汇总
072	第六节 独联体国家基本情况及标准应用状况调查汇总

第三章 我国工程建设标准在"一带一路"共建国家的应用

| 078 | 第一节 我国工程标准在"一带一路"共建国家的应用现状 |
| 083 | 第二节 不同类别的海外工程建设项目应用标准的情况 |

第四章 我国工程建设标准国际化推广存在的问题及影响因素

| 108 | 第一节 我国工程建设标准在推广过程中存在的问题 |
| 113 | 第二节 我国工程建设标准国际化推广的影响因素分析 |

第五章 我国工程建设标准国际化影响机理研究

| 127 | 第一节 工程建设标准国际化文献梳理 |

135	第二节 研究方法与技术路线
136	第三节 我国工程建设标准国际化现状及影响因素确定
151	第四节 我国工程建设标准国际化影响机理分析
171	第五节 我国工程建设标准国际化的对策及建议

第六章 "一带一路"共建国家公路工程项目差异化研究

183	第一节 公路施工受自然环境差异化的影响
193	第二节 公路施工管理受人文差异化的影响
203	第三节 公路工程设计差异化
250	第四节 公路工程施工、检测及验收标准差异化
289	第五节 公路工程施工质量管理差异化
320	第六节 公路工程商务管理差异化
337	第七节 公路工程财税政策差异化
343	第八节 公路工程监理差异化

第七章 中国工程建设标准国际化应用案例

355	案例一：中国企业"走出去"因为技术标准问题引起的争议及其解决路径
362	案例二：中国标准如何融入"一带一路"海外项目中的经验之谈
365	案例三：文化差异及历史属性对我国海外项目应用标准的影响
369	案例四：燃煤电站EPC总承包项目投标与合同谈判过程中的标准与规范问题
376	案例五："一带一路"海外项目中的小故事集锦

参考文献

附录

390	附录一：专家背景汇总表
392	附录二：我国工程建设标准国际化影响因素修正访谈提纲

第一章
标准化与国际标准体系

第一节 标准的概念与分类

一、标准的概念

标准是科学、技术和实践经验的总结。标准是对重复性事物和概念所作的统一规定，它以科学技术和实践经验的结合成果为基础，经有关方面协商一致，由主管机构批准，以特定形式发布作为共同遵守的准则和依据。关于标准的定义国内及国外分别有不同的定义，且随着时间的推移对标准的定义也有着一些变化。

（一）国际上对标准的定义

国际标准化组织（ISO）的标准化原理委员会（STACO）一直致力于标准化概念的研究，先后以"指南"的形式对"标准"的定义作出统一规定：标准是由一个公认的机构制定和批准的文件。它对活动或活动的结果规定了规则、导则或特殊值，供共同和反复使用，以实现在预定领域内最佳秩序的效果。

世界贸易组织《技术性贸易壁垒协定》（WTO/TBT）规定：标准是被公认机构批准的、非强制性的、为了通用或反复使用的目的，为产品或其加工或生产方法提供规则、指南或特定的文件。

（二）中国对标准的定义

从国内来讲，《中华人民共和国标准化法》（2017修订）、《标准化工作指南 第1部分：标准化和相关活动的通用术语》GB/T 20000.1分别对标准的含义和范围进行了规定。我们可以看到标准化法中更多界定的是标准涉及的行业范围，而标准化工作指南则规定了标准的内涵含义。我们国家标准相关工作启动要晚于发达国家，所以在标准的定义上其实也在很大程度上借鉴了发达国家的概念。

《中华人民共和国标准化法》（2017修订）是指农业、工业、服务业以及社会事业等领域需要统一的技术要求。修订后的标准化法，根据经济社会发展的需要，将制定标准的范围由现行法规定的工业产品、工程建设和环保领域扩大到农业、工业、服务业以及社会事业等领域；同时，对标准作了定义，包含标准样品；并明确了标准的分类和各类标准的性质。

《标准化工作指南 第1部分：标准化和相关活动的通用术语》GB/T 2000.1 先后修订了3次，历次的版本分别是 GB/T 3935.1—1983、GB/T 3935.1—1996、GB/T 2000.1—2002、GB/T 2000.1—2014。2002年版的定义是："为了在一定范围内获得最佳秩序，经协商一致制定并由公认机构批准，共同和重复使用的一种规范性文件。"另外，标准宜以科学、技术的综合成果为基础，以促进最佳的共同效益为目的。2014年，标准进行了修订，修订后条目5.3中对标准描述为：通过标准化活动，按照规定的程序经协商一致制定，为各种活动或其结果提供规则、指南或特性，供共同使用和重复使用的一种文件。附录A表A.1序号2中对标准的定义是：为了在一定范围内获得最佳秩序，经协商一致制定并由公认机构批准，为各种活动或其结果提供规则、指南或特性，供共同使用和重复使用的一种文件。

通过以上法律及标准对标准本身的定义，我们可以看出标准具有以下特点：

（1）重复性；

（2）协商一致、共同使用；

（3）为获得最佳秩序或最佳效益；

（4）是一种规范性文件。

相较于国外对标准的定义，国内对标准还另外作出了注释，强调了以科学、技术的综合成果为基础。

二、我国标准的级别及分类

（一）标准级别

针对标准及标准化工作，《标准化工作指南 第1部分：标准化和相关活动的通用术语》GB/T 2000.1和全国人大常委会中华人民共和国主席令第七十八号发布的《中华人民共和国标准化法》（2017修订）对标准级别进行了定义和界定。我国的标准包括国家标准、行业标准、地方标准和团体标准、企业标准。国外的标准的分类则是借鉴了ISO/IEC指南2：2004。

1. 国际标准

国际标准即国际标准化组织或国际标准组织通过并公开发布的标准。

国际标准按照不同的成熟程度及制定过程可以以不同的形式进行发布。以世界上最大的国际标准化组织 ISO（国际标准化组织）为例，分为国际标准（IS）、指南（Guide）、技术规范（TS）、可公开提供的规范（PAS）、技术报告（TR）、国际研讨会议协议（IWA）。

2. 区域标准

区域标准即由区域标准化组织或区域标准组织通过并公开发布的标准。

3. 国家标准

国家标准即由国家标准机构通过并公开发布的标准。

对保障人身健康和生命财产安全、国家安全、生态环境安全以及满足经济社会管理基本需要的技术要求，应当制定强制性国家标准。强制性国家标准由国务院有关行政主管部门依据职责提出、组织起草、征求意见和技术审查，由国务院标准化行政主管部门负责立项、编号和对外通报。强制性国家标准由国务院批准发布或授权发布。

对于满足基础通用、与强制性国家标准配套、对各有关行业起引领作用等需要的技术要求，可以制定推荐性国家标准。推荐性国家标准由国务院标准化行政主管部门制定。

4. 行业标准

行业标准即由行业机构通过并公开发布的标准。

对没有推荐性国家标准、需要在全国某个行业范围内统一的技术要求，可以制定行业标准。一般来讲，行业标准是规定某一行业的，国家标准相对来讲更具有通用性，一般规定了两个及以上行业的内容。

5. 地方标准

地方标准即在国家的某个地区通过并公开发布的标准。

为满足地方自然条件、风俗习惯等特殊技术要求，可以制定地方标准。地方标准由省、自治区、直辖市人民政府标准化行政主管部门制定；设区的市级人民政府标准化行政主管部门根据本行政区域的特殊需要，经所在地省、自治区、直辖市人民政府标准化行政主管部门批准，可以制定本行政区域的地方标准。

6. 团体标准

国家鼓励学会、协会、商会、联合会、产业技术联盟等社会团体协调相关市场主体共同制定满足市场和创新需要的团体标准，由本团体成员约定采用或者按照本团体的规定供社会自愿采用。制定团体标准，应当遵循开放、透明、公平的原则，保证各参与主体获取相关信息，反映各参与主体的共同需求，并应当组织对标准相关事项进行调查分析、实验、论证。

7. 企业标准

企业标准是由企业通过供该企业使用的标准。企业可以根据需要自行制定企业标准，或者与其他企业联合制定企业标准。国家实行团体标准、企业标准自我声明公开和监督制度。企业应当公开其执行的强制性标准、推荐性标准、团体标准或者企业标准的编号和名称；企业执行自行制定的企业标准的，还应当公开产品、服务的功能指标和产品的性能指标。国家鼓励团体标准、企业标准通过标准信息公共服务平台向社会公开。企业应当按照标准组织生产经营活动，其生产的产品、提供的服务应当符合企业公开标准的技术要求。

（二）标准的分类

标准可以按照制定标准的主体进行划分，按照制定目的划分、按照标准化对象属性划分等，如按标准执行的约束力进行划分可分为强制性和推荐性。强制性标准即由强制性执行的标准，但强制性标准并不一定是整本标准的条文都需要强制执行，而是只有强制性条文（即标准中的黑体字）需要强制执行。推荐性标准则是推荐执行，但不进行强制，需要在合同中约定。

以工程建设标准为例，工程建设标准的强制性条文由住房和城乡建设部强制性条文协调委员会进行管理，由住房和城乡建设部的有关部门监督强制性条文的执行。我国工程建设标准体系的管理体制从过去单一的强制性标准体制逐渐过渡到了推荐性标准与强制性标准共存的管理体制，其主要的优势是更加适应市场经济的发展。推荐性的工程建设标准将强制性标准当中那些不属于安全、卫生、环保以及重要质量要求的条款分离出来，使强制性标准更加容易把握，而推荐性的标准更加灵活，适应多变的市场环境以及科学技术进步的速度。然而在这样的体制下，我国工程建设标准化工作仍然凸显出了两方面的问题：一方面是某些领域的标准缺乏很严重，尤其在那些新技术、新材料的应用领域。例如，在建筑信息技术的应用方面，标准的缺项达到了80%以上。另一方面就是标准的更新速度依然不理想，一般要求工程建设标准每五年复审一次，但是大量的标准在复审后并不能及时修订，造成技术水平落后。

第二节 标准化的概念与体系

一、标准化的概念

为适应科学发展和组织生产的需要，在产品质量、品种规格、零部件通用等方面，规定统一的技术标准，称为标准化。

国家标准 GB/T 20000.1—2012 的定义是："为了在一定范围内获得最佳秩序，对现实问题或潜在问题制定共同使用和重复使用的条款的活动。"同时在定义后注明：(1) 上述活动主要包括编制、发布和实施标准的过程；(2) 标准化的主要作用在于为了其预期目的改造产品、过程或服务的适用性，防止贸易壁垒，并促进技术合作。

标准化最开始是针对工业、农业生产及工程建设展开的，经过发展，逐渐扩展到行政事务、养老、服务等各行各业。标准化工作的任务是制定标准、组织实施标准以及对标准的制定、实施进行监督。

二、标准化的作用

标准化有利于建立秩序和体系，有利于协调统一，共同使用、有利于保证质量的产业化，重复实现、使用。伴随着经济全球化深入发展，标准化在便利经贸往来、支撑产业发展、促进科技进步、规范社会治理中的作用日益凸显。

第三节　国际工程建设标准体系

一、概述

(一) 国际工程标准现状

1. 国际主要标准的体系架构

工程技术标准在国外得到较早的重视，主流的国际标准都起源于工业革命后期，并且在第二次世界大战之后蓬勃发展。目前国际主要标准的体系包括国际性标准组织、地区性标准组织和国家性标准组织三类，如图 1-1 所示，世界主要标准体系也都大多出自这些标准组织、委员会及其下设相关单位。

国际主要标准体系架构主要分为以下三个层面：

(1) 国家地区、行业协会层面。

按照国别或地区进行划分，可以分为国际标准体系、美国标准体系、欧洲标准体系、中国标准体系等；该层面中，有些地区标准体系为统一标号，如欧盟、英国、法国、德国等，而有些地区标准体系则由各行业标准体系组成，如美国由 ACI、ASTM 等行业协会标准组成，中国由 GB、DL、SL 等国家或行业标准组成。

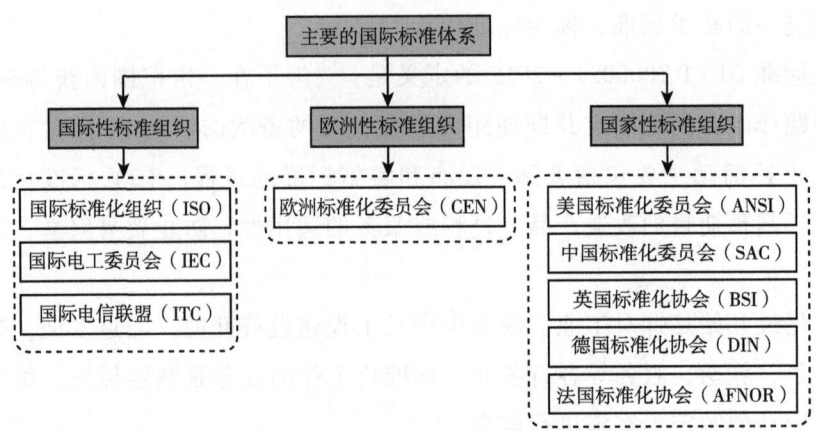

图1-1 主要的国际标准体系

（2）专业层面。

各地区或行业标准体系又可以按照具体的专业或一定逻辑进行划分，如ACI标准中100、200、300、400、500分别对应不同的专业内容。

（3）具体标准层面。

从专业层面继续细化，到具体标准层面，每类专业分层下由多个具体的标准组成；而具体的标准又由具体的标准条款构成。在横向层面，国际主要工程技术标准之间也不是相互独立，国际各主要标准体系之间也存在引用、授权、等效、补充等关系。

2. 国际标准化组织（ISO）

（1）ISO分类。

ISO是国际标准化组织的简称，是一个最被工程技术界熟知的国际标准化非政府组织。ISO来源于希腊语"ISOS"，即"EQUAL"平等之意，ISO分类如图1-2所示。

（2）ISO与国际主要标准体系的关系。

根据《ISO标准目录》（ISO catalogue）和ISO官网数据库查询，ISO标准总计21754条。根据制定和使用方式，可以分为以下几种关系：

①独立制定：直接由国际标准化组织ISO独立制定的标准，如ISO 1940-1-1986；

②联合制定：ANSI/ISO 14004-1996表示有ANSI和ISO两个标准组织联合制定，等同于ISO1 4004-1996地位的标准；

③独立制定、授权使用：BS EN ISO 10087-1996由ISO独立制定，并且此标准为EN ISO10087-1996授权条件下的英国语言标准。遵从欧洲标准协会和ISO的标准规则，即保证不需要任何改动而给予此标准一个国家标准地位条件。

第一章 标准化与国际标准体系

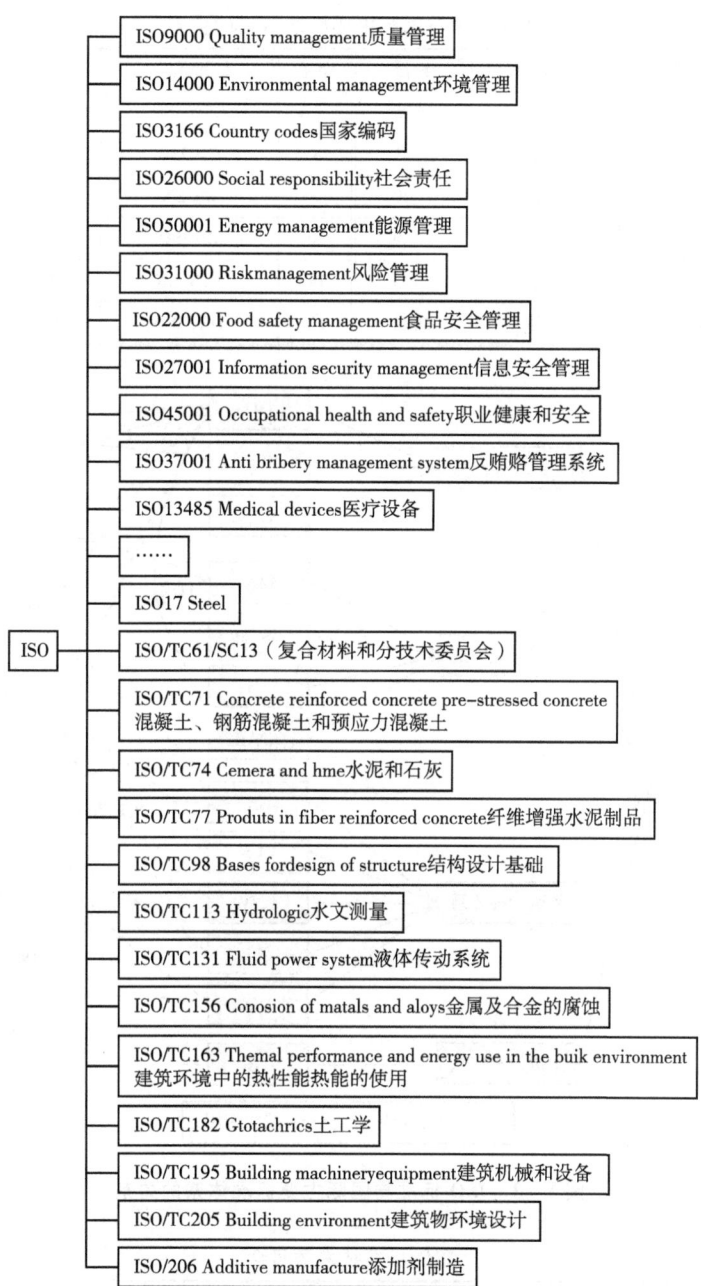

图 1-2 ISO 分类

ISO 标准与国际主要标准体系的关系如表 1-1 和图 1-3 所示。

（3）ISO 标准技术委员会。

国际标准化组织的标准制定都是由各自技术委员会负责制定形成的，每一类标准都有明确的分工，由于工程建设标准涉及范围广，并没有形成统一的族群。主要的 ISO 标准技术委员会如表 1-2 所示。

表1-1　　ISO标准与国际主要标准体系的关系

序号	标准名称	制定方式	数量	序号	标准名称	制定方式	数量
1	ANSI/ISO	联合制定	305	7	CEN ISO	授权使用	9
2	AAMI/ISO	联合制定	41	8	GB ISO	授权使用	4453
3	ISO/IEC	联合制定	1009	9	BS EN	授权使用	2576
4	CEN ISO	授权使用	9	10	BS ISO	授权使用	3514
5	ANSI ISO	授权使用	3	11	DIN EN	授权使用	2819
6	EN ISO	授权使用	8682	12	DIN ISO	授权使用	1725

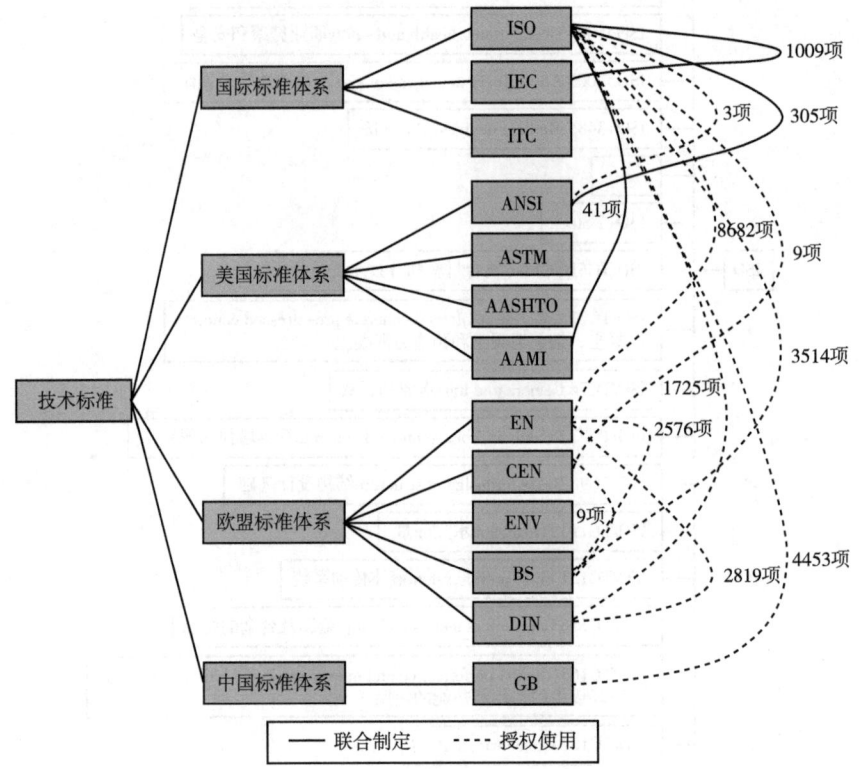

图1-3　ISO标准与国际主要标准体系的关系

表1-2　　ISO标准技术委员会

序号	标准技术委员会	秘书处
1	ISO/17 Sicel 钢	美国
2	ISO/TC61/SC13 复合材料和增强纤维分技术委员会	日本
3	ISO/TC71 Concrete、reinfoced concrete and pre-stressed concrete 混凝土、钢筋混凝土和预应力混凝土	美国
4	ISO/TC74 Cement and lime 水泥和石灰	比利时
5	ISO/TC77 Products in fibre reinforced cement 纤维增强水泥制品	比利时

续表

序号	标准技术委员会	秘书处
6	ISO/TC98 Bases for design of structures 结构设计基础	波兰
7	ISO/TC113 Hydrometry 水文测量	英国
8	ISO/TC131 Fluid power systems 流体传动系统	英国
9	ISO/TC156 Corrosion of metals and alloys 金属及合金的腐蚀	中国
10	ISO/TC163 Thermal perfomance and energy use in the built environment 建筑环境中的热性能及热能的使用	日本
11	ISO/TC182 Geolechnics 土工学	荷兰
12	ISO/TC195 Building construction machinery and equipment 建筑机械和设备	波兰
13	ISO/TC205 Building environment design 建筑物环境设计	日本
14	ISO/262 Additive amnufacturing 添加剂制造	德国

（二）发达国家工程标准的主要特征和使用区域

1. 发达国家标准的主要特征

发达国家已经建立了适应市场经济发展要求的国家技术标准体系，并达到比较完善阶段。在完善的国家技术标准体系下，技术标准已经深入社会经济生活的各个层面，为法律法规提供技术支撑，成为市场准入、契约合同维护、贸易仲裁、合格评定和产品检验的基本依据。

美国、法国、德国和日本等发达国家均采用自愿性标准体系，标准本身不具有强制性。标准基本上划分为国家标准、团体（协会、学会）标准和企业标准三个类别，包括技术标准、技术导则、标准案例、补遗和公告等形式，近年来又出现了协议标准和事实标准等新模式，充分体现了标准应尽快反映技术进步和市场需求的原则，主要特征如下：

（1）英国、德国、美国和日本等经济发达国家和地区，其标准化管理已逐步形成各自特色，大体分为以德国为代表的体系完整的欧洲模式和以美国为代表的自由竞争的北美模式。欧洲模式的标准体系完整并相互协调，而北美模式体现民间标准优先的原则，以技术取胜占领市场。但两者标准制约体制的基本框架是相同的，即都是WTO/TBT协议所规定的技术法规和自愿性标准相结合的技术控制体制，国家以制定、颁布和实施技术法规为主，辅之以技术标准和合格评定程序。这套体系在保障公众利益、国家利益以及推广新技术、新材料等方面起到了积极的作用。因此，大部分的发达国家都较为完整地实施了这种体制。

（2）发达国家的国家制度健全，法律法规体系成熟完整，建筑法律法规标准体系遵循 WTO/TBT 协议,主要由三个层次组成:专门法律（law）、技术法规（regulation，code）和技术标准（法规的执行性技术文件，standard）。

（3）发达国家均大力推动标准国际化的组织机构的构建及管理,积极参与并在国际标准化组织和区域标准化组织中占据领导席位,主导或参与制定国际标准,推动本国技术的国际化应用。

（4）发达国家政府为推动标准国际化发展提供足够的财力和人力保证,培养标准国际化人才和专家,并不断提升企业参与标准化组织的能力。

2. 主要国际标准的使用区域

英国、德国、美国、欧盟、日本等国家和地区由于经济发达,法制机制较为健全,且由于历史等因素,在建筑工程标准国际化方面具有先天优势,相关经验也更丰富、更成熟,主要应用区域如表 1-3 所示。

表 1-3　　　　　　　　　　主要国际标准的使用区域

标准名称	主要使用的区域
国际标准	ISO、IEC 等国际标准化组织颁布的标准在全世界都得到广泛认可,覆盖面广,影响力遍及全球
英国标准	多在英国、部分欧洲国家、印度、新加坡、巴基斯坦、孟加拉国、菲律宾、马来西亚、尼日利亚、塞拉利昂、利比里亚、喀麦隆、南非、加纳、冈比亚、埃塞俄比亚、厄立特里亚、莱索托、津巴布韦、马拉维、肯尼亚、塞舌尔、毛里求斯等地使用
欧盟标准	覆盖了整个欧盟国家,但由于欧洲标准制定较晚,所以在很多国家仍然使用欧洲标准时,仍需和本国标准配套使用
美国标准	覆盖了美洲的英语国家（美国、巴哈马、圭亚那、牙买加、特立尼达和多巴哥、波多黎各、伯利兹）等、部分西班牙语国家（阿根廷、玻利维亚、智利、哥伦比亚、哥斯达黎加、多米尼加共和国、厄瓜多尔、萨尔瓦多、危地马拉、洪都拉斯、墨西哥、尼加拉瓜、巴拿马、巴拉圭、秘鲁、乌拉圭）则使用美国标准和西班牙标准,此外还包括部分中东地区,如沙特阿拉伯、新加坡、印度尼西亚、越南、阿联酋
德国标准	德国的工业标准覆盖面广,其工程技术标准主要在德国地区使用,但其工业产品标准则遍及全世界,为绝大部分国家使用
法国标准	多在法国、部分欧洲国家、阿尔及利亚、突尼斯、摩洛哥、贝宁、布基纳法索、布隆迪、喀麦隆、中非共和国、乍得、科特迪瓦、几内亚、马达加斯加、尼日尔、卢旺达、塞内加尔、塞舌尔、多哥、刚果（布）、刚果（金）、赤道几内亚等地使用
俄罗斯标准	多在俄罗斯、哈萨克斯坦、乌兹别克斯坦等国家使用

二、英国标准

（一）英国标准的制定

英国是世界上最早开展标准化活动的国家之一,也是标准化立法最早的国家。

1901 年成立了世界上第一个全国性标准化机构英国工程标准委员会（ESC），并于 1903 年制定了世界上第一个国家标准，于 1929 年被英国皇室颁发了《皇家特许》（Royal Charter）从事标准化工作，1931 年更名为英国标准协会（BSI）。BSI 作为英国国家标准化机构，负责出版英国国家标准，代表英国参加国际标准化组织的工作，1942 年政府宣布英国标准学会为发布国家 BS 标准的唯一组织，并代表国家作为正式成员参加 ISO、IEC 的活动。

为了有效地开展标准化活动，BSI 与英国政府之间还签署了多项支撑性的文件，如《联合王国政府与英国标准协会关于认可国家标准机构的谅解备忘录》《政府代表参与 BSI 技术委员指南》《英国政府 2009 年关于标准化方面的公共政策》等。另外，为了阐述标准在政府管理及政府制定、实施法规中不可替代的重要作用，BSI 还编制了《标准为政府提供解决方案》和《标准使法规制定更轻松》等专项报告；为了指导和规范标准化发展及工作，BSI 还制定了《英国标准化发展战略》（NSSF）和 BS 0 号标准。

英国标准保持自愿性和协商一致的原则，为了保证标准广泛地被采用，市场化原则要求标准的制定具有公正性。BSI 设有自己的网站，并制作各种实施标准的指南及宣传册，宣传各类法律法规、标准，刊载最新研究成果，发布各类调查数据等。在英国政府部门中，贸工部标准与技术法规司是标准化工作的政府主管部门，但其仅负责政策层面的管理，具体的标准管理职能由英国标准协会（BSI）实施，政府采用签署备忘录的形式承认 BSI 的国家标准机构地位。对外，在正式的国际标准化组织中，BSI 代表英国，是国际标准组织秘书处五大所在地之一，英国 BSI 曾经推动了国际标准化组织（ISO）的成立，是国际电工委员会（IEC）、欧洲标准化委员会（CEN）、欧洲电工标准化委员会（CEN-ELEC）和欧洲电信标准协会（ETSI）的创始成员之一；对内，代表英国国家标准机构，通过与股东协作，制定标准和应用创新的标准化解决方案，满足公司和社会需求。

BSI 目前有 1350 多名工作人员，其中标准部 500 人，质量认证部 450 人，测试部 400 多人。BSI 年收入 9000 万英镑，其中质量认证收入 5000 万英镑，标准收入 3000 万英镑，测试服务收入 1000 万英镑。BSI 每年从政府得到 700 万英镑的资助，其中 350 万英镑用于标准的运行。全国来自政府、工商界、科研机构的专家和技术人员约有 3 万人参加 BSI 技术委员会的工作。BSI 组织构架如图 1-4 所示。

除 BSI 外，英国建筑领域的一些大型专业协会和团体也同样参与到标准的制定中，它们根据建筑法规 BS（或 ISO、IEC、ENS）标准和生产的需要制定本专业的技术标准，如《住宅建设标准》是由英国国家住房建造委员会（NHBC）参与完成

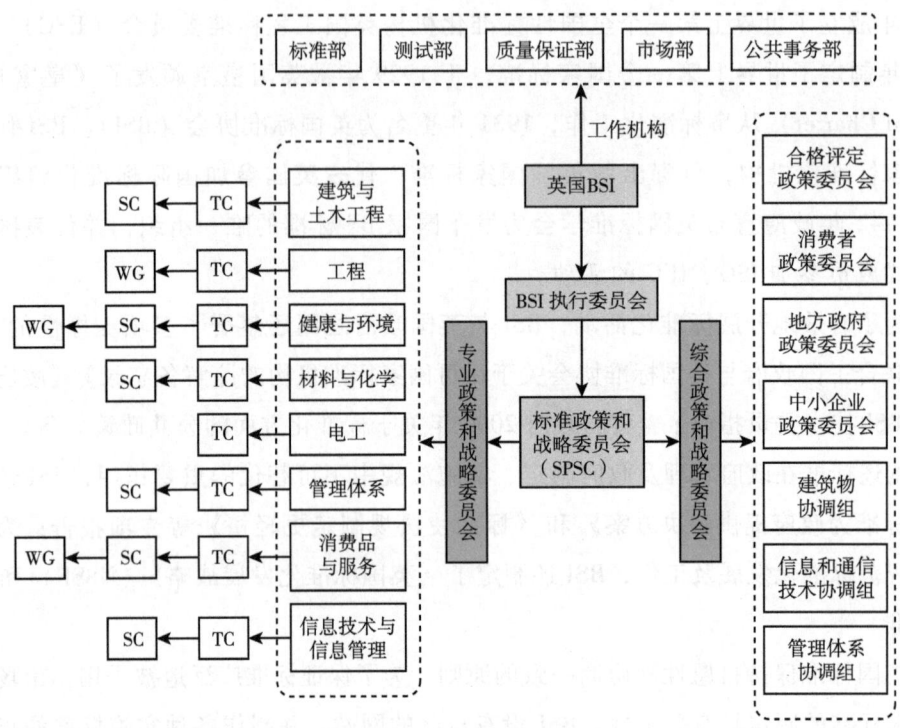

图1-4 BSI组织架构

的。这类标准虽大多数为推荐性的，但往往要求会员单位严格遵守，其使用原则与运行机制如下：

（1）使用原则。BS标准是自愿采用的标准，没有强制性。使用者在生产实践中自愿采用或在合同中约定使用。但是，标准中的内容若被相关的技术准则引用，则被引用的条款就具有了与技术准则相同的法律地位，具有强制性。

（2）运行机制。英国政府对建筑材料、建造的质量等不实施直接管理，而是通过标准化组织和专业协会发布推荐性标准来约束，由生产企业自愿认证，最终通过市场来选择，优胜劣汰。BSI十分重视标准化的工作，系统地开展标准的宣传工作。同时，为了监督标准的贯彻实施，建立了安全认证、质量认证和质量保证能力评定体系。

（二）英国建筑标准化体系

英国的建筑标准化体系可分为法律（Act）、实施条例（Regulation）和技术规范与标准三个层次，并逐层级授权下一级。法律侧重保护人身健康、生命安全，条例是根据法律授权条款，由政府或行业协会、学会制定，技术规范和标准的制定主要是非政府行为，如表1-4所示。

表 1-4　英国建筑标准化体系层次

层次	制定	相关文件
法律	标准化体系中的最高层次，具有最高的法律效力；一般由议会制定或由议会授权政府或社团机构制定，最后由议会审议通过	《建筑法》（Building Act，1984 年） 《住宅法》（The Housing Act，1996 年） 《建筑工程法》（Construction Act，1998 年） 《新城镇法》（Architects Act，1997 年） 《消防法》（Fire Precautions Act，1971 年）
实施条例	根据法律中某些条款的授权制定，对法律中的一些条款进行更加详细的规定以便具体实施。一般由政府或社会团体制定，并经过议会审定	《建造者遗漏条例》（Builder & apos；sSkips Regulation SI，1984 年） 《建造条例》（Building Regulation SI，1991 年）
技术规范与标准	由英国标准化协会（BSI）编制，此外政府某些部门也专门设有固定的组织，编制一些专业性不是特别强的规范与标准	技术规范与标准分为强制性、推荐性和指南性三种，建筑业参与各方可以根据自己的具体情况和条件选择执行推荐性规范和标准；指南性规范和标准仅供建筑业参与各方参考

（三）英国标准制修订流程管理

英国制定标准的程序分为六个步骤：标准立项、标准编制、征求意见、协商一致、审批、印刷。

标准项目主要来源于社会各方及个人的提议和五年复审后需要修订的项目。在英国，任何团体、公司和个人都可以向标准委员会提出制定某项标准的建议，经审查同意后报分管政策和战略委员会。BSI 根据项目的必要性和本身人力、财力的可能性，进行综合平衡，制订年度标准项目计划，交相应的技术委员会执行。确定项目计划时，优先考虑政府法律草案要采用的标准项目、涉及人身安全和环境保护的标准项目、在国际贸易中起重要的产品标准项目、与群众利益密切相关的标准项目，这类标准大约占项目计划的 10%。标准立项的评估和筛选包括：标准的目的性、市场价值、竞争中潜在作用、获取的简便程度、是否出于认证目的、是否有强制性因素、是否有健康和安全或环境影响，评估还包括对提出立项工作单位所能提供的支持。立项决定权在行业委员会和 BSI，但是工业界和欧洲标准化组织 CEN 影响 BSI 的决定。

技术委员会制定标准起草工作方案及编制进度，标准由具体公司或研究所、实验室负责起草。技术委员会提出标准草案后将其分发有关部门，并在《英国标准学会新闻》上发布，公开征求意见 2 个月。技术委员会收集各方意见，并组织协商，对标准草案技术内容负责。标准草案最后审定稿由政策和战略委员会进行程序审批，通过审批的标准由 BSI 负责出版发行。

BS 标准广泛应用于所有专业领域,可以作为仲裁的依据,也可以作为技术条件的依据。BSI 分为 4 种类型:英国国家标准 BS、英国欧洲标准 BSEN、英国欧洲 ISO 标准 BSENISO 和英国 ISO 标准 BSISO。1985 年 BSI 制定的标准中 90% 是国家标准,而 1995 年 BSI 制定的标准中有 90% 是国际标准和欧洲标准,只有 10% 是国家标准。近年来,BSI 每年制修订标准 1600 个,其中国际标准占 30%,欧洲标准占 30%,国家标准占 10%。

(四)英国公路工程技术标准规范体系

1. 标准概况

英国公路技术标准规范的主要归口单位是公路管理局,它发布的公路技术标准规范涵盖了英国高速公路和干线道路的设计、施工、养护、运营等方面,主要应用于车速大于 80 km/h 的高速路网和干线路网,是承包商们在签订服务合同中需要遵守的核心技术标准规范。

除了标准所遵循的一系列法律法规外,两个重要的标准规范系列是《道路桥梁设计手册》(DMRB)和《道路施工合同文件手册》(MCHW)。其他的重要标准还有《日常和冬季服务法规》(R&WSC)及《路网管理手册》(NMM)。此外,还有临时推荐性指南(I–ANs),是标准的预发布指南,使从业人员能以最快的速度了解即将发布的标准的技术细节,英国公路工程技术标准规范体系框架如图 1–5 所示。

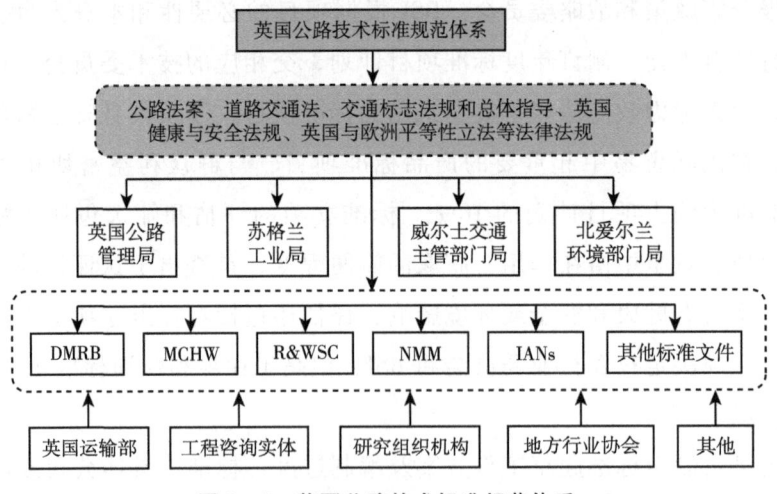

图 1–5 英国公路技术标准规范体系

2. 主要编制机构

英国高速公路和干线道路技术标准规范总体上由英国公路管理局(H&A)负责制定和发布,这也是英国运输部赋予 H&A 的一项使命,但大多数标准都是通过由工程咨询实体或研究组织机构与 H&A 签订标准制定合同而完成的。下面介绍比较有代表性的几个标准编制或发布机构。

（1）英国标准学会（BSI）。BSI 编制公路工程相关标准，要考虑到多方面的一致：对外与 ISO 等国际标准一致，对内与英国当前的法律法规及最佳的技术实践相一致。编写标准的技术委员会成员来自工业界、专业学会、认证机构、试验及检测机构、研究机构、代表消费者利益机构、教育机构和政府部门等，均代表了某一领域的最广泛利益，负责起草国家标准和行业标准的人员要一直保持参与，直至标准正式出版。

（2）英国运输部（DFT）。DFT 累计发布多份文件，包括政策、法规、从业建议、一般性实践指导、对运输部委托的某一项研究的研究结果的概要总结等。DFT 自 2002 年 5 月以来发布道路安全技术文件 115 项，道路与道路运输文件 391 项，如《道路安全最佳实践指南》由 TRL 编写、DFT 发布。对某些重要标准，DFT 会派工作人员或聘请技术专家参与到欧洲标准委员会（CEN）和英国标准学会（BSI）的标准起草委员会中。

（3）公路与运输协会（IHT）。英国公路与运输协会（IHT）编制了 21 本技术指南，其中涉及公路工程的有 12 本，如公路环境管理、公路安全审计、公路施工中的集料再生和材料选择、道路安全审计程序检查道路运输与环境的可持续发展等。此外，还有涉及交通运输的技术指南，如城市交通运输、交通静稳化方法等。

（4）运输与道路研究所（TRL）。运输与道路研究所（TRL）迄今已有 3000 多本出版物，大部分出版物为研究报告，也包括公路工程领域先进技术实践、指南和手册类文献，如《城市道路手册》由英国运输部和 TRL 联合编写，代替设计公告 DB32 和与公告相绑定的指南，以城市道路的长期使用性能为背景，提倡可持续发展的指导方针。

3. 体系特点分析

（1）高度重视标准的一致性，直接与国际接轨。H&A 非常重视标准的先进性，不仅积极参与到 CEN 和 BSI 的标准起草过程，甚至在形成某一项标准的前期科研阶段就广泛参与，这样能够充分考虑、兼顾所制订的标准与国家标准、欧盟标准乃至国际标准的一致性，直接与国际接轨。

（2）标准规范的组织形式自由。英国没有先将标准分为几大类，根据类去制订专项标准，而是将一些已有的零散标准汇编成若干活页卷，卷下分具体章节，最后至具体专项标准，组织形式自由、体系开放。

（3）标准规范的构成以建议性、推荐性为主。英国标准规范主要由标准、推荐性指南和一些技术文件组成,其中后两者占有很大一部分比例。总体上是以建议性、推荐性指导为主,注重经验应用和分析实际情况,以此决定标准的适用性,如公路结构检测和养护卷,涉及维修的章节则全部为推荐性指南。

(4) 标准的修订周期短、灵活、实效性强。标准的修订周期较短,为3个月,修订的形式为临时推荐性指南,随时公布最新的技术应用及标准中不适用之处,并随之修改替代过时标准,体现了灵活和实效性强的特点。

三、欧盟标准

(一) 标准的制定

欧盟是个由28个欧洲国家组成的经济联盟,实行统一的内部市场。随着欧盟的形成,欧洲作为一个整体市场使得它对技术的要求简化了。欧洲标准、欧洲合格评定方法和欧洲指令构成了欧洲统一大市场的三大支柱。欧盟通过制定建设产品条例和建筑能效指令等建筑技术法规,对各成员国提出统一要求,再以协调标准等形式规定具体的技术要求。与此同时,通过有效的行政和技术手段加强建筑技术法规的实施和监管,取得了良好的成效。

欧盟的技术法规是法律文件,包括条例、指令、决定等,技术标准原则上是自愿执行的,但被欧盟指令、条例或决定或成员国法规引用后的欧洲标准就成为法律性文件,强制执行,对所有成员国具有约束力。技术法规由欧盟委员会(行政机构)提出建议草案,经欧洲议会审议,并经欧盟理事会(由成员国部长级成员组成)批准后,由各成员国结合本国法律发布相应的执行指令来贯彻实施。在22本现行的欧盟技术法规中,有一本是关于建设工程及其产品的,名为《建设产品指令》89/106/EEC。在该技术法规中,包含管理性条款和基本技术要求两部分内容。

欧盟建设工程技术法规中的基本要求,只对有关人身与财产安全、人体健康、环境保护和公众利益等技术事宜提出了原则性要求。而实现这些要求的技术途径则由欧洲协调标准作出规定。欧盟的建设工程协调标准,根据有关的指令和协议,由欧盟委员会授权欧洲标准化委员会(由各成员国标准化团体组成的欧洲社会团体)来组织制订和发布,并由欧盟委员会在其官网公报发布。欧洲协调标准由各成员国转化为本国国家标准后付诸实施;各成员国不得在欧盟协调标准发布后继续制订或采用本国的国家标准。

(二) 欧盟建筑和土木工程标准规范体系

欧洲标准体系相对复杂,传统的英国、德国、法国和西班牙等国家的标准在许多地区仍然继续沿用,欧盟成立后,通过充分的统一协调关系文件,建立的统一的标准体系又受到积极推广。目前,CEN、CENELEC 和 ETSI 是欧盟认证的欧洲主要标准化组织,在特殊法规的约定下,三个组织之间有着高度的协调性,这个合作的法律框架于欧盟法规 1025/2012,2013 年 1 月 1 日生效。

如图 1-6 所示,欧洲标准化委员会(CEN)负责全面的标准制定管理工作(除了另外两个协会所负责的领域外),欧洲电工标准化委员会(CENELEC)负责电子电工工程领域的标准化工作,欧洲电信标准协会(ETSI)负责电信工程领域的标准化工作。

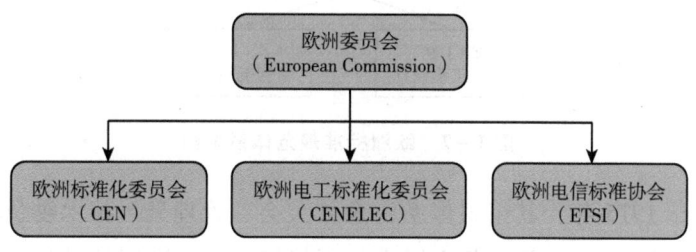

图 1-6 欧洲标准化组织机构

国际工程领域最常见的 EN 标准便来自欧洲标准化委员会(CEN)的制定,其中 Eurocodes 是由欧洲标准化委员会(CEN)委托其下属的欧洲结构规范技术委员会(CEN/TC250)制定的一套"适用于建筑及其他土建工程设计的通用技术规则",共 10 卷 58 分册,其主要系统架构如表 1-5 和图 1-7 所示。

表 1-5　　　　　欧洲规范的组成

编号	代号	英文名称	分部	中文名称
EN1990	Eurocode	Basis of structural design	1	结构设计基础
EN1991	Eurocode1	Actions on structures	10	结构上的作用
EN1992	Eurocode2	Design of concrete structures	4	混凝土结构设计规范
EN1993	Eurocode3	Design of steel structures	20	钢结构设计规范
EN1994	Eurocode4	Design of composite steel and concrete structures	3	钢筋混凝土结构设计规范
EN1995	Eurocode5	Design of timber structures	3	木结构设计规范
EN1996	Eurocode6	Design of masonry structures	4	砌体结构设计
EN1997	Eurocode7	Geotechnical design	2	岩土工程设计
EN1998	Eurocode8	Design of structures for earthquake resistance	6	结构抗震设计
EN1999	Eurocode9	Design of aluminium structures	5	铝结构设计

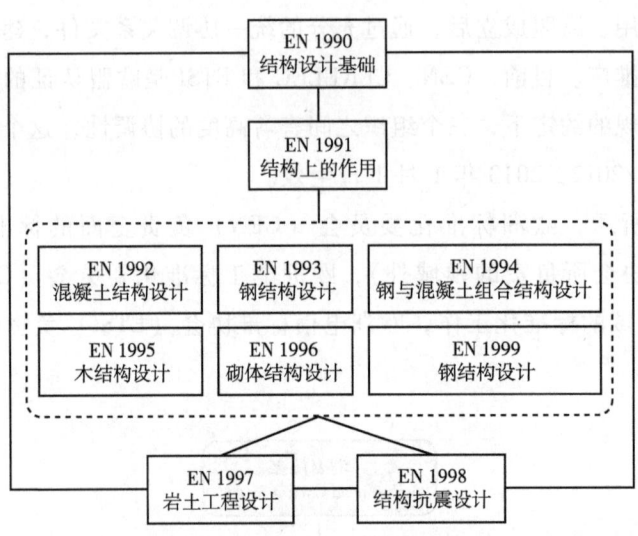

图 1-7 欧洲标准规范体系架构

CEN 成立于 1975 年，其组织体系由全体大会、管理局、技术委员会等组成，技术委员会（以下简称 TC）具体负责标准的制修订工作。欧盟标准的制定程序主要包括规划阶段、草案阶段、征询意见阶段和批准阶段，其中规划阶段主要通过两种方式：一是成员国提出建议，二是欧洲委员会向 CEN 下达委托书，既有从上到下的委托模式，又有从下至上的内生模式。

在标准体系的构成中，欧盟与国际标准化组织（ISO）有着密切的合作关系，这是欧盟标准体系管理和发展的特点之一。主要内容有两个方面：一是 CEN 采用 ISO 标准，即某一领域的国际标准存在时，CEN 将其直接采用为欧洲标准；二是 ISO 参与 CEN 的草案阶段工作，如果某一领域内没有国际标准，则 CEN 先向 ISO 提出制订标准的计划。通过这样的合作方式，CEN 能使欧洲标准尽可能成为国际标准，获得更广阔的市场。

欧盟工程建设领域的标准体系主要分为建筑材料和建筑物部分以及土木工程部分。建筑材料和建筑物部分主要包括建筑工业、建筑构件、建筑物结构、外围建筑物、建筑材料、建筑物的防护等二级子体系；土木工程部分主要包括外部输水系统、外部污水排放系统、道路工程等二级子体系。由于欧盟标准体系与国际标准化组织的合作关系，工程建设领域的标准体系是按照 ISO 中的国际标准分类组织的，而这一特点正是我国工程建设活动国际化进程中值得借鉴的地方。

四、美国标准

（一）标准的制定

美国工程建设标准化实行技术法规与标准结合的体制，技术法规由政府管理，标准由民间机构（包括协会、学会等）制定，技术法规大量引用标准。美国由民间机构编制建筑技术规范，即模式规范；联邦政府和地方政府不直接组织参与规范和标准的编制，主要通过立法，使模式规范具有法律的地位，成为建筑技术法规。模式规范都有固定的制修订和出版周期，可及时改正规范中可能存在的错误，吸收新的技术成果，有利于规范的长期健康稳定发展。与之配套的标准，也都有完备的制修订程序，可有效支撑模式规范的发展。

美国建筑技术法规的发展与其模式规范的制定机构的变迁是分不开的。美国建筑技术法规的制定工作，起步于 20 世纪初期。1994 年成立了国际规范理事会（ICC）。至今，ICC 已经出版了 15 本模式规范，成为一个系列规范 I-Code。ICC 国际规范是统一完整的、不受区域限制的、获得公认的全国性建筑规范。尽管有些地方仍在自行制定规范，但大多数美国境内的州、市和县都选择采用由 ICC 制定的国际规范和建筑安全规范。这些规范还作为联邦地产在美国境外建造建筑时的依据。世界上很多国家也参考使用这些规范。

美国国家标准学会（American National Standards Institute，ANSI）是一个非营利性的准官方标准机构，是美国国家标准化活动的中心。ANSI 本身很少制定标准，标准由相应的标准化团体、技术团体、行业协会制订。这些组织按自愿原则将制定的标准提交 ANSI 审批成为美国国家标准。同时，ANSI 在联邦政府和民间标准组织系统之间起到协调作用，指导着全国的标准化活动。ANSI 批准的标准是自愿采用的。美国联邦政府不负责且几乎不介入建筑技术法规的制定过程，也没有全国统一的建筑技术法规。政府机构除审查和批准采用模式规范和协会标准外，还根据当地的情况制定有关建筑监管条例，并监督实施。另外，还要承担推行法规的职责及采用法规的后果。

美国技术标准体系分为联邦政府标准体系和非联邦政府标准体系。联邦政府标准体系的标准数量约 4.4 万项、非联邦政府标准体系即各种行业协会和学会的标准约 5 万项，其中，通过美国国家标准学会审查而成为美国国家标准（ANSI）的共约 3.7 万项。

（二）美国标准体系

1. ASTM 标准

美国材料与试验协会（Americ an Society for Testing and Materials，ASTM）自 1898 年以来，成为美国甚至世界领域最大的非营利标准协会之一，该协会制定的材料与试验标准已经是国际工程材料领域使用最广泛的标准体系。类似于国际标准化协会，ASTM 的标准执行和发布主要依赖于其下属的 2004 个技术标准委员会，目前已经有超过3万个会员和超过10万个单位参与过ASTM标准的制定。ASTM分类的方式有两种,根据标准名字中的字母代码可以分为黑色金属(A)、有色金属(B)、水泥、陶瓷、混凝土与砖石材料(C)、其他材料(D)、杂类(E)。根据标准年鉴,ASTM分类如表1-6所示。

表1-6　　　　　　　　　　　　ASTM年鉴类别表

序号	标准类型	序号	标准类型
1	钢铁产品	9	橡胶
2	有色金属	10	电气绝缘体和电子产品
3	金属材料实验方法及分析程序	11	水和环境技术
4	建筑材料	12	核能和太阳能
5	石油产品、润滑剂及矿物燃料	13	医疗设备和服务
6	油漆、相关涂料和芳香族化合物	14	仪器仪表和一般试验方法
7	纺织品及材料	15	通用工业产品、特殊化学制品和消耗材料
8	塑料		

2. ACI标准

美国混凝土学会,即ACI(Americ an Concrete Industry)是一个非营利性的公共服务组织,其目的是组织成员进行关于收集、关联和传播关于混凝土制品和结构的设计、施工、使用、养护的有用信息。ACI拥有超过110个技术委员会,每一个委员会有一个特定的知识领域及相关的独特任务,其活动宗旨与上述目的相一致,其运作特点包括:①开放的委员会成员;②平衡/无霸主地位;③协调和统一信息;④委员会活动对公众公开;⑤审议意见和目标;⑥通过协商解决问题。

ACI标准按照其制定的技术委员会进行编号,技术委员会按照技术领域进行分类,体现在编号的数字大小上,共分为5组:100为一般性指南;200为混凝土材料与特性;300为设计与施工;400为钢筋混凝土与结构分析;500为专业应用与维修。ACI报告的分类方式与标准相同,在技术委员会编号后用"R"做标识,从而与ACI标准进行区分,如图1-8所示。

3. ASCE标准

美国土木工程协会(ASCE)是土木工程建设领域历史最悠久的标准协会之一,在超过150年的发展历程中,美国土木工程师协会累积了超过13万的会员。因为在土木工程领域诸多重要的技术活动都与其相关,美国土木工程协会不仅自身制定了一

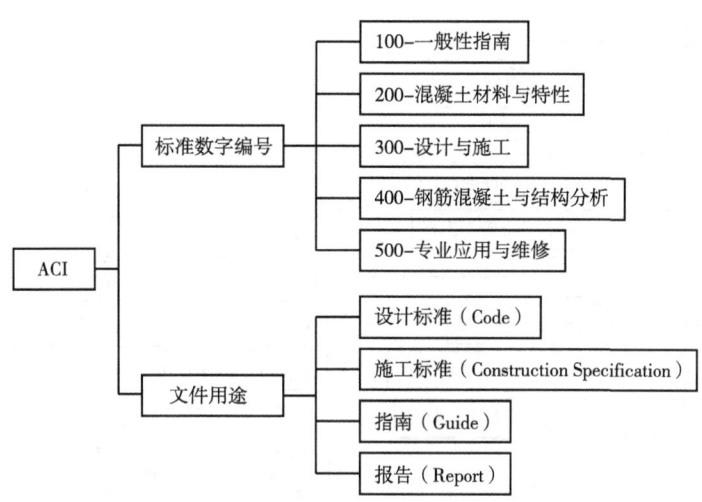

图 1-8 ACI 分类

系列 ASCE 土木工程标准，还为 ISO、ACI、ASTM 等标准体系提供了技术支持。

目前，美国土木工程师协会有多个专业性的学术团体，主要有建筑工程学会（AEI），海岸、海洋、港口、江河学会（COPRI），建筑学会（CI），工程力学学会（EMI），环境与水资源学会（EWRI），地理学会（GI），结构工程学会（SEI），交通发展学会（T&DI）等，主要分类如图 1-9 所示。

4. AASHTO 标准

美国各州公路和运输工作者协会（American Association of State Highway and Transportation Officials，AASHTO）是美国乃至世界公路建设领域主要的标准管理协会。作为一个非营利的半政府组织，它主要服务于美国联邦政府，对联邦公路局提出的各项公路标准进行审核、批准和发布，该协会以 AASHTO 命名的一套公路标准体系，以其本身悠久的历史、体系的完善性和标准的可靠性特点已经在国际工程领域得到广泛的应用，其主要结构如图 1-10 所示。

五、德国标准

（一）标准的制定与实施

德国技术标准由德国标准化学会（DIN）制定，德国标准化学会是德国最大的具有广泛代表性的公益性标准化民间机构，成立于 1917 年，总部设在首都柏林。DIN 制定的标准几乎已经涉及建筑工程、采矿、冶金、化工、电工、安全技术、环境保护、卫生、消防、运输、家政等各个领域。截至 1998 年底，共制定发布了 2.5 万个标准，每年大约制定 1500 个标准。其中 80% 以上已为欧洲各国所采用。

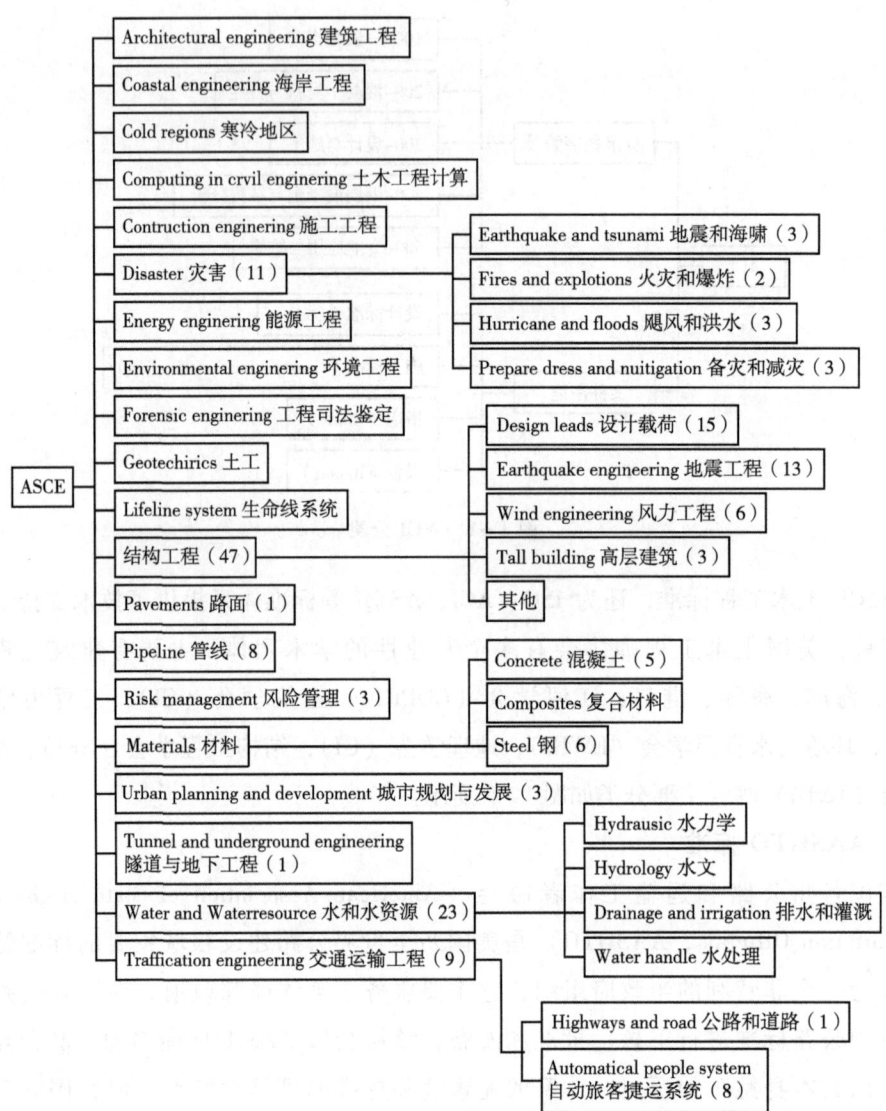

图 1-9 ASCE 分类

DIN 于 1951 年参加国际标准化组织（ISO）。近二十年来，DIN 所颁布的绝大多数新标准原本都是欧盟或国际标准，欧洲标准对于 DIN 标准的重要性不断加强。DIN 对于 ISO 和 IEC 的深入参与使得德国企业对于国际标准领域的最新动态有着准确的把握。德国标准化学会设立有各类标准委员会、工作委员会和工作组，有近 200 个专业团体、协会、民间组织和政府机构制定标准。

德国技术标准有正式标准、暂行标准、双号标准之分。技术内容尚待实践检验和充实的，以暂行标准发布；不加修改地采用国际标准、欧洲标准以及德国一些团体标准为德国标准的，则以双号形式发布。

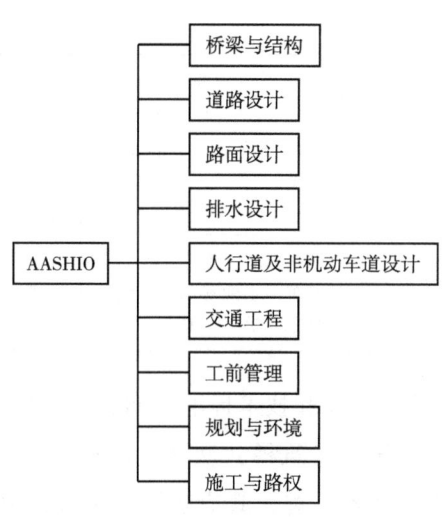

图 1-10 AASHTO 分类

（二）工程建设技术体系

德国工程建设技术管理实施强制执行的技术法规和自愿采用的技术标准相结合的标准体制。德国的建筑技术法规是各州建筑技术法规的统称。德国建筑技术法规在构成上包含3个典型层次：法律、技术法规和技术标准，如表1-7所示。德国州建筑技术法规是以"建筑模式法规"为统一蓝本，结合本州具体情况修改、补充后，由州议会批准。技术法规是从事建筑活动和制定技术标准的法定依据，技术标准则是制定或实施技术法规的基础，两者关系十分密切。两种不同法律属性的技术要求相互依存，构成完整的技术管理模式，共同规范建筑市场主体的行为并推动建筑市场发展。

表 1-7 德国建筑法律法规体系构架

层次	名称	性质	发布	主要内容
法律	联邦建设法	联邦法律	联邦议会发布	城市总体规划、土地利用规划、建房规划等
	州级建筑法	州法律	州议会发布	根据联邦建设法的规定，结合本地区的实际情况来制定
技术法规	建筑模式法规	各州制定法规的范本	州建设部长联席会议讨论通过，由联邦会议颁布	①总则；②建筑用地及建筑物；③实体结构；④建设活动的有关方；⑤建筑管理机构与管理原则；⑥违法制裁
	建筑技术规定目录	建设工程规划、设计、施工的技术规定，是各州公布具体技术内容的蓝本	德国建筑技术院起草，州建设部长联席会议讨论通过，提供给各州，由州建设部发布	给出实施建筑模式法规的途径和方法，引用大量DIN标准、欧洲标准和国际标准

续表

层次	名称	性质	发布	主要内容
技术法规	州级建筑技术法规	州法规	本州议会批准,内政部发布	规定建筑物的设计、安全、健康、防火、建筑技术、建筑产品性能、建筑审批及管理方面的要求,以联邦建筑模式法规为范本
技术标准	德国标准DIN	分为国家标准和企业标准	国家标准主要由DIN制定发布,企业标准由企业、协会、学会等编制	规定技术上如何达到要求,包括尺寸规格、计算方法、实验方法和工艺流程等

德国建筑法律、建筑技术法规和技术标准之间存在紧密的相互联系,如图1-11所示,联邦政府制定建筑法律、建筑模式法规,各州政府以建筑模式法规为模本,根据各自情况制定州级建筑技术法规,政府建设管理部门制定相应的技术细则,技术标准是技术法规的重要支撑系统,德国DIN制定内容具体、详尽的技术标准。

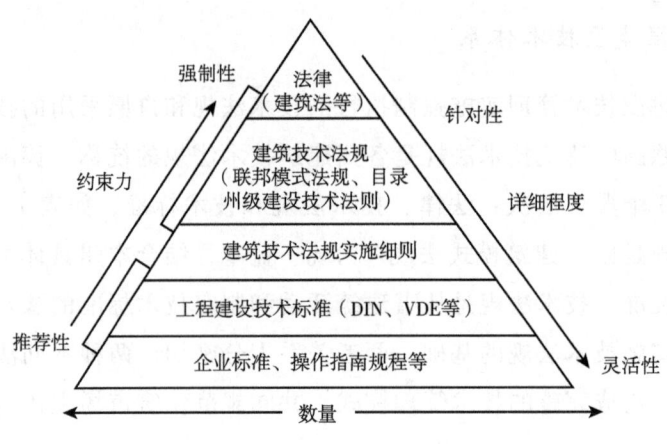

图1-11 法律、技术法规和技术标准的联系

(三)建筑技术法规的特点

德国建筑技术法规是联邦建筑模式法规、建筑技术规定目录、州级建筑技术法规和法规引用的技术标准的统称,具有以下特点:

(1)联邦建筑模式法规为各州制定州级建筑技术法规提供统一模本,减少重复工作,并尽可能促进各州建筑技术法规的统一。

(2)建筑技术规定目录与联邦建筑模式法规对应,提供达到模式法规逐条要求的途径和方法,并列出德国标准(DIN)、欧洲标准(EN)、技术认可指南等具体规定,为模式法规的使用提供技术支持,并为各州公布具体技术内容提供蓝本。

(3)建筑技术法规多数情况下包括管理要求和技术要求两部分,不仅有目标要求，还包括要求采取的措施，但没有详述的具体要求。

（4）目前建筑技术法规可以是指令性的，也可以是性能化的，德国正在努力制定性能化的建筑技术法规。

（5）凡被技术法规引用的技术标准条款均成为技术法规的组成部分，具有与技术法规相同的强制属性。在技术标准中有时也引用技术法规的规定。

（6）德国的技术术语与相关的英语术语保持高度一致，以保证德国高水平、高质量的技术创新和出口。

（四）建筑技术法规的实施和监管

德国建筑技术法规的实施和监管工作主要由各州负责落实，主要通过法律法规、组织机构、技术手段及市场监管四个方面来实现。

1. 法律法规

德国依据法律法规对建设活动实施监管，联邦建筑模式法规第五十七条和第五十八条分别对建设监管机构的设置、管辖权和职权作出了有关规定（见图1-12）。

> 第五十七条 建设监管机构及其管辖权
> （1）根据国家法律，建设监管机构分为基层、较高级和最高级监管机构。
> 除非另有决定，基层建设监管机构负责工程建设、建筑改扩建、改变用途、使用和维护方面的法律法规的实施。
> （2）最高级建设监管机构可以撤销、转移基层建设监管机构的职责。
> （3）建设监管机构履行职责需配备适当的专业人士和必要的设备。配备的人员，尤其是政府公务员，必须是合格的高级土木工程专业人士，具备公共建筑设计、施工技术、施工管理服务方面的知识。监管机构配备懂司法的官员。最高级建设监管机构可允许例外。
> 第五十八条 建设监管机构的职权
> （1）建设监管是各州建设监管机构的职责。
> （2）建设监管机构保证工程建设、建筑改扩建、改变用途、使用和维护都遵从公共设施的法律法规，在行使此职责时可以采取必要的措施。
> （3）签发建筑检查许可等措施。
> （4）依法负责行使职权的人士有权进入公共地产检查，包括公寓。但私人住宅受基本法保护，检查是有限制的。

图1-12 联邦建筑模式法部分案例

2. 组织机构

（1）德国联邦交通建筑城市发展部。德国联邦交通建筑城市发展部（BMVBS）是联邦政府建设主管部门，主要负责国土规划、城市建设、住宅建设、建筑业管理及道路交通等方面的行政管理工作，组织制修订《联邦建设法》，然后交由联邦议会批准通过。

（2）德国建设部长联席会议。德国建设部长联席会议（ARGEBAU）是德国

16个州负责建设和住房的建设部门于1949年组成的机构，主要职责是协调德国境内关于建筑法律法规方面的活动。德国所有建筑法律、法令和法规都基于ARGEBAU精心准备的模式法规。一年一次的建设部长联席会议不仅讨论通过联邦建筑模式法规和建筑技术规定目录，还讨论住房、城镇规划、建筑法律法规和土木工程等问题并作出决定。会议代表的是德国各州的立场，还正式征求企业和机构的意见。

（3）德国建筑技术研究院。德国建筑技术研究院（DIBT）是1951年由德国联邦和各州政府为保证各项技术任务能够在公共法规领域中得到统一实施而设立的研究院，负责对统一的建设产品实施市场监管等。

（4）州/市政府。州/市政府都拥有较大的自治权，相关部门具体承担本地方建设行政管理职责。

3. 技术手段

德国建筑技术法规实施和监督的技术手段主要包括技术监督、引用标准、合格评定和技术认可。

（1）技术监督。对于建筑工程的技术监督，各地都有相应的机构。建筑监督机构的任务是使任何一个工程项目的建造都不违背社会公共利益。对于一般的工程，按照当地建筑法规，检查规划许可、审查结构计算和配置，并组织现场监督；而对于大型工程，建筑监督机构要组织专家咨询论证，得到认可后才能开工。

（2）引用标准。技术法规引用标准可以避免该文件中包含详细的技术条文，也可以避免重复编写技术标准。法规制定机构有权取消此引用，而引用其他标准来代替，或在法规文件中直接加入必要的技术条文。法规中引用的标准必须强制执行，或执行整本标准，或执行满足法规条文的部分。被引用的标准本身仍然不是法规的条文，而是作为实现法规要求的一种手段，但也可以采用其他途径来证明解决方案符合法规要求。

（3）合格评定。根据欧盟建设产品条例，凡是在欧洲市场流通的建设产品必须由制造商提供性能证明，经认证后贴上CE标识，合格评定的依据是欧洲协调标准。经过认证的产品，认证机构采用不定期检查是否按照标准生产；如有不符合的情况，将取消其标识。然而，对于那些没有被欧洲协调标准清单覆盖或没有完全覆盖的建设产品，根据欧盟建设产品条例，制造商可要求根据欧洲技术评定文件来评定产品性能，合格产品同样可以贴上CE标识。

（4）技术认可。技术认可分为国家技术认可和欧洲技术认可。

（5）市场监管。2010年之前，德国各州的市场监管机构进行被动式监管，采取行动取决于有关动因，如基于投诉等。而从 2010 年起，市场监管转为主动式监管，即基于适当的检查。为实施统一的监管检查，各州建立市场监管协调点，协调各州市场监管程序，就市场监管事项提供专家咨询，对各州进行培训，听取专家意见，就检查指派任务，与其他欧盟成员国和第三国合作，并与欧洲市场监管机构合作等，从而提高市场监管的有效性。

六、日本标准

（一）标准的制定

日本政府主导建筑技术法规的研究、编制和实施，在建筑技术法规发展过程中起决定性作用。及时总结经验教训是法规发展的重要推手，持续深入的研究是法规面广量大、针对性强的坚实基础，不断细化法规要求是法规可操作性强的有效途径，严明的立法规定是法规实施和监督的法律保障。日本在推动标准国际化的组织机构的构建及管理方面更加集中与完善。在管理体制方面，日本采取政府主导、民间参与的方式。政府方面，主要是本工业标准委员会（JISC）负责工业标准化相关的问题，在 JISC 组织结构中，与日本标准国际化相关的主要机构为标准室、标准国际认证室；民间参与标准国际化方面的主要组织是日本标准协会（JSA），其下设有国际标准活动支持中心在推动国际标准化的活动中发挥着重要的作用。在推动日本标准国际化的发展方面，政府为标准国际化发展提供足够的财力和人力保证，培养了一批熟悉 ISO/IEC 国际标准制定规则并具有专业知识的人才和国际标准化专家，抢占更多的国际标准化组织的领导席位，并不断提升企业参与标准化组织的能力。

日本也有数百个专业团体、行业协会从事标准化工作，它们接受日本工业标准调查会（JISC）等的委托，承担标准的研究、起草工作，最后进行审议。

（二）工程建设标准及管理体系

标准体系由 4 个层级组成，分别是法律标准体系、JIS 和 JAS 标准体系、团体标准体系和企业标准体系，分别对应了不同的质量需求。法律标准体系由国会等政府部门制定，目的是保护国民的生命、健康、财产及公共安全，对应最低质量要求，是底线，具有强制性，适用于全部工程建设项目，通过"建筑确认审查制度"来保证标准有效运行。JIS 和 JAS 标准体系依据《工业标准化法》和《JAS 法》，由内阁等相关政府部门制定和申请，是由经济产业省和农林水产省进行管理和审批的标准,其强制性地位由法律条款唯一确定,故此层级标准未被法律引用的部分不属于强制条文,标准的社会地位通过政府公共采购强化,属于最低质量需求或略高于最低质量的需求。团体标准是以日本建筑学会为代表的日本各学术团体出版的"规准、指针、指南、仕样书等",为非强制标准,但其中包括新技术和相关案例,通过严格的管理体系对标准的制定和审批进行管理,属于特征质量需求和建造质量需求的范畴。企业标准主要为提高企业的核心竞争力,无普遍适用性,具体如图 1-13 所示。

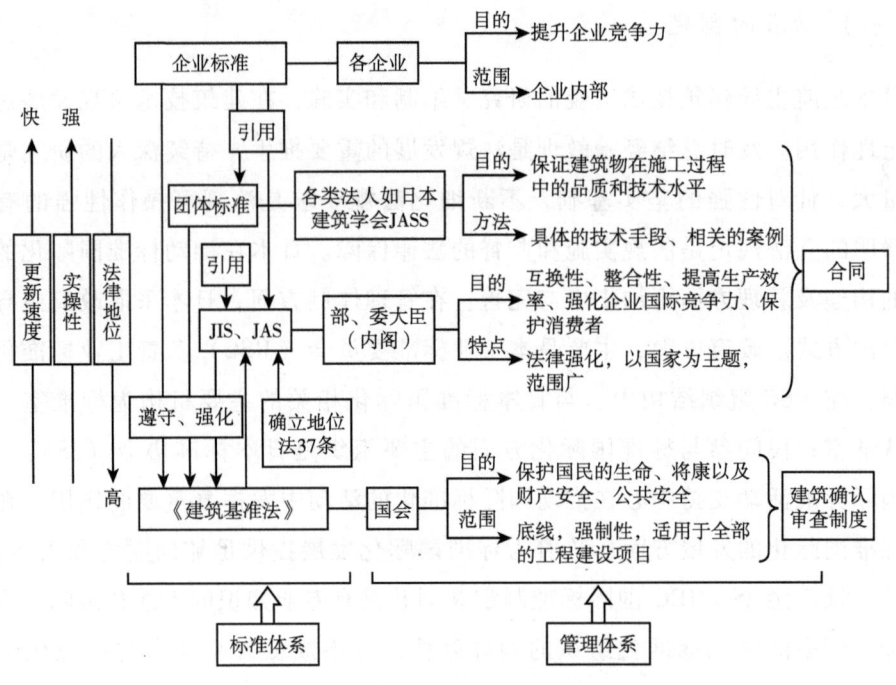

图 1-13　日本工程建设标准管理体系

(三) 建筑技术法规体系

1. 建筑法律

建筑基准法是日本主要的建筑法律文件。此外,还有一些同样涉及建筑防火安全、结构安全、卫生安全、无障碍、节能等方面技术要求的法律文件。这些法律文件分为限定性法律和促进性法律,如表 1-8 所示。限定性法律的要求是强制的。建筑基准法通过对相关法律中有关建筑工程的技术要求加以引用来确保技术要求、实施的一致性。

表 1-8　　　　　　　　　　　建筑基准法及相关法律

建筑法律涉及领域		限定性法律	促进性法律
防火安全	消防设备等	消防法	
	耐火性评估等	建筑基准法	
结构安全			抗震加固改造法
卫生安全			建筑管理法
无障碍		无障碍法	
节能		节能法	

2. 建筑技术法规

建筑基准法，规定实现基准法要求的监管及程序的政府令、省令和省级告示，地方政府根据地方具体情况制定的补充条款，以及法规大量引用的技术标准文件构成了日本建筑技术法规体系，如表 1-9 所示。

表 1-9　　　　　　　　　　　建筑技术法规体系

名称			发布	内容
法律文件		建筑基准法 BSL	议会审议通过	人们的权利和义务、行政管理条款、建筑和规划要求等基本事项
中央政府正式文件	政府令	建筑基准法实施令	由政府内阁制定、发布	为实现 BSL 的目标要求或性能要求而作出的更为具体的技术规定
	省令	建筑基准法实施条例	由国土交通省大臣签发	为实施 BSL、建筑基本法实施令以及其他法律、政令而制定，涉及有关手续、方法（如步骤、过程和填写的表格等）
		指定合格检查机构令		指定合格检查机构
	告示	合格审批检查指南	由国土交通省通过官报形式发布	提供主要的技术手段、计算方法、构造方法、引用的构造标准等
地方政府正式文件	地方法规	法规补充条款	地方议会	结合地方具体情况补充的技术要求
	细则	实施细则	地方政府首脑	详细程序、技术信息，如雪的厚度、地震风险等
标准指南规程手册		产品标准 方法标准 基本标准	标准协会或各行业协会起草，政府指定的日本工业化标准委员会发布	产品标准：规定形状、尺寸、结构设备、安装、部件物理特性、化学特性、外表、功能、功率、耐久性、可靠性、可维护性、安全性要求等； 方法标准：规定操作运行、程序、方法要求等； 基本标准：关于单位、术语、符号、代码、数值、条件、分类等

3. 建筑技术标准

日本建筑技术标准本身是非法律效力文件，自愿采用，但它是建筑法律法规引用的重点对象。标准及其条款被法律法规引用后即具有与技术法规相同的法律地位，强制执行。

被日本法律法规引用的建筑技术标准主要有日本工业标准化委员会（JISC）组织、日本标准协会（JSA）具体起草的日本工业标准（JIS），日本建筑学会（AIJ）技术委员会编制的标准、指南等以及日本混凝土学会（JCI）编写的与混凝土相关的指南、手册等。

（四）建筑技术法规研究与编制

日本建筑技术法规（包括标准）的研究与制定由政府主导，采用中央与地方相结合、政府与协会相结合的方式，特别重视基础统计数据、信息的收集和分析，并依靠专门的研究机构［如国土交通省下属国土技术政策综合研究所（NILIM）、日本建筑研究所（BRI）、日本建筑中心（BCJ）等］致力于建筑技术研发工作，为技术法规的制修订奠定基础。

日本非常重视技术法规的各类研究工作，目的是为法规制定提供坚实的、令人信服的科学依据。有关研究工作包括：围绕建筑基准法及其配套文件开展研究、围绕建筑国际标准开展研究、围绕性能化建筑法规和标准开展研究、围绕涉及建筑环境的法规开展研究。

（五）建筑技术法规的实施和监管

日本从管理机构和管理制度两个方面确保建筑技术法规实施和监管落到实处。

1. 管理机构

建筑基准法的实施通过行政管理程序进行管理。政府指定审批、检查、认定、性能评估等机构，并对建筑检查和审查人员进行登记、形式认定等。日本建筑技术法规的管理和实施是政府主导型，管理机构主要有国土交通省和指定机构日本建筑中心。

（1）国土交通省。国土交通省是建筑基准法的全权负责机构，除了组织编制修订法律和签发实施条例、省令和告示外，主要的监管体现在建筑法规合格检查人员的资质检查和注册、指定合格检查机构、性能评估机构和批准机构以及批准建筑材料、建筑部件、遵循性能条款的建筑设计方案等。

（2）日本建筑中心。建筑中心既是法规的管理机构，又是实施的监管机构。主要活动包括法规及指南的编制和实施、提供法规的解释性文件及新技术的推广文件、建筑审批和检查、建筑技术评估、批准和认证等。

建筑技术管理机构除了上述国土交通省和日本建筑中心外，还有县、市政府指定的管理机构。日本大多数基层地方政府都作为指定的管理机构，具体负责建筑技术法规实施的管理工作。这是法规实施和监管的主力军。这些机构的建设官员负责建筑许可审批和现场检查。指定的管理机构负责接收定期检查报告和处理违规行为。

1999年开始，日本国土交通省或县级政府指定私营审批和检查机构与建设官员一起提供建筑许可审批和现场检查服务。

2. 管理制度

日本建筑技术法规的实施依靠严格的监管程序。建筑基准法和建筑师法等对法规实施的监管作出了规定。建筑师法规定的要求对建筑工程师同样适用。

日本地方政府建设官员及指定机构，通过设计审查（相当于建设许可）、施工中期检查、竣工验收检查、使用阶段定期检查、检查人员登记等手段进行监管，如图1-14所示。

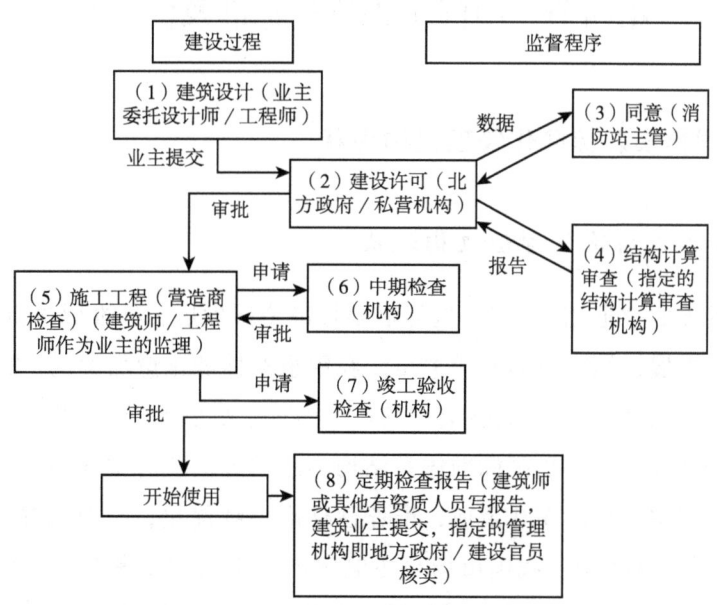

图1-14 地方政府建设官员及指定机构过程监管

（1）建设许可。建筑业主的新建/扩建建筑方案必须经地方政府建设官员和指定的审批检查机构审查并确认其符合法规（不局限于BSL），获得建设许可。签发建设许可之前，建筑方案要征得消防站负责人或消防检查人员同意。

（2）施工检查。根据BSL和建筑师法，建筑营造商必须按照建筑师的设计方案进行施工，期间由建设官员或指定的审批检查机构进行中期检查，竣工4日内进行最终检查。

（3）资质保证。设计/监理/结构计算审查人员、建设官员必须具有资质、执照、经历，并通过相关考试。

（4）违规行为处理。一旦确认建筑有违规问题存在，指定的管理机构有权依法叫停施工、拆除、迁移、重建，或禁止、限制使用建筑等。建筑从设计到运营有多方参与，明确各方职责非常重要。在日本，业主任命建筑师、工程师进行设计和施工监督检查，保证项目符合法规和建设过程顺利，在建筑和设备使用阶段进行定期安全检查（间隔6个月至3年），出具定期检查报告。建筑师确保设计方案符合技术法规，施工符合设计方案。建造商应与专业人士一起根据合同诚信施工。建设官员、指定的审批检查机构通过审查和检查，确保建设方案和施工符合技术法规。房屋营销商（可以是建造商）负责新建房屋10年内无重大问题。2009年10月1日起实施的强制保险、押金制度，新增了房屋营销商的责任。

第四节　中国工程建设标准及国际化

一、中国标准及标准化管理机构现状

（一）标准及标准化管理机构现状

标准是世界的"通用语言"，世界需要标准协同发展，标准促进世界互联互通。标准助推创新发展，标准引领时代进步。我国也对标准化愈加重视，2019年习近平主席专门为第83届国际电工委员会（IEC）大会发来贺信，引发热烈反响，受到国内外与会代表高度评价。我国标准体系结构不断完善，政府主导制定的标准持续瘦身，强制性标准整合精简300余项，推荐性标准持续优化，行业标准、地方标准分别废止2665项、5411项。我国市场自主制定的标准活力不断释放，团体标准发布数同比增加63.5%，企业自我声明公开标准数同比增加9.8%。政府主导制定的标准和市场自主制定的标准相互补充、相得益彰，标准供给日益多元化。标准体系涵盖农业、工业、服务业、社会事业等各行各业。

我国标准化工作实行"统一管理、分工负责"的管理体制。"统一管理"，就是政府标准化行政主管部门对标准化工作进行统一管理。具体来说，国务院标准化行政主管部门统一管理全国标准化工作；县级以上地方标准化行政主管部门统一管理本行政区域内的标准化工作。截至2019年底，国家标准化管理委员会下设的全国

专业标准化技术委员会共1324个，包括552个TC，760个SC和12个SWG。按产业划分，第一产业技术委员会共105个，占比为7.93%；第二产业技术委员会共1012个，占比为76.43%；第三产业技术委员会173个，占比为13.07%；社会公共事业技术委员会34个，占比为2.57%。

（二）工程建设标准化管理体系现状

我国在加入世贸组织（WTO）后，世贸组织对成员的技术法规、技术标准制定过程提出了相当严格的要求，而现阶段，我国没有配套的技术法规——技术标准制度体系，因此这一体制的建立是工程建设标准构建的基础之一。

建立技术法规与技术标准的管理体制，其目的是与世界市场规则接轨，优化我国的标准结构，使法规和标准的数量合理，既能够覆盖到大多数领域，又能减少重复和矛盾。这一管理体制的基本要素是架构体系以及管理体系，如图1-15所示。其中的管理体系涉及的是组织机构、管理制度等，本书主要讨论的是关系到整个工程建设标准体系组织结构的架构体系。

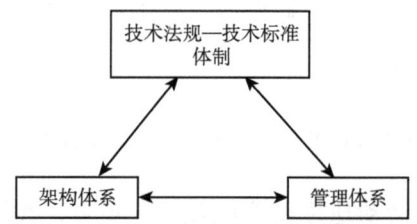

图1-15 技术法律—技术标准制度体系

技术法规的内容组成可以根据对象来划分，结合我国现阶段工程项目类别的划分可以由城乡规划、城镇建设、房屋建筑、工业建筑、水利工程、电力工程、信息工程、水运工程、公路工程、铁道工程、石油和化工建设工程、矿山工程、人防工程、广播电影电视工程、民航机场工程等15个部分组成，如图1-16所示。

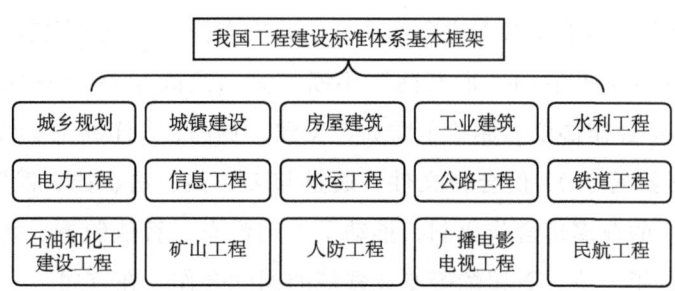

图1-16 我国工程建设标准体系的总框架

二、中国参与国际标准化工作情况

（一）国际标准化机构及历程

全球最具影响力的三大国际标准组织分别是国际标准化组织（ISO）、国际电工委员会（IEC）和国际电信联盟（ITU）。

ISO是全球最大、最权威的国际标准化机构，负责工业、农业、服务业和社会管理等各领域（除IEC、ITU以外的领域）的国际标准，其成员人口占全世界人口97%，成员经济总量占全球的98%，被称为"技术联合国"。

IEC成立于1906年，已有110多年的历史，负责制定发布电工电子领域的国际标准和合格评定程序。

ITU是主管信息通信技术事务的联合国专门机构，也是联合国机构中历史最长的一个国际组织，始建于1865年，拥有193个成员国。

截至目前，三大国际标准组织已发布国际标准32000多项，被世界各国普遍采用，在推动全球经贸往来、支撑产业发展、促进科技进步、规范社会治理等方面发挥着重要的基础性、战略性作用。

（二）我国参与国际标准化组织与国际标准化活动情况

一是我国国际标准化活动地位显著提升。近年来，我国先后成为ISO和IEC的常任理事国以及ISO技术管理局的常任成员，2014年我国专家鞍山钢铁集团总经理张晓刚先生当选ISO主席，华能集团董事长舒印彪先生2018年当选IEC主席，我国专家赵厚麟先生现任ITU的秘书长，三大国际标准组织相继有中国人担任最高领导职务。

在国际标准组织技术机构领导职务方面，截至2019年底，我国已承担ISO、IEC技术机构主席副主席73个、秘书处88个，与54个国家、地区标准化机构和国际组织签署了97份标准化双多边合作文件，共发布国家标准外文版721项。

二是我国国际标准活动"朋友圈"不断扩大。我国与49个国家和地区标准化机构签署了85份合作协议，涵盖了欧洲、美洲、亚洲、大洋洲主要贸易伙伴国；与9个国家或地区签署了11份合作文件。通过与美、英、法、德、俄罗斯、东北亚、欧盟和南亚建立的双多边合作机制，推动了电动汽车、智能制造、智慧城市、农业食品、铁路、老年经济、石墨烯等专业领域的国际合作。在首届"一带一路"国际合作高峰论坛上，我国与俄罗斯、哈萨克斯坦、希腊等12个共建国家共同签署

《关于加强标准合作,共建"一带一路"联合倡议》。

三是我国积极主导国际标准制定修订。在冶金、有色、船舶、海洋、轻工、纺织、机械装备、节能环保、信息技术、电力电子、能源、材料、生物技术、社会管理和公共服务等领域,主导和参与了一系列国际标准制定修订工作。2002年以来至今,由我国提出并主导制定的国际标准从18项增长到583项。近两年,中国在提交ISO/IEC并立项的国际标准项目200余项,连续多年成为国际标准提案最多国家之一。

四是我国标准海外应用不断拓展。我国与英国、法国国家标准化机构共同发布了中英、中法标准互认清单,实现了60余项标准的互认;在食品、能源领域39项中国标准被蒙古国以双编号形式采用为国家标准;240项中国标准在土库曼斯坦获得注册认可使用;14项中国标准被塔吉克斯坦采纳;我国正在推动与俄罗斯完成445项宽体客机标准(含209项俄罗斯标准,236项中国标准)的互换工作。对柬埔寨、老挝等海上丝绸之路国家开展9期农业标准化宣贯培训,近百项中国标准在东南亚国家农业标准化示范区推广使用。

Chapter 02 第二章

"一带一路"共建国家工程建设标准应用现状

第一节 东亚国家基本情况及标准应用状况调查汇总

东亚国家包括蒙古国、新加坡、马来西亚、菲律宾、文莱、印度尼西亚、泰国、越南、老挝、柬埔寨和缅甸共十一个国家。上述国家中按地缘政治及历史发展又可划分为几个组团：属内陆国家的蒙古国；属南洋群岛的新加坡、马来西亚、菲律宾、文莱、印度尼西亚；属中南半岛的缅甸、越南、老挝、柬埔寨和泰国。

蒙古国受苏联的影响，城乡规划的标准基本运用苏联的标准，苏联解体后，蒙古国自身的标准体系并不单纯依靠自身编制的标准，对标准体系不完整的空白领域也会采用国际或国外的先进标准，以求自身标准体系不断完善。蒙古国的标准化工作管理部门为蒙古国标准化计量局（MASM），MASM是政府监管机构，由蒙古国政府副总理直接主管，主要负责协调管理标准化、合格评定、计量、分析测定等工作。蒙古国的标准分为国家标准和企业标准两级，其中强制性标准占44%，其余为推荐性标准。蒙古国对国际国外标准较为开放，根据蒙古国标准化计量局在其网站上公布的"蒙古国家标准清单"，蒙古国有国家标准6100余条，采用我国国家标准和行业标准17条，主要采标领域为采矿业，涉及矿石化学分析，其余还包括食品、农业、石化等行业。随着我国经济发展对其影响越来越大，中国企业在蒙古国参与城市基础设施建设和对蒙古国投资项目增多，会越来越多地采用我国国家标准和行业标准，这对实现我国标准"走出去"或转化为蒙古国国家标准十分有利。

新加坡、马来西亚、菲律宾、文莱、印度尼西亚同为太平洋岛国，历史上曾长期受英国、荷兰等欧洲国家和美国的殖民统治，因此工程建设领域多为英美标准。上述五个国家中经济发展及城市基础设施建设的先进程度不同，城市规划管理、城市基础设施建设管理及相关标准体系的建立也存在着差异。总的来看，城市规划建设相关法律法规的制定和管理体系的建立及运行在发展中国家中属于比较完善的。

特别要关注的是新加坡，它的标准化体系特点鲜明，总结来说有以下几点：一是标准化与法律法规之间互相支撑，构成相对完善的框架体系，将标准化功能发挥得较为完善；二是标准管理机构集中，职能分工明确，标准化管理高效运转，便于与产业、技术更新相匹配；三是新加坡标准与国际接轨程度较高，重视标准国际化发展，同时以国际标准方向助推国内标准；四是标准化目标明确。新加坡的标准化发展对推动国家经济发展起到了积极重大的作用。

泰国等中南半岛国家的工程建设标准体系一直不够完善，多使用英国标准、美国标准，近些年来也有一些中国标准逐步应用到现有工程项目，特别是在越南、老挝和柬埔寨的中国援建或中资企业投资的工程中。相比之下，泰国和越南的城市规划法律法规和编制管理体系相对完善，而缅甸、老挝和柬埔寨则比较落后，基本没有建立起自身的标准化体系。位于内陆的柬埔寨和缅甸自加入世贸组织（WTO）以来一直都没有向WTO通报制修订的技术法规、标准等。这三个国家的产业目前还处于发展的初级阶段，标准化及质量检测工作还不能有效开展实施，其中缅甸只有标准65个，柬埔寨只有55个，标准体系很不健全，而老挝基本未制定本国标准，被动接受国外标准，而本国产品则不能达到按标准生产。

总之，东亚各成员国之间经济发展程度差别太大，直接决定了无法像欧盟那样制定一个自成一体的东盟标准并要求各成员国共同遵守。上述国家标准题录及其文本使用的语言种类多，翻译研究障碍较大。上述国家技术标准采标程度各异，其中采标程度最高的国家为新加坡和文莱；采标程度较高并且标准体系较完善的国家有马来西亚、泰国和菲律宾，其标准自成体系，采标率约为50%。印度尼西亚标准数量将近7000多个，但采用国际标准水平较低。采标水平近年来大幅度提高的越南标准，采标率为36%。随着中国"一带一路"倡议被大多数东亚国家所响应，中国的企业在现有基础上进一步进军东亚市场，资本和技术的使用将带动中国标准与当地国家标准的融合并被逐渐接受。

一、蒙古国

蒙古国与标准化相关的机构是国家标准化委员会和标准化技术委员会。国家标准化委员会是蒙古国标准化计量局的决策机构，由来自政府部门、非政府组织、科技界和企业的代表组成。标准化技术委员会包括政府组织、科研机构、企业、非政府组织。截至2017年9月1日，蒙古国目前有54个国家标准化技术委员会。

蒙古国的标准分为国家标准和企业标准两级，其中强制性标准占44%，其余为推荐性标准。国家标准采用ICS国际分类法进行分类，数量相对较少，但采用国际国外标准达 30% 左右，而且其《标准化和合格评定法》也明确规定，国家标准的制定依据为国际标准，法律依据也要以国际公约为准。此外，蒙古国允许企业在标准化管理机构注册后使用国际国外先进标准。

蒙古国城市发展规划制度自 20 世纪 90 年代初以来不断发展变化，已经建立起一套体系，目前的规划程序、法规和标准仍然在很大程度上反映了中央自上而下的计划方法，城乡规划编制与管理的法律法规及制度体系尚不健全；由于城市规划职能的分割，蒙古国现有的城市规划技术能力和体制使得城市总体规划难以有效实施，并且不适应城市快速发展的城市发展要求。城市规划、土地管理过程和法律框架之间的联系薄弱，缺乏与城市直接相关的主要参与者的综合协议、批准机制和信息共享。城市建设尚无统一认证标准，主要城市建筑、市政工程多为国外援建工程，普遍采用援建国家自身建设标准。蒙古国城乡规划标准基本运用苏联的标准。

蒙古国自身的标准体系并不单纯依靠自身编制的标准，对标准体系不完整的空白领域会采用国际或国外的先进标准使得自身标准体系完善。蒙古国对国际国外标准较为开放，特别是也采用了我国国家标准和行业标准，对实现我国标准"走出去"或转化为蒙古国国家标准十分有利。

二、新加坡

新加坡位于马来西亚半岛的南端，是全球第四大国际金融中心、亚太地区最大的外汇交易中心，也是新兴的发达国家。对民用建筑工程项目的监管主要分为安全监管（人力部）、环境监管（环境部）、质量监管（国家发展部）。民用建筑工程建设标准化工作由新加坡标准化、生产力与创新局（SPRING）和国际企业发展局共同负责，2018 年 4 月成立了国家标准和认证机构 Enterprise Singapore，工作主要由标准理事会（Singapore Standards Council）和各标准委员会（Standards Committees）负责，各标准委员会在各自专业范围内开展制定、促进和实施标准的工作。其中负责建筑工程标准的标准委员会为建筑和工程标准委员会（BCSC）。

目前新加坡标准化、生产力与创新局参与国际标准化组织（ISO）的 34 个技术委员会，国际电工委员会（IEC）的 5 个技术委员会，而新加坡本身主导的国际标准技术委员会有 6 个。新加坡自建国初期起就已经将本国标准与国际标准体系紧密联系，并且在各类国际标准化活动中参与度均较高。

新加坡受英国标准影响较大，也是东亚国家中使用英国标准最多的国家，标准化活动开始时间较早，有比较成熟的标准化体系，如新加坡标准 SS、操作规程 CP、技术参考 TR。新加坡建筑市场是一个完全开放的市场，对外国公司进入几乎没有限制,中国企业在新加坡承接工程,必须熟悉和遵守当地的法律法规以及当地规范的流程和程序。由于业主标书采用英标和新加坡标准,作为承包商很难说服业主采用中国标准。中国设备这几年质量提高很快,相信随着中国设备的引入,中国工程标准也逐渐被业主接受,但前提是中国工程标准要达到或者超过英国标准或者新加坡标准。

三、马来西亚

马来西亚标准的管理部门主要是马来西亚标准部(Department of Standards Malaysia, DSM),主管部门是马来西亚科技创新署(Ministry of Science, Technology And Innovation, MOSTI),指定马来西亚标准与工业研究院(SIRIM)为唯一的标准制定和管理机构,属政府的非营利机构。SIRIM还是马来西亚最大的认证机构,负责建设工程13类共70种建筑产品的强制认证。马来西亚建筑业发展局(CIDB)是建筑行业标准(CIS)的管理部门。

马来西亚应用标准多为英标和美标,发展出本国的相关技术标准都是以英国标准为原型进行修订而成的。马来西亚标准分为推荐性标准和强制性标准。先发布推荐性标准,通过有关议会法案、技术规则和政府批准等程序再将推荐性标准中影响到消费、环境和健康安全的部分列为强制性标准。整个标准体系基本与国际接轨。根据部分项目统计,中国标准在马来西亚的应用率为23%,主要为经援项目。

四、菲律宾

菲律宾的标准化与质量认证工作由菲律宾贸易与工业部下属的产品标准局(BPS)主管。BPS的主要任务包括:制订和推广使用标准;开展产品检验和认证工作;进行质量认证机构的认可和实验室认可等。BPS总部设在首都马尼拉,在全国许多地区设有分支机构。

菲律宾建筑业管理局(CIAP)负责建筑工程建设项目的相关管理。其下属的执行委员会有四个,分别为:菲律宾承包商资格认证委员会、菲律宾海外建设委员会、建筑行业仲裁委员会和菲律宾国内建设委员会。在工程建设领域,菲律宾使用美国标准较多。近些年来也有一些中国标准逐步应用到现有工程项目,但并不是主流的做法。菲律宾建筑市场不对外开放,外国公司不能直接参与其国内投资的工程项目。

五、文莱

文莱是一个君主专制国家,位于亚洲东南部。文莱发展部及其下属的公共工程局是文莱建筑业的行业管理部门。在工程建设领域，文莱使用英国标准较多。

六、印度尼西亚

印度尼西亚城乡差异较为严重，经济分布失衡是影响这个国家发展的重要问题。印度尼西亚的基础设施建设相对滞后，是制约印度尼西亚经济增长和投资环境改善的主要瓶颈。印度尼西亚是群岛国家，水路运输较为发达；全国只有爪哇岛和苏门答腊岛有铁路；全国路网建成于20世纪90年代，金融风暴后建设停滞不前。

印度尼西亚的标准化主管部门是国家标准局（Badan Standadisasi Nasional, BSN），主要职能是指导和促进印度尼西亚标准化活动的发展。国家认可委员会 Komite Akreditasi Nasional（KAN）是印度尼西亚的认证认可监管机构，它的主要任务是建立印度尼西亚认证认可规章制度，协助BSN逐步完善印度尼西亚的认证认可体系，对认证机构、实验室和其他符合要求的认证监管机构进行认可。

印度尼西亚标准化技术委员会由BSN、技术机构以及其他相关政府机构共同设立，主席由BSN负责人任命。与我国标准化技术委员会不同的是，印度尼西亚按照ICS类别成立相应的标准化技术委员会或分技术委员会，并负责起草相应的国家标准。目前，印度尼西亚已成立了100个标准化技术委员会、33个分技术委员会，基本涵盖ICS涉及领域。

印度尼西亚的《空间规划法（UU No. 27/2007）》是当前空间规划中最根本的法律依据。印度尼西亚虽然有较完善的法律法规和国家规划指南，但地方自主权较大，有利于我国工程建设标准在地方层面的推广应用，我国在印度尼西亚的工程承包项目里很多直接采用中国技术和标准。

七、越南

越南位于中南半岛东南端，三面环海，全国人口9342万，设有5个直辖市和58个省。越南坚持共产党领导，走社会主义道路，国内政局稳定。

越南负责基础设施建设的主要政府部门有交通运输部、工贸部、建设部、农业与农村发展部等。越南的工程建设标准化机构主要为国家科技部（The Ministry of Scienceand Technology, MOST）以及建设部（The Ministry of Construction, MoC），且两个部门的职能划分有如下的区别：科技部主要负责标准规范的制定、管理和发行等；建设部主要负责土木工程行业标准化的认证及管理，主要任务为集中核查和完善体制，有效管理建设活动。

越南设立了国家标准制定和管理的部门和相关制度，但并没有涵盖标准国际化工作，标准体系亦不健全。国家标准均为强制性，相关企业无条件服从国家标准的要求。建设部负责对规范、标准的执行进行管理，但不负责对规范、标准的内容进行解释和修改。标准的技术特点受中国、日本、英国、美国等国家的影响较大。目前建筑行业的规范比较齐全，已有超过 1200 个标准，覆盖了所有专业领域，从设计、施工到验收投入使用。中国标准也被采用，不过都是在中国援建或中资企业投资项目上。

八、缅甸

缅甸位于亚洲中南半岛西北部，由于长期受英国殖民影响，没有本国的施工标准，目前通常都要求适用欧美标准（除非提前和缅方商定采用中方标准），且欧美标准的要求普遍比中国标准高。

九、老挝

老挝以农业为主，工业基础薄弱。全境公路里程 43604 千米，没有高速公路。现有铁路 3.5 千米。老挝科学技术部下属的标准和计量部（DOSM）是国家在标准化、计量、认证、符合性评估及相关活动领域的权威机构。老挝目前没有独立的标准组织，标准化活动正处于刚刚起步阶段，而且老挝国家建设标准的编制是由我国来帮助建立的，我国标准在老挝的认可度非常高。老挝标准使用情况则主要以投资国的标准为主，工程建设项目基本以承建方国家标准为主。

十、柬埔寨

柬埔寨工程建设监管部门为国土管理、城市规划与建设部。国家标准委员会（NSC）和标准协会（ISC）在管理上属于同一层级，其下为依照行业进行分类的若干个技术委员会，技术委员会下面又有各自的工作组。其中属于建筑工程领域的建筑及建筑材料技术委员会由国家标准委员会（NSC）和柬埔寨标准协会（ISC）共同管理。

柬埔寨没有管理及技术方面的国家标准。标准化工作还处于初级阶段，力量比较薄弱。使用标准则主要以投资国的标准为主。由中国企业投资建设的项目基本都采用中国标准，其本国投资建设项目应用的标准种类则比较多，如中国标准、日本标准、英国标准等。

十一、泰国

泰国位于中南半岛中部，制造业、农业和旅游业是经济的主要产业。泰国是亚洲唯一的粮食净出口国,世界五大农产品出口国之一。电子工业等制造业发展迅速,产业结构变化明显,汽车业是支柱产业,是东南亚汽车制造中心和东盟最大的汽车市场。

泰国的标准化管理分别由国家工业部、农业部、卫生部等部门负责。泰国国家标准主要由泰国工业标准学会(ThaiIndustrial Standards Institute)来制定并发布,其主要职责是通过制定强制性和推荐性工业标准以适应泰国本国的工业、贸易和经济发展的需要。泰国工业标准学会设有4个标准局,具体负责相关产品的标准制定、认证和监督,同时还是实验室认可、人员培训与注册机构。其中标准1局负责土木工程、建筑材料领域的相关标准化工作。泰国没有非政府的强制性认证机构。

泰国城市规划法律法规和编制管理体系相对完善,与我国的各个层级规划有类似之处。泰国使用美国标准较多。一般来说,业主会要求采用美国规范进行设计和计算,同时因为美国规范规定的土建建材指标与泰国本地的不一致,所以为方便本地采购,土建建材一般采用泰国本国标准。

第二节　南亚国家基本情况及标准应用状况调查汇总

此次调查的南亚沿线国家一共有八个国家,它们是阿富汗、巴基斯坦、马尔代夫、尼泊尔、斯里兰卡、印度、孟加拉国、不丹。其中印度是区域大国,对周边国家如尼泊尔、斯里兰卡、孟加拉国、不丹等国的宗教、人文、外交影响巨大,从而辐射到工程建设领域的立法和标准体系设立。阿富汗和巴基斯坦两国都属内陆国家,特别是阿富汗,连年内战,基础设施建设不仅基本停止,原有的基础设施也大量被毁坏,在这种环境下国家的治理很难实施。相比之下,印度和巴基斯坦在本区域国家中比较突出,国家的建设管理体系比较完善,政府部门职责清晰,标准体系基本具备,标准化组织也在正常发挥作用,参与国际化标准组织的活动也比较积极。

印度在国家结构上实行联邦制,宪法规定各邦在自己的权限内享有单独立法权,联邦政府政策与联邦、邦立法机构制定的法律法规共同构成了印度民用建筑工程管理法律和法规体系,成为各级行政部门的主要管理依据。依据宪法中"各邦职权表"在立法权限上的划分,邦立法机构在66项事务上拥有单独立法权,其中包括地方政府的建立、交通、土地、工程与建筑等。关于印度民用建筑工程,在国家层面上只有指导性法律法规,也就是说,联邦中央政府有关部门根据专家委员会的报告或建议制定总体和验收标准,各邦再根据中央政府的政策要求,结合地区具体情况制定各自的法律法规，实现具体的管理和执行。根据《1986年印度标准局法》（TheBISAct，1986）的规定，印度消费者事务及公共分配部下属的印度标准局（BIS）是印度负责标准及认证事务的主管部门。BIS的总部设在印度首都新德里，下辖5个地区办公室、34个分支办公室、5个检查办公室及8个实验室。其所属的8个实验室和一些独立实验室负责产品认证过程抽取样品的检测工作。印度标准局现拥有500多名合格的科技人员，以及25000多名自愿参与标准化活动的专家，对国家经济的有序增长作出了极其重要且富有价值的贡献。到目前为止，在各个不同技术领域内共制定了20000多条标准。

巴基斯坦的工程管理机构模式深受英国影响，与印度、马来西亚等国家相似。房建与工程部（Ministry of Housing&Works）为建筑工程行业最高行政管理机构，主要负责工程行业的规划、工程规范的制定、解释等。巴基斯坦工程委员会（PEC）由联邦政府于1976年批准，自从工程委员会成立以来一直不懈地为工程界服务，积极参加历届政府组成的咨询委员会，在决策过程中发挥了重要的作用。多年来，巴基斯坦工程委员会已成为政府、工业、工程学院、工程机构之间的有效桥梁，并以完全专业化的方式履行其职能，在国家利益中得到了充分保护。巴基斯坦标准和质量控制局（PSQCA）是国家标准化和质量控制最高行政机构。标准和质量控制局下设三个机构，即标准发展中心（SDC）、质量控制中心（QCC）与技术服务中心（TSC）。标准发展中心是巴方标准制定、国际标准引进使用的技术管理机构。质量控制中心是巴方代表国家对巴国境内产品质量进行官方抽查检验检测的机构。技术服务中心是巴方国家级技术研发、产品开发、工艺改良、标准化服务、质量控制和保证、故障调查、检验服务等综合技术服务机构，具有国家产业发展技术总顾问的职能。

总的来看，除印度和巴基斯坦外，南亚各沿线国家欠发达区域标准基础薄弱且未构建起完善的标准体系，同时其标准化概念较为模糊，自身没有能力培养规划师、设计师团队，故通常直接由外来规划团队来提供规划成果，这导致存在同时应用多种标准体系的情况。在南亚地区调研的9个国家中，尼泊尔有采购政策文件，但没有关于标准的有关规定；东帝汶独立时间较短，法制不健全。在标准使用方面，采购政策基本均规定优先使用符合国家要求的、在国际贸易中广泛使用的国际标准，或者使用能保证同等或更高质量的国内或其他国家标准。特别是当中国、欧美等标准制定理念不同的各国标准同时被采用时，标准间的协商较为困难。中国标准的使用除受地缘政治的影响外，历史渊源和文化体系带来的非认同感、关税政策和地方保护主义、高品质中国制造尚未形成全面的认可等因素也是特别要引起重视的，这些欠发达国家尽管接受中国标准，但是由于中国标准在某些领域的要求相对较高，而本地技术人才缺乏，也将导致标准无法落实。

一、阿富汗

阿富汗东北部与我国接壤，基础设施较为薄弱，长年的战争导致 1.5 万千米公路被毁，无出海口，铁路建设刚刚起步，现有喀布尔、坎大哈和马扎里沙里夫三个国际机场。

阿富汗工程建设监管部门为城市发展与住房部。阿富汗国家标准局对阿富汗标准化、合格评定、认证、计量等领域的利益相关方（政府、工业和消费者等）进行技术服务。2012 年，美国国际开发署与 Arazi（前阿富汗土地局）、城市发展事务部（MUDA）、地方治理独立局（IDLG）合作开展了一个土地改革项目（LARA），提出了制定《城市规划法》的指导原则和建议框架。

阿富汗目前属战乱国家，此次调查尚无标准应用情况资料，需要进一步了解。

二、巴基斯坦

巴基斯坦伊斯兰共和国位于南亚次大陆西北部，国土面积为 79.6 万平方千米，总人口约 1.97 亿人，行政区划包括 4 个省和 2 个联邦直辖区。

巴基斯坦实行联邦制，联邦政府是最高行政机关。省政府受联邦政府领导，但宪法规定了各省的自治权限。

巴基斯坦政府房建与工程部是建筑工程行业最高行政管理机构，主要负责工程建设行业的规划、工程规范的制定、解释等。巴基斯坦工程委员会（PEC）主要负责巴基斯坦工程建设行业的监管与教育，主要功能包括对工程师、承包商资质进行注册和认证，协助联邦政府建立智库，规范工程领域的标准以及维护其成员的利益等。在巴基斯坦所有工程承包商均需要在 PEC 进行注册，在一些省份承接政府项目时，还需要另外在该省的管理部门注册。部分省主管城市规划及建设项目审核报批的是当地发展局（Development Authority），其会编制详细的设计规范，工程项目设计图纸必须在发展局报批，获得批准后才可实施。

巴基斯坦国家层面的城乡规划主管部门为巴基斯坦规划发展和改革部及其下设的规划委员会。

巴基斯坦标准和质量控制局（PSQCA）是巴基斯坦国家标准化和质量控制最高行政机构，其下设 3 个机构：即标准发展中心（SDC）、质量控制中心（QCC）与技术服务中心（TSC）。其中，SDC 是巴方标准制定、国际标准引进使用的技术管理机构。目前，巴基斯坦无专门的机构负责工程建设标准的制定和监督管理，根据不同工程种类，由相应的职能部门负责管理。

在工程建设领域，巴基斯坦沿用和继承了英国的法律法规体系，法规按照法律要求制定强制性要求，没有具体操作和实施的方法。巴基斯坦工程委员会制定的《工程条例》规定了工程师、建造商和运营商的许可架构和要求，根据规定只有工程委员会许可的工程师和运营商可以实施和运营工程项目。

《巴基斯坦标准与质量控制局法案1996》是巴基斯坦标准与质量控制局成立和运行的根本性法律。

巴基斯坦的工程建设标准化法规制度为"$NHA-Code$"，按照"$NHA-Code$"，由NHA负责项目的立项、实施、运营和维护。在项目的不同阶段，分别形成PC-Ⅰ、PC-Ⅱ、PC-Ⅲ、PC-Ⅳ、PC-Ⅴ文件，实现标准监督检查工作常态化。

作为国际标准化组织（ISO）成员，巴基斯坦政府已与国际标准化组织（ISO）达成协议，并表态支持巴基斯坦与国际标准化组织（ISO）、国际电工技术委员会（IEC）、国际法定计量组织（OIML）以及世界贸易组织（WTO）所指定的国际法律和协议。

巴基斯坦偏重使用美国标准。目前巴基斯坦还没有一套适用于全国范围内的建筑规范，其标准化相关部门正在参照美国标准编制一套适用于本国国情的建筑规范，并正在逐步发展本国的建筑标准体系。

三、马尔代夫

马尔代夫共和国是印度洋中的一个岛国，由26个珊瑚环礁、1200余个小岛组成。官方语言为迪维希语，上层社会通用英语。伊斯兰教为国教，教徒多数属逊尼派。

马尔代夫目前无专门的标准化部门，其有关标准、商贸合作、法律法规制定全部由马尔代夫经济发展部进行管理。

由于其在独立前期的工程建设普遍使用英国标准，而独立之后对国际上常用的标准和规范认可度比较高，因此其工程建设标准大量借鉴美国和英国的标准并结合当地标准，一部分工程采用了国际上较为先进的欧美标准或国际标准。中国标准在该地区应用较少，一般是在援外项目中才使用中国标准。目前马尔代夫十分缺乏建设领域相关法律法规与标准体系，认证制度方面也十分缺乏，主要手段为邀请国际专业人士与建设方共同参与认证。目前中国在马尔代夫的项目大部分采用了中国标准进行设计，因此中国标准在马尔代夫工程建设方面的适用性及推广性具有十分良好的前景。

四、尼泊尔

尼泊尔是南亚山区的内陆国，位于喜马拉雅山脉南麓，北与中国相接，其余三面与印度为邻。

尼泊尔标准与计量局是尼泊尔的国家标准化管理机构，同时也是国家计量研究与管理机构，它是尼泊尔政府工业部下的一个部门。在"尼泊尔标准（认证标志）法案2037"中规定，尼泊尔的标准委员会是管理质量、标准、测试和计量活动的政府机构。尼泊尔标准与计量局充当着该委员会秘书处的角色。

尼泊尔参与国际标准化组织的情况：ISO（国际标准化组织）的正式成员（2014年）；IEC（国际电工委员会的附属成员）（2001年）；亚太地区计量规划组织的正式成员和发起国（1982年）；OIML（国际法制计量组织）的相应成员（1983年）。

尼泊尔当地缺乏城乡规划体系以及城乡规划标准，对中国城市发展经验认可度很高，我国标准当地应用情景较好。我国的城乡规划编制体系以及土地用途管制、城市空间布局、各项公共服务设施标准等通过本地化修正后能够在尼泊尔地区应用。

五、斯里兰卡

斯里兰卡是印度洋上的岛国，国土面积为6.56万平方千米。僧伽罗语、泰米尔语同为斯里兰卡官方语言和全国语言，商务活动中通用英语。

斯里兰卡住房建设部是建筑工程行业最高行政管理机构。标准化机构是斯里兰卡标准协会（SLSI）。主要采用斯里兰卡标准机构SLSI的标准，当不可用时，使用可接受的国际标准。

斯里兰卡并没有设立国家标准制定和管理的部门和相关制度，虽然设立了标准化机构，但在标准化应用情况上，斯里兰卡的工程建设标准主要采用当地标准及英标、美标、欧标。斯里兰卡尚无独立的标准体系，在合作项目标准应用上，尝试采用以中国标准为主，兼顾当地法律法规、验收标准等。

六、印度

印度位于亚洲南部，是南亚次大陆最大的国家，也是世界上发展最快的国家之一。印度中央政府机构中主要负责民用建筑工程建设管理的部门是印度建筑业发展委员会，它是由印度政府的计划委员会负责组建的印度建筑业的最高管理机构。印度城市发展部是一家制定和管理印度住房和城市发展的规章制度和有关法律的政府机构,下设三个局:住宅局,主要负责制定全国住宅建设与房产管理的政策与法规,对全国住宅建设实行宏观管理、监督和控制;规划局,负责全国规划政策和法规的制定及城市总体规划的审批,指导制定城市建设的详细规划;公共工程局,主要负责中央机关和各部委的办公用房和机关职工住宅的建设、管理、维修。

目前印度消费者事务公共分配部下属的印度标准局(BIS)是印度负责标准及认证事务的主管部门。印度标准局(BIS)制定的印度标准涉及14个领域,这些领域均设有分区理事会。到目前为止,在各个不同技术领域内共制定了20000多条标准。在标准化应用情况上,由于历史原因,其未来工程建设规范标准化进程中会沿用英美规范。

印度民用建筑工程项目一般都采取EPC总承包的方式。中国建设单位在印度的建设项目较多,数据统计,印度在中国建设单位建设的项目中并不排斥使用中国标准。在中建股份对印度投入建设的9个项目中,有5个项目使用了中国标准。

印度设立了国家标准制定和管理的部门和相关制度,但并没有设立标准国际化的制度和机构。在标准化应用情况上,印度标准协会及印度标准局的相继出现,才使印度标准制定工作逐渐与国际接轨,并广泛引入国外先进标准,在制定标准和审查标准方面逐渐形成严格形式,保证了印度所采纳标准的权威性和适用性。印度对国际上常用的标准和规范认可度比较高,欧美等发达国家在印度的工程咨询和设计等高端市场中占有相当大的份额。

七、孟加拉国

孟加拉国位于南亚次大陆东北部的恒河和布拉马普特拉河冲积而成的三角洲上,属于亚热带季风气候。

孟加拉国原有的城乡规划体系沿袭了英国的规划体系,后在联合国开发计划署的资助下形成了现有的三级规划体系,包括结构规划(Structure Plan)、总体规划(Master Plan)和详细规划(Detailed Area Plan)。结构规划是作为宏观层面的战略规划,总体规划则是对全域的土地利用进行规划,详细规划更侧重与本地情况的结合,对上述两个层级的规划进行深化。规划编制机构包括大学以及私人规划机构。职业资质主要是针对规划师个人进行管理,由孟加拉国规划师协会(Bangladesh Institute of Planners)负责管理,包括会员及专业规划师。同时,各个地区的发展委员会也对规划师及公司进行管理,形成各地区的注册规划师(Enlisted Planner)以及注册公司(List of Architecture Firm)的管理名单。

在城乡规划方面，出台了《城镇改善法（1953）》(*The Town Improvement Act*, 1953)、《详细规划公报》(*Detailed Area Plan (DAP) Gazette*)、《城市与区域规划法（2017）》(*Urban & Regional Planning Act*, 2017) 等涉及规划的法律法规。

目前，孟加拉国尚未有较为完善的标准体系，仅有少量法案与建设工程相关，针对孟加拉国自然灾害较多的特点，出台了《孟加拉国基于风险敏感性的城乡土地利用规划手册》(*Handbook of Risk Sensitive Land Use Planning for Upazilasand Municipalitiesin Bangladesh*)。其所采用的标准大多为英美标准，在轨道交通方面采用日本标准体系。

目前，中国企业主要是参与孟加拉国的基础设施建设项目，在"一带一路"建设的大背景下，孟加拉国积极支持"一带一路"的建设。因此，未来我国城乡规划标准在当地的推广具有较好的前景。

八、不丹

不丹是位于中国和印度之间喜马拉雅山脉东段南坡的一个南亚内陆国。其国土面积 38394 平方千米，70.46% 土地为森林覆盖，建成区面积仅为 61.56 平方千米。

在城乡规划方面，2015 年起草《空间规划法》(*Spatial Planning Act*)，设立国家主管部门为工程和人居部，下设人居司。在地方则由宗卡设立相应管理机构。在城市规划认证制度方面，不丹无明确法律法规规定工程项目的监管。

在标准制定方面，不丹标准局负责协调并监管国内所有涉及标准化和合格评定的事务。不丹标准局的主要职能包括：开发国家标准，并推动它们的实施；建立并操作使用计量转介和调校实验室；建立并操作使用产品测试的基础设施；执行产品和管理体系认证方案；准许、协调、协助实验室及认证机构的评审；改进质量，促进标准化；监管有关标准和贸易技术壁垒等事务的区域及国际贸易协定的实施；履行由王国政府赋予的有关标准化、质量控制等方面的其他职能。

目前，不丹在城乡规划方面主要由个人倡议和实践推动，往往导致产生作用于不同领域的不同规划方法，因此急需制定一个规划实施标准体系。

第三节 西亚国家基本情况及标准应用状况调查汇总

本次调查的西亚国家共 17 个，它们地处中东地区，经济发展极不平衡。其中以阿联酋、阿曼、巴林、卡塔尔、科威特、沙特阿拉伯组成的海湾国家靠巨额稳定的石油和石油加工产品收入进入世界上的富裕国家行列，国家的基础设施建设根据各国自身特点进行规划和实施,城市功能比较完善,现代化程度也比较高。在标准化建设方面,这些国家都是海湾阿拉伯国家合作委员会(GCC)、海湾标准化组织(GSO)和阿拉伯标准化与计量组织(ASMO)成员国,参与海湾标准化组织的相关工作,还参与制定区域性标准。这些国家在工程建设领域都实行 GCC 认证,即要求所有受管制产品都必须贴 GCC Conformity Marking 标识,这些具有 GCC Conformity Marking 标识的产品可以更加快速便捷地在 GCC 成员国流通和交易。所有贴有该标识的产品除了满足基本的健康、安全和环保的要求外,还必须满足产品适用的 GSO 相关标准法规的要求。这些国家的标准都以英标和美标占主导,欧标及当地标准为辅助。近几年,中国企业在这些国家承揽的工程越来越多,逐渐积累了市场开拓的经验,但只有少数专利技术和产品采用了中国标准。

约旦、巴勒斯坦、黎巴嫩、叙利亚、也门五个国家都是因为连年战乱,使得国民经济发展受到巨大影响,国家建设基本处于停滞状态,其中有些国家虽然曾经有过比较完善的标准化体系,但是随着国家政体动荡、政府主管部门的管理能力不足、标准化组织名存实亡,大多采用国际标准,或者依据国际标准如 ISO 标准、欧盟标准、GCC 标准等来制定本国标准。

土耳其、希腊、塞浦路斯三国与欧洲大陆比邻,故受欧洲的标准化体系影响较深,城市建设和管理体系健全,工程建设标准化体系比较完善,相关法律、法规及标准也比较全面,鉴于此次调查对有些国家还欠深入,今后还应该做一些专项的调查工作。伊朗和埃及均属于区域大国,不仅自身的工程建设管理体系比较健全,在区域标准化建设中也曾经发挥了重要作用,参与国际标准化组织的活动也比较多,因此标准化体系中主要源自国际标准化组织等国际机构颁布的标准,或者依据国际标准如 ISO 标准、欧盟标准、GCC 标准等来制定本国标准。

以色列是中东地区工业化、经济发展程度最高的国家,属于发达国家,因此拥有与之相配套的工业化管理体系和标准化体系,产品标准比较全,特别是随着大量专利产品和工艺技术的涌现,标准要求也比较高,而标准的基础还是源于美国、欧盟、ISO 和 GCC 标准。

西亚地区共调研了 18 个国家,城市轨道交通产业总体上较不发达,许多国家处于无城市轨道交通或仅有在建项目的状态,城市轨道交通技术法规和标准体系不够健全。在标准方面,大多数国家倾向于采用国际标准,或者依据国际标准如 ISO 标准、欧盟标准、GCC 标准等来制定本国标准。

一、阿联酋

阿联酋全称阿拉伯联合酋长国,由阿布扎比、迪拜、沙迦、富查伊拉、乌姆盖万、阿治曼和哈伊马角 7 个酋长国组成，除外交和国防相对统一外，各酋长国拥有相当的独立性和自主权。阿联酋石油和天然气探明储量均居世界第七位，巨额稳定的石油收入使其成为海湾地区第二大经济体和世界上最富裕的国家之一。

阿联酋的基础设施发展部负责工程项目监管并统管全国城乡规划事务。阿联酋工程建设标准体系的现状是：根据国际和地区标准（海湾合作委员会和海湾标准组织）制定标准，分强制性标准、自愿性标准，其中英标和美标占主导，欧标及当地标准为辅助，包括所有设计规范、材料规范、施工规范等，欧美规范为主要规范。近几年，在原本就长期存在的欧美标准基础上进行了有针对性的调整，形成了具有本国特色的工程建设规范，不过也仅仅是对一些核心的设计要求进行规定。

二、阿曼

阿曼位于阿拉伯半岛东南部，国土面积 30.95 万平方千米，是阿拉伯半岛地区的第三大国；官方语言为阿拉伯语，通用英语。

2014 年以来，阿曼加快推进杜库姆等经济特区、工业园区、新机场、高速公路等重大项目和重大基础设施建设。阿曼已成为中国在阿拉伯地区第四大贸易伙伴，中资公司先后承建高等级公路、污水管线、独立电厂、水泥厂等大型工程。

阿曼负责工程建设的主管部门是建设部，负责国家基础设施建设项目的主要政府部门是交通与通信部，负责规划主管部门是最高规划委员会。阿曼国家标准化负责部门是工商部（MOCI）所属标准和计量总局（DGSM），倾向于采用国际标准或者依据国际标准如 ISO 标准、欧盟标准、GCC 标准等来制定本国标准。阿曼是阿拉伯标准化与计量组织成员和海湾阿拉伯国家合作委员会（Gulf Cooperation Council）成员，因此在工程建设领域实行 GCC 认证。

三、埃及

埃及位于非洲东北部，地处欧亚非三大洲的交通要冲。埃及是中东人口最多的国家和非洲人口第二大国，在北非、中东和伊斯兰信仰地区尤其有广泛的影响力。阿拉伯语为官方语言，但由于历史上曾是法国、英国的殖民地，因此英语、法语也被广泛使用。埃及在经济、科技领域方面长期处于非洲领先态势，是非洲大陆第三大经济体。国内各项重要产业，如旅游业、农业、工业和服务业有着几乎同等的发展比重，政府非常重视发展旅游业，工业以纺织和食品加工等轻工业为主，重工业以石油化工业、机械制造业及汽车工业为主。

埃及国家级城乡建设管理部门是住房、公用事业和城市发展部 MHUUD（The

Ministry of Housing, Utility, and Urban Development），在管理国家发展项目和住房和公用事业部门的规划决策中发挥着最关键的作用。各种附属组织，如新城市社区管理局、国家住房和建筑研究中心、一般建筑和住房合作管理局和建筑技术检查机构都在 MHUUD 的监督之下。埃及的标准化体系中主要源自国际标准化组织等国际机构颁布的标准，或者依据国际标准如 ISO 标准、欧盟标准、GCC 标准等来制定本国标准。埃及也是阿拉伯标准化与计量组织（ASMO）成员国。

四、巴勒斯坦

巴勒斯坦由两部分组成。其中加沙地区位于以色列的西南部、埃及的东北部，还有一部分是约旦河西岸地区，位于以色列的中东部、约旦国的西部。巴勒斯坦主要民族为阿拉伯人和犹太人，阿拉伯语是母语和官方语言，通用法语、英语。

由于多年的战争，以色列不断扩大对巴勒斯坦地区的领土占有，客观上也造成了巴勒斯坦的快速城市化，人口的增长率较高，土地资源稀缺，且高度分散。其城市化质量低下，且缺乏基本的设施和公共服务体系建设。

五、巴林

巴林地处卡塔尔和沙特阿拉伯之间，与沙特有跨海大桥相连接，是位于波斯湾西南部的岛国，首都麦纳麦是工商业中心，是国内外大型金融机构所在地，全国人口接近一半居住在首都麦纳麦。巴林法律健全，市场自由，文化开放有"中东香港"的美誉。巴林实行君主世袭制，区域内的各式设施也由国家统一规划；阿拉伯语为国语，英语是官方第二语言。巴林标准计量局（BSMD）负责国内标准的制定与管理，一般采用国际标准或海湾标准作为国家标准，或者按照国家要求来制定标准，巴林是阿拉伯标准化与计量组织（ASMO）成员国。

六、卡塔尔

卡塔尔是一个半岛国家，位于波斯湾西海岸中部。其国土面积 11521 平方千米。卡塔尔的官方语言为阿拉伯语，通用英语。

卡塔尔的标准制定工作由市政和环境部下属的卡塔尔建筑规范委员会负责组织，由其下属的卡塔尔建筑章程起草和发展技术委员编制。卡塔尔作为海湾标准化组织（GSO）成员国，还参与制定海湾标准，该组织在规划建筑领域制定或认证了超过 1200 项标准和规范，其中 58% 为国际标准化组织（ISO）标准，18% 为欧洲标准委员会（CEN）标准，16% 为美国材料与试验协会（ASTM）标准，8% 为海湾国家（GSO）标准。

长久以来，卡塔尔都使用英国标准和规范，虽然部分设计师带了其所在国家的标准和规范，但使用英国标准规范的情况仍在继续。在英国标准的基础上，卡塔尔根据自身的实际特征，制定《卡塔尔建筑章程》（Qatar Construction Specifications，QCS），现行章程（QCS2014）已经是第五次修订版本，由120多位顾问和专家根据1200多个国家和地区参考资料，综合考虑美国、欧洲、亚洲和澳大利亚的当地环境标准进行编制。卡塔尔建筑规范（Qatar Construction Specification）是建筑的强制性标准。卡塔尔项目一般还主要参考英国标准BSEN，部分项目也使用ASTM标准。

七、科威特

科威特位于波斯湾西北岸，国土面积17818平方千米。科威特的官方语言为阿拉伯语，通用英语。石油、天然气工业是科威特的支柱。

科威特标准和计量管理部门是工业公共管理局。工程建设标准化组织有科威特国家建筑规范委员会（NCOBC）。科威特的工业管理局（PAI）负责KUCAS认证与监督。科威特的标准制定工作由科威特国家建筑规范委员会（NCOBC）负责。作为海湾标准化组织（GSO）成员国，参与海湾标准化组织的相关工作，还参与制定海湾标准，该组织在规划建筑领域制定或认证了超过1200项标准和规范，其中58%为国际标准化组织（ISO）标准，18%为欧洲标准委员会（CEN）标准，16%为美国材料与试验协会（ASTM）标准，8%为海湾国家（GSO）标准。

科威特国家规划和城市规划的尺度基本重叠。科威特是阿拉伯湾制订城市规划（KMP）的第一批国家之一，迄今为止已经编制第三版规划。

作为海湾阿拉伯国家合作委员会（Gulf Cooperation Council）成员之一，科威特实行GCC认证。对电子电器产品、汽车产品、建材产品、化工产品等还实行KU-CAS认证管理。

八、黎巴嫩

黎巴嫩位于亚洲西南部地中海东岸。黎巴嫩国内自然资源相对匮乏，但地理位置优越，曾经是东西方以及欧洲与阿拉伯世界贸易交往的必经之地。官方语言为阿拉伯语，通用法语和英语。黎巴嫩是阿拉伯地区甚至全世界城市化程度最高的国家之一，全部人口中有87%生活在城市地区，其中绝大多数居住在贝鲁特和的黎波里大都市地区。

负责黎巴嫩国家规划的部门是国家城市规划总局（DGU），地方一级规划编制的部门是地方政府当局,它们是城市政府及城市联盟、城市规划高级委员会(HCUP)或发展与重建委员会(CDR)等。城市规划编制体系纵向分成了全国、城市或城市联盟两级层次;横向分成了综合性规划和部门专项规划。

黎巴嫩的标准体系是自愿性标准和强制性标准,采用国际标准,或者依据国际标准如 ISO 标准、欧盟标准、GCC 标准等来制定本国标准。黎巴嫩轨道交通产业总体不发达,有关城市轨道交通技术法规和标准体系也不够健全。黎巴嫩是阿拉伯标准化与计量组织(ASMO)成员国。

九、塞浦路斯

塞浦路斯为地中海东部岛国,地处亚、非、欧三洲海上交通要冲,国土面积 9251 平方千米。塞浦路斯是一个发达的资本主义国家,人民相对富足,人均国内生产总值高于欧盟平均数。塞浦路斯拥有开放、自由市场和以服务业为主导的经济,官方语言为希腊语和土耳其语。塞浦路斯奉行中立的和平外交政策,支持不结盟运动,是不结盟运动 25 个创始国之一。

塞浦路斯国家标准化负责部门是塞浦路斯标准化组织(CYS),是 ISO 和 3 个主要欧洲标准组织的正式成员,标准体系执行欧洲标准。

十、沙特阿拉伯

沙特阿拉伯王国是中东地区最大的国家,是世界上最大的产油国和石油输出国,素有"石油王国"之称,也是中东地区经济总量最大的国家。沙特阿拉伯是伊斯兰教发源地,是世贸组织(WTO)、石油输出国组织(OPEC)和二十国集团(G20)成员,在中东地区乃至世界范围内的政治、经济和宗教领域发挥着举足轻重的作用。官方语言为阿拉伯语和英语。

沙特阿拉伯是阿拉伯标准化与计量组织成员。沙特政府规定由沙特阿拉伯标准化组织(Saudi Arabian Standards Organization,SASO)负责沙特标准化工作,其宗旨为根据伊斯兰法通过在不同标准化领域采用国际最佳做法维护消费者安全和公众健康和保护环境,并提高产品的竞争力。沙特标准化组织(SASO)按照农业食品、建筑、化工、电子电气、金属机械、纺织、计量检测等 7 大行业领域,分别成立了总委员会,由各总委员会根据需要组织成立分技术委员会,由技术委员会制定相关的标准,标准草案经一定的讨论程序之后,报沙特标准局(Saudi Arabian Standards Organization,SASO)管理委员会审核后,交 SASO 董事批准发布。目前,SASO 已发布沙特标准 4200 多项,每种产品的标准都分别编制了安全、性能要求和测量方法两份标准。SASO 标准中有很多是在相关的 ISO、IEC 等国际标准和 GCC 等区域性标准的标准基础上建立的。

十一、土耳其

土耳其国土面积 78.36 万平方千米，横跨欧亚两洲。土耳其政体为议会共和制，宪法规定土耳其为民主、政教分离和实行法制的国家。土耳其为议会共和制，2019 年之后实行总统共和制，立法体系效仿欧洲模式，议会为最高立法机构。

土耳其标准局（Turkish Standards Institution，TSE）是土耳其标准化机构，是一个具有法人地位的、独立的公益性社团组织，并代表政府工作，但不受政府的行政干预。TSE 的职责是管理全国标准化和质量认证工作。

土耳其标准目前分为本国标准 TS、与欧洲的协调标准 TSEN，以及与 ISO 及 IEC 的协调标准。土耳其的强制标准只在少数特定的领域，如食品、消防产品、纺织品等出于安全的原因才会保留强制标准。土耳其有部分建设规范，其他规范借鉴和采用欧美规范。土耳其的建筑规范与标准有两种技术标准（technicalstandards）：自愿标准 voluntarystandards 和强制规范 compulsorycodes（这包括规定 regulations 和国家条款 national provisions 等）。所有标准都通过国家标准机构（Turkish Standards Institution，TSE）。除非政府部门声明为强制标准，一般情况下标准不作为法律要求强制实行。有些情况下标准可以通过政府发布的规范（specification）强制执行。有些时候规范（codes）直接由相关法律机构颁发。土耳其的建设规范总体来说考虑的因素是健康、安全、可达性、防火、牢固性和节能。在土耳其全国范围内，建筑施工和消防安全具有高度的一致性，采用集中的系统进行规范建设和维护。土耳其的国家标准机构 TSE 在 2011 年时成为欧洲标准化委员会的会员，因此摒弃了部分与欧洲标准冲突的土耳其标准，并将部分欧洲标准进行了翻译和本土化调整。

十二、希腊

希腊地处欧洲东南角、巴尔干半岛的南端。政体为议会共和制，信奉东正教，官方语言为希腊语。希腊标准化委员会负责标准的制定工作，希腊技术协会（Technical Chamber of Greece）负责认证与监督。希腊的自愿性标准源自欧洲标准和国际标准。希腊执行欧洲标准（EN）。

十三、叙利亚

叙利亚位于亚洲西部，地中海东岸，欧亚非大陆交汇点，古丝绸之路的终端。

其主导产业包括农业和石油矿业。叙利亚为伊斯兰教国家，阿拉伯语是官方语言，通用英语和法语。叙利亚阿拉伯标准和计量组织（SASMO）负责标准体系的管理。倾向于采用国际标准，或者依据国际标准如 ISO 标准、欧盟标准、GCC 标准等来制定本国标准，并按照国际标准采用国家标准和计量法规。叙利亚国家标准化工作尚处于发展阶段，建立完成了标准化管理制度和组织机构，逐步完成了重点领域标准制定，但尚未全面覆盖技术、管理和工作，各领域标准国际化程度较低。对于国家工程建设项目采用的标准要求尚无明确规定。叙利亚是阿拉伯标准化与计量组织（ASMO）成员国。

十四、也门

也门共和国位于阿拉伯半岛西南端。也门是阿拉伯半岛人口最多的国家，官方语言为阿拉伯语。也门经济落后，是世界上最不发达的国家之一。也门的标准化负责机构是标准化、计量和质量控制组织（YSMO），采用海湾阿拉伯国家合作委员会标准化组织（GSO）制定发布的标准；民用建筑工程采用海湾阿拉伯国家合作委员会（Gulf Cooperation Council）的产品认证，即 GCC 认证。

十五、伊朗

伊朗位于亚洲西南部，国土面积 164.5 万平方千米，绝大部分位于伊朗高原（海拔一般在 900~1500 米），人口数量约 7600 万人，具有极其重要的战略地理地位。

伊朗的工程建设标准化管理部门是标准和工业研究院（ISIRI），负责强制标准的认证，以控制进出口货物的质量。伊朗标准和工业研究院只授权了 2 个认证机构来签发证书，这两个机构分别是：通标标准技术服务有限公司（SGS）和必维国际检验集团（BV）。自愿性认证有两种，即 VOC 认证和 COI 认证。该研究院于 1960 年加入 ISO，现在是 ISO 技术委员会（TC）和分委员会（SC）的正式成员以及 TCS 和 SCS 的观察员。除了 ISO 成员外，ISIRI 也是 IEC 的成员、OIML（国际法定度量衡组织）成员、BIPM（国际计量大会和国际计量委员会）执行机构以及 WAITRO（世界工业与技术研究组织协会）会员。

伊朗目前所用的标准是 2013 年发布实施的，轨道交通使用中国标准。

十六、以色列

以色列位于亚洲西部，地处亚、非、欧三大洲接合处。以色列有两种官方语言：希伯来语和阿拉伯语，希伯来语是主要的也是最优先的国家语言，并且被大多数人口所使用。阿拉伯语则是由阿拉伯族群与阿拉伯犹太人使用。大多数的人口也将英语作为第二语言。以色列是中东地区工业化、经济发展程度最高的国家，属于发达国家。以色列有着发展成熟的市场经济，但政府也进行一定的管理。以色列属于混合型经济，工业化程度较高，以知识密集型产业为主，高附加值农业、生化、电子、军工等部门技术水平较高。

以色列标准局（Standards Institute of Israel，SII）是一家负责制定以色列测试和认证产品标准的机构，根据以色列 1953 年《标准法》，以色列标准局（SII）是官方标准机构，是一个非政府组织，但受以色列政府直接管理。在以色列工业、贸易和劳动部（工贸部）的领导下负责标准制定、认证与产品检测，确保本国生产或进口的产品符合质量要求。标准局共设有 17 个中心技术委员会，覆盖了建筑、电工、化学、机械、食品、纺织、聚合物、电子、水、纸张、信息系统、环境保护、医疗器具、包装、安全、通信等领域，迄今为止，SII 已经颁布实施多达 3000 项以色列标准，标准代号用"IS"表示。执行标准主要来源于美国、欧盟、ISO 和 GCC 标准。

十七、约旦

约旦系发展中国家，经济基础薄弱，国民经济主要支柱为侨汇、旅游和外援。约旦国内资源较为贫乏，工业发展水平较低，主要有轻工业和小型加工工业。

约旦的标准化负责部门是标准与计量组织（JSMO），标准体系属于自愿性标准及强制性标准。约旦能效认证是由约旦标准与计量组织（JSMO）颁布实施的强制性认证。目前没有专门的城乡规划类标准体系，规划类标准融合在建筑类标准中。由于曾经是英国托管国，受到英美城乡规划标准体系的影响较大。约旦是阿拉伯标准化与计量组织（ASMO）成员。

第四节 中亚国家基本情况及标准应用状况调查汇总

中亚 5 国包括哈萨克斯坦、乌兹别克斯坦、土库曼斯坦、塔吉克斯坦和吉尔吉斯斯坦。中亚五国脱胎于苏联，也属于独联体国家。在独立之初，各国建设领域的规划标准基本沿用苏联时期通行的规范体系。即使是目前五国的多数规划技术规范性文件也仍然是以苏联时期制定的为蓝本。吉尔吉斯斯坦、哈萨克斯坦、塔吉克斯坦、乌兹别克斯坦中亚 4 国曾共同签署了关于成立中亚计量、认可、标准化与质量合作组织（IACMAC-K）的协议。其宗旨是加强中亚国家在计量、认可、标准化与质量领域的合作，提升各国计量与标准化的水平。

我国城乡规划标准在中亚也未被应用，在承包工程中主要使用当地国家标准，除此之外，还使用欧美标准、萨比克标准和苏联标准。

中亚一些欠发达的国家尚未形成完善的规划管理体系和制度，缺乏标准制定和管理部门，未构建起完善的标准体系。但由于标准冲突协商机制未建立，一旦标准对接不畅，或者与其他援建方、合作方的标准产生冲突，只能依据个案情况进行裁量，导致标准协商结果存在一定的不确定性，影响项目效率。

在中亚五国中，哈萨克斯坦的法律体系和标准化体系最为完善，哈萨克斯坦国家认证认可委员会（NCA），是哈萨克斯坦共和国工业和贸易部标准计量认证委员会的认证主管机构，主要进行认证机构和认可实验室的评定工作。在地区标准化事务中，哈萨克斯坦也起着引领和带头作用。例如，CU-TR 认证，发起人是俄罗斯、白俄罗斯、哈萨克斯坦三国，即海关联盟强制性认证，是三国共同对产品安全制定统一标准，形成一种认证，三国通用，这为区域国家的产品质量提升和便捷流通作出了贡献。目前，CU-TR 证书也逐渐被中亚的其他国家所接受。

总之，中亚五国因地缘关系相互联系密切，近年来都致力于与中国的紧密联系和友好合作。中亚五国的发展道路相近，发展水平相当，互为邻居，具有共同的文化背景，共同利益大于分歧，又同处"一带一路"的关键线路上。随着中国的资金和技术的不断进入，中国的文化和标准将随之渗入进去，相信在不远的将来，中国标准会逐渐被认可，中国和中亚各国通过技术交流实现标准互认的局面一定会呈现在世人面前。

一、哈萨克斯坦

在中亚五国中，最富裕的国家和国力最强的是哈萨克斯坦。目前，哈萨克斯坦在对项目实施进行管理时依据的法律法规体系以及相关标准化体系比较完善。哈萨克斯坦主管全国标准化管理的机构是哈萨克斯坦技术调节与计量委员会（以下简称国家标准化委员会），隶属于工业与新技术部，其前身是哈萨克斯坦标准化、计量与认证委员会，2006年2月改为现称。其附属机构主要包括"哈萨克斯坦计量研究院""哈萨克斯坦标准化和认证研究院""国家认可中心"，以及16个地方管理局。承担国家标准编制工作的标准化技术委员会有41个。

哈萨克斯坦从1994年起成为国际标准化组织 ISO 的成员，在国际电工组织（IEC）拥有观察员身份。在 ISO 框架下，哈萨克斯坦作为正式成员参加了16个国际标准技术委员会的工作，在 IEC 框架下，作为 4 个 IEC 技术委员会正式成员参加工作。目前，哈萨克斯坦成立了 61 个标准化技术委员会，并制定了 600 多个标准。

我国目前在哈国的工程建设并不多。大多数援建项目采用我国标准，但是非援建项目，都是采用哈萨克斯坦本国标准。

二、乌兹别克斯坦

乌兹别克斯坦国土总面积 44.74 万平方公里，全国共划分为 1 个自治共和国、12 个州和 1 个直辖市，政治体制为总统制共和制。2016 年人口数为 3185 万人。

乌兹别克斯坦标准化工作主要由国家标准化、测量和认证署承担。根据乌兹别克斯坦共和国的现行法律，规范文件分为国际（洲际，地区性）标准、乌兹别克斯坦共和国国家标准、分支机构标准、技术规范、企业标准、外国国家标准和行政区域性标准七大类。

城乡规划：目前乌兹别克斯坦的多数规划技术规范性文件仍然是以苏联时期制定的为蓝本，并且是由当时的俄罗斯设计研究机构协助制定的。当前这些规范体系已经不能完全适应时代的发展。

轨道交通：我国在该地区与乌兹别克斯坦有轨道交通设施的合作。该地区对中国标准的接受程度较高，乌兹别克斯坦的卡姆奇克（铁路）隧道全面采用中国标准、中国技术，并取得成功。

三、土库曼斯坦

土库曼斯坦国土总面积 49.12 万平方公里。全国划分为 5 个州（省）、16 个市、46 个区，政治体制为总统制共和制，国家总统对经议会通过的相关法律进行签署，使之正式发挥法律效力。其主要民族为土库曼族、乌孜别克族和俄罗斯族，官方语言为土库曼语，通用俄语。2016 年人口数为 566 万人。

土库曼斯坦政府内阁在明确国家政策的统一性的基础上，批准国家城市规划建设计划、国土区域规划方案。

土库曼斯坦建设与建筑部承担标准化工作。民用建筑：土库曼斯坦并没有制定自己国家的建筑规范和标准，也是沿用苏联和俄罗斯的建筑设计规范。因为该国的建设厅等部门审核图纸时采用俄罗斯建筑设计与规范标准（СНиП）、国标（ГОСТ）。城乡规划：目前土库曼斯坦的多数规划技术规范性文件仍然是以苏联时期制定的为蓝本，并且是由当时的俄罗斯设计研究机构协助制定的。

四、塔吉克斯坦

塔吉克斯坦国土总面积 14.31 万平方公里，属于中低等收入国家，经济基础相对薄弱，结构较为单一，对外依赖强。塔吉克斯坦全国划分为 3 个州（省）、1 个区和 1 个直辖市。官方语言为塔吉克语（属印欧语系伊朗语族），俄语为族际交流语言。2016 年总人口为 873 万人。

标准化工作主要由城市规划建设局、建设领域科学与规范管理局、建设和综合局、工业和交通及电力计划局、综合事务局、计划和财务部、法律部和人事部等承担。

塔吉克斯坦没有制定自己国家的建筑规范和标准，也是沿用苏联和俄罗斯的建筑设计规范。因此该国的建设厅等部门审核图纸时采用俄罗斯建筑设计与规范标准（СНиП）、国标（ГОСТ）。

城乡规划：塔吉克斯坦的多数规划技术规范性文件仍然是以苏联时期制定的为蓝本，并且是由当时的俄罗斯设计研究机构协助制定的。

五、吉尔吉斯斯坦

吉尔吉斯斯坦国土总面积 19.85 万平方公里，划分为 7 州（省）2 市，政治体制为议会共和制。官方语言为吉尔吉斯语，俄语享有同吉尔吉斯语同等的地位。2016 年人口数为 608 万人。

标准化工作主要由国家标准与计计量研究院（MCM）承担。

吉尔吉斯斯坦政府负责建筑和规划活动政策的制定和实施，以及监管和管理国家机构的授权；以下的州级建筑、城市规划建设和其他建设活动政府管理机构负责批准各州、地区制定的城市总体布局和城市规划方案、土木工程建设规则，成立和批准各州、市和地区的历史文化遗迹保护委员会，解决国家立法规定权力范围内城市规划领域的其他问题。

民用建筑：吉尔吉斯斯坦并没有制定自己国家的建筑规范和标准，也是沿用苏联和俄罗斯的建筑设计规范。因此该国的建设厅等部门审核图纸时采用俄罗斯建筑设计与规范标准（СНиП）、国标（ГОСТ）。

城乡规划：吉尔吉斯斯坦的多数规划技术规范性文件仍然是以苏联时期制定的为蓝本，并且是由当时的俄罗斯设计研究机构协助制定的。

第五节 中东欧国家基本情况及标准应用状况调查汇总

此次调查的中东欧国家共 16 个，这些国家都曾经是苏联社会主义阵营中的国家，其中保加利亚、匈牙利、波兰、罗马尼亚、捷克斯洛伐克、阿尔巴尼亚都曾经是经互会创始国或成员国，从第二次世界大战后一直到20世纪90年代的40多年在政治、经济、文化、外交等方面长期受苏联的影响，苏联解体后，这些国家相继脱离社会主义政体，一些苏联的附属国和南斯拉夫联盟的国家相继独立，有些国家在独立进程中还饱受战争与制裁的创伤，走过一段艰难曲折的道路。这些国家在第二次世界大战之前曾经受欧洲资本主义经济的影响，文化背景和经济基础比较先进，第二次世界大战后大量的基础设施需要重建，在经互会所制定的法律体系和标准体系下，结合原有的习惯和认知，虽然建立了各自国家自己的标准制度，但都不得不带有明显的苏联特征，加之文化、语言、宗教的长期沉淀，这种特征很难消除。20世纪90年代后，这些国家纷纷向西方靠拢，加上欧洲发达国家的政治、经济渗透，大量的投资、贸易、技术的涌现，使得这些中东欧国家不得不接受西方的法律思想和技术标准体系。因此出现了现在的国际标准、欧洲标准、基于苏联标准上的本国标准共同存在的情况，而最好的解决方法就是将欧盟和国际标准尽快转化为本国标准，这是这些中东欧国家的共同特点。

欧洲标准（EN）是世界上先进的区域性标准，由欧洲最主要的标准化组织欧洲标准化委员会（CEN）、欧洲电工标准化委员会（CENELEC）和欧洲电信标准协会（ETSI）基于透明、公开、一致原则制定。越来越多的欧盟成员国采用其作为本国的国家标准。EN是欧洲统一市场的重要组成部分，同时对国际标准组织的影响巨大，它技术性比较强，体现了最佳实践和技术水平，代表了交易市场可以遵循的模式化规定和技术方案。欧盟自20世纪80年代开始非常重视通过技术法规、技术标准和合格评定相结合来逐步完善欧盟统一市场，不断消除技术贸易壁垒，从而提升欧洲企业包括中小企业在激烈竞争的国际大市场中的竞争实力。当然，从国家经济发展需要的角度出发，欧盟和国际标准是成熟的市场经济产物，执行这些标准会促进上述国家尽快融入世界经济，有利于上述国家的经济建设。因此可以预见，上述这些国家将加快欧洲标准和国际标准引进、研究、转化的进程。

中欧互不认同各自的设计标准，中东欧国家受到苏联、南斯拉夫及德、法、英等国影响很深，欧洲人对中国技术和产品具有不信任感。进入中东欧市场的产品认证制度的复杂也是中国企业面临的一个难题。在技术标准方面，欧盟TSI认证非常繁杂细致，尽管中国现行高铁运营里程占世界一半多，技术标准在一定程度上高于欧洲地区的技术标准，但是，在欧盟所属的中东欧国家，铁路属于泛欧铁路走廊部分，需要满足欧盟TSI规范强制性要求，并要通过欧盟铁路认证机构的认证。这样，对于中国企业来说，既要满足TSI要求，又要尽量多地使用中国技术和装备，困难重重。在城市轨道交通方面，中东欧国家均有健全的工程建设法规体系，这些体系均以欧盟的法规体系为基础。在标准使用方面，中东欧国家对欧盟标准、国际标准的接受程度很高。立陶宛、波兰、拉脱维亚、爱沙尼亚、马其顿、罗马尼亚、斯洛文尼亚、捷克的工程建设标准均以欧盟标准为基础建立；黑山、波黑则将欧盟标准放在第一位；阿尔巴尼亚放在第一位的是国际标准。因此说，中国标准要想被这些国家接受还需要走很长的路。

一、阿尔巴尼亚

阿尔巴尼亚位于欧洲巴尔干半岛西南部，国土面积28778平方公里，共分为12个行政县、61个市，全国人口363万人（2014年）。阿尔巴尼亚族人占总人口的82.58%。官方语言为阿尔巴尼亚语。

阿尔巴尼亚是欧洲的低收入国家，经济发展相对落后。人均GDP为4110美元。作为传统的农业国，农业的地位十分重要；工业基础薄弱，工业体系建设较为落后，基础设施建设以公路建设作为优先领域进行大力发展，铁路较为落后，民用机场仅有一个地拉那国际机场；电力生产基本满足需求，干旱时期也出现电力短缺现象；信息通信基础设施还有待提升。阿尔巴尼亚与工程建设有关的法律法规有：国土规划和发展法、国土规划条例、国土开发条例，地区行政区划法，农地保护法，保护区法、战略环境评估法、环境影响评估法、水资源综合管理法、环境许可证法、环境保护法、牧场基金法、森林和森林服务法，道路法、铁路法、道路法实施条例，旅游法，文化遗产法等。

阿尔巴尼亚规划编制体系包括中央级规划和地方层面规划两个层次，中央级规划主要包括阿尔巴尼亚共和国全境国家总体规划，地方一级规划包括：区域一级的部门专项计划、一般城市地方总体计划、详细的当地计划（详规）。国家一级主管部门是国家地区规划局（AKPT），地区一级的行政管理当局为区议会，市级层面的行政管理当局是市议会和市长。规划管理具有比较完善的管理机制。

阿尔巴尼亚建筑师和城市规划师联盟是阿尔巴尼亚唯一一家获得授权的为空间和城市规划师、设计师和承包商颁发执照的机构。

城乡规划标准不具备独立的标准体系，规划标准体系目前正处于积极将欧盟和国际标准转化为阿尔巴尼亚本国标准的阶段。专门设立的标准化总局（DPS）的主要使命就是将本国的城市规划建设质量、基础设施建设程序与欧洲标准化机构（CEN和CENELEC）保持一致，采用欧洲标准（EN）为阿尔巴尼亚标准（SSH）。

二、爱沙尼亚

爱沙尼亚共和国是东欧波罗的海三国之一，国土面积45339平方公里，人口数量约131.3万人。由于其高速增长的经济、资讯科技较发达，爱沙尼亚经常被称作"波罗的海之虎"。

爱沙尼亚标准化机构为住建部门机构和爱沙尼亚标准化中心（EVS）。

爱沙尼亚有独立的标准体系且相对完善。地处北欧与俄罗斯的中间地带，爱沙尼亚的规划标准应用受到区位辐射及历史因素的严重影响。

在爱沙尼亚，以欧盟标准为基础，对国际标准的接受程度很高。未来标准与欧盟的对接程度将会更高。技术标准的顺序是：①转换欧洲标准的爱沙尼亚标准；②欧洲标准；③由欧盟成员国任命的批准机构颁发的欧洲技术许可，以及从技术角度所证实的该产品适用于特定用途，符合公共工程的基本要求以及其特征和规定的应用或使用条款；④按照批准的程序制定的通用技术规范，且发表在欧盟官方公报上；⑤国际标准；⑥由欧洲标准化组织建立的技术控制系统；⑦爱沙尼亚原始标准。

三、保加利亚

保加利亚共和国，简称保加利亚，位于欧洲东南部巴尔干半岛东南部。保加利亚国土面积为110994平方公里。保加利亚语为官方和通用语言。2016年人口总量为710万人。2004年3月29日加入北约，2007年1月1日加入欧盟。保加利亚传统上是一个农业国，玫瑰、酸奶和葡萄酒历来在国际市场上享有盛名。工业以食品加工业和纺织业为主，旅游业近年来也有所发展。保加利亚是中欧自由贸易协定组织的成员。

保加利亚规划编制体系分为"战略规划—总体空间规划—详细空间规划"三个层次。国家层面，区域发展和公共工程部负责规划管理，规划管理流程比较完善、科学。制度层面，有建筑商和设计院资质认证、城乡规划专业的认证。保加利亚主要受欧盟的影响，没有针对性的技术标准，城乡规划法令及其实施细则相当于技术标准，作为规划的依据，目前已有36部法律、63条法令。

四、波黑

波黑介于克罗地亚和塞尔维亚两共和国之间。波黑由波黑联邦和塞族共和国两个实体组成，其中波黑联邦下设10个州，塞族共和国下设7个区，国土面积5.12万平方公里，人口数量约387.57万人，官方语言为波什尼亚语、塞尔维亚语和克罗地亚语。波黑战争给经济带来严重破坏，基础设施遭严重破坏，公路、铁路及电站等设施老化陈旧，需要重建、修复及更新改造。目前波黑经济正在渐渐复苏。根据波黑联邦自然规划部信息，波黑城乡规划法律法规体系主要包括法案、规章、条例、决策四大类。其中包括波黑联邦空间规划和土地利用法,建筑产品法、建筑物技术检查条例等。波黑联邦共和国规划编制体系分为三个层次:空间发展规划、城市规划、详细规划文件。其中空间发展规划包含联邦空间规划、州空间规划、特区空间规划、自治市空间规划四个划分。

联邦自然规划部执行与波黑联邦有关的规划起草和实施。波黑联邦下一级行政区划共有10个州,都具有包含调整土地用途及分区规划的职能。塞族共和国负责城市规划的是空间规划、土木工程和生态部。地方一级负责城市规划的是州建设、自然规划和环境保护部。目前,波黑两个实体关于国家土地和私人土地的管理法规基本相同。

外国公司在波黑承包工程需要获得许可。承包工程项目需要在波黑注册公司,某些工业项目需要获得环保许可证,特殊项目需要获得特许经营权。工程验收要按波黑设计和工程规范要求,包括初级验收和最终验收。验收合格后,签发验收合格证书。

波黑联邦共和国标准应用有技术规范关于标准的规定:第一,技术规范对于供应商应是非歧视性的,并确保公平和积极竞争。第二,不妨碍波黑法律中规定的强制性技术法规标准化,技术规范的标准应参照:①符合欧洲标准,技术认证或者欧洲标准的 BiH 标准,欧盟使用的通用技术规范;②国际认可的标准、技术法规或规范;③其他 BiH 标准或其他技术性质的参考文件,并附上相关说明产品,服务或国际公认的其他国家的标准化机构制定的标准、技术以及实质上相当于标准、技术的参考文献等。

五、波兰

波兰共和国,简称波兰,位于中欧东北部,是由16个省组成的民主共和制国家。2016年,波兰 GDP 总量4714亿美元,人均 GDP 为12332美元,被世界银行列为高收入经济体。

波兰最高建筑管理部门是建筑检查总局,主要执行建筑法中的有关规定,如作为中央管理部门对一些事务做决策性的决定;监督和管理省、地区级的建设行政管理部门和建筑检查部门;对经认证取得建筑资格的实体、建筑专家、违反相关规定受到处罚的个人等机构和人员进行注册备案。建筑检查总局的最高领导是建筑总检察官,由波兰总理任免。建筑总检察官负责处理建筑检查的相关事务,特别是与建筑法律和建筑产品法规有关的事务。建筑检查总局依据建筑法律的有关规定可对市场上的建筑产品进行强制性或非强制性的检查。建筑检查总局作为中央政府管理部门，还是欧洲建筑检查联合会（CEBC）的成员之一。

从1990年以来，国家已颁布了多部建设方面的法律，包括《国土规划法》《建筑法》《房屋出租和补贴法》《房屋所有权法》《建筑公司房屋移交法》等。同时还制定了对应的法规。

建设行政管理部门和建筑检查部门联合对国内建筑工程、房屋楼宇质量和国内及进口建筑产品进行监督管理，其工作受建筑检查总局和建筑总检查官的管辖。

波兰市场竞争和消费者保护局（the Office for Competition and Consumer Protection, UOKiK）是政府为维护正常市场竞争秩序、保护消费者正当权益而设立的机构，有权对市场上销售的建筑产品进行监管，以防止不合格产品在建筑工程中安装、使用。

波兰标准化委员会负责波兰标准和其他标准化文件的制定和监督工作；代表波兰共和国参与国际和区域标准化机构的工作，并在国际层面处理与标准化有关的事项。波兰是ISO创始成员之一，IEC、欧洲标准化委员会（CEN）、欧洲电工标准化委员会（CENELEC）正式成员。

波兰共和国的标准体系是以欧盟标准为基础建立的。波兰在2004年已同等采用50000多个欧洲标准并翻译为波兰文，还有3000多个欧洲标准将通过直接认可法直接转化为波兰标准，使欧洲标准的采用率达到了80%。波兰的标准使用顺序依次为：波兰规范转换欧洲标准，转移欧洲标准的其他欧洲经济区成员国的标准，按照欧洲相关评估文件的规定国际标准。CE标志和B标志是波兰建筑产品市场的两种安全准入标志。CE标志是一种安全认证标志，是产品被允许进入欧共体市场销售的通行证。

六、黑山

黑山位于欧洲巴尔干半岛中西部，经济基础薄弱。总人口约63万人，官方语言为黑山语，除此之外英语和塞尔维亚语也广泛普及。

黑山的交通运输以铁路和公路为主。截至2016年，铁路总长250公里，公路总长7763公里。黑山拥有2个国际机场，经波德戈里察机场和蒂瓦特机场均可直飞至欧洲主要城市。黑山水运较发达，其中作为亚得里亚海区域最深的天然良港巴尔港口最为重要，可停泊大型远洋轮船，经此港可至全世界各个国家和地区。

黑山的法律法规体系比较完善，与工程建设相关的法律法规有：《空间规划和开发法》《建设用地法》《建筑结构法》《城市规划与施工检查法》《空间规划和建筑结构法》《空间开发和建筑结构法》《空间规划和开发法令》将规划文件分为国家级和地方两级。空间规划和特殊用途区域空间规划由黑山议会批准,详细规划和国家位置研究由国务院批准。地方规划文件由地方自治议会批准。国家一级主管部门是可持续发展和旅游部所属的空间规划理事会,地方一级主管部门是地方政府机关。

黑山共和国公共工程理事会负责黑山城乡规划标准化工作。自独立以来,黑山积极寻求加入欧盟,其相关标准也与欧盟对接。负责黑山城乡规划的可持续发展和旅游部设有欧盟一体化与国际合作理事会,负责与欧盟在建设领域的合作。受欧盟影响,黑山标准向欧盟标准倾斜,与欧盟标准对接。在标准使用方面,黑山将欧盟标准放在第一位。

七、捷克

捷克是传统工业国家,工业在国民经济中占据重要地位,而近年来建筑业一直是捷克最重要的经济部分之一,是捷克经济的一个支柱型产业。捷克建筑业的优势是施工能力强、质量高、工程技术人员职业素质好、施工成本相对较低、熟悉中东欧市场等。

为了更好地应对入盟后经济发展和建筑业面临的新环境和新挑战,近年来捷克加快了建筑相关法律的立法和法规修订步伐,新公共采购法和特许经营法(PPP法)已于2006年颁布实施,新建筑法也于2017年1月1日正式实施。新建筑法引入了特许审查员制度,审查员由地方发展部长任命,项目投资者必须雇请审查员评价设计文件,讨论对项目的意见和异议,签发建筑工程筹备证书;公用设施接入条件和工程竣工验收程序也有所简化。

捷克是开放的市场经济国家,包括中国企业在内的所有外国企业在参与捷克基础设施建设方面没有法律和制度层面的障碍,任何外国企业只要符合捷克法律规定的条件,均可在捷克注册包括建筑公司在内的各类公司,并享有与捷克本国建筑工程承包企业相同的待遇。目前,捷克建筑市场国际承包商大多来自欧盟国家。

1993年捷克共和国成立后,国家权力的划分和国家标准的组织安排发生了变化。国家和公共利益在技术标准方面的保护由工业和贸易部通过捷克标准、计量和测试办公室(NMZ)提供,这是一个国家行政机构。与技术标准的制定和公布相关的实际活动由捷克标准研究所进行。1997年,在满足所有条件后,捷克标准、计量和测试办公室在欧洲标准化委员会CEN中获得了充分的会员资格。

捷克2004年时其国家标准总数已达到26000个,与德国DIN标准相当,其中欧洲标准的采用率达到了90%。在工程建设领域采购中标准使用的顺序:①捷克技术标准转换为欧洲标准化组织所采用的欧洲标准；②欧盟技术标准；③欧盟理事会相关条例；④国际标准化机构；⑤根据适应市场需求发展的程序，由欧洲标准化组织制定的技术文件。

八、克罗地亚

克罗地亚位于欧洲中南部，巴尔干半岛西北部，国土面积56594平方公里，人口总量为417.1万人。官方语言为克罗地亚语，英语较普及，会讲德语和意大利语的人亦较多。克罗地亚是经济较为发达的国家，经济基础良好。公路交通总体比较发达，以首都萨格勒布市为中心通往全国各地以及周边欧洲各国；铁路系统以萨格勒布市为中心通往全国各主要城市和许多欧洲国家首都。克罗地亚城市尚无地铁，有轨电车网络发达，公交汽车数量充足。

根据克罗地亚建设和空间规划部信息，克罗地亚城乡规划法律法规主要包括法案、规章、条例、决策和说明五大类，主管建设的法律为《空间规划法》《实体规划和建设任务与活动法》《建筑师协会和建设与空间规划工程师协会法》等。克罗地亚空间规划分为国家级、区域级和地方级三个层次。国家级为国家空间发展规划、特区空间规划、国家重要城市发展规划；区域级为省或萨格勒布市空间规划、省级重要城市发展规划；地方级为市或自治市空间规划、一般城市规划、城市发展规划。国家一级规划主管部门是克罗地亚建设和空间规划部，执行与建筑、空间规划和住房有关的任务，并参与制定和实施欧盟在这些领域的资金与其他形式的国际援助方案。区域一级空间规划主管部门是省或萨格勒布市行政机构；地方一级空间规划主管部门是地方政府自身专业行政机构。克罗地亚规划管理机制较完善，有着详细的审批流程。

克罗地亚建筑师协会负责注册建筑师、注册建筑师—城市规划师的资格认证和管理工作。

2013年克罗地亚加入欧盟，规划体系与标准与欧盟接轨。

克罗地亚负责标准化的机构是建设和空间规划部住房与建设司下属的国家建设规范管理局，标准主要来源于美国、欧盟、ISO和GCC标准。

九、拉脱维亚

拉脱维亚位于东欧平原西部，国土面积6.46万平方公里，拉脱维亚居民数量为194.8万人。官方语言为拉脱维亚语，俄语十分普及。官方场合主要使用拉脱维亚语和英语。拉脱维亚城乡建设水平相对较好，基础设施建设也较为完善，交通运输网络覆盖全国。

2014年1月1日,拉脱维亚成为欧元区第18个成员国,属于欧盟国家,采用统一的标准。标准化机构是拉脱维亚标准公司(LVS)和国际标准化组织(ISO),参与ISO与IEC、CEN与CENELEC等国际标准化机构活动。

拉脱维亚关于规划立法的文件有《城乡空间规划法》《区域发展法》和《城乡空间规划法》,拉脱维亚划分为四个规划层级——国家、区域、市区和地方。在拉脱维亚有三个层面的规划——国家层面、区域层面(5个规划区)和市级层面(119个市)。《发展规划系统法》(2008)、《区域发展法》是最新的法律。

拉脱维亚国家层面的规划管理部门为环境保护和区域发展部,由跨部门协调中心管理,并由首相直接负责;区域层面的规划由来自各个城市的代表成的区域议会通过区域发展执行部门进行管理;市级层面的规划管理工作由市政府完成。

十、立陶宛

立陶宛共和国,简称立陶宛,位于波罗的海东岸,是一个历史古国,总人口为285万人。官方语言为立陶宛语,多数居民懂俄语,英语和波兰语也是立陶宛人的常用语言。2004年立陶宛正式加入欧盟。2015年立陶宛正式成为欧元区第19个成员国。立陶宛工农业比较发达,基础设施完善,独立后通过企业私有化走向市场经济,经济形势基本平稳。

规划管理体系中,国家一级的主管部门是立陶宛共和国环境部,地方一级的主管部门是地方市政管理部门,规划编制层级为三级。《立陶宛国土规划法》是最重要的法律,其中对规划管理实施、规划编制机构和人员的认证制度和资格权限有详细论述。

立陶宛有独立的标准体系,目前受欧盟规划管理影响较大,但在一定程度上也仍保留有苏联规划的影响。目前更多按照欧盟规划要求,采用欧盟标准。标准采用顺序依次为:①立陶宛标准转换为欧盟的技术标准;②欧盟支持的技术规范;③公共技术规范;④国际标准;⑤由欧盟标准委员会所建立的标准体系。

十一、罗马尼亚

罗马尼亚位于东南欧巴尔干半岛东北部,国土面积23.84万平方公里。2016年,罗马尼亚GDP为1690亿欧元,同比增长4.8%,是欧盟最高增速,罗马尼亚仍保持欧盟第17大经济体的地位。罗马尼亚全国人口为2222万人(2017年)。官方语言为罗马尼亚语,主要流行的外语为英语和法语。罗马尼亚基础设施建设较为完备，截至 2016 年底，罗马尼亚公路总里程 86080 公里；铁路总长 10774 公里；航线长 1779 公里；邮政、通信、互联网、电力发展较好。

罗马尼亚区域发展和公共行政部主管城乡规划。城乡规划标准体系与欧盟的标准体系保持一致。城市领域的技术标准委员会有安全、服务，环境管理、城市和社区的智能基础设施建设等专项委员会，负责专项指导方针和技术等方面的标准制定。城乡规划标准会以法律的形式进行发布，作为一般城市规划法的重要组成部分。除此之外，罗马尼亚发布了各种规划编制指南和标准导则来对各层次类型城市规划编制进行规定。相关的法律法规有：土地资源法（NO.18/1991），环境保护法（NO.137/1995），森林法（NO.24/1996），罗马尼亚地区发展法（NO.315/2004），关于总体城市规划拟定方法和框架内容的指导（NO.13/1999），关于制定和批准当地城市规划指南（NO.21/2000）。

在工程建设领域的标准管理是由住房与建设司国家建设规范管理局负责的。总之，法律体系健全，标准管理制度比较完善。

罗马尼亚的标准化协会（ASRO）是欧盟标准化委员会的成员，根据罗马尼亚国家标准化计划（PSN）2018 年的计划，未来将采用欧洲标准，尤其是协调一致的欧洲标准，包括 CEN、CENELEC 等为罗马尼亚标准，同时也在引用国际标准为罗马尼亚标准，如 ISO 和 IEC 的标准。

十二、马其顿

马其顿共和国位于欧洲巴尔干半岛中部，全国国土面积 25713 平方公里，地形多为山地，瓦尔达尔河纵贯南北。马其顿是欧洲的低收入国家，经济相对落后，人均 GDP 为 4976 美元，人口总量为 209.6 万人（2015 年）。官方语言为马其顿语，在某些地区，阿尔巴尼亚语也是主要语言。

1991 年 11 月 20 日，马其顿从南斯拉夫联邦共和国中宣布独立。为促进经济发展、加快融入欧盟一体化，马其顿政府大力推进基础设施建设，带动了相关行业的发展，成为欧洲发展速度较快的国家之一。马其顿公路网比较发达，铁路总长度 696 公里，有两个国际机场，拥有完善的固话通讯系统，移动通讯业务已覆盖全国 99% 的人口，电力较为缺乏。总体来看，基础设施质量还相对落后。

马其顿的标准体系包括法规体系和技术标准规范。工程建设相关法律法规有建筑法、建筑法律附则、非法建筑物的处理法，空间和城市规划法、城市污水饮用水排水法，建设用地法，住房法，环境法等，法律法规体系比较健全。在规划编制体系中，马其顿共和国为空间计划和地方城市规划两个层面，国家层面的空间计划包括特定地区和特定领域的空间规划,如国家公园、基础设施建设、交通走廊、能源生产设施、水源保护区等专项规划;而地方的城市规划又包含一般城市总体计划、详细的城市计划、村计划。马其顿城乡规划的横向行政管理主要是交通运输和通信部、环境和自然资源规划部。马其顿在中央层面对规划实施非常重视,制定了执行马其顿共和国空间规划的法律,将规划的实施纳入法律层面,每年编制执行马其顿共和国空间计划的年度报告,以保障规划文件的有效执行。

国家一级主管部门:城市规划事务主要由交通与通信部下属的空间规划部门负责;自然空间管理和维护事务由环境和自然资源规划部的空间规划部门负责。地方一级主管部门是城市内部的空间及城市规划部门,如斯科普里市空间和城市规划部。

马其顿建筑师协会 AAM 负责马其顿城市规划领域的认证。

马其顿共和国城乡规划标准体系正处在从苏联的城市规划标准到西欧国家的城市规划标准转变的过渡期间,标准化研究所正在积极鼓励并引进欧盟的标准为本国国内标准。目前在某些领域正在应用欧盟标准,当然本国的城市规划标准规范手册也在制定。

十三、塞尔维亚

塞尔维亚是位于欧洲东南部、巴尔干半岛中部的内陆国。塞尔维亚国土总面积为 88361 平方公里,总人口 713 万人(2014 年)。官方语言为塞尔维亚语,会讲英语的人数占 40%,会讲德语和俄语的人也比较多。塞尔维亚受科索沃战争及国际制裁影响,基础设施建设较为落后,老化现象严重,亟待翻修改造。

塞尔维亚与工程建设相关的法律法规有《塞尔维亚规划和建设法》《关于起草空间和城市规划文件的内容、方法和程序的规则手册》等。

塞尔维亚空间规划分为三个层次:国家级、区域级、地方级。国家级空间规划是塞尔维亚空间规划;区域级空间规划包括九大区域空间规划和特殊用途区域空间规划;地方级空间规划包括地方自治单位(市或区)空间规划和城市规划。国家一级主管部门是建设、交通和基础设施部的空间规划司;地方一级主管部门是地方政府或议会。规划编制决策由授权机构作出,然后编制机构编制规划文件。在规划草案由规划委员会评审后,进行公示由公众讨论。规划委员会将公众意见形成报告交付给编制机构根据意见进行修改,最后通过审批,进行公示。规划编制机构为地方行政单位设立的从事空间和城市规划的国企以及登记从事空间和城市规划的商业协会;个人实行规划师职业资格管理制度,由塞尔维亚工程师协会负责管理。塞尔维亚自己的标准更加倾向于欧盟成员国的标准，以便和欧洲标准对接。目前使用有欧洲标准和南斯拉夫标准。

十四、斯诺伐克

斯洛伐克是欧洲中部的内陆国，国土面积4.9万平方公里，人口数量约543.5万人。官方语言为斯洛伐克语，主要外语为英语、德语和俄语。斯洛伐克是世界上城堡数量最多的国家之一，历史文物景点多，具有丰富的旅游资源。2006年被列入发达国家行列，是欧盟和北约成员国。

在政体上，斯洛伐克实行三权分立、多党议会民主的政治制度，立法权、司法权和行政权相互独立，相互制衡，总统为国家元首。

斯洛伐克的城市化已进入后期，大规模开发建设项目不多，但铁路、公路等交通基础设施相对西欧国家有一定差距。与工程建设相关的法律主要为《建筑法》，该法是斯洛伐克最重要的建筑类法律。规划体系分为三个层级，在国家层面为国家空间发展规划（KURS）；州一级为区域规划；地方（市）级有城市总体规划和控规。各层级规划编制的主要内容、技术方法以及上下层之间关系较为明晰，因此说斯洛伐克具备比较完善的规划管理机制。

斯洛伐克规划层级分为三个层级：国家层面由交通、建设和区域发展部负责，区域层面由各州政府负责，地方层面由各地市级政府负责。同时其已建立了包括建筑许可、基础设施和公共设施许可等在内的完备的规划审批流程。机构认证为国际标准化组织，简称ISO；个人认证目前由捷克注册工程师和技师协会进行授权。加入欧盟后，规划标准和体系受欧盟影响较大。最近城乡规划领域的新趋势主要集中在优化住区结构、防止城镇无序增长、强化基础设施、加强国土集聚度、改善城乡关系、提高农村居民点品质等方面。

斯洛伐克标准化机构是国际标准化组织和欧洲标准化委员会，标准体系采用欧盟标准和欧洲标准（EN）。

十五、斯洛文尼亚

斯洛文尼亚是位于中欧南部，毗邻阿尔卑斯山，西邻意大利的国家。其国土面积为20273平方公里，全国人口约205万人。1945年成为南斯拉夫的一个加盟共和国，1991年6月25日宣布独立。2004年3月加入北约，2004年5月加入欧盟，2007年1月1日正式加入欧元区。官方语言为斯洛文尼亚语，多数国民会说英语、德语和意大利语。

斯洛文尼亚城乡建设水平相对较好，基础设施建设也较为完善，交通运输网络覆盖全国，港口设施投入不断加大。目前，斯洛文尼亚已经成为欧洲重要的交通枢纽之一。

斯洛文尼亚宪法确立立法、行政、司法三权分立原则。法律法规体系目前有三项立法法案，分别是《空间管理法（2002年）》《空间规划法（2007年）》和《重要国家基础设施的规划文件（2010年）》。三个法案代表规划立法的框架，但还有其他部门法律文件为空间规划进行补充，如《水资源保护和管理法》《环境保护法》《国家保护法》等。规划体系从上至下主要分为国家层面和地方层面两级。国家层面规划包括《斯洛文尼亚空间发展战略（2004年）》《斯洛文尼亚空间发展战略实施评估分析（2004年）》等，与《斯洛文尼亚的国家发展战略（2005年）》相互关联。地方层面主要是《城市空间规划》，包含战略和实施操作两部分内容。

在国家层面，斯洛文尼亚环境和空间规划部通过空间规划、建设和住房管理行使规划行政管理权。市议会有充分的权限在地方一级进行规划管理。对于从事规划行业的机构没有自行颁发过从业资格或规划资质认证，各企业根据业务需求遵循相应的国际资质认证，涉及的主要认证机构为国际标准化组织。斯洛文尼亚属于欧盟国家，采用统一的欧盟标准，即欧洲标准委员会（CEN）。

十六、匈牙利

匈牙利是位于欧洲中部的内陆国家。截至2014年1月，全国总人口993.76万人，国土面积9.3万平方公里。官方语言为匈牙利语，英语、德语亦很普及。首都为布达佩斯。匈牙利经济发达，人均生活水平较高，自"东欧剧变"后，匈牙利经济高速发展。到2012年，匈牙利的人均国内生产总值按国际汇率计算已经达到1.27万美元，已经达到中等发达国家水平。

匈牙利地处欧洲中部，制造业在国民经济中占有重要地位，拥有汽车、电子、制药、信息、可再生资源流集散中心等产业。匈牙利是中东欧地区个体华商最为集中的国家之一，约3万华人在匈牙利从事商业、餐饮及房地产等业务。

匈牙利是资本主义国家，自1989年实行政治经济体制转轨以来，实施以私有化为主体的市场经济体制、多党制和三权分立的议会政体。匈牙利是经合组织（OECD）成员。

匈牙利交通、电力、通信等基础设施完善。交通设施在政府支持下进行了大规模的重建。匈牙利几乎每一个城镇之间都有柏油公路连通，路网密度在欧洲仅次于比利时、荷兰，也是欧洲地区高速公路密度高的国家之一。铁路发展历史悠久，铁路网密度在欧盟成员国中居第五位。匈牙利的工程建设方面的法律是《国家建筑法典（OTEK）》。法律体系主要来源是：宪法、议会行为、政府和部委法令、欧盟法律，同时接受公认的国际法规则和条例。

匈牙利拥有自身的规划部门和完整的规划标准体系。法定的规划体系主要由四级组成：国家一级、地区级、地方级以及重点地区。国家一级主管部门是国家发展部，主要职能是制订国家中长期发展规划，主管交通、能源、电信、基础设施等领域。地方一级主管部门为市长办公室城市规划部。建筑师协会负责规划机构资质、规划师资格认证工作。

匈牙利工程建设方面的管理体系也比较完善。新建建筑、现有构筑物的延期或取消（拆除），以及具备更新、重建、改建、现代化条件的建筑物，所有这些都是需要主管部门发放许可。

匈牙利采用由国家统一颁布国家标准和行业标准的模式，国家标准化组织是匈牙利标准学会（MSZT），拥有国家标准化的专有权力。匈牙利的标准代号为MSZ，匈牙利作为欧盟成员国，其国家标准与欧盟标准（EN）保持一致。

第六节　独联体国家基本情况及标准应用状况调查汇总

独立国家联合体是一个区域性政府组织，由部分苏联加盟共和国组成，总部设于白俄罗斯明斯克，官方成员包括白俄罗斯、俄罗斯、亚美尼亚、阿塞拜疆、摩尔多瓦、格鲁吉亚、哈萨克斯坦、吉尔吉斯斯坦、塔吉克斯坦、乌兹别克斯坦等十国，非官方成员包括土库曼斯坦和乌克兰。此次调查把白俄罗斯、俄罗斯、乌克兰、格鲁吉亚、阿塞拜疆、摩尔多瓦、亚美尼亚归为独联体国家，而把哈萨克斯坦、吉尔吉斯斯坦、塔吉克斯坦、乌兹别克斯坦、土库曼斯坦单独作为中亚五国来分析。

2002年5月以来，独联体国家就技术立法改革及协调问题进行了多次协商并达成了一致，推出了技术法规制定原则、技术法规范本编制计划等相关协议，旨在避免由于各国制定不同的技术法规而造成的贸易壁垒。但各国在技术立法工作中存在巨大差异，协调工作很难。一是着眼点不同；二是立法对象和适用范围不同；三是引用标准不同；四是制定程序和方法不同；五是工作进度不同；六是法规名称不同。

独联体的跨国标准就是苏联的标准，标准代号沿用苏联的标准号，标准的顺序号从1依次排列到31000以内，大体上有24000多件标准。这些标准按照标准文献的特点，大约每五年就要更新复审，所以现行有效的独联体诸国标准都是经过"复审"后逐步由苏联标准转化而来的。除原来的苏联标准以外，还有一部分是由国际标准"修改"后转化的标准，这种做法称为"修改采用国际标准"，就是把国际标准化组织 ISO（俄文表示为 HCO）、国际电工委员会标准 IEC、欧洲标准 EN 等标准做技术修改以后转化的标准。随着各独联体国家经济发展的需要，与欧洲、中国、美国等经济体深入融合，国家的标准体系也随之逐渐调整，标准的转化速度加快，标准使用的限制也逐渐放开。

在由计划经济转变为市场经济的过程中，上述这些国家在立法程序、立法基础、标准编制原则、标准使用的监督和管理等方面都做了修改，突出对使用者和国家利益给予国家的保护，以适应实现私有化的现实；同时建立了实施国家标准检查和监督的国家检查员制度。

在独联体地区调研了 7 个国家，城市轨道交通产业总体上较为发达，工程建设及城市轨道交通相关法规制度也很完善。白俄罗斯土木工程业倾向使用欧盟标准，摩尔多瓦所有工程项目均采用欧盟标准；乌克兰、亚美尼亚、格鲁吉亚对国家标准特别重视，当缺少国家标准时，所使用的标准必须与国际标准相符；俄罗斯在城市轨道交通工程领域主要使用本国标准。

独联体各国工程建设技术法规从苏联延续至今已有五十多年历史，形成了较为完善的体系。独联体各国虽然各有自身的发展需求和寻找不同的发展路径，但增强国力、改善国民的生活环境和品质是各国今后的共同的追求，在"一带一路"倡议下，中国资金和技术的流入一定是受欢迎的，这也为中国标准的融入和使用创造了历史的机遇。

一、白俄罗斯

白俄罗斯是一个内陆国家，国土总面积 20.76 万平方公里，领土面积居欧洲第 13 位。人口达 950.47 万人（2016 年），1991 年 8 月 25 日宣布独立，同年 12 月 19 日改称白俄罗斯共和国，现为独联体成员国。白俄罗斯语和俄罗斯语被设为官方语言。白俄罗斯法律体系健全，整体基础设施较为完善，工业基础较好，机械制造业、冶金加工业、机床及激光技术等比较发达和先进；IT 业较发达；农业和畜牧业亦很发达。

白俄罗斯国家标准化委员会是在制定技术法规、标准化准则、效率评价、监督、监测项目和建设等领域的国家统一政策的中央政府权威，以及监督合理使用燃料、电能和热能的负责部门。

建设行政主管部门是建筑和建设部,下设城市规划设计和科技创新管理总局,有较为完善的管理机制。

在白俄罗斯共和国标准化工作中采用了系统方法,该方法是在国家标准化年度计划的基础上实施的,涵盖工业、农业和服务业的所有部门,这些工作的优先重点是协调国家要求与国际和区域标准。

白俄罗斯标准主要采用以苏联的标准为基础的俄罗斯标准,近年来为满足出口欧洲市场需求,一些技术领域采用欧洲技术标准,现欧洲标准和白俄罗斯标准共同存在。

二、俄罗斯

俄罗斯位于欧亚大陆北部,地跨欧亚两大洲,是世界上面积最大的国家,国土面积为1709.82万平方千米。截至2017年1月,俄罗斯人口1.47亿人,俄语为主要语言,也是官方语言。2017年俄罗斯人均GDP为10840美元;俄罗斯公路交通较落后,铁路、航空和水运有一定的基础,但多为在苏联时期建造,较为陈旧。俄罗斯政府正在大力投资改善基础设施建设。

在工程建设方面,俄罗斯的法律体系健全。相关法律有《俄罗斯联邦城市规划法》《俄罗斯联邦建筑法》《俄罗斯联邦标准化联邦法》等。

俄罗斯的规划编制体系包括区域规划、城市总体规划、城市设计、专项规划,有比较完善的管理机制。城市规划与城市管理是市政府的重要职责,在城市中必设1名副市长主管城市规划与规划管理;必设1名总建筑师协助市长进行城市的规划与管理工作。

标准化机构主要由俄罗斯联邦国家建委技术法规、标准化和认证管理局、国家建委建筑法规与标准化方法学中心等构成。俄罗斯全国标准化工作主要由俄罗斯联邦技术控制和计量署和技术调节政府委员会负责,由俄罗斯联邦标准化技术委员会承担具体标准的制定、修订工作,由俄罗斯标准化、计量与合格评定科学技术信息中心负责俄罗斯标准化信息管理和服务。

俄罗斯已经具备完整规范体系,工程建设项目要求满足俄罗斯当地标准,俄罗斯全国标准采用国际标准的比例较低。

俄罗斯认证制度始于1991年,俄罗斯的认证系统为层级系统,由俄罗斯联邦计量和技术管理局、联邦机构、中央认证机关、认证组织、测试中心和实验室组成。其商品认证的主管部门为俄联邦国家标准局,执行机构除该局所属的俄罗斯认证测试中心(代号HP71)外,还有经该局授权的独立的商品认证单位。俄罗斯进口产品认证有 GOST 认证和 EAC 认证。俄罗斯联邦计量和技术管理局作为 ISO 正式成员代表俄罗斯参加 ISO 活动。

三、乌克兰

乌克兰位于欧洲东部，黑海、亚速海北岸，是欧盟与俄罗斯等独联体各国地缘政治的交叉点，地理位置十分重要。乌克兰是欧洲国土面积第二大国，位居俄罗斯之后。2017 年，乌克兰 GDP 达到 3.68 亿美元，增长 2.1%，人均 GDP 为 2582 美元，增长 17.8%。其主导产业主要有农业（有"欧洲粮仓"之称）、钢铁工业、军事工业、IT 产业等。

乌克兰标准化、认证和质量科研中心、乌克兰国家计量局等部门负责乌克兰标准化工作。

乌克兰拥有相对独立的标准体系，目前国家规范与标准一共有 22 项，但其中大多为建筑领域的标准，城乡规划领域仅有《城市建设——城市、农村居民区规划与建设》一项，因此，城乡规划领域的标准体系还有待继续完善。标准主要使用乌克兰语，仅有一项使用俄语。乌克兰地区发展、建设和公共住宅事业部预测 2016 年 7 月有 19 项建筑领域的国家标准开始生效。乌克兰是国际标准化组织（ISO）成员，乌克兰技术法规局（DTR）也承担了 ISO/TC218（Timber）技术委员会秘书处工作。乌克兰有着一套独立的国家标准规范体系，竭力向欧洲标准看齐。

四、格鲁吉亚

格鲁吉亚位于南高加索中西部，国土面积 6.97 万平方公里，海岸线长 309 公里。据格鲁吉亚统计局数据，截至 2016 年 1 月，格鲁吉亚人口共计 372 万人，官方语言为格鲁吉亚语。

格鲁吉亚标准化机构是经济与可持续发展部、空间规划和建设政策司、城市政策司等部门。

《格鲁吉亚空间安排法和城市建设依据》（公布日期 2005 年 2 月）对格鲁吉亚城乡规划的等级和类型进行了明确规定：最高层级规划为国家层面的领土空间总体方案，阿布哈兹和阿扎尔自治共和国两个自治共和国独立编制各自治共和国的领土空间总体方案；中层级规划为市政区域空间发展计划，是国家规划和安置规划之间的中间级别；下层级规划为定居点（市、镇、村）的城市规划文件，该层级规划又分为土地利用总体规划及发展监管计划，直接指导城市的开发建设。

格鲁吉亚有较为独立的城乡规划编制标准体系，技术方法类似西方城市规划体系。考虑规划研究的地域规模及行政管理层级，城乡规划纵向分层，基本保持"国家层面规划—地区规划—市、镇、村规划"的由整体到局部的分层态势。

五、阿塞拜疆

阿塞拜疆是一个多民族国家，至2017年1月1日，全国总人口977.6万人。官方语言为阿塞拜疆语，居民多通晓俄语。2016年阿塞拜疆经济运行遭受了近年来最为复杂、严峻的挑战，GDP首现负增长。据阿塞拜疆官方统计数据，2016年阿塞拜疆GDP为599.9亿马纳特（约合3898美元），同比下降3.8%；人均GDP为6224马纳特（约合3898美元），同比下降28.2%。阿塞拜疆政府预测，2017年阿经济增长1%。

阿塞拜疆工程建设的相关法律有《阿塞拜疆共和国规划和建筑法》。规划编制体系主要包含区域规划、总体规划、详细规划、城市规划地籍等。国家一级主管部门是国家规划和建筑委员会，地方一级主管部门是地方的规划和建筑委员会。根据国家规划和建筑委员会提供的《规范城市规划活动的基本规范性文件清单》，内有114个规范。受俄罗斯的标准的影响较大，根据阿塞拜疆总统令《批准在阿塞拜疆共和国境内承认和适用国际（区域）和洲际标准，规范，规则和建议的规则》。阿塞拜疆共和国加入的国际条约有规定的情况下，阿塞拜疆共和国境内适用外国或国际组织的规范和标准。标准化工作由国家规划和建筑委员会负责。

六、摩尔多瓦

摩尔多瓦位于欧洲中部，是一个内陆国家，国土面积3.38万平方公里，总人口约420万人。摩尔多瓦仍是欧洲最贫穷的国家之一。

涉及一般工程项目的管理部门是国土开发和建设部，该部颁发的项目许可包括所有的建筑设计，改造、大修、加固、配套设施建设以及还原修复等。

苏联时期的摩尔多瓦基础设施较好，独立后，因缺乏维修、缺乏新的投入而显得陈旧落后，这已经成为吸引外资的一个"瓶颈"。摩尔多瓦通过多方面筹集资金，加大了对铁路、公路、桥梁和港口的建设力度，但资金匮乏仍是制约其发展基础设施的主要障碍。

摩尔多瓦目前实施欧洲一体化政策，国家的整体战略是最终加入欧盟，现有城市化设计受俄罗斯国家的影响较大。

摩尔多瓦的基础设施建设项目主要包括电站、电网、铁路、公路、天然气管道、供水、供暖系统建设等工程项目，此外还有房地产、城市功能性基础设施建设等。

但我国企业目前要参与摩尔多瓦工程建设项目困难重重，这是因为摩尔多瓦企业保护本国市场的意识强烈且制定了严格的用工政策，此外摩尔多瓦多数工程项目的资金来源于欧洲金融机构，项目的实施也大多倾向于同欧洲企业合作。

七、亚美尼亚

亚美尼亚是位于亚洲与欧洲交界处的外高加索南部的内陆国。其国土面积为2.98万平方公里，人口200万人。1991年9月独立后，经济发展受到经济基础薄弱及纳卡战争和阿塞拜疆、土耳其对亚封锁等因素影响连年下滑。2010年后亚美尼亚政府积极采取调整产业结构、扩大内需、加快基础设施建设、大力扶植农业等措施，努力消除金融危机后果，收到一定成效。根据亚美尼亚国家统计局公布数据，2016年亚美尼亚GDP总额为50799亿德拉姆（约合105.7亿美元），人均GDP为3533美元。

亚美尼亚标准化机构是城市发展改革委员会。亚美尼亚城乡规划规范体系主要沿用苏联城市规划标准体系，在亚美尼亚民族运动中，结合独立后本国的实际情况对标准内容进行局部修正。规范标准体系架构较为简单，分为两大部分：一是城乡规划规范标准，二是建筑规范标准，共28项。其对亚美尼亚城乡建设起全面指导作用，涵盖规划术语、城市总体布局、公共设施、居住区、工业区、交通、市政、景观、制造、工程防护等多项专业规划内容，但以上专业规划内容并未形成独立规范。

中国在亚美尼亚承建的项目以使馆工程和援建项目为主，建筑设计和施工标准均采用中国标准，主要依据中国的建筑设计规范，针对亚美尼亚的特殊规定进行局部修改，建筑材料主要来自我国。

第三章

我国工程建设标准在"一带一路"共建国家的应用

第一节 我国工程标准在"一带一路"共建国家的应用现状

一、"一带一路"推动标准联通的总体要求与目标

(一)总体要求

坚持需求导向、标准引领、创新合作、互利共赢、滚动实施原则,主动加强与共建国家标准化战略对接和标准体系相互兼容,大力推动中国标准国际化,强化标准与政策、规则的有机衔接,以标准"软联通"打造合作"硬机制",努力提高标准体系兼容性,支撑基础设施互联互通建设,促进国际产能与装备制造合作,服务投资贸易便利化和人文交流深入化,为推进"一带一路"建设提供坚实技术支撑和有力机制保障。

(二)主要目标

到2020年,基本形成交流互鉴、开放包容、互联互通、成果共享的标准国际化发展新局面,基本建成政府推动、市场主导、多方参与、协同推进的标准国际化工作新格局,中国标准与国际和各国标准体系兼容水平不断提高,标准化在推进"一带一路"建设中的基础性和战略性作用充分发挥。

(1)标准化开放合作不断深化。巩固提高与欧洲、东盟、金砖国家、东北亚、北美、非洲、大洋洲等区域国家标准化合作水平,拓展延伸与中东欧、中亚、西亚、阿拉伯国家等区域标准化合作渠道,基本实现全面建成与"一带一路"重点国家畅通的标准化合作机制。

（2）标准"走出去"步伐更加坚实。努力推动与共建国家新发布一批互认标准，在工业、农业和服务业等领域打造一批海外标准化示范项目，实施一批援外标准化培训项目。

（3）标准互认领域不断扩大。成体系部署中国标准外文版制订计划或任务不少于1000项，开展重点领域标准中关键技术指标比对数量力争达到2000个。

（4）中国标准品牌效应明显提升。持续提升中国标准与国际标准体系一致化程度，制定推进"一带一路"建设相关领域中国标准名录，推动中国标准在"一带一路"建设中的应用。

二、我国企业在"一带一路"共建国家对外承包工程项目情况

（一）项目分布区域

中国企业在"一带一路"共建国家全面开展工程建设，目前项目基本遍及沿线所有国家，通过对90个国家和地区进行调研，得到项目数量排名前十名的国家依次是安哥拉（73）、刚果（46）、柬埔寨（44）、巴基斯坦（41）、吉尔吉斯共和国（36）、马来西亚（29）、印度尼西亚（28）、赤道几内亚（22）、毛里塔尼亚（22）、沙特阿拉伯（22）。从分布情况来看，"一带一路"共建国家基本上都有中国企业建设的项目，尤其非洲国家和东南亚、西亚国家分布比较集中。

（二）项目所在专业领域和地区

中国对外项目领域涉及交通运输、电力、石化、工业及民用建筑、市政基础设施、城乡规划、通信工程等多个领域，如表3-1所示，通过对726个项目进行调研，可以发现我国企业在"一带一路"建设的项目主要分布在非洲和东南亚、南亚及中东欧各国，非洲、东南亚、中东欧项目规模大。电力工程尤其是水电工程，主要分布在东南亚和非洲；石油化工工程主要分布在东南亚及西亚中东地区；港口工程主要分布在非洲沿海国家。从工程专业领域看，我国企业已经在各个领域全面开展，但是在高科技领域还有很大的发展空间，有待一步加强。

表3-1　　　　　　　　工程建设专业领域与分布区域交叉分析

工程专业领域	所在区域						合计
	东南亚	非洲	南亚	西亚中东	中东欧	其他	
港口交通运输工程	8	25	5	4	0	0	42
公路交通运输工程	78	191	26	14	66	1	376
机场交通运输工程	0	3	2	1	1	0	7

续表

工程专业领域	所在区域						合计
	东南亚	非洲	南亚	西亚中东	中东欧	其他	
铁路交通运输工程	4	8	5	5	2	0	24
城乡规划工程	1	2	0	0	0	0	3
工业建筑工程	23	1	11	5	2	0	42
民用建筑工程	10	7	5	8	5	0	35
市政基础设施工程	6	14	6	11	1	2	40
电力工程	43	4	21	3	5	1	77
通信建设工程	1	1	0	0	0	0	2
石油化工工程	19	3	6	19	7	0	54
其他	8	7	5	1	2	1	24
合计	201	266	92	71	91	5	726

（三）投资方分布情况

"一带一路"共建国家的项目，工程投资方的模式主要有：中国政府援建/贷款/投资、中国企业投资、工程所在国投资、其他海外国家投资及其他。不同的投资模式决定了应用标准的选择，如图3-1所示，可以看出"一带一路"共建国家中国的对外工程项目投资方式较多元，工程所在国政府投资占主要部分，占到44.4%，其次是中国政府援助/贷款/投资占到28.02%。

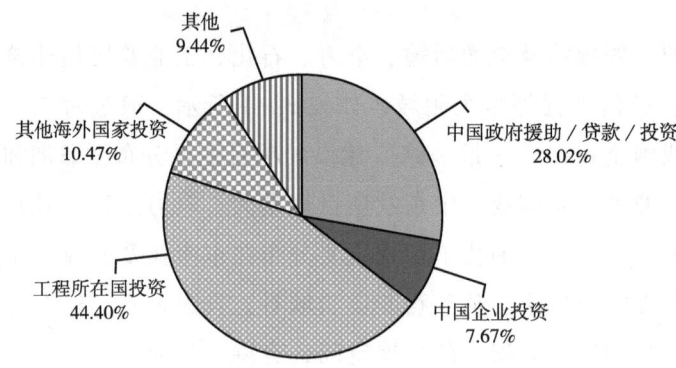

图 3-1 工程投资方分布情况

三、"一带一路"共建国家我国工程建设项目应用标准状况

（一）我国对外工程建设项目主要使用的标准

从历史上来看，发达国家因为政治、历史原因具有一定的地缘属性，标准实施

第三章 我国工程建设标准在"一带一路"共建国家的应用

比较早已经具备先发优势,发展中国家对其依赖性强,在技术合作、工程咨询、工程监理、认证及非政府组织等方面,都对其具有依赖性。从"一带一路"建设中国企业 569 多个对外工程项目中执行的主要标准整体情况看,中国标准占到 35%,项目所在国标准占到了 24%,其他是美国标准、英国标准、法国标准,如表 3-2 所示。

表 3-2 主要使用的国际标准

国际标准	项目个数	百分比
中国标准	200	35.1%
美国标准	52	9.1%
英国标准	44	7.7%
法国标准	69	12.1%
俄罗斯标准	126	4.6%
所在国标准	136	23.9%
其他标准	42	7.4%
合计	569	100%

(二) 执行的主要标准与工程投资方的关系

不同性质的项目类型采用中国标准的情况不同。经济援助类项目可以通过在合同中规定采用中国标准规范进行,基本上可全部采用中国标准及规范,如我国的高铁标准。经济援助项目,会根据本国最高标准施建,以国家标准为基础,以行业标准为最基本要求,以企业标准为最后执行标准,一般来说企业标准是最高的标准。框架类项目,由于是中国进出口银行、国家开发银行等政策性银行及商业银行,以优息、低息或者免息的优惠政策,为国外项目提供优惠贷款,在这类项目中,部分可以采用中国标准规范。项目所在国出资进行国际招标的,一般在招标文件中明确规定用什么标准的设备,一般是根据本国基础设施项目的历史、地方的自然条件等,如哈萨克斯坦位于高纬度,如果是采矿项目就会考虑到冻融等指标,根据历史情况,原来沿用苏联标准,就会继续应用;对于一些非标设备,如冶炼炉等特殊配置的设备,也有特殊的要求。由世界银行、亚洲开发银行等参与的公开招标项目,多由专业化的国际咨询公司担任招标、监理进度、质量和成本控制,中国企业参与竞标,此类的海外项目,一般不会采用中国的标准规范。但无论什么国际标准,必须严格执行所在国的强制标准及相关法规,即使本国标准已经很高,也必须得到所在国的认可。

如表3-3所示，可以看出中国政府投资、中国企业投资及所在国政府投资，中国企业建设的项目主要采取中国标准和所在国当地标准，但是可以看出虽然是中国企业承担的项目，英标、美标、法标、俄罗斯标准仍然具有强劲的优势，其中所在国投资的项目，法国标准和英国标准具有很强的话语权。援柬埔寨体育场、援老挝国家会议中心、亚吉铁路、亚迪斯亚贝巴城市轻轨、援非盟会议中心等大型中国援建项目完全采用中国标准，使领馆项目因涉及国家和政府机密，整个项目建造均采用国内人员设计和施工。国际总承包项目中，EPC项目如埃塞商业银行项目、Kality、Sheogle公交车站、老挝1510-Y2项目设计方是中国设计院，采用的是中国标准设计，属地国若有当地标准则按照其标准审核设计结果。有些商业项目设计方为属地设计院，采用的设计和施工标准为属地国标准，如埃塞NOC石油大厦项目、埃塞国家体育场项目，我国企业则按照当地设计标准执行，由国内设计公司进行深化设计后实施。

表3-3 执行的主要标准与工程投资方交叉表

标准名称	工程投资方					合计
	中国政府援助/贷款/投资	中国企业投资	工程所在国投资	其他海外国家投资	其他	
中国标准	64	18	47	7	13	149
英国标准	4	6	25	9	1	45
美国标准	5	13	16	5	2	41
法国标准	13	0	43	5	0	61
所在国标准	19	2	74	22	2	119
俄罗斯标准	10	0	0	9	1	20
国际标准	3	5	1	0	0	9
其他标准	10	1	3	9	2	25
合计	128	45	209	66	21	469

（三）执行的主要标准与工程所在领域关系

如表3-4所示，可以看出中国标准在电力工程、铁路交通、运输工程、通信建设工程领域的应用比较强劲，公路、机场、港口交通运输工程领域，民用建筑领域，石油化工领域等在工程项目中执行中国标准的占1/4，城乡规划工程项目只有3个，全部使用中国标准。

表 3-4　　　　　　　　执行的主要标准与工程所在专业领域交叉表

工程专业领域	执行的主要标准								合计
	中标	英标	美标	法标	当地标准	俄标	国际标准	其他	
港口交通运输工程	7	8	2	2	8	0	5	0	32
公路交通运输工程	70	15	16	49	80	20	2	20	272
机场交通运输工程	1	0	0	2	0	0	0	1	4
铁路交通运输工程	6	0	0	0	2	0	1	0	9
城乡规划工程	3	0	0	0	0	0	0	0	3
工业建筑工程	13	3	10	0	8	0	0	3	37
民用建筑工程	4	1	4	2	5	0	1	0	17
市政基础设施工程	5	4	0	6	7	0	0	0	22
电力工程	23	2	0	0	0	0	0	0	25
通信建设工程	2	0	0	0	0	0	0	0	2
石油化工工程	9	10	9	0	7	0	0	1	36
其他	6	2	0	0	2	0	0	0	10
合计	149	45	41	61	119	20	9	25	469

第二节　不同类别的海外工程建设项目应用标准的情况

一、概述

现阶段我国建筑行业对外工程总承包业务上取得较好成绩，大型对外承包工程项目数量持续增加，主要业务集中在铁路、公路、电力、房屋建筑、通信工程等领域。从市场发展情况来看，传统的亚洲、非洲市场仍然是中国对外承包工程业务的主要市场，同时中国企业正不断加大对新市场的开发力度，在欧洲、拉丁美洲、北美洲、大洋洲市场的业务均取得较大突破。凭借我国工程承包企业在国外承建工程的实际经验，已逐步将我国标准推向国际社会，但道路布满荆棘。究其原因，国内外标准规范体系的不同，习惯做法的不同，导致中国建筑企业在国际工程承包中，材料、设备、管理等诸多方面难以与国际标准体系接轨，出现因对标准体系规范理解不同而导致工期延误、罚款甚至退出市场的情况，严重制约了中国承包商"走出去"的进程。在全球化过程中，发达国家依靠技术创新优势占领发展中及欠发达国家市场，同时利用其强大的标准体系、质量认证、绿色标准、产品规格等措施建立贸易壁垒，限制发展中国家进入其国内市场。因此，随着经济全球化中的国际竞争不断加剧,中国企业正面临着在经济全球化背景下被边缘化的危险。从目前国际标准规范体系来看,欧美规范尤其是英国和美国的规范牢牢占据建筑标准的制高点,虽然我国标准在很多方面尤其是建筑抗震、钢结构、消防设施等方面具有优势。但是,由于标准体系不匹配,导致我国规范在国际工程施工、推广中遇到了非常多的困难。

二、不同行业采纳情况

(一)民用建筑工程

本次调研我们采集了来自中国建筑、北京建工、湖南建工的 200 余项目样本,主要采集数据包括商业模式、企业扮演角色、工程规模、合同额、大宗产品及材料的采购选用情况、标准应用情况等。通过不完全统计及分析,大致了解了目前海外工程在标准应用方面的基本情况和现状,如表 3-5 所示。

表 3-5 中国民用建筑工程标准国外应用情况统计

地区类别	调研项目所在国家	基本情况介绍	应用标准概况	项目总数	应用中国标准数量	应用中国标准比例	除援助和贷款项目外应用中国标准数量、比例
东亚	蒙古国	蒙古国标准体系并不单纯依靠自身编制的标准,对标准体系不完整的空白领域会采用国际或国外先进标准完善	蒙古国对国际国外标准较为开放,特别是也曾采用了我国国家标准和行业标准,对实现我国标准"走出去"十分有利	5	2	40%	0
西亚	阿联酋卡特尔科威特沙特	西亚国家曾经是欧洲国家(英国)殖民地,其主要标准均直接采用了英国标准;独立后,并未专门研究本国标准规范,而是直接沿用原有规范	包括所有设计规范、材料规范、施工规范等,欧美规范为主要规范。部分国家结合本国特殊地理和气候条件,在原本就长期存在的欧美标准基础上进行了有针对性的调整,形成了具有本国特色的工程建设规范	47	1	2%	1,2%
南亚	巴基斯坦斯里兰卡马尔代夫	该地区独立前期工程建设普遍使用英国标准,独立之后对国际上常用的标准和规范认可度比较高	该地区工程建设标准大量借鉴美国和英国的标准。有些采用当地标准,有些采用国际上较为先进的欧美标准或国际标准。中国标准在该地区较少,一般是在援外项目中可以使用中国标准,但是在部分国家(马尔代夫)实现了中国标准的推广应用	21	10	50%	3,14%

续表

地区类别	调研项目所在国家	基本情况介绍	应用标准概况	项目总数	应用中国标准数量	应用中国标准比例	除援助和贷款项目外应用中国标准数量、比例
中亚	乌兹别克斯坦 吉尔吉斯斯坦	中亚国家在初期，苏联的标准法规被原封不动地挪用过来，后来独联体标准也成为这些国家标准的重要来源	我国目前在中亚五国的工程建设并不多。在该地区的项目大多数是援建项目，采用我国标准。但是非援建项目，都是采用俄罗斯标准	3	3	100%	0
东盟	新加坡 越南 马来西亚 印度尼西亚 老挝 柬埔寨 泰国 菲律宾	东南亚地区20世纪由于经历过英法等欧洲国家的殖民侵略，部分地区彻底沦为英法等国家的全殖民地，工程建设普遍参考欧美工业标准	东南亚国家工程建设标准体系一直不够完善，多使用英国标准、美国标准；近些年来也有一些中国标准逐步应用到现有工程项目，但并不是主流的做法	37	16	43%	11, 30%
其他国家	非洲	非洲地区在殖民时代主要是英法的殖民地，至今官方语言仍以英语和法语为主，由于国家经济、文化都很落后，在工程建设领域，本国几乎没有自己的标准，均是直接采用欧标或英法标准	中国资金项目一般采用中国标准，其他项目一般采用欧美标准。主要有中国经援和以国家担保形式贷款两种方式，还有部分项目的建设资金是国家自有资金或向世界银行、非洲发展银行贷款	91	60	67%	33, 36%
合计				204	92	45%	48, 24%

从图 3-2、图 3-3 可以看出，应用欧美标准在"一带一路"沿线国家目前仍是主流，应用中国标准的项目占调研样本中海外项目的 45%，其中经援及中国银行贷款项目基本采用中国标准，而非援助项目仅占总数的 21%，总体应用率偏低。从区域看，西亚中东地区欧美标准处于绝对垄断地位，中东国家目前执行标准主要是欧美标准，及本国水电局和消防局的部分标准。部分国家结合本国特殊地理和气候条件，在原本就长期存在的欧美标准基础上进行了有针对性的调整，形成了具有本国特色的工程建设规范。东亚的蒙古国，标准数量相对较少，而且其《标准化和合格评定法》也明确规定，国家标准的制定依据为国际标准，法律依据也要以国际公约为准。蒙古国自身的标准体系并不单纯依靠自身编制的标准，对标准体系不完整的空白领域会采用国际或国外的先进标准使得自身标准体系完善。南亚地区，根据数据统计，在 21 个项目中，有 13 个项目使用中国标准，其中仅有 3 个非经援项目，全在马尔代夫。目前，由中方施工建设的马尔代夫项目，如马尔代夫机场改扩

建项目、中马友谊大桥、马尔代夫7000套社会住房项目（结构设计）等均采用中国标准进行设计。马尔代夫为英国原殖民地，独立后长期依附在英联邦，各个方面，尤其是工程设计领域受英国影响较大，普遍使用英标，当地建筑、供电、给排水、消防等部门均长期采用英标标准，对英标以外的标准非常不熟悉。项目合同要求所有的设计应遵循最新的BS标准，经我方在施工过程中反复争取，业主同意部分接受和其标准相当的中国标准。中亚地区，初期主要是苏联的标准法规被原封不动地挪用过来，而从1992年后，独联体国家标准计量认证委员会所制定的独联体标准也成为哈萨克斯坦国家标准的重要来源。我国目前在中亚五国的工程建设并不多。中建在中亚的项目大多数是援建项目，采用我国标准。但是非援建项目，都是采用的俄罗斯标准。由于历史原因，中亚五国并没有自己的民用建筑工程标准，都是沿用了苏联和独联体标准。随着俄罗斯标准的不断更新，已经将国家标准同国际/欧洲标准的协调率，从1998年的20%提升至2000年的接近40%。目前我国在中亚五国实施的工程项目中，100%采用俄罗斯标准，且俄罗斯标准与欧盟标准越走越近。很多结构、电气要求超过我国标准要求。东南亚，即主要东盟成员国，东南亚国家工程建设标准体系一直不够完善，多使用英国标准、美国标准；根据上述数据统计，该地区应用中国标准较其他地区应用率高。主要是随着近些年来我国参与建设的工程逐步增多，施工过程中在英标和美标不能完全覆盖施工的情况下，中国标准能够其他补充完善的作用，也有一些中国标准逐步应用到现有工程项目，但并不是主流的做法。其他地区主要在非洲，中国标准应用较高，2/3的项目采用过中国标准，1/3的项目为非经援项目，应用率是最高的，主要原因是应用标准的国家中，主要为和我国具有良好的外交经济合作关系并且自身经济落后制度不健全的国家，如安哥拉的19个项目、刚果的9个项目全部采用中国标准。

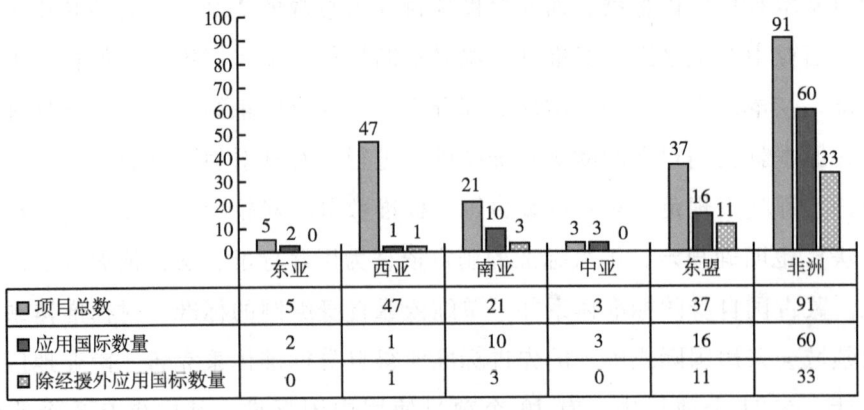

图3-2 应用中国标准数量统计

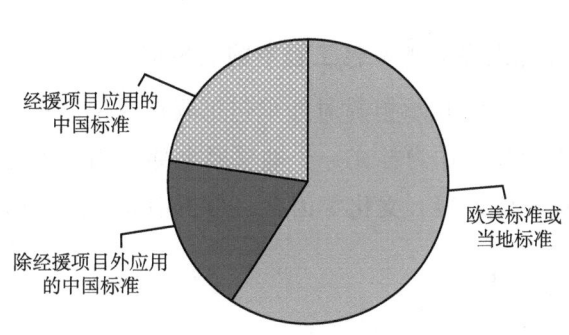

图3-3 应用中国标准统计总图

(二) 石油化工工程

1. 石化行业工程建设标准国际化工作概述

随着我国工程建设飞速发展,在政府倡导的"走出去"和"引进来"的发展要求下,石化行业利用"一带一路"契机,把握"一带一路"国家的经济发展需要,强化中国工程建设标准体系建设,加快其国际化进程,以促进"走出去",特别是加快了走向"一带一路"共建国家和地区的步伐。

自2006年起,中国石化建立了"国外标准信息库",充分利用了国外标准资源,有力地支持了中国石化工程建设和工程队伍的"走出去",促进了石化工程建设标准水平的提高。工程标准逐步推向国际市场,提供英文版标准是基本要求。2012年起,在财政部和住建部的支持下,中国石化组织本领域的国行标编制工作,近年来着手组织本领域国行标的翻译工作,目前已完成了52项国行标英文版标准,同时还组织编制了212项《炼化工程建设标准》中、英文版的企业标准,为"走出去"打下了基础,提供了保障。

石化领域技术专家积极参与国外组织标准化活动,担任了美国机械工程师学会(ASME)和美国石油学会(API)技术委员,有利于了解和掌握国外标准和技术,并将中国工程建设技术和经验融入国外标准中;这些活动促进了石化工程建设标准的国际化,引领了相应工程技术的发展。

结合海外工程承包项目,推广中国标准,以中国标准"走出去",带动我国的产品、技术、装备、服务"走出去"。近年来,中国石化陆续承担了美国、沙特、马拉西亚、伊朗、泰国、哈萨克斯坦、俄罗斯等国家的石油炼制、石油化工工程项目,这些项目按照国际通用惯例,除了采用业主标准外,还采用了ISO、IEC、ANSI、ASME、API、NACE等国际、国外以及中国标准。中国工程建设标准国际化已经迈出了坚实的步伐。

2. 石化工程建设标准在对外承包工程中的应用情况

1992～2017年，中国石化承担的对外承包工程项目中，主要采用国际和国外标准，部分项目采用中国标准作为补充，个别项目全部采用中国标准。下面列举典型项目，从投资、当地经济发展、文化等因素，分析中国标准应用情况。

（三）交通运输工程

公路工程标准虽然没有完全实现国际化，但是已经取得了一定的成就。交通运输部标准主管部门，为支持标准国际化，为公路项目海外工程建设服务，在连续不断地发布外文版公路工程标准。以中国交通建设集团为代表的我国交通运输企业，在过去的40年里，已经率先实现"走出去"，在"一带一路"共建65个国家间投资承建了2600多公里公路、1800公里铁路、10座机场、港口等一系列互联互通的项目。交通运输行业，尤其是大型交通运输企业，针对公路工程标准在海外的应用，做了一定的科研。公路工程行业内的专家等领军人物，积极参与标准国际组织，推动标准的国际化。随着标准国际化的需求性及重视度，对标准国际化方面的宣贯及培训也越来越多、越来越专业。

1. 公路工程标准外文版与国外标准翻译的"引进来"

（1）公路工程标准外文版。目前，已发布公路工程标准外文版共60项（因随中文版修订而外文版废止和修订的原因，现行有效为44项），根据公路行业对外"走出去"目标国的特点，目前编译了英、法、俄三种语言版本。目前，英文版51项、法文版8项、俄文版1项，另有在编外文版标准共18项，涵盖了公路、桥梁、隧道等专业的勘测、设计、试验检测、施工等门类。

（2）国外公路工程相关标准的"引进来"翻译。行业一些设计、建设单位依托海外项目，根据其工作需求，对国外公路工程相关的标准、规范、手册等进行了大量的"引进来"翻译工作，充分了解并学习国外标准。"引进来"翻译的国外公路工程相关标准主要是欧洲公路工程设计规范全套，一共包括10卷、58分册；还翻译了英国附件44本、法国附件41本。

另外，还组织编译出版《国外道路最新技术与标准规范译丛》，为国内企业引进、消化、吸收国外先进技术与规范提供了重要样本。

2. 公路工程海外建设项目的落地

（1）采用中国公路工程标准项目分布区域。基于中国路桥工程有限责任公司在马来西亚、赤道几内亚、安哥拉、巴基斯坦、白俄罗斯、加蓬、柬埔寨、肯尼亚、孟加拉国、塞尔维亚、塞内加尔等12个国家办事处的调研，可以得出这12个国家的公路工程项目中，采用中国标准项目数量及项目总数量如图3-4所示。

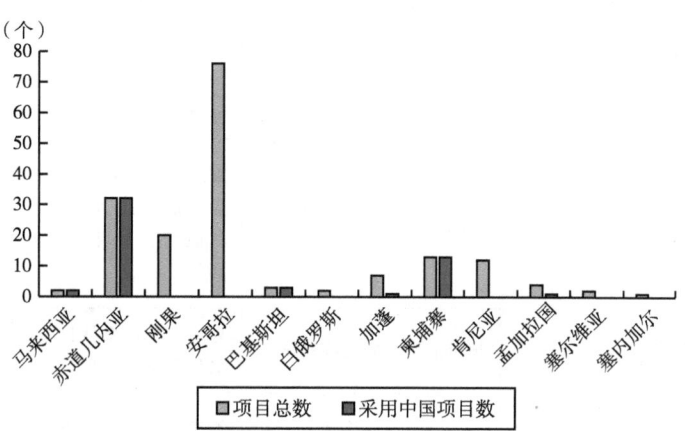

图 3-4　12 个国家采用中国标准项目数量及项目总数量

除上述 12 个国家外，根据中国公路工程咨询集团有限公司、中交第一公路工程局有限公司、中交第二航务工程局有限公司等 23 家大型施工企业的问卷调研，目前所承接的海外公路项目地域分布情况，如表 3-6 所示。

表 3-6　目前所承接的海外公路项目分布情况及中国公路标准规范采用情况

序号	项目承担单位	项目所在洲	项目所在国家和地区	开拓新海外规划国家	采用中国标准项目举例
1	中交第一公路工程局有限公司	亚洲	菲律宾、马来西亚、		埃塞俄比亚 AA 高速公路
		非洲	肯尼亚、埃塞俄比亚、刚果（布）、也门、埃及		
2	湖南路桥建设集团有限公司	亚洲	菲律宾、巴基斯坦		
		非洲	刚果（布）、卢旺达、肯尼亚		
3	中交第二航务工程有限公司	亚洲	斯里兰卡、马来西亚、马尔代夫、中国香港、文莱、泰国、沙特	孟加拉国、巴基斯坦、以色列	
		非洲	肯尼亚、几内亚	坦桑尼亚、利比里亚、刚果	
		欧洲	塞尔维亚、黑山	马耳他	
		南美洲	委内瑞拉	巴拿马、厄瓜多尔	
4	山东省公路建设（集团）有限公司	非洲	埃塞俄比亚		否
5	湖南路桥建设集团有限责任公司	亚洲	菲律宾、巴基斯坦	老挝、越南、马来西亚	否
		非洲	刚果（布）、卢旺达、肯尼亚	刚果（金）	

续表

序号	项目承担单位	项目所在洲	项目所在国家和地区	开拓新海外规划国家	采用中国标准项目举例
6	山东省路桥集团有限公司	亚洲	越南		沥青施工、管道打压
		非洲	阿尔及利亚、安哥拉	摩洛哥、肯尼亚	
7	四川公路桥梁建设集团有限公司	亚洲	阿联酋	柬埔寨、老挝、越南、孟加拉国、尼泊尔、科威特、卡塔尔、土耳其	援密克罗尼西亚科斯雷州大桥
		非洲	坦桑尼亚、厄立特里亚	肯尼亚、埃塞俄比亚、尼日利亚、南非	
		欧洲	挪威	挪威、法国、意大利、波斯尼亚和黑塞哥维那、克罗地亚、俄罗斯	
		大洋洲	密克罗尼西亚	玻利维亚、智利	
8	浙江交工集团股份有限公司	亚洲	蒙古国、马来西亚		
		非洲	刚果（布）、赞比亚、尼日尔、埃塞俄比亚		
		南美洲	玻利维亚		
		大洋洲	巴布亚新、几内亚		
9	中国公路工程咨询集团有限公司	亚洲	巴基斯坦、柬埔寨、吉尔吉斯斯坦、塔吉克斯坦		巴基斯坦KKH二期
		非洲	科特迪瓦共和国、尼日尔、马达加斯加、莫桑比克共和国、加蓬、多哥、安哥拉、马达加斯加、塞内加尔		
		欧洲	黑山		
		大洋洲	纽埃		
10	中交第一航务工程局有限公司	亚洲	印度尼西亚、柬埔寨、卡塔尔、沙特阿拉伯	阿联酋、马来西亚、菲律宾、孟加拉国	加蓬PO公路和桥梁项目、加蓬FM公路项目
		非洲	毛里塔尼亚、塞内加尔、加蓬	毛里塔尼亚、塞内加尔、加蓬	
		大洋洲	巴布亚新、几内亚		
		南美洲	牙买加		

（2）我国公路工程标准在海外项目中的采用比例。按照公路相关工程的资金来

源，项目可分为框架类项目、经济援助类项目、国际招标类项目。根据调研分析，在海外的公路工程项目中，经济援助类项目可以通过在合同中规定项目采用中国标准规范进行，基本上可全部采用中国标准及规范；框架类项目，由于是中国进出口银行、国家开发银行等政策性银行及商业银行，以优息、低息或者免息的优惠政策，为国外项目提供优惠贷款，在这类项目中，部分项目可以采用中国标准规范；国际招标类项目，由世界银行、亚洲开发银行等参与的公开招标项目，多由专业化的国际咨询公司担任招标、监理进度、质量和成本控制，中国企业参与竞标，此类的海外项目，一般不会采用中国的标准规范。

在调研的 12 个国家中，公路工程项目中采用或者部分采用中国标准的国家有 6 个，分别是马来西亚、赤道几内亚、巴基斯坦、加蓬、柬埔寨、孟加拉国。在采用中国标准的项目中，现汇类型、框架类型、经济援助类型的项目数量及比例如图 3－5 所示。

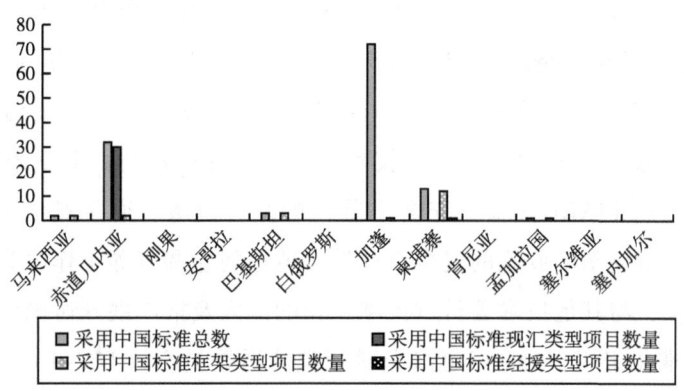

图 3－5　采用中国标准的项目中，现汇项目、框架项目、经援项目数量

3. 积极参与国际标准组织及活动

（1）我国具有参加标准国际化活动的管理制度。国家质量监督检验检疫总局、国家标准化管理委员会发布了《参加国际标准化组织（ISO）和国际电工委员会（IEC）国际标准化活动管理办法》，该管理办法于 2015 年 5 月 1 日开始实施，该办法所称参加国际标准化活动是指参加国际标准化组织（ISO）和国际电工委员会（IEC）的相关活动。《参加国际标准化组织（ISO）和国际电工委员会（IEC）国际标准化活动管理办法》分为六章：第一章为总则，主要介绍了该管理办法的制定依据及适用范围。第二章为工作职责，介绍了参加国际标准化组织活动的管理体制，包括各个层级的主要职责。第三章主要规定了国内技术对口单位的设立原则、具备条件、设立程序、工作内容等。第四章为工作程序及要求，包括承担负责人和

秘书处、确定成员身份、投票、提交提案、参加工作组、参加技术机构会议、承办ISO 和 IEC 技术机构会议等 7 个方面的工作程序及要求。第五章主要规定了相应的经费与奖惩制度。第六章为附则部分，对该办法的特殊情况进行补充说明。

（2）公路行业参加国际组织。公路行业专家参加的国际组织有世界道路协会（PIARC）、国际标准化组织（ISO）道路交通管理体系委员会（TC241）、国际道路评估组织（iRAP）等。

①世界道路协会（PIARC）。

世界道路协会（PIARC）成立于 1909 年，是一个专门从事公路设施的规划与管理，公路设施的设计与施工，公路设施的运行、安全和维护等方面的信息交流的非营利、非政府性的国际组织。该协会自成立以来，在世界各地举办过 25 届世界会议，已成为世界公路领域以交流和传播公路技术知识和信息为主要内容的最具权威、影响最大的国际性组织。

按 PIARC 章程，技术委员会（TC）每年召开 2 次工作会，委员们讨论、推进 TC 的工作任务。目前公路院在 PIARC TCs 中任职情况如下：李春凤——TC C1（国家道路安全政策与规划）技术委员；唐琤琤——TC C2（更安全的道路基础设施设计与应用）技术委员。2017 年，2 位技术委员分别在摩洛哥、意大利等地参加技术委员会工作会，就 PIARC《道路安全手册》的翻译出版、道路安全政策与系统的全球性案例研究、道路基础设施的安全设计的全球性问卷调查等工作事宜进行已有工作基础与进度汇报，与其他技术委员就各项工作的深入及推广展开讨论并提出建议。

②国际标准化组织（ISO）道路交通管理体系委员会（TC241）。

ISO/TC241 是由瑞典标准化研究院发起建议，于 2008 年 6 月建立的委员会。该委员会旨在建立一个基于系统化交通安全管理思想的交通安全领域国际标准体系。我国是 ISO/TC241 首批具有投票权的成员国（P 成员国）。2008 年 6 月 19 日，国家标准化管理委员会发文批准公路院为 ISO/TC241 的国内技术对口单位，要求公路院严格履行技术对口单位的职责，做好国内技术对口单位的基本建设工作。

为履行技术对口单位职责，公路院自 2009~2017 年 6 次派员参加了 ISO/TC241 组织的 ISO39001 国际标准编制工作会议，全面参与了 ISO39001 各阶段的讨论和编制，提出了多项建设性意见。ISO39001 国际标准已于 2012 年 10 月颁布，公路院在此基础上承担了国家标准《道路交通安全管理体系要求及使用指南》制定工作，实施 ISO39001 国际标准的国内引进和转化。

③国际道路评估组织（iRAP）。

iRAP 是致力于通过道路基础设施的改善来减少交通事故伤害损失的非营利组

织。目前已有70多个国家开展风险评估工作。2017年8月，公路院安全中心主任周荣贵、张铁军博士参加了iRAP道路安全亚洲研讨会。会上，周荣贵主任向各国专家介绍了"中国生命安全防护工程"的实施近况和示范工程良好经验。另外，作为iRAP技术委员会成员，张铁军博士在大会上作了"中国路网评估项目"的报告，并就其负责的风险评估本地化项目——中国道路评估（ChinaRAP）的模型参数设定等事宜与其他专家进行了探讨交流。

4. 公路工程标准国际化的科研支撑

（1）公路工程中外标准对比研究。

在我国公路工程海外项目中，尤其是采用我国标准进行公路工程项目项目的设计、施工等，进行标准对比分析，是一项基础且必需的工作。行业一些设计、建设单位、专家针对公路工程标准对比分析，已经做了大量的研究工作。

（2）与美国规范的对比。

对于美国、欧洲的相关标准来讲，不存在公路工程标准的体系的说法，因此中交第二公路勘察设计研究院有限公司针对此项标准对比的分析研究，主要是按照中国的公路工程标准体系来进行的。标准对比的内容主要包含体制管理方面、技术水平、使用范围、计算方法、材料标准、试验方法、使用方法。

（3）与欧洲规范的对比。

中交第二公路勘察设计研究院有限公司，2009~2014年针对欧洲结构规划及公路工程展开了专题研究。其中包括将欧洲规范与中国规范进行了全面的对比。

对比规范的选取。主要是与土木标准相关的规范，包括公路、铁路、市政、建筑、水利、电力等方面相关的标准规范与欧洲规范进行了对比。规范对比的成果：主要是针对本设计院的需要，做了7本对比分析报告（包括钢桥、混凝土桥、岩土工程设计、勘察与实验，抗震方面3本）。针对海外工程项目中标准的采用情况，针对核心问题：结构分析计算、通用图，按照欧洲规范，选择一座桥，形成设计模板，整个计算书的内容，包含分别采用了哪些条款、计算内容是怎样的，作出一个案例，在以后的国外项目中，制作预算书，可以按照模板进行制作；制作了中、英、法对照的模板，英文版的对应英国附件，法文的对应法国附件，一共提供了10册的模板。

（4）公路工程标准专项研究。

我国公路工程相关行业的一些设计、施工单位，根据海外工程项目的需求，已经针对公路工程标准国际化，作出了一些专项研究。中交第二公路勘察设计研究院有限公司在该方面做出的专项研究如下：

①在巴基斯坦的项目中，开展了《中国公路工程技术标准在"一带一路"国

家中的适用性研究》，调研"一带一路"国家中标准的使用现状，通过一些项目，了解这些国家对中国标准的接受程度、理解程度，分析中国标准在这些地区进行推广、应用时，可采取哪些途径。

②在中交建立项的一个课题《基于中国模式的"一带一路"地区：公路建设支撑技术研究与工程师范》，课题的核心内容包括三大块：中国的公路建设模式如何"走出去"、中国的公路建设技术如何"走出去"、中国的公路建设标准如何"走出去"。

③在中国交通建设股份有限公司进行立项的课题，《"一带一路"地区交通基础设施建设标准体系调研与技术政策》，作为专题研究，由集团的科技部和海外部牵头，中交第二公路勘察设计研究院有限公司作为主要承担单位，邀请相关单位参与的课题，课题的核心任务就是集团在"一带一路"国家开展业务过程中的技术支撑和决策依据。

（5）加强宣传培训。

国家、行业有定期的标准宣贯培训，企业根据海外项目的需求，编制了一系列的培训内容，在企业内部或者是外部进行一系列的培训。

中交第二公路勘察设计研究院有限公司组织的关于标准国际化方面的培训主要是包括两个方面：一方面，标准体系方面的培训，包括5个专题：国际工程标准体系的概述、美国公路工程标准体系、欧洲公路工程标准体系、中国公路工程标准体系、中国工程标准"走出去"的解读与思考。另一方面，欧洲规范系列培训，包含9个专题，基本上都是对应欧洲规范10卷（58册）的内容：欧洲结构规范的概述、结构设计基础、结构与桥梁的作用、结构与混凝土的设计、钢结构与混凝土的设计、组合结构和组合桥梁的设计、岩土工程设计、结构勘察设计、基于欧洲规范的桥梁标准化设计。

三、整体都采用中国标准的项目举例

（一）恒逸（文莱）PMB石油化工项目

1. 项目基本情况

工程类型：炼化一体化。

建设地点：达摩拿岛。

企业扮演角色：根据合同及设计委托，中石化洛阳工程有限公司（LPEC）是恒逸（文莱）PMB石油化工项目的详细工程设计单位，在设计过程中担任总体负

责与主导角色。SEI 承担该项目的可研和基础工程设计。

LPEC 承担 800 万吨/年常减压、235 万吨/年轻烃回收、产品精制、130 万吨/年煤油加氢精制、220 万吨/年柴油加氢精制、220 万吨/年加氢裂化、芳烃联合装置（330 万吨/年重整 + 150 万吨/年单系列芳烃）、轻石脑油异构化、180000m^3/h（标准立方）PSA 氢提纯以及 100 万吨/年灵活焦化等工艺装置的详细设计任务。其中灵活焦化、气分装置还承担基础设计工作。同时承担系统工程中总图、给排水、热工、电气及部分储运详细设计工作。

工程概述及规模：恒逸实业（文莱）有限公司（文莱注册名称：HENGYI IN-DUSTRIES SDN BHD，以下简称"恒逸文莱实业"）为恒逸石化股份有限公司所控股，由浙江恒逸集团有限公司和文莱财政部全资设立的达迈控股有限公司主权基金（SDCF）共同出资成立。恒逸文莱实业计划在文莱达鲁萨兰国（Brunei Darussalam，以下简称文莱）实施中国浙江恒逸（文莱）PMB 石油化工项目。

恒逸（文莱）PMB 石油化工项目采用文莱轻质原油与凝析油、卡塔尔原油与凝析油及适量的石脑油。项目主要包括 13 套工艺生产装置以及相应的原油、成品油码头、罐区、电站、海水淡化、单点系泊及原油海底管道等配套工程。建成后主要产品为 PX、苯、柴油、汽油、航空煤油、轻石脑油等。

2. 中国标准应用情况

由于文莱国家工业基础薄弱，无相关的工业及工程建设标准。作为国内企业在文莱投资建设的项目，经恒逸与文莱政府协商并取得当地政府批准，除必须执行的当地环保、安全等标准外本项目均采用、执行中国标准。

3. 分析与小结

项目由中方控股，项目规划、可研、技术比选等前期工作均由国内工程公司完成，为项目采用中国工程建设标准创造了条件。项目所在国工业基础薄弱，除环保、安全等属地国法律法规外，工程建设均采用中国标准。

（二）马来西亚磷化工（砂拉越）有限公司一体化综合磷化工项目

1. 项目基本情况

工程类型：化工工程。

建设地点：马来西亚砂拉越明都鲁三马拉祖工业园。

企业扮演角色：中石化南京工程有限公司（SNEI）的设计范围包括：黄磷装置、热法磷酸及食品级磷酸装置、湿法磷酸装置、工业级 MKP&MAP/DAP（磷酸二氢钾和磷酸一铵/磷酸二铵）装置、肥料级 MAP/DAP（磷酸一铵/磷酸二铵）装置、饲料级 MDCP/DCP（磷酸氢钙+磷酸二氢钙/磷酸氢钙）装置以及部分全厂性公用工程装置。同时还有设计、设备采购和现场技术服务内容。

工程概述及规模：马来西亚磷化工（砂拉越）有限公司（MPAS）集磷化工、煤化工、合成氨等产品生产为一体的综合性工程。

由陕西建工安装集团有限公司和北方重工集团有限公司针对马来西亚砂拉越州明都鲁沙马拉祖工业园食品级、饲料级和肥料级磷酸盐装置的设计、采购和施工项目与马来西亚磷化工（砂拉越）有限公司签订总合同，陕西建工安装集团有限公司与中石化南京工程有限公司（SNEI）签订项目工程设计合同。

建设规模包括：6×1.2 万吨/年黄磷装置；2×7.5 万吨/年 TPA（热法磷酸）和 10 万吨/年 FPA（食品级磷酸）装置；13 万吨/年湿法磷酸装置；5 万吨/年 MKP（磷酸二氢钾）、2.5 万吨/年 MAP（磷酸一铵）和 1.5 万吨/年 DAP（磷酸二铵）工业级 MKP&MAP/DAP（磷酸二氢钾和磷酸一铵/磷酸二铵）装置；10 万吨/年 MAP（磷酸一铵）和 5 万吨/年 DAP（磷酸二铵）肥料级 MAP/DAP（磷酸一铵/磷酸二铵）装置；2.5 万吨/年 MDCP（磷酸氢钙+磷酸二氢钙）和 2.5 万吨/年 DCP（磷酸氢钙）装置。

2. 中国标准应用情况

本项目七个磷化工装置和公用工程由中石化南京工程有限公司承担设计，陕西建工安装集团总承包。因七个装置技术来源由中石化南京工程有限公司提供，而且早在 2008 年中国就是世界第一磷肥产能大国，磷肥及磷化工生产、设计技术在国际处于领先或第一梯队水准，相关设备和材料全部国产，项目投标报价及中标价格均以中国生产设备和材料为基础，在总承包合同中明确除消防、安全、环保等当地政府规定必须执行的标准外，其他设计标准均采用中国标准，这样可以为马方提供性价比较高的工程技术服务，也为中国制造、中国标准走向世界提供机遇。

3. 分析与小结

该项目凭借着中国是世界第一磷肥产能大国，磷肥及磷化工生产、设计技术在国际处于领先或第一梯队水准这一技术优势，带动着国产设备和材料，捆绑着一起"走出去"，同时中国标准也容易得到外方的认可并接受，除消防、安全、环保等当地政府规定外，设计均采用中国标准。

（三）Tasuduk 油田中心处理站及配套集输系统建设安装项目

1. 项目基本情况

工程类型：石油工程。

建设地点：哈萨克斯坦 Sagiz 区块。

企业扮演角色：项目为 PCC 承包模式，业主提供主要设备及玻璃钢管，其余采办部分和施工部分均由中石化中原油建工程有限公司负责。

工程概述及规模：项目包括 Taskuduk 中心处理站和 4 座计量站。Taskuduk 中心处理站内设有卸油区、进出站及加热炉区、油气处理区、联合泵房、原油罐区、污油罐区、火炬系统区、发电机区、污水处理区、注水装置区等生产区，并配套消防区、辅助生产区及办公场所。

工程投资方：SAGIZ 石油公司（FIOC 公司之全资子公司）。

2. 中国标准应用情况

由于哈萨克斯坦当地的工业基础薄弱，油气专业的工程建设标准不完善，因此对于没有的部分，采用了中国标准，设备和材料基本上采用的是中国的标准和型号。

3. 分析与小结

哈萨克斯坦工业基础薄弱，技术相对落后，经济实力有限，油气专业的工程建设标准不够完善，中国技术体系完整和产品制造能力强，再加上国家间的友好，所以项目选用了中国的技术、设施和标准。

四、部分采用中国标准项目

（一）马来西亚 RAPID 项目

1. 项目基本情况

工程类型：石油化工工程。

建设地点：马来南部柔佛州。

企业扮演角色：中国石化工程建设有限公司（SEI）为 EPC 总承包单位。

工程概述及规模：马来西亚 RAPID 项目是马来西亚国家石油公司在马来南部柔佛州建设的炼化一体化项目，项目包括炼油、乙烯和下游石化装置，以及罐区、公用工程和基础设施建设。炼油设计能力为 1500 万吨/年，乙烯设计能力为 128 万吨/年。中国石化工程建设有限公司（SEI）承担了 880 万吨/年渣油加氢包的 EPCC 总承包工作。

2. 中国标准应用情况

（1）钢结构材料及型材。

马来西亚项目执行标准按照合同规定的优先级为马来西亚法律法规、项目规定、马来西亚国家标准、国际标准。

马来西亚 RAPID 项目严格按照项目规定的标准规范执行。只有在钢结构材料方面考虑到项目的进度和费用的节省，业主才接受以下内容采用中国标准：考虑加热炉整体模块制造在中国制造，加热炉钢结构的材料业主接受采用中国标准。

（2）其他设备及材料。

设计和制造采用马石油的标准 PTS。PTS 来源于 SHELL 的 EDP 规范，该规范是基于 ASME、ASTM、API 等国际通用标准基础上增加了马石油企业的应用实践，在某些方面和领域比国际通用标准更严格。

（3）中国境内制造的设备、材料。

中国境内制造的设备、材料有：冷高分、热高分、热低分、循环氢脱硫塔、重高压空冷器、塔内件、工艺流程泵、高速泵、螺杆泵、给水泵、加热炉、加药包、钢结构、低压开关柜、电缆、管道材料及管件和抗爆门。

中国的很多制造厂经过近些年"走出去"的实践，已逐渐适应国际通用标准和规范，其设计和制造已不存在障碍。

（4）加热炉出口马来西亚情况。

在马来西亚 RAPID 项目中，加热炉共 8 台，其中常压蒸馏（CDU）装置 2 台，渣油加氢（ARDS）装置 6 台。

①CDU 加热炉。

该装置处理量为 1500 万吨，按照双系列设计。每台常压加热炉设置 1 套余热回收系统，每台常压加热炉炉顶设置自排放烟囱。加热炉的分包商为美国 PCD（Heurtey Petrochem）公司，SEI 负责对加热炉的分包商的文件进行总审核，加热炉在中国制造。加热炉辐射段与对流段为一个整体，带炉管、炉衬、燃烧器和炉配件，在中国的制造厂组装就位，整体运往马来西亚。

②ARDS 加热炉。

该装置处理量为 880 万吨，按照双系列设计。单系列包括 2 台反应炉，1 台分馏炉。加热炉的分包商为意大利 Kirchner 公司，SEI 负责对加热炉的分包商的文件进行总审核，加热炉在中国制造。加热炉辐射段与对流段为一个整体，带炉管、炉衬、燃烧器和炉配件，在中国的制造厂组装就位，整体运往马来西亚。

③国产化设备、器材、材料情况。

在中国制造的该整体加热炉除外商采购的燃烧器、炉管和炉衬耐火材料等外，所有钢结构和炉附件均采用国产材料。

3. 项目使用其他标准的情况

按照项目的规定，标准体系由 7 大部分组成，其有关内容、执行的优先级顺序如下：

（1）马来西亚法律法规（Malaysian Laws and Regulatory requirements）。马来西亚项目相关的法律法规，从政府层面上要求在马来西亚建设项目都必须遵守的规定，在项目规范中专门进行了辨识。在下列方面辨识的法律数量如下：建筑物4部法律；职业安全卫生38部法律，10项指南（DOSH职业安全卫生部）；民用航空2部法律；环境保护28部法律，11项指南（DOE环保部）；公用工程6部法律，主要针对电气；通信1部法律；消防8部法律（BOMBA消防局）等。

（2）项目标准规定PSS（Project Specification and Supplement）。从合同执行角度，业主要求承包商强制执行的标准，承包商可以对项目的SPEC提出偏离请求，最终由业主决定是否对承包商提出的偏离给予批复。

（3）PTS（Petronas Technical Standard）：马石油全套工程建设标准。

（4）FEED项目规定（FEED Project Specification）：针对项目的具体要求对PTS的补充、修订和细化。

（5）项目程序文件（Project Procedure）：对项目执行中的工作指南。

（6）马来西亚国家标准MS。

（7）国际及国外标准：马来项目用到的国际和国外标准（不包括中国标准）共1143项。

4. 分析与小结

本项目凭借着工程总承包和设备整体制造的优势，带动了钢结构、材料、单体设备和相关联的中国标准一起"走出去"。

（二）哈萨克斯坦项目——阿特劳炼厂芳烃（PX）项目和阿特劳炼厂石油深加工项目

1. 项目基本情况

（1）阿特劳炼厂芳烃（PX）项目。

工程类型：石油化工工程。

建设地点：哈萨克斯坦阿特劳市。

企业扮演角色：中石化洛阳工程有限公司为EPCC总承包单位。

工程规模：该项目是哈萨克斯坦政府2009~2013年工业战略发展规划的重要工程之一，是哈萨克斯坦政府为提高国内原油加工深度，加大化工市场的自给率，扩大化工产品出口额而实施的关键项目。项目采用法国Axens公司的专利技术，建设内容为100万吨/年连续重整（CCR）装置（含45万吨/年芳烃抽提装置）、50

万吨/年对二甲苯（PX）装置及系统配套单元。

项目依托中哈优惠贷款（中哈能源合作贷款），为中国进出口银行买方信贷项目。

(2) 阿特劳炼厂石油深加工项目基本情况。

工程类型：石油化工工程。

建设地点：哈萨克斯坦阿特劳市。

企业扮演角色：中石化洛阳工程有限公司为 EPCC 总承包单位。

工程规模：哈萨克斯坦阿特劳炼油厂石油深加工项目（FCC 项目）是哈萨克斯坦政府工业战略发展规划的重要项目之一，是哈萨克斯坦政府为提高原油加工深度，增加高辛烷值汽油、柴油及航煤的产量，并使汽柴油产品符合欧 5 标准要求而实施的关键项目。项目主要包括催化裂化、液化烃脱硫、汽柴油加氢、异构化、制氢、苯加氢、齐聚、醚化、硫黄回收等 12 个工艺装置及其相配套的公用工程、厂外设施等，共 60 个单元。

2. 中国标准应用情况

上述两个项目首先按照 FEED 文件要求依次执行的是哈萨克斯坦法律法规、哈萨克斯坦标准、独联体标准、俄罗斯标准、国际标准、国外标准（含中国标准）等，其次在哈萨克斯坦标准没有明确规定或者规定不尽合理的地方，中国承包商与业主积极沟通，推荐中国标准，业主积极采纳。但部分涉及当地相关法律法规需要相关部门审查通过时，因难度较大，没有采用中国标准。

中国标准在项目中的应用情况如下：

(1) 机械。机泵主要采用 ISO、API 等国际和国外标准及哈萨克斯坦标准，即使是中国生产的机泵，也要按照国外标准设计、制造。中国生产的起重机、葫芦等特种设备，采用中国标准设计和生产，但也需要符合哈萨克斯坦标准要求并办理哈萨克斯坦相关认证。

(2) 土建。土建工程设计全部执行哈萨克斯坦或俄罗斯标准，未采用中国标准，建材均采用当地材料，部分钢结构国内采购但需要办理哈萨克斯坦材料认证。

(3) 储罐。由于业主不认可中国标准，最终项目是按 API STD 650 执行的，制造和检验部分执行哈萨克斯坦标准 CH PK 3.05 24 2004《立式圆柱形钢制油罐设计、制造和安装规程》。但是作为中国独有的罐顶型式——自支撑带肋拱顶，完全按照中国标准 GB 50341《立式圆筒形钢制焊接油罐设计规范》进行设计和制造。

(4) 加热炉。中国标准应用较多，主要原因是哈萨克斯坦的制造和生产能力有限，很多加热炉的配套产品都需要在中国国内采购，包括加热炉的模块化制造，也都由中国的制造商在国内制造供货,其供货产品的型钢、衬里材料等都按照中国标准在中国采购。

(5) 自动控制仪表。型钢角钢、镀锌钢管等材料类及槽盒托架均在当地采购,这些设备材料执行哈萨克斯坦标准。其余设备大多在中国采购,采用中国标准在中国制造的设备产品,只要办理了哈萨克斯坦认证,就可以在项目中使用。工程设计中,在仪表选型、控制系统、仪表现场设备布线、供电配线、接地及仪表供气、仪表平面布置图等方面,对于哈萨克斯坦标准中有相关规定的,首先执行其标准要求,没有的内容,可采用相应中国标准。

(6) 配管。项目首先执行哈萨克斯坦标准、独联体标准和俄罗斯标准,对于无明确规定的内容,以中国标准作为补充,如项目采用了 SH 3011《石油化工工艺装置布置设计规范》、SH 3012《石油化工金属管道布置设计规范》、SH 3501《石油化工有毒、可燃介质钢制管道工程施工及验收规范》等中国标准。

(7) 电气。材料(型钢、钢管、桥架等)执行 IEC 标准或中国的国家标准,要求供货方使用自有资金取得哈萨克斯坦国家机关许可。另外,爆炸危险区域划分及防爆设备选择参考了 GB 3836.14《爆炸性气体环境用电气设备 第 14 部分:危险场所分类》、GB 3836.15《爆炸性气体环境用电气设备 第 15 部分:危险场所电气安装》;提前放电避雷针参考了 GB 50057《建筑物防雷设计规范》;变电所内设备选择及平面布置参考了 GB 50053《20kV 及以下变电所设计规范》和 GB 50054《低压配电设计规范》。

(8) 压力容器。冷换设备的设计选型中用到了相关标准和通用图。哈萨克斯坦当前主要参照俄罗斯标准进行设计和制造,而该标准系列中冷换设备的标准型式和参数较为陈旧,与当今主流标准(中国和欧美体系)有一定差异,造成工艺选型、设备制造和平面布置等一定困难,因此经过与业主和 FEED 设计方沟通,决定在哈萨克斯坦项目中采用中国标准替代相应的俄罗斯选型标准,如 GB 50341《立式圆筒形钢制焊接油罐设计规范》、GB 50128《立式圆筒形钢制焊接储罐施工规范》等。

此外,因没有合适的哈萨克斯坦标准可以参照执行,工艺成套设备也采用了一些中国国内的设计和制造标准,如 GB/T 150(所有部分)《压力容器》、GB/T 151《热交换器》等。

3. 中国境内制造的设备和材料在项目中的应用情况

在哈萨克斯坦项目中,中国产品得到广泛应用,各类设备在项目中的应用情况如下:

（1）机泵。哈萨克斯坦芳烃项目的压缩机全部为中国制造，部分泵由中国制造。催化裂化装置的主风机组和其他装置的小型撬装往复压缩机为中国制造，部分工艺泵由中国制造。

（2）暖通空调。暖通空调设备主要采用中国产品。

（3）储罐。中国独有的自支撑带肋拱顶在哈萨克斯坦项目中应用并获得业主的认可，铝制内浮顶也得到了应用。

（4）自动控制仪表。本项目中大量采用了中国制造的产品。例如，就地温度压力仪表、普通调节阀及切断阀、可燃及有毒气体检测器、浮筒及磁浮子等液位仪表、节流装置及电磁流量计等流量仪表、分析小屋、仪表电缆、控制系统集成等。

（5）管道材料。哈萨克斯坦项目装置的管道材料绝大部分由中国制造和供货。

（6）其他工艺设备。小型设备或成套设备除专利商明确指定的部分产品外，均采用了中国产品或专用技术，主要包括：安全阀（含呼吸阀）、塔内件（部分）、旋风分离器、化学药剂注入设施、过滤器、空气干燥器、抽空器、消音器、脱水器、电加热器、泵体自动回流阀、阻火器等。在哈萨克斯坦芳烃项目中，约650台压力容器由中国制造。

4. 分析与小结

哈萨克斯坦项目工艺包和 FEED 由国外工程公司提供，凭借着中国企业工程总承包和中国设备整体制造的优势，带动了设备、材料、电气、仪表、机械、钢结构等产品连同相关的中国标准一起"走出去"。

（三）伊朗 YADA 项目

1. 项目基本情况

工程类型：石油工程。

建设地点：伊朗胡泽斯坦省会阿瓦士以西雅达瓦兰油田。

企业扮演角色：伊朗雅达中心处理站项目主要内容包括：两列轻油处理系统、一列重油处理系统以及配套控制系统和公用工程；采用 EPCC 总承包模式，业主是伊朗国家石油公司，甲方是国际石油勘探开发有限公司。工程实施主体是中石化胜利油建工程有限公司和中石化石油工程设计有限公司。中石化石油工程设计有限公司负责整个工程的详细工程设计、采购支持、施工支持和试运行支持工作，胜利油建工程有限公司和伊朗当地的 Jahanpars 公司负责项目的采购、施工工作，中石油管道有限公司负责项目试运行工作。

项目概述及规模：伊朗 YADA 项目新建一座中心处理站（CTEP），一期工程工艺设施主要包括油气分离与处理、采出水处理及回灌、气举气压缩及注气、燃气发电、道路、建筑等，其中轻质原油与重质原油分别处理，轻质原油的处理规模为90000bbl/d（分两列），重质原油的处理规模为45000bbl/d，天然气处理的规模为140MMSCFD，燃气发电的规模为60MW。

2. 中国标准应用情况

由于合同的严格规定，伊朗 YADA 项目未批准使用中国标准，所有设计、采购和施工均执行 IPS 标准，如有补充优先执行欧美标准和国际知名工程公司的相关经验，如壳牌、道达尔等。

需要特别说明的是，钢结构在中国采购，经过协商业主同意，所有钢结构的材料和制造执行中国标准。

3. 中国境内制造设备和材料情况

设备、管道、钢结构、电气仪表设备，除少部分在伊朗本地采购外，绝大部分在中国生产、采购，主要内容如下：

（1）离心式压缩机 17 台，由中国生产制造，执行 API 标准；

（2）机泵、压力容器、塔、加热炉、脱盐橇、天然气脱水橇、应急柴油发电机等设备均在中国生产制造，执行 API、ASME 标准；

（3）大宗管道材料，包括管道、管件、阀门、法兰等均在中国生产制造，执行 ASME 标准；

（4）钢结构，在中国生产制造，执行中国标准。

4. 项目使用其他标准的情况

IPS 标准项目中对各承包商/专业的设计、建造、安装、检验等内容分别作出了详细规定，是合同规定的强制执行标准，要求承包商严格执行。

5. 分析小结

工艺设备、管道、钢结构、电气仪表设备等由中国制造，但采用欧美标准。只有在钢结构方面采用了中国标准。

（四）中国石化新加坡 8 万吨/年润滑油脂工程项目

1. 项目基本情况

工程类型：石油化工工程。

建设地点：新加坡裕廊工业区。

企业扮演角色：中石化宁波工程有限公司（SNEC）为 EPC 总承包单位。

项目概述及规模：新加坡 8 万吨/年润滑油脂工程是中国石化润滑油分公司第一

个海外生产基地,建设规模润滑油 5 万吨/年、润滑脂 3 万吨/年。由原料、成品、添加剂罐区、润滑油生产装置、润滑脂生产装置、润滑油灌装、润滑脂灌装、原料/成品仓储等生产系统及配套的热媒站、冷却水系统、空压站等界区内公用工程系统和综合办公楼、餐厅、停车场、门卫等辅助设施组成。

工程投资方:中国石化独立投资。

2. 中国标准应用情况

新加坡没有完整的设计标准,认可 API、ASME 及 BS 标准,但所有用于施工的图纸均须通过当地注册工程师(PE)的审查并得到政府相关部门批准。只要 PE 认可,中国标准即可应用于项目中。

本项目在新加坡聘请了 4 名专业人员(PE),包括:注册建筑工程师、注册结构工程师、注册机械工程师、注册电气工程师。其中建筑、结构、静设备(需监管的高压部分)、给排水及消防、电气、暖通、总图运输和电信等专业设计均采用国外标准,工艺、管道、静设备(不需监管部分)及仪表等专业大部分采用中国标准。

3. 分析与小结

本项目是中方独立投资的项目。由于新加坡没有完整的设计标准,也没有完整的制造工业基础,中国标准只要得到 PE 认可就可以使用。这个项目允许在工艺、管道、静设备(不需监管部分)及仪表等专业大部分采用了中国标准。

五、未采用中国标准项目

(一)沙特聚酯(PET)项目

1. 项目基本情况

工程类型:化工工程。

建设地点:延布工业区。

企业扮演角色:中石化上海工程有限公司(SSEC)为 EPC 总承包单位。

项目概述及规模:沙特聚酯(PET)项目是阿拉伯工业化纤公司(IBN RUSHD)在延布工业区投资建设的一体化改造项目之一。该一体化改造项目包括芳烃装置从 35 万吨/年扩能到 60 万吨/年、PTA 装置从 35 万吨/年扩能到 60 万吨/年、聚酯装置从 33 万吨/年扩能到 75 万吨/年、新建污水处理厂、公用工程改造以及 ICS 系统升级等多个项目。中石化上海工程有限公司承担了新建一座 42 万吨/年对苯二甲酸酯(polyethylene terephthalate,PET)装置、PTA 储存及风送系统、PET

储存及后处理、CP 工艺单元（含 HTM – 热油炉系统）、SSP 工艺单元等 4 个单元详细工程设计到装置机械竣工阶段的设计、采购、施工及预试车工作。

2. 中国标准应用情况

电气及仪表产品方面，中国标准与 IEC、IEEE 等国际或美国标准接轨。

3. 中国境内制造的设备、材料情况

在沙特聚酯项目中应用的中国境内制造的设备、材料有压力容器、反应器、塔、电梯、高低压开关柜、变压器、接线箱、灯具、电缆、管道材料及阀门等。

中国的很多制造厂，特别是合资工厂在沙特聚酯项目中表现优良，基本得到业主认可，国际通用的标准规范都可以满足。

4. 项目使用其他标准的情况

（1）沙特聚酯项目标准体系。

项目业主 SABIC 在项目招标文件中对项目引用和执行的法规及标准作出了明确要求，其内容、执行顺序为：

①项目标准 Ibn Rushd Specifications and Standards（IRS）；

②业主工程标准 SABIC Engineering Standards（SES）；

③国家强制性规定 Royal Commission Environmental Regulations（RCER 2004）、HCISS Safety and Security Directives（SSD）、SABIC Safety, Health & Environment Management（SHEM）Standards 等。

虽然有前面的优先顺序，但强制性规定是必须执行的。在仪表、电气、电信方面，根据招标书的要求，优先执行 IRS 的规定，IRS 中没有规定时，才按 SES 或其他标准执行。

其他方面在沙特聚酯项目中总体上以 SES 标准体系为主，对于 SES 标准体系中没有规定而在其他标准体系中有规定的，按其他标准执行。

以标准的执行范围及力度而言，SSD 相当于政府法规，RCER 相当于工业园区法规，两者都是强制性标准，因此需要同时满足。

（2）其他国家标准使用情况。

在沙特业主（AVL）名单中主要以欧洲、美国、日本、韩国为主，产品标准都是欧美标准。沙特本国制造商主要集中在暖通设备材料、消防设备材料、钢结构、压力容器、电缆、玻璃钢地下管道、垫片、螺栓，还有一些电气设备材料、仪表设备材料以及管配件集成商，执行欧美和沙特标准。

5. 分析与小结

本项目是工艺装置改造升级项目，SSEC 承担从详细工程设计到装置机械竣工阶段的设计、采购、施工及预试车工作。工艺路线、技术方案已定,可以用中国制造,但要符合欧美标准。

欧美先行进入了沙特的工业体系和标准体系,在同等技术水平下,目前中国标准难以介入沙特工程建设市场。

(二) 俄罗斯 AMUR 项目

1. 项目基本情况

工程类型:公用工程。

建设地点:俄罗斯远东阿穆尔州布拉戈维申斯克市。

企业扮演角色:中石化宁波工程有限公司(SNEC)承担设计和采购(EP)工作。

项目概述及规模:中石化宁波工程有限公司(SNEC)承担俄罗斯 AMUR 项目 42 亿 m^3/年气体处理厂水处理装置净水单元(处理能力:800m^3/天);污水单元(处理能力:工业废水 4200m^3/天,雨水 30000m^3/天,生活污水 600m^3/天)的 EP 工作。

2. 中国标准应用情况

项目执行全过程未采用中国标准。

3. 中国境内制造的设备和材料在项目中的应用情况

目前项目正在执行阶段,大部分设备及材料均未订货,由于以下种种原因,中国供应商难以介入:

(1) 业主对中国供应商限制准入。

(2) 俄罗斯标准对水质处理的要求比中国严格,国内专利商无法提供满足水质要求的工艺技术;项目的几个关键水处理包工艺技术已锁定为俄罗斯境内专利商,其范围内设备、综合材料等全部采用俄罗斯国家标准或国际标准。

(3) 当地极端气温 -52℃,国内的普通低温碳钢管道的低温冲击功试验温度一般是 -44℃,若更换其他材质,制造、运输以及检验费用比普通低温碳钢高很多。

(4) 本项目中,公用工程包(P3 包)的承包单位为 TECNIMON(意大利)和 SNEC 组成的联合体,在 TECNIMON 的努力下,业主同意管道材料的设计采用 ASME 标准,但最终管道的壁厚、强度以及材质选择等仍需采用俄罗斯标准重新复核后才能被正式采用。

4. 使用其他国家标准的有关情况

项目采用的标准的优先顺序为俄罗斯国家法律法规、俄罗斯国家标准、团体标准、独联体标准、行业标准、国际标准、业主标准,其他标准以较为严格的条款执行。

项目建设单位俄罗斯天然气工业股份公司（GAZPROM）有自己的企业标准。NIPIGAS 作为总承包方负责整个项目的管理工作。在项目开工会议中 NIPIGAS 没有规定本项目标准的优先顺序，明确要求标准执行发生冲突时，按照较严格的标准执行。

合同约定项目执行标准以俄罗斯国内标准为主，国际和国外标准的应用都必须得到业主认可，业主认可后仍要经过俄罗斯标准的符合性审查。

合同明确规定，项目执行过程中设计、制造以及施工验收等标准均采用俄罗斯国内标准，但是业主对标准的偏离采用有选择权，风险由业主自行承担。

5. 分析与小结

俄罗斯有完整的标准体系和较强制造生产能力，自主意识强。

此外，其他行业如工业建筑、电力工程、冶金工程等，以及其他地区的应用情况，在此不一一列示。

第四章

我国工程建设标准国际化推广存在的问题及影响因素

第一节 我国工程建设标准在推广过程中存在的问题

一、东道国城乡规划标准体系与我国的存在较大差异

(一) 经济发达、标准成熟国家对中国标准的认可度不高

"一带一路"建设中东欧、西亚、东南亚等发展阶段较高、经济实力较强的国家，其规划管理机构和体系相对完善，当地规划技术标准自我认可度较高，对国际标准、欧美标准等外来标准的接受度更高，往往对中国标准持不信任的态度。中国企业在这些地区开展城乡规划编制工作，应该对英美标准和技术规范有充分了解。

例如，在城乡规划发展历史较长的中东欧国家，其本土城乡规划标准较为成熟和完善，标准执行力度强势，且随着越来越多的中东欧地区国家加入欧盟，更倾向在欧盟的管理体制下采用欧盟标准，或以此为基础制定本国标准，而对发展中国家的标准在主观上存在不信任感。

又如，在西亚的一些国家，目前其规划建设市场由欧美国家主导，英美标准和技术规范占据垄断地位，中国设备和材料、标准未被广泛接受。在海湾阿拉伯国家合作委员会成员国的西亚国家认定的建设标准中，58%为国际标准化组织（ISO）标准，18%为欧洲标准委员会（CEN）标准，16%为美国材料与试验协会（ASTM）标准，8%为海湾国家（GSO）标准，仍然是以欧美标准为主。而在巴林注册常驻的主流建设公司，基本是塞浦路斯独资或与巴林商家合资的公司，占国内招标项目80%左右的市场份额；而通过国际招标在巴林拿到项目的非常驻公司以英法企业居多。

(二) 部分欠发达国家的标准基础薄弱，中国城乡规划标准接受度较高

中国城乡规划标准在部分欠发达国家的接受度较高，但仍存在与其他外来标准

协商、标准难以落地等问题。一些欠发达的国家尚未形成完善的规划管理体系和制度，缺乏标准制定和管理部门，未构建起完善的标准体系。在马尔代夫、尼泊尔、不丹等国家尚未建立完善的城乡规划标准与管理的法律体系，未成立专门性的城乡规划主管部门，规划编制体系也不完善。在这些欠发达国家，中国标准的接受度较高，一些合作和援建项目中会直接采用中国标准。

这些欠发达国家往往对于标准采用规定较为模糊，自身没有能力培养规划师、设计师团队，通常直接由外来规划团队来提供规划成果，存在同时应用多种标准的情况，中国标准仍存在需要与欧美等标准协商的困境，而当地标准评价和协商机制并未建立，标准冲突问题较难解决。例如，越南当前工程标准尚不完善，存在同时使用中国、法国、日本等不同国家标准的情况。又如，尼泊尔长期以来在基础设施、道路等工程领域多采取英国、美国、德国、印度、日本五国的标准。但由于标准冲突协商机制未建立，一旦标准对接不畅，或者与其他援建方、合作方的标准产生冲突，只能依据个案情况进行裁量，导致标准协商结果存在一定的不确定性，影响项目效率。

另外，这些欠发达国家尽管接受中国标准，但是由于中国标准在某些领域的要求相对较高，而本地技术人才缺乏，导致标准无法落实。例如，在老挝，中国工程标准是较为先进的标准，且工程领域经营的其他国家承包商较少，中国标准的竞争对象较少，但因老挝本国工程领域人才缺乏，中国标准难以有效落实。

二、我国标准与国际标准衔接不足

（一）实施型项目容易产生标准冲突

一般而言，前期战略、策划类型的城市规划项目内容和技术并无固定标准，因此标准冲突较少，中国标准的应用不存在太大困难。中国标准在一些援建项目、超大型项目和中方投资项目中具有绝对优势。例如，印度尼西亚三宝垄项目，以及中交、中铁出资在国外建设的基础设施项目，由于中国工程技术标准和建设经验属世界顶尖，主要采用中国标准，易于向世界输出中国工程标准。一些规模和尺度较大的项目，国外标准基本没有可以参考价值，国外专家也基本不具有相关经验，中国标准在很多情况下具有优势，如碧桂园马来西亚森林城市项目。

但是，在一些相对微观的后期实施型工程类项目中，由于涉及具体用地、设施等建设标准，中国标准的适应性相对较弱，应用存在一些困难。例如，规划详细设计类项目，由于中国与当地的文化、气候等情况存在差异，容易产生标准冲突，影响中国标准的认可度和适应性。

（二）语言文字、度量单位、应用软件等存在差异，导致标准沟通不畅

一方面，标准语言不通，存在交流障碍问题，影响项目进度。另一方面，我国标准体系的语言亟待有效对接国际通用形式，需要全部转换语言文字、技术方法、应用软件和度量单位等内容。但是目前，大部分中国城乡规划标准缺少准确、专业的英文译本，度量衡制度等专业技术领域都缺少有效衔接措施，软件兼容性有待解决，导致中国标准并不能及时满足海外项目需求，直接影响标准顺利协商和有效落地。

（三）基本术语的认定和应用差异影响标准对接

中国与东道国在城乡规划术语的认定和理解上存在差异，导致标准无法与本地情况进行有效对接和沟通，造成中国标准的推广和应用存在一定的障碍。例如，在尼泊尔城乡规划项目中，中尼对城乡规划基本术语的定义和应用存在差异，如中国对城镇人口的认定标准是以从事非农业生产（自然经济）为主的人群及其家庭，而尼泊尔的认定标准则是一个地区内居住在中心市里的人口；再如城市用地，我国标准将土地分为建设用地和非建设用地两大类，在建设用地里再细分为居住、公共管理与公共服务设施、商业服务设施用地、工业用地、物流仓储等 8 大分类，而尼泊尔标准并未严格区分建设用地和非建设用地，而是按照功能分区的概念，每类功能分区强调的也是混合功能等概念。

三、政治环境复杂、管理体制僵化的东道国中标准应用困难

（一）政治环境复杂的东道国使中国标准应用存在障碍

一些西亚国家在政教合一制度下，经济社会生活的不稳定因素较大。例如，阿联酋国内政治自由运动不断兴起等，都对中国参与当时规划项目，应用标准带来很大困难。

东道国的政治变动也会导致中国标准应用存在困难。例如，由中国交通建设投资集团投资开发的斯里兰卡港口城项目是斯里兰卡迄今最大的外国直接投资项目，也是"一带一路"重点项目之一，但是随着 2015 年 3 月斯里兰卡总统西里塞纳新政府上台，项目以"缺乏相关审批手续""审批环境评估"等理由被叫停。

（二）中国规划标准在标准管理和协商弹性较差的东道国较难应用

规划管理体制影响管理和协商弹性，相应影响到中国规划标准的应用。例如，

立陶宛、乌克兰等中东欧国家的文化自信较强，对固有标准坚守度较高；加入欧盟的国家往往也会被要求使用欧盟标准；而部分原属于苏联国家的规划管理在苏联城乡规划制度影响下，体制相对僵化，更多采用当地标准。这些地区的管理体制使其管理和协商机制都较为严苛，相应地，中国标准较难落地。

规划管理方式影响协商方式也会影响中国标准的应用。例如，尼日利亚、马来西亚等国家的一些规划领域没有强制性标准，在项目中采取注册规划顾问制的规划管理和认证制度，若碰到标准冲突，需要通过与规划顾问协商的方式解决，其协商弹性相对较大，使中国规划标准应用存在一定的不确定。

四、我国标准针对性输出能力不强

（一）我国规划标准体系有待完善，输出标准内容未达成共识，难以形成合力

中国规划标准体系尚有待完善。2003版《城乡规划技术标准体系》将规划技术标准分为基础标准、通用标准和专用标准三个层次，并提出了综合标准的概念。但是，在标准的具体制定过程中存在两大问题，一是综合标准一直处于缺失状态，本应由综合标准承担的"保障人体健康，人身、财产安全"的技术要求，不得不由地位较低的其他标准承担，这必然从总体上削弱标准体系的社会效果。二是通用标准和专用标准之间相互混淆，界限不清，使得通用标准并不真正通用于不同规划领域、所有规划环节，不少通用标准事实上属于某个专门规划的标准，化为专用标准更加合适。

中国城乡规划类型较多，规划标准的针对性和适用范围并不非常清晰，无法有效对应东道国的规划体系，落实规划标准，中国规划标准"走出去"存在一定的障碍。例如，中国（深圳）综合开发研究院开展境外园区咨询服务业务，首先构建了123规划体系，分别克服法律方面大陆法系和判例法系的差异，明确概念性总体规划和控制性详细规划的规划类型。

（二）我国在乡村建设、生态低碳、绿色建筑等领域标准不适应发展新需求

当今世界，全球城镇化在加速，人口集聚产生的噪声、污染、拥堵等外部性挑战也在深刻影响着急速发展的"一带一路"共建国家，没有城市可以独立于气候变化、资源枯竭等全球性挑战之外。随着我国城镇化进入质量型发展阶段，以及共建国家进行加速城镇化阶段，中国应当为共建国家带去城镇化中的经验教训，提供更为领先的标准经验。但是，当前我国标准以城市为核心构建，乡村标准较少，尚未

覆盖到生态低碳、绿色建筑等领域，生态文明、可持续发展的理念未能融入中国标准，中国标准的先进性仍有待提升。

（三）我国标准体系的精细化、专业化程度有待提高

我国标准体系尚不完善，尚存在一些无规范标准的专业领域，标准的专业化和精细化程度尚有待进一步提高。而标准精细化程度差异也会导致标准冲突问题，难以针对性输出和对接。根据相关访谈了解到，在一些标准领域，中国标准和英国标准差别不大，甚至很多情况下，中国标准的要求甚至更高。但是，中国标准的体系性、精细化存在不足，导致标准在海外的推广和应用存在一定的障碍。

五、中国企业在标准应用中的主动性和话语权有待提升

（一）中国企业在海外市场的影响力较弱，在一些资质门槛较高的国家，中国标准应用范围较小

我国的企业在对外承包工程中往往主动性较弱，导致我国标准的使用仍处于劣势地位。例如，中方企业在市场化的承包工程方面影响力较弱，参与度较低，城乡规划实践仍相对空白，只有中方企业投资的产业园区、港口等项目才被允许独立规划，也难以在合同条款中明确采用中国标准。如沙特法律对本国的企业比较偏袒，沙特《投标法》规定沙特籍公司或沙特方面投资的合营公司享有优先中标权，地方企业保护也对中国企业在国外的标准应用造成了一定的障碍。

中国咨询设计类公司在规划领域的国际影响力较弱，未能获得国际或者当地的资质认证，较难推动中国标准在海外的应用。例如，西亚国家对咨询设计类公司要求较高，咨询设计类项目业主往往不采用公开招标，而是采用短名单邀请和资格预审的方式进行招标，需要承担咨询类业务的公司在当地进行注册，同时进入业主的短名单。中资企业没有收到邀请则不被允许参加招标，也无法参与到当地的城市规划建设中。例如，承担沙特工程建设、规划设计的外资公司必须具备 GES + 的资质（GES + 全称 General Engineering Service Plus，外国工程公司只有和本地工程公司成立合资公司，并且具有招聘、培训、转移专业知识给沙特工程师的计划后，才能获得阿美石油公司签署的 GES + 资质认证）。

（二）中方技术人员的设计习惯和思维方式固化，使中国标准与地方需求产生冲突

在项目设计和设计管理工作中，许多中方人员由于语言不熟悉、对当地设计标

准、设计需求不熟悉，对当地设计流程和报批等手续缺乏足够的认识，习惯将国内的设计标准和思维直接套用于当地项目，或简单地沿袭模仿欧美标准，致使项目在设计问题上产生诸多问题，导致设计工作在开展过程中沟通难、推进慢，严重影响项目的进度和质量，给项目进度和成本控制带来了极大的困难。

第二节 我国工程建设标准国际化推广的影响因素分析

一、沿线国家的发展阶段

（一）经济发展水平

"一带一路"共建国家和地区的经济水平不同，工业化、城市化阶段也各不相同。例如，中国和尼泊尔两国城市发展阶段不同。我国城镇化率2017年为58.52%，接近60%，处于城镇化中期向后期的发展阶段，城市面临的是"量质并举"的转型阶段。而尼泊尔为农业国，现状整体城镇化率约为17%，处于城镇化初级阶段，且经济落后，2016/2017财年尼泊尔的人均GDP为865美元，是联合国确定的48个最不发达国家之一，经济严重依赖外援。由于我国是以城市为核心建立的标准体系，乡村标准较少；而尼泊尔尚未进入大规模的城市化阶段，并没有城市和乡村的严格概念和地理划分，我国以城市为核心的标准体系从本质上讲，并不完全适合尼泊尔。

人均GDP是反映一个国家经济发展和人民消费水平的重要指标。"一带一路"共建国家经济发展状况差异较大，总体上来说，东南亚，特别是沿海一带的人口数量要高于其他地区，但是人均GDP却不是按照这个规律来分布，其分布特征类似于古代丝绸之路，在东南沿海、欧洲及部分石油资源储量丰富的国家地区较高。

从65个国家中可以得出，新加坡是人均GDP最高的国家，其次石油储量丰富的阿拉伯国家GDP也相对较高。

（二）社会发展水平

"一带一路"共建国家大部分都处于中低人类发展指数[①]组别，经济社会发展

[①] 人类发展指数（Human Development Index，HDI），是联合国开发计划署从1990年开始发布用以衡量各国社会经济发展程度的标准，并以此将各国划分为：极高、高、中、低四组，指数值根据出生时的预期寿命、受教育年限（包括平均受教育年限和预期受教育年限）、人均国民总收入计算出，在世界范围内可作各国之间的比较。

水平相对较低，教育、医疗等公共服务能力都有待提高。在"一带一路"一些贫富差距较大的国家，国民受教育水平也差别较大。有决策权的官员和财团领导人，多半受过西方高等教育，受欧美思维方式影响深刻，更倾向欧美规划管理体制和欧美标准，对欧美标准与发展中国家的本地社会经济发展阶段和居民需求不相匹配的问题缺乏考虑。而这些国家的本地民众教育水平不高，更遑论规划教育和培训体系，规划专业技术人才尤为缺乏，难以有效判别外来标准优劣，落实规划标准。

二、国情存在较大差异

（一）自然气候条件

自然气候条件差异导致"一带一路"共建国家标准涉及领域、要求和指标值等内容存在根本性差异，如在标准气候分区的方面，应该有针对本地的研究。"丝绸之路经济带"途经欧亚大陆腹地，属于典型的温带沙漠、草原大陆性气候，干旱少雨；"21世纪海上丝绸之路"沿线地区属热带季风、雨林气候，其特点是夏季炎热多雨，冬季温暖湿润，降水的季节变化和年际变化大。例如，东南亚国家的热带气候特征以及海洋岛屿特色，区别于大部分中国城市，虽然与东南沿海城市接近，但是还是有较大的整体气候差异，东南亚国家整体炎热，四季不分明，只有旱季和雨季，并且因为地势低洼，防洪、内涝、台风等自然灾害问题严重，基础设施、建筑等的负担和防护等级会有不同标准。另外，植被和绿化的种类和生长情况也比较地方化，树种特征明显，组合选择自由度更大。

自然气候条件差异进而导致设施供给标准也存在差异。例如，格鲁吉亚、阿塞拜疆和亚美尼亚同属外高加索地区，在气候、生活习惯上与俄罗斯接近，因而其给水、排水、电力、燃气和供热等专业的需求定额指标与俄罗斯更接近，而我国相关规范为了兼顾中国南北方的差异，在指标选取上更宽泛，因而与这三国有很大的不同。

欧亚大陆腹地，属于典型的温带沙漠、草原大陆性气候，年降水量多在100～400毫米，总体呈东部和西部少、中部多的空间分布特征。中东欧地区，处在温带气候带，西部部分地区为温带海洋性气候，东部为温带大陆性气候。非洲的气候主要可以分为热带雨林气候、热带草原气候、热带沙漠气候和地中海气候（夏季炎热干燥、冬季温和多雨）四个类型。中亚地区气温增幅较大，冬季增温趋势可达0.1℃/年，其他多数地区在0.06℃/年以下。除东南亚和欧洲较湿润外，其他地区为干旱半干旱气候，丝绸之路北线东段为干旱半干旱气候，年平均降水在50～100

毫米之间；中段地中海式气候特征明显，冬季降水多于夏季；南线的陆地区域，除东南亚地区为湿润气候，年降水量可达 1000 毫米以上外，非洲地区以干旱气候为主，特别是北部沙漠地区的冬夏季降水量都低于 10 毫米；北极航道东段气候较干燥，冬夏季降水量均小于 100 毫米，欧洲地区气候则较湿润。沿线大部地区降水呈现增加趋势。但在欧洲东南部、东非、中国中部、印度等地呈下降趋势，其中在北极航道东段和中段部分地区、挪威北部呈现较弱的减少趋势。从降水季节变化趋势来看，"丝绸之路"北线的新疆东部和中亚地区的冬季降水呈减少趋势；中国中部和东欧夏季降水呈减少趋势。南线冬季降水基本呈现增加趋势，但在南欧和北非地区呈现减少趋势；夏季降水在南欧、东非和印度呈现减少趋势，其中印度部分地区减少趋势可达 -0.3 毫米/年。

"一带一路"共建国家受极端气候变化的影响显著，南亚和东南亚地区尤为突出，对某些领域标准提出更高要求，具体如图 4-1、表 4-1 所示。根据非政府组织德国观察发布的《全球气候风险指数 2017》报告，1996~2015 年，全球受极端天气事件影响排名前十的国家中，有 6 个是"一带一路"共建国家。

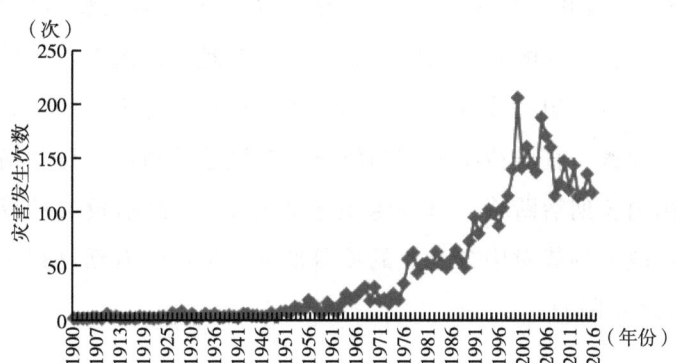

图 4-1 1900~2016 年"一带一路"沿线国家灾害发生次数

表 4-1　　　　1996~2015 年全球受极端天气事件影响排名前十的国家

排名	国家	气候风险指数得分
1	洪都拉斯	11.33
2	缅甸	14.17
3	海地	18.17
4	尼加拉瓜	19.17
5	菲律宾	21.33
6	孟加拉国	25.00
7	巴基斯坦	30.50

续表

排名	国家	气候风险指数得分
8	越南	31.33
9	危地马拉	33.83
10	泰国	34.83

(二) 国家发展历史

"一带一路"的一些国家曾经是殖民地,倾向沿袭原宗主国标准,对其他标准的接受程度相对较低。例如,马来西亚等原英属殖民地大多采用英标。一些国家倾向采用较早在本地进行建设的国家标准。又如埃塞尔比亚铁路原先由法国人建造,使用的是窄轨技术,后由中国重建,中间历经多年谈判,才得以使用中国宽轨技术。

(三) 政治社会环境

"一带一路"共建国家的政治制度存在差异,部分国家政治形势动荡。例如,西亚国家大多为政教合一的君主制国家,王室、宗教、部落对国家管理、经济发展和居民社会生活产生影响,沙特国家内部存在宗教派系冲突与风险,由于什叶派受到歧视对待,什叶派一直对沙特家族和政府存在愤懑的情绪,各类游行示威行动常有发生。也门国内长期活跃着"基地组织半岛分支",面临较大的反恐压力。西亚北非地区动荡的政治局势对中方企业的项目推进、生产经营活动以及对中国标准的"走出去"造成严重阻碍。

(四) 文化宗教信仰

"一带一路"共建国家聚集了全球几乎所有的宗教类型。在"一带一路"共建国家的总人口中,有宗教信仰的人口大约占总人口的80%,其中伊斯兰教、基督教、印度教、佛教、民间宗教信仰人口数之比大致为16:14:10:5:5。这在我们理解"一带一路"国家的文化特点、社会风尚、意识形态、教育模式与人才培育机制、政治集团分布与合作模式时,是一个重要的社会变量。

"一带一路"倡议的实现需要以语言为基础。语言相通,才可能谈及经贸往来、文化交流、文明互鉴、民心相通。因此,建设"一带一路",必须语言先行。据初步统计,"一带一路"共建的64个国家使用的语言约2488种,占人类语言总数的1/3以上。境内语言在100种以上的国家就有8个。面对如此复杂多样的语言状况,

第四章 我国工程建设标准国际化推广存在的问题及影响因素

想要实现各国间的语言互通,就必须厘清各个国家的语言国情。"一带一路"共建64个国家中,除波黑未在宪法中明确规定其官方语言外,其余63个国家都有明确的官方语言。其中50个国家只有1种官方语言,12个国家有2种官方语言,如表4-2所示。

表4-2 "一带一路"共建国家宗教信仰与官方语言

序号	所在地区	国家名称	宗教信仰	官方语言
1	东盟	马来西亚	伊斯兰教、佛教、印度教、基督教	马来语
2		印度尼西亚	伊斯兰教、基督新教、天主教	印度尼西亚语
3		缅甸	佛教	缅甸语
4		泰国	佛教	泰语
5		老挝	佛教	老挝语
6		柬埔寨	佛教	高棉语
7		越南	佛教、天主教、和好教、高台教	越南语
8		菲律宾	天主教、伊斯兰教、基督新教	菲律宾语、英语
9	南亚	印度	印度教、伊斯兰教、锡克教	印地语、英语
10		巴基斯坦	伊斯兰教	乌尔都语
11		孟加拉国	伊斯兰教、印度教、佛教、基督教	孟加拉语
12		阿富汗	伊斯兰教	普什图语、达里语
13		尼泊尔	印度教	尼泊尔语
14		不丹	藏传佛教、印度教	宗卡语、英语
15		斯里兰卡	佛教、印度教、基督教、伊斯兰教	僧伽罗语、泰米尔语
16	中亚	哈萨克斯坦	伊斯兰教、东正教	哈萨克语、俄语
17		乌兹别克斯坦	伊斯兰教—逊尼派	乌兹别克语
18		土库曼斯坦	伊斯兰教—逊尼派	土库曼语
19		塔吉克斯坦	伊斯兰教—逊尼派	塔吉克语
20		吉尔吉斯斯坦	伊斯兰教—逊尼派	吉尔吉斯语
21	西亚和北非地区	伊朗	伊斯兰教—什叶派	波斯语
22		伊拉克	伊斯兰教—什叶派	阿拉伯语
23		土耳其	伊斯兰教—逊尼派	土耳其语
24		沙特阿拉伯	伊斯兰教—逊尼派	阿拉伯语
25		阿联酋	伊斯兰教	阿拉伯语
26		卡塔尔	伊斯兰教—逊尼派	阿拉伯语
27		科威特	伊斯兰教	阿拉伯语
28		约旦	伊斯兰教—逊尼派	阿拉伯语
29		黎巴嫩	伊斯兰教、基督教	阿拉伯语
30		叙利亚	伊斯兰教	阿拉伯语

续表

序号	所在地区	国家名称	宗教信仰	官方语言
31	西亚和北非地区	阿曼	伊斯兰教	阿拉伯语
32		埃及	伊斯兰教—逊尼派、科普特教会	阿拉伯语
33		以色列	犹太教、伊斯兰教、基督教	希伯来语
34	中东欧	波兰	天主教	波兰语
35		捷克	天主教	捷克语
36		斯洛伐克	天主教	斯洛伐克语
37		匈牙利	天主教、基督新教	匈牙利语
38		斯洛文尼亚	天主教	斯洛文尼亚语
39		罗马尼亚	东正教	罗马尼亚语
40		保加利亚	东正教	保加利亚语
41		克罗地亚	天主教	克罗地亚语
42		塞尔维亚	东正教	塞尔维亚语
43		马其顿	东正教	马其顿语
44		波黑	伊斯兰教、东正教、天主教	波什尼亚语、塞尔维亚语和克罗地亚语
45		阿尔巴尼亚	伊斯兰教、东正教	阿尔巴尼亚语
46		立陶宛	天主教	立陶宛语
47	独联体	阿塞拜疆	伊斯兰教	阿塞拜疆语
48		格鲁吉亚	东正教	格鲁吉亚语
49		亚美尼亚	东正教	亚美尼亚语
50		乌克兰	东正教、天主教	乌克兰语
51	东北亚	蒙古国	藏传佛教、萨满教	蒙古语

文化宗教信仰对于城市生活的影响较大。文化背景的不同导致城市发展和建设的基础不同，使得人们在城市建设、环境营造、需求等方面的观念不相同，规范城市建设的标准也各不相同，长期生活在一定文化背景下对于不同文化背景所产生的标准使用存在一定的排异和不适应性，风俗禁忌、交往礼仪等方面的差异也较易引发标准冲突，使得我国的标准在不同的文化背景环境中较难推广使用。

例如，尼泊尔是一个多民族宗教高度集中的国家，民俗生活习惯、居住方式、邻里关系、生产方式具有鲜明的宗教特征。而我国目前推行的城乡规划标准多强调效率化、现代化的生产方式，在尼泊尔推广和应用需要结合宗教文化等因素加以考虑。又如，碧桂园在马来西亚的森林城市项目，当地规划管理部门提出要求在社区中心增加祈祷室和独立占地的伊斯兰教堂等配套设施，以满足当地居民的宗教和文化需求。根据《世界宗教未来报告》，"一带一路"共建核心国家的宗教人口变化如表 4-3 所示。

表 4-3　　"一带一路"共建核心国家的宗教人口变化

核心宗教国家人口变化	2010 年			2050 年		
	排名	国家	人数	排名	国家	人数
基督教	1	俄罗斯	1.04 亿	1	尼日利亚	1.55 亿
	2	菲律宾	0.86 亿	2	菲律宾	1.43 亿
	3	尼日利亚	0.78 亿	3	坦桑尼亚	0.94 亿
	4	德国	0.56 亿	4	俄罗斯	0.88 亿
	5	埃塞俄比亚	0.52 亿	5	埃塞俄比亚	0.85 亿
伊斯兰教	1	印度尼西亚	2.09 亿	1	印度	3.1 亿
	2	印度	1.76 亿	2	巴基斯坦	2.7 亿
	3	巴基斯坦	1.67 亿	3	印度尼西亚	2.6 亿
	4	孟加拉国	1.34 亿	4	尼日利亚	2.3 亿
	5	尼日利亚	0.77 亿	5	孟加拉国	1.8 亿
	6	埃及	0.77 亿	6	埃及	1.2 亿
	7	伊朗	0.74 亿	7	土耳其	0.89 亿
	8	土耳其	0.71 亿	8	伊朗	0.86 亿
佛教	1	泰国	0.64 亿	1	泰国	0.81 亿
	2	缅甸	0.38 亿	2	缅甸	0.44 亿
	3	斯里兰卡	0.14 亿	3	柬埔寨	0.19 亿
	4	越南	0.14 亿	4	越南	0.17 亿
	5	柬埔寨	0.14 亿	5	斯里兰卡	0.16 亿
犹太教	1	以色列	0.06 亿	1	以色列	0.08 亿
印度教	1	印度	9.73 亿	1	印度	12.98 亿
	2	尼泊尔	0.24 亿	2	尼泊尔	0.38 亿

(五) 生活出行习惯

"一带一路"共建国家的交通出行模式和行为习惯差异较大，对中国标准的适用性也有影响。例如，东南亚地区的一些原殖民地国家，由于殖民时期沿袭原宗主国建筑风格和街区形式，较多采用密路网，限制了机动车的出行分担率，造成了当今市民大量通过摩托车实现机动化出行的习惯，增强了路面交通的流动灵活性，提高了单位空间承载效率，形成了截然不同的城市交通景观和管理体系，其交通出行规划标准与中国标准有较大差别。

（六）语言文字差异

"一带一路"共建国家的各国官方语言及通用语言五十多种。三大语种分别为英语、俄语、阿拉伯语，而使用小语种的国家主要聚集在中东欧、中亚等地国家，交流阻碍较大。而目前我国国际化语言翻译人才仍比较缺乏，各国语言存在差异，中国标准缺少规范的英文版本，导致标准难以在东道主国家应用，难以与国际标准衔接，对我国标准在国外的使用造成了一定困难。中方技术人员与西亚国家当地居民大多存在语言不通、交流障碍的问题，较大影响了项目的进度。

三、管理制度存在差异

（一）规划制度差异

中国与"一带一路"共建国家在城乡规划制度存在差异，包括政策法规、认证体制、编制程序、审批机制以及许可制度等方面，使得基于此而制定的规划标准体系也不尽相同，我国标准在国外应用面临十分复杂的情况。例如，在中白产业园的合作中，由于中白两国所处的发展阶段不同，存在经济体制差异和观念差异，这导致双方在经济合作中对接容易错位，在标准落实中由于技术差异、标准冲突、审批手续烦琐等问题，经常导致工程建设成本增加、工期延长，甚至产生纠纷。

（二）土地制度差异

中国与"一带一路"共建国家的土地管理制度存在差异，中国土地国有制和农村土地集体所有制，使中央和地方政府在公共事业规划建设方面的执行力优势异常突出。相比之下，"一带一路"共建国家的私有土地总量大，土地所有人的主导力强势，标准的落实和监督路径难以保障。

例如，尼泊尔是土地私有制的国家，土地管理水平较低，土地资源较为分散，难以有效整合，土地供给效率较低，使得以土地公有制为基础建立的中国规划标准在尼泊尔缺乏实施和监督路径，难以有效落地，尤其是地铁、道路、市政设施、公共空间、站场节点等独立连续占地的城市设施的执行力较弱，市场成为城市规划建设的主导力量。

（三）营商环境情况

根据访谈发现，部分国家的腐败问题会极大影响中国标准的应用和协商。根据世界银行历年的营商环境报告，中东欧整体水平较高，东南亚部分国家环境良好

（新加坡、泰国、马来西亚），南亚制度障碍较大。

四、国际关系和地缘政治影响标准应用和协商

"一带一路"共建投资机遇与风险矩阵如图4-2所示，其中西亚、南亚地区政局与安全风险较大，存在一定地缘政治风险与大国博弈风险，高风险伴随高机遇。目前我国对很多"一带一路"共建国家的城乡规划输出以政府推动为主，还没有实现市场化，规划项目受政府推动和影响显著，随着政府官员的流动，规划设计业务随之终止的情况屡见不鲜。

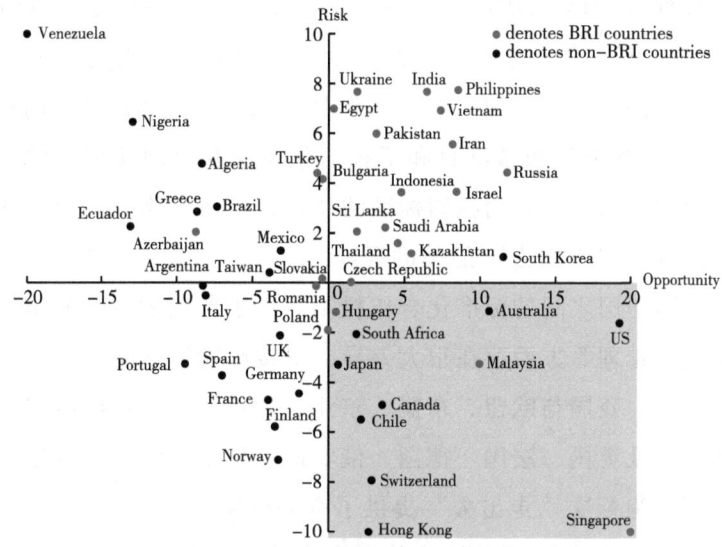

图4-2 投资机遇与风险矩阵

五、中方企业的管理方式和管理能力需要改善

管理能力有待提高。与国际咨询公司相比，部分中资企业仍存在技术人员底子薄、人力资源短缺、项目管理体系不健全、标准执行能力较弱等劣势，影响了中资企业的信誉和长远发展。例如，中国在巴林的建设公司常出现非结构性的质量问题，结构性的质量问题也屡有报道，质量事故频率高，对中资企业的信誉度造成不良影响。

对当地设计标准、报批流程不熟悉。中方管理人员由于语言不熟练，对当地设计标准和当地设计习惯不熟悉，以及对当地设计流程和报批等手续缺乏足够的认识，致使项目在标准应用上产生诸多问题，给项目进度和成本控制带来了极大的困难。

存在技术敷衍和依赖公关等问题。而很多"一带一路"共建国家和地区，如在巴林，工程主管部门人员多曾留学欧美发达国家，管理理念基本都是欧美式的，注重建设质量，监管严密，对于违反质量控制程序的处罚严厉，腐败和商业贿赂在西亚国家不仅会受到法律制裁，而且会严重影响企业的信誉和公众形象。

(一) 与政府相关的因素

一是标准"走出去"的政策保障。"一带一路"建设领导小组办公室编制印发的《标准联通"一带一路"行动计划（2015~2017年）》和《标准联通共建"一带一路"行动计划（2018~2020年）》，工信部出台了《关于工业通信业标准化工作服务于"一带一路"建设的实施意见》，河南、浙江、陕西等省分别发布了标准联通共建"一带一路"行动计划，这些政策从国家、行业和地区层面指引和保障了标准"走出去"，鼓励我国投资项目和工程承包企业在合同谈判中优先推荐采用中国技术标准，中方参与运营采用我国标准的项目，给予利率、税收方面的优惠，成为影响中国标准成功"走出去"的关键因素。

二是建立在国与国之间的标准化合作机制。由于各国的政治和组织体制、运行机制，甚至微观的管理等方面存在很大差异，直接影响标准能否"走出去"开展双边互认或多边合作。我国与欧盟、东盟、东亚、中亚、中蒙俄经济走廊和海湾地区等沿线重点地区以及英国、法国、德国、俄罗斯、日本、韩国等国家建立了多双边标准化合作机制，为标准"走出去"提供了有利环境。

三是对标准"走出去"项目持续的资金支持。开展中国标准"走出去"示范基地建设，高水平国际标准化人才培训，国家标准、行业标准外文版研制等任务均需要持续、稳定的财政专项经费保障机制。

四是为标准"走出去"提供保障的法律法规。涉及对外投资和贸易以及标准化管理等相关配套法规规章是标准"走出去"的法制保障。

五是我国与其他国家标准体制和标准体系差异。与西方国家相比，我国在标准体制和标准体系方面存在很大差别：①我国实行强制性标准与推荐性标准相结合的标准体制；②我国标准体系中行业标准和地方标准是重要组成部分，与国家标准共同组成政府类标准；③我国实施行业部门与地方政府条块相结合的标准管理体制，管理体系庞大。而美国标准体系、以英法德为代表的欧盟标准体系、日本标准体系均由技术法规和自愿性标准两部分组成；技术法规中一般均引用自愿性标准，被引用标准具有强制性，必须严格遵守；国际标准、国家标准和协会（团体）标准构成其标准体系。非洲国家由于历史原因大都沿用前宗主国标准体系。这些差别成为标准"走出去"的主要制约因素。

(二)与行业标准化机构相关的因素

一是分行业和专业领域的标准信息服务平台建设能力。标准"走出去"离不开国外标准化政策、标准动态查询与更新、标准文本、产品认证、世界贸易组织贸易技术壁垒协议(WTO/TBT)通报咨询及预警等标准信息和舆情服务,行业标准化机构通过建设标准信息服务平台,对内提供标准信息检索和舆情服务,对外成为宣传中国标准的窗口,既能够有效避免"走出去"可能的技术贸易壁垒,降低"走出去"的风险,又能提高"走出去"的效率。

二是面向"一带一路"共建国家的标准适用性研究能力。由于国情差异和发展阶段不同,科学技术水平和研发制造水平不同、标准修订更新速度不同等原因,目前"一带一路"国家标准水平存在很大差异。行业标准化机构从"走出去"目标国本地化应用需求出发,通过比对分析、仿真计算、现场试验等手段进行验证的研究工作,提出中国标准的应用方案。以中俄合作研制宽体客机项目为例,研制过程中需要采用新技术、新材料、新工艺和很高的性能指标要求,以及跨国合作所需要解决的新问题等,标准需求量巨大,在双方标准技术机构的合作下通过标准互换和适用性分析以及共同编制新标准和新文件,成功实现中俄标准互认和融合。

三是相关行业、产品领域的标准外文版提供能力。我国现有的 36000 多项国家标准中,被翻译成英文并公开出版发行的国家标准英文版只有不到 1.5%,行业标准或其他标准的英文版更是少之又少。英文版如此,翻译成德语、法语、俄语等其他语种的标准就更是无从谈起,严重制约了相关标准在境外宣传推广与应用。

(三)与企业相关的因素

一是企业的国际标准化人才体系。我国基础建设领域标准尚未得到国际广泛认可,在国际工程项目中被业主认可的比例很低,既不利于带动我国产品出口,而且还因我国企业对国际标准不熟悉增大了建设成本,甚至造成巨额亏损。因此需要通过企业内部培养、对外招聘、产学联合和国际招聘等方法来吸纳熟悉国际化标准化的人才,或招募熟悉目标国情况的本土化人才或华人华侨,构建高水平的人才体系才可以应对。

二是企业的标准海外应用能力和经验。中国铁路工程建设标准海外示范工程采用多种形式转化应用中国标准。以印度尼西亚雅万高铁(雅加达—万隆)和老挝铁路为代表的完全采纳中国标准示范应用。以俄罗斯莫斯科—喀山高速铁路项目为代表的共同编制技术标准示范应用,俄罗斯提出修建速度 400km/h 的客货共线铁路,我国只有速度 350km/h 的客运专线技术体系,双方协商研究提出新的特殊技术条款作为设计依据。伊朗德伊高铁为代表的采用中外混合标准示范应用,项目合同未明确采用的具体标准,采用以技术指标来明确具体要求,混合使用中国标准和国际国外标准的解决方案,土建工程采用中国标准,机电设备采用欧盟标准;委内瑞拉北部平原铁路,采用了美国、中国与欧洲等混合标准。以埃塞俄比亚首都亚的斯亚贝巴轻轨项目为代表的中方编制项目标准,在项目技术规格书中,将中国标准转化为项目技术标准,实现中国标准属地化应用,成为事实标准。中方编制《埃塞俄比亚轻轨工程技术标准》,埃方铁路公司(ERC)审核后发布。这些成功案例表明中国标准"走出去"离不开企业的海外项目平台,企业的标准海外示范应用能力和经验成为主要影响因素。

三是企业的中外标准等效性研究能力。中国标准是在符合中国法律法规,适应中国地理、环境及资源要求,充分反映中国市场需求的基础上制定的。"走出去"目标国在国情上与中国存在差异,必然造成走出去项目不能完全机械照搬中国标准。收集翻译大量的国外标准,系统开展中外标准对比研究,包括中国与美国、英国、德国、法国、日本、欧盟等国家及国际组织的标准对比研究,以及中国标准与国外标准等效性研究是必不可少的基础条件。

四是自主技术标准的创新能力。一直以来,我国企业与国外企业进行合作谈判时,遇到核心技术隐藏,并对所转让的基本技术限制改进。这些因素使得我国标准对国际市场的适应能力差,不能打破国外的贸易技术壁垒,更谈不上通过主导国际标准的制定去建立国际规则。因此需要企业利用市场优势,组织从事新技术、新产品开发以及有多年现场工作经验的科研人员与工程技术人员的参与配合,将企业个性化的专利技术与共性化的技术特征统一成规范化的技术标准,为"走出去"提供有效的自我保护措施。

(四)与目标国相关的因素

一是目标国的政治、经济、社会、政策等国情因素。在"一带一路"共建国家推动中国标准"走出去"进程中,尽量选择国际形势好、政治经济稳定的国家。因为目标国的政治经济环境直接影响"走出去"的成败。中国铁路技术标准凭借兼容性强、适用性广等优势取得了一系列转化应用成果。但例外也不少,比较典型的受政治环境因素影响的如马来西亚东海岸铁路项目因马来西亚更换领导人导致项目搁置,直到 2019 年马来西亚总理马哈蒂尔来华出席第二届"一带一路"国际合作高峰论坛才重新签署了东海岸铁路项目有关补充协议,为恢复东海岸铁路项目铺平了道路,项目的波折也影响了铁路标准的"走出去"步伐。

二是目标国的人文交流和价值认同。非洲、南亚、东盟、南美等国家历史上曾被欧洲国家殖民征服,国家治理模式和文化认同受宗主国的深刻影响,再加上少数居心叵测的国家更是不遗余力地宣扬"中国威胁论",造成一些国家对中国产品、技术乃至标准的抵触,须对外加强人文交流,向世界传递"和平发展、共享发展、包容发展"的中国价值,从思想和观念上增加他国对中国的价值认同。

三是目标国的安全、环保以及用工和签证等法律法规和监管标准。由于很多东欧、西亚国家安全法规的强制性质和对安全问题的重视程度较高,对待安全隐患经常采取"一票否决"的态度,如果未严格按照相关法律法规进行管理,自觉维护劳工权益,排除安全隐患,后果严重。我国境外项目团队既要保证经济效益又要重视社会责任,尽量避免陷入纠纷或受到处罚,主动对标国内和国外环保要求和劳工法律法规,推动中国技术标准在"一带一路"的融入。

四是对中国标准的认可程度。非洲和东南亚地区国家大多数没有自成体系的技术标准,对于这些基础薄弱、技术要求不明确的国家,应全力推荐使用中国成套技术与装备。同时,在目标国原则上同意采用中国标准的前提下,也要提升中国技术标准的灵活性,根据当地条件,对技术标准进行调整和创新,增加其对中国标准的认可度。

(五) 与第三国相关的因素

一是发达国家的标准优先战略。美国国家标准化机构(ANSI)制修订的美国标准战略(USSS),不仅体现了美国国内利益相关方的需要,而且在地区和世界范围内传播美国的价值观,利用其综合实力和标准体系优势,大力推进美国标准的国际化,整合各方面资源,抢占全球市场。与之相比,中国在拓展国际市场的过程中,缺乏体系完整的标准国际化战略,极易形成被第三国对手打压的局面。

二是被国际市场认可的成熟标准体系。发达国家一套完整的且被国际市场认可的标准体系对标准"走出去"的影响也不容忽视,在我国的一些优势技术领域即使制定了一些国际化程度相对较高的核心标准,但与其配套的机械、设备制造和相关产品标准无法实现国际化,满足不了国际采购的要求,在东南亚、南美洲、非洲及中东等发展中国家和地区虽然没有自成体系的技术标准体系,也常会在合同中附加"不得低于欧洲同类标准"等额外说明,还有一些项目虽然统一采用中国技术标准,但要求由第三方进行监理,都会给中国企业造成障碍,增加标准"走出去"的成本和工作量。

三是技术性贸易壁垒。技术性贸易壁垒已经成为发达国家保护本国产业的主要手段,特别是美国、欧盟等国家或地区凭借其自身的技术、经济优势,制定了严格的技术标准、技术法规和技术认证制度。中铁建承建的土耳其"安卡拉—伊斯坦布尔"铁路二期工程,从 2005 年中标起到 2014 年 7 月正式通车,前后共耗时 8 年多,与复杂的欧洲标准有关。中国高铁所有的产品装备都要经过欧洲认证,包括信号、机车、钢轨、水泥、橡胶垫片、紧固件等,此外还包括设计规范和工艺流程,甚至模具都需要采用欧洲标准,大大增加了高铁的建设成本,也对中国标准"走出去"造成了阻力。

第五章 我国工程建设标准国际化影响机理研究

我国建筑企业对外承包工程业务量呈稳定持续逐年上升趋势，但所建设项目多数未采用我国工程建设标准，即中国标准国际化程度与我国经济总量和大国地位极不相称。本章以中国工程建设标准国际化影响因素为研究对象，以共生理论、系统工程理论、利益相关者理论和价值链理论为基础，以 MATLAB 矩阵运算技术为支撑，建立 DEMATEL–ISM 多级递阶结构模型，明确我国工程建设标准化影响路径。

本章以中国工程建设标准国际化影响因素为研究对象，主要完成以下研究工作：（1）利用文献识别法对我国工程建设标准国际化影响因素进行初步识别，共识别出 40 项影响因素，并通过专家访谈法对因素进行修正，包括合并更改、完善修正和合理删除三种类型，最后共确定影响因素 33 项。（2）利用 ABC 分类法对 33 项影响因素进行重要性排序，选择 A 类和 B 类共 25 项因素进行后续模型构建，而 C 类因素不再纳入后续模型。一方面，可以精简因素数量以提高模型质量；另一方面，可以避免阈值使得 C 类因素在系统中处于独立位置的情况，有利于模型分析和解释。（3）建立 DEMATEL–ISM 多级递阶结构模型，明确中国工程建设标准国际化的四条系统化路径：即中国标准实质性水平影响路径、中国企业国际工程市场竞争力影响路径、项目所在国综合环境影响路径和发达国家标准影响力影响路径，并结合各因素驱动力和依赖性进行分析。在四条系统化路径基础上，探究出六项关键影响因素和两条关键影响路径，分别为以相关部门为主体、行业组织为辅助的标准宣传路径和以建筑企业为主体、工程项目为载体的标准推广路径。研究表明，无论是以何种方式推广我国标准，提高标准自身的先进性都是推动我国标准国际化的根本动力。

第一节 工程建设标准国际化文献梳理

我国工程建设标准国际化影响机理尚不明确。利用中国知网数据库、ASCE Library 和 Web of Science 等平台，以"工程建设标准""国际化""走出去""推广""存在的问题""影响因素"等为主题词，通过人工剔除内容不吻合的文献，最终对47篇相关文献进行分类归纳和梳理,得出中国工程建设标准国际化主要受到四方面因素的影响,分别是中国工程建设标准自身存在的问题、东道国项目环境、发达国家标准竞争力和工程项目主体性质关系,不同情况对我国工程建设标准国际化存在直接或间接的促进或抑制作用,下面从四方面因素进行影响作用分析。

一、中国标准自身问题的影响

在标准制定方面,截至2019年,中国主导制定的国际标准在2.6万余项国际标准中仅占1.58%。在中国驻国际标准化组织(ISO)的机构数量方面,ISO的750多个技术机构中,中国所属机构只有79个,而工程建设领域在ISO担任的秘书处数量仅为2个,已发布标准为3项。与美英德法日五个国家在ISO占据超过六成的机构(472个)相比,我国在ISO、IEC等国际标准化组织及标准体系建设中的话语权和影响力十分有限。我国工程建设标准本身存在的问题,是影响我国工程建设标准国际化的根本因素。通过对已有的研究成果进行梳理,从以下六方面总结我国工程建设标准自身存在的问题及对标准国际化的影响。

(一)标准编制规范性对我国工程建设标准国际化的影响

标准编制规范性主要指标龄、标准兼容性和标准体制三方面。

在标龄方面,姚涛(2019)表明我国规定每五年对标准进行一次审查,存在审查周期过长、修订灵活性较差的问题。ISO、IEC虽然同样要求每五年审查一次标准,但都强调以市场为导向,及时核查当前标准与市场的匹配度,便于淘汰落后标准,引进先进技术。与此相比,我国标准修订对于新领域、新技术的反应较慢,难以有效地确保标准的先进性和充分发挥我国工程建设标准的优势,不利于推动我国标准国际化。

在标准兼容性方面,我国标准兼容性较差,不利于我国标准在国际市场推广应用。首先,在国内标准内部协调方面,康延领(2020)指出,当前标准体系按照基础、通用和专用三部分设置标准项目,这种方式容易导致同一个事项在三部分存在不同的表述,导致容易出现重复甚至矛盾的情况,在国际工程市场中不利于获得第三方咨询工程师的认可。其次,在与国际标准的兼容方面,郭伟华(2020)发现,除电力行业和交通运输行业外,我国工程建设其他领域的标准体系多由本国制定的标准构成,基本上不引用国际标准或区域标准。与德国、英国等国家标准部分直接引用欧洲标准相比,我国标准体系与国际标准和区域标准的衔接较少,国际化程度较低。此外,夏炎(2019)提出,相关产品标准与工程建设标准分开单独编制也是中国标准兼容性不强的一大原因,这些都易导致海外用户无法很好地理解和选择我国标准，不利于我国标准在海外国家的推广使用。最后，在国际认证方面，我国标准缺乏国际认证。闵柯（2019）以铁路标准认证为例，提出目前三大商业铁路认证公司都积极提供国际认证服务，我国铁路标准已经达到了国际先进标准水平，但标准认证业务才刚刚涉及，导致标准竞争力减弱，不利于海外国家选择我国标准。标准编制的兼容性对标准质量及应用具有重要影响，相关政府部门、行业协会、社会团体与科研人员都应积极探索关于如何规划、构建、开发和重新设计标准的内容。此外，加拿大工料测量师学会与来自世界各地的30多个建筑、造价工程专业团体一起，在华盛顿特区的国际货币基金组织（IMF）发起倡议，旨在创建国际建筑标准。

在标准体制方面，建设项目作为复杂的管理对象，对标准体系的要求越来越高。首先，在工程建设标准体制方面，刘彬等（2021）指出，我国现行的是强制性标准和推荐性标准相结合的工程建设标准体制，部分技术法规直接引用标准，与美国、英国、德国、日本等发达国家与欧盟等区域性国际组织实施的推荐性的工程建设技术标准和强制性的工程建设技术法规相结合的体制相比，三者之间关系和界定不够明确。张梓升等（2020）表示，如被技术法规引用的推荐性标准的地位和未被技术法规引用的强制性标准的地位不能很好地被区分，而与国际接轨的、技术法规和技术标准相结合的运作体制的形成在我国也尚需在法律方面进行深一步的研讨和准备。其次，在发布机构方面，发达国家的技术法规由政府发布，技术标准主要由行业协会、社会团体组织制定和发布。而周家祥（2013）提出，在我国主要由政府负责管理标准的立项、发布和实施，行政性质较强，使得我国技术标准容易被理解为发达国家的技术法规，需要强制遵守，更加容易受到《技术性贸易壁垒协议》规则（TBT）的排斥，不利于我国对外承包企业在项目中进行标准磋商的沟通和谈判。

（二）标准内容科学性对我国工程建设标准国际化的影响

王玮（2020）表示，我国经济技术水平过去曾处于落后状态，受此影响，技术指标普遍不先进、前瞻性不强，且取值偏低，过于保守。此外，由于不同国家和人员的思维方式与表达习惯不同，我国标准与国际标准在术语概念、要素含义界定与表达方面存在差异，导致即使将我国标准由专业人员翻译为外文版本，外国工程师仍无法透彻理解，从而影响其选择和使用我国标准。许佑顶等（2016）指出，我国工程建设标准受初期引进与效仿苏联标准的影响，实用性与操作性较强，而原理与基础理论方面较为薄弱。刘辉（2017）从我国标准条文的描述中总结出，我国善于将工程实践经验总结得到一些算量公式与技术参数，由此提出结论和技术要求，从而指导下一次的项目建设。而国际标准对于概念界定、公式推导、原理阐述等理论性研究更为看重，较少直接得出结论，因此在双方技术人员对接时，对对方标准的理解普遍困难，从而影响交流困难程度和论证成本，不利于推动我国标准国际化。

（三）技术先进性对我国工程建设标准国际化的影响

随着我国在技术领域取得越来越多的突破成果，我国标准在国际上的影响力日益增强，先进的科学技术作为标准的核心竞争力，是推动我国标准国际化的根源影响因素。郝江婷（2019）以特高压技术为例指出，国家电网公司依靠全球领先的特高压技术，在巴西成功中标两个特高压直流工程项目，并采用我国标准建设。此外，我国还主导制定新能源接入和特高压等国际标准，目前已成为全球电力工程建设的重要标准。

（四）材料、设备质量对我国工程建设标准国际化的影响

材料、设备等产品质量标准与新技术的关系密切，对促进工程质量与效益、助力我国标准国际化具有重要影响。在使用先进设备的机电安装工程等专业领域，由于我国的设备水平、制造水平低于欧美国家，即使工程采用中国标准建设，相应设备也要依靠进口取得，使得工程成本增加。此外，部分国家要求工程建设所用的设备、产品必须经过欧盟认证，导致我国设备不能与我国标准充分结合进而不能顺利地在海外应用。

（五）标准宣传力度对我国工程建设标准国际化的影响

扩大宣传是我国工程建设标准国际化的第一步。即使我国在某些领域的技术标准已经达到了世界先进水平，在经济性方面更加适用于海外发展中国家或地区，但由于对外宣传不足，海外对我国的标准体系与技术水平不了解，因而不敢尝试采用我国标准。目前，我国工程建设标准"走出去"主要是依靠企业对外承包工程项目自发推广，宣传力度较弱，宣传效果不佳，急需政府部门的政策引导与支持。此外，政府相关部门、建筑各行业协会多方联动，已在建筑、电力、石化、交通等领域出版了工程建设标准英文版本，正在进一步加强小语种如俄语、西班牙语、葡萄牙语和德语等翻译工作，同时上传至官方工程建设标准信息平台网站，展示我国标准成果，以期进一步扩大宣传。

（六）复合型人才培养对我国工程建设标准国际化的影响

张立（2017）强调，人才是一国经济和社会发展最重要的战略资源，"一带一路"倡议的瓶颈不是资金与技术，而是人才[20]。杨帅（2021）指出，国际工程项目存在人才流失严重的问题。为避免人才流失，一方面，要建立复合型人才培养机制，培养通晓国际贸易和国际投资、熟悉国际标准化规则、掌握高水平的专业技能又具有优秀的外语表达能力的高层次复合型人才，以充分满足国际工程项目的人才需求。另一方面，完善人才选拔机制，引导企业完善员工效益评价体系，避免优秀人才流失，以增强国际工程项目的管理效果，从而以人才为载体、推动我国标准国际化。

二、东道国项目环境的影响

（一）政治环境对我国工程建设标准国际化的影响

Wang Wei等（2016）提出，项目所在国家或地区的政治环境或政策壁垒会影响企业从事建设活动的预期效果及价值，从而影响企业商业目标实现的可能性，因此需要我国对外企业重点关注。刘喆（2019）也表明稳定的政治环境对推进项目顺利建设和标准谈判十分重要，主要包括国与国之间的政治关系、各国政府对于建筑行业实施的方针和政策、项目所在国家或地区政权或党派变动与社会秩序等。

（二）经济状况对我国工程建设标准国际化的影响

在经济发展水平方面，Xue Hong等（2018）分析得出建筑行业中工程建设标准与经济增长之间存在协整关系，工程建设标准对建筑业经济增长具有积极影响。为更好地促进"一带一路"共建国家的设施联通，对共建国家的国际竞争力、经济社会发展水平、开放度水平和营商环境进行测度和评价十分必要。胡健（2018）经对"一带一路"共建65个国家经济社会发展水平进行测度发现东南亚、南亚等国家经济发展状况较落后。Wu Zhiheng等（2020）经异质性分析表明，"一带一路"倡议对发展中国家产生显著正向影响，而对发达国家影响不显著，因此我国建筑企业应以"一带一路"倡议为契机，重点选择经济发展较为落后的国家进行市场开发，同时推动我国工程建设标准在这些国家推广应用。

在基础设施建设水平方面，Lin Feiting（2017）指出，外国投资者和承包商越来越成为重要的融资来源与建设渠道，"一带一路"倡议为亚洲、欧洲和非洲的基础设施建设和区域经济增长带来了的巨大潜力。赵振宇（2016）对"一带一路"共建国家进行基础设施得分聚类分析，其中得分最低的第四类国家主要分布在亚洲地区，23个国家属于中低等和低等收入国家，占第四类国家总数的76.7%。可见，"一带一路"倡议下的基础设施建设应以亚洲地区为主，通过制定符合亚洲地区的标准推广战略如协助东道国完善标准体系、援建投资项目等方式推广我国标准。"一带一路"倡议的优先事项是改善共建国家的运输基础设施，旨在降低中国和共建国家之间的贸易运输成本。Yao Yao（2020）经研究表明，在"一带一路"倡议出台后，中国与共建国家之间的贸易运输成本下降速度大于中国与非"一带一路"共建国家之间的贸易运输成本的下降速度。此外，Wang Chao等（2020）分析得出运输基础设施在促进经济增长方面发挥着重要作用，因此要以运输基础设施为重点，首先推动我国与运输基础设施相关的标准在"一带一路"共建国家推广应用。

（三）历史文化背景对我国工程建设标准国际化的影响

历史文化背景主要包括殖民地属性、语言、宗教信仰和风俗习惯三个方面。

在殖民地属性方面，刘怡林等（2019）提出，受历史原因如殖民主义的影响，"一带一路"共建许多国家多数沿袭原宗主国的标准体系，如南亚各地区主要为英国原殖民地，工程建设领域受英国影响较大，其工程师和从业人员也多接受的是发达国家教育，根源深远，对宗主国标准较为依赖，使得我国工程建设标准的推行不力。此外，王辉（2016）发现，历史因素对语言的区域性和地缘性影响也较为显著，如在苏联解体后，虽然众多加盟国家开始将自己的民族语言确立为官方语言，但由于在俄语主导时期各国民族语言得不到发展和推广，仍然沿用俄语交流，使俄语成为事实上的通用语言。

在语言方面，《"一带一路"国家语言状况与语言政策》（第一卷）中提出"一带一路"共建65个国家共53种官方语言，除阿拉伯语、英语、俄语、汉语外，其余几十种官方语言均为非通用语种，而我国工程建设标准的外文版本不成体系，翻译杂乱。秦颖等（2019）提出，国际工程师在设计阶段对图纸进行审查时，中方人员由于无法提供系统权威的外文版标准，导致双方交流论证困难，易造成前期设计被动，审批时间过长，以致对项目工期造成影响。张水波（2022）提出应致力于统一协调相关机构和组织，快速、高质量、系统化将我国成熟先进技术标准翻译成英文、法文、俄文、阿拉伯文等外文版本，在国际范围内出版发行，彻底改变我国工程技术标准自创自用的封闭状态。推进"一带一路"的"五通"建设，语言相通是基础。GaoYang（2020）提出要构建一个语言—话语生态系统，提出一个可持续的语言规划以达到服务于交流、话语权、全球治理和社会经济学的目的。

在宗教信仰和风俗习惯方面，宗教信仰和风俗习惯具有民族性，且与民众的生产生活密不可分，是影响我国标准属地化应用的特殊因素。李铮（2018）认为我国工程建设标准国际化是长期工程，要深入项目所在国家和地区，使我国标准得以属地化应用，因此与当地的宗教信仰和风俗习惯息息相关。

（四）法律法规背景对我国工程建设标准国际化的影响

工程技术法规体系的健全程度，对推广我国标准的难易程度具有直接影响。刘伊生等（2012）根据工程技术法规体系是否健全可将"一带一路"共建国家分为三类，从而采取不同的策略推广我国标准。第一类为美、德、俄、法等国家，其城市基础设施领域起步较早，标准体系较为完善，中国标准基本无法进入当地市场，建设项目需按照所在国法律法规与标准体系执行。第二类为土耳其、埃及等国家，其工程建设标准体系部分借鉴了欧美标准，但同时结合本国的国情制定了相对适宜的标准体系。在此类国家承包项目，除必须遵守当地的强制性规范外，在我国工程标准满足项目建设质量的条件下，可以采用我国标准。第三类为不具备完善的规范体系的越南、安哥拉、哈萨克斯坦、塔吉克斯坦等国家，可通过中国政府或中国企业经济性援助的方式采用我国标准建设项目，同时结合所在国的法律法规情况，帮助其建立相应的规范体系。如中方与塔吉克斯坦合作，以中方技术为主导，以塔吉克斯坦落地注册为途径，共同制定天然气管道运行维护标准。

法规有无采用其他国家标准的限制，是能否推广我国标准的重要因素。法律法规健全的国家通常限制条款较多，而法律法规体系尚不健全的国家，即使规范中有所限制，执行也并不严格。因此，要仔细研究当地有关工程建设的法律法规以规避风险。孙峻（2018）提出"一带一路"共建大多数国家并不强制要求使用本国标准，而是积极地将ISO标准、欧盟标准或其他区域性组织制定的标准纳入本国标准体系，在法律法规层面也未对引用或采纳其他国家的标准加以明确限制，因此在这些国家，中国标准被接受的可能性较大。

三、发达国家标准竞争力的影响

发达国家的先发优势与世界工业化发展密切相关，发达国家经过前期的推广经营如以由欧美公司承建工程为条件，通过世界银行向拉美国家进行大量的基础建设投资，在全球开设办事处，通过各种渠道举办各类研讨培训活动，鼓励非政府组织宣传本国标准并给予经费支持，推介本国标准和认证服务等使得美标、欧标等成为东道国业主的首要选择。此外，项目所在国的工程项目管理人员和技术人员多数接受西方教育，对欧美标准也更为熟悉和信任。刘雪强（2015）表示采用欧美标准和规范，一方面要使用相应的进口设备材料或更高规格的中国设备材料，极大地增加了项目成本；另一方面，在工程施工过程中，我方技术人员在不熟悉欧美标准和规范的情况下，更容易受到监理的质疑和刁难，从而增加项目执行的博弈成本。因此，推动中国标准与工程项目有效结合从而节约项目施工和管理成本已成为中国标准"走出去"的内在动力。

四、项目主体性质的影响

（一）投资单位对我国工程建设标准国际化的影响

展磊（2020）将"一带一路"共建国家和地区的建设项目投资主体分为中国政府援建、使用中国优惠贷款、中方企业投资或参与投资及由当地政府或企业投资四个类别。通常情况下，在中国政府对外援建项目的合同或协议中会明确约定项目按照中国标准和规范进行设计、施工和验收。在采用中国金融机构优惠贷款、优惠出口买方信贷、中非基金、丝绸之路基金等方式等形式融资的项目中，我国可以充分利用资金优势，在谈判中争取使用中国标准。在中方企业投资或参与投资的项目中，业主通常是由中国公司和项目所在国公司组成的合资企业，因此中国标准具备一定话语权，采用中国标准的概率也较高。而当项目投资主体为当地政府或企业时，多采用国际标准，项目所在国另有规定时按其规定执行，采用中国标准的概率较小。

（二）承包单位对我国工程建设标准国际化的影响

在"一带一路"对外承包企业中，非国有企业主体占比较小，大型中央企业和国企占比较大，是"一带一路"建设中的主力军。一般情况下，与非国有企业在境外工程承包发展中处于弱势地位相比，央企、国企积极参与"一带一路"重点项目建设，因政策导向和企业自身实力雄厚更易受到业主方的青睐，在合同谈判阶段更能增强我国标准被选用的可能性，但使用国际化程度的综合衡量标准即由反映国际化绩效、结构和态度层面的变量组成的国际化指数对国有企业和私营企业的比较分析后得出私有公司的平均国际化程度更高，而中国跨国公司的国有优势可能会被削弱。许劲（2018）提出，从长远发展来看，民营企业经济不断发展壮大，已成为城市经济建设和对外开放的重要力量，应更多地鼓励民营企业参与"一带一路"建设来活跃国际工程承包市场。

（三）咨询单位、设计单位和监理单位对我国工程建设标准国际化的影响

王博（2022）表示，当项目进行国际性招标时，标准的选用多数会受到项目聘

用的咨询单位、设计单位和监理单位的影响。李燕（2019）提出，我国设计、咨询企业国际化程度较低，而非洲、拉美等国多使用欧美国家提供的设计服务和监理服务，使我国标准推广增加了初始难度。我国企业应积极争取项目总承包的机会，并聘用中国设计、咨询公司进行协作，推动业主接受或不排除中国标准。如设计阶段由中国技术人员设计，业主方可以聘请第三方按照国际标准审核的方式进行审核；在施工阶段积极向项目所聘请的监理单位介绍中国标准，积极寻找我国标准与国际标准的一致性，采用较高标准进行施工，以完成业主满意的优质工程；在设备材料方面，积极推荐并引导业主方选择中国建筑、机电产品，以建筑行业合力推动我国标准国际化。

五、研究进展述评

国内学者已经对我国工程建设标准国际化影响因素的单个方面或多个方面进行了深入研究，为本章奠定了坚实的基础。部分学者虽未直接研究该主题，但对我国工程建设标准目前存在的不足及面临的机遇和挑战的探讨，也为本研究拓宽了思路，起到了重要的补充作用。通过对研究进展进行总结可以发现，关于"一带一路"工程建设标准的应用研究尚处于起步阶段，未形成较成熟的研究模式，在研究内容方面缺乏一定的研究深度，主要局限于现状描述及政策建议层面，对企业的针对建议与实际操作的指导意义不大。在研究方法方面，多使用简单描述性统计或针对现状直接进行定性分析，很少使用系统、定量的研究方法进行深入研究。本章旨在文献梳理基础上构建工程建设标准国际化影响因素和影响路径体系，使用定量研究方法，建立 DEMATEL – ISM 模型，结合因素层次、驱动力、依赖性、因素属性等进行分析，保证研究更加科学深入。

第二节　研究方法与技术路线

采用文献研究、问卷调查法和定量分析法进行研究，技术路线如图 5 – 1 所示。

（1）文献研究法：查阅国内外有关我国工程建设标准国际化的文献资料，进行梳理和总结，利用文献研究法进行影响因素的初步识别。

（2）问卷调查法：对相关领域专家、学者和从业人员发放问卷，对我国工程建设标准国际化影响因素重要性和相互关系进行访问和调查。

（3）定量分析法：基于所获数据，建立 DEMATEL – ISM 多级递阶结构模型，将 25 项影响因素划分为四条影响路径进行具体分析，并得出关键影响路径进行深入分析。

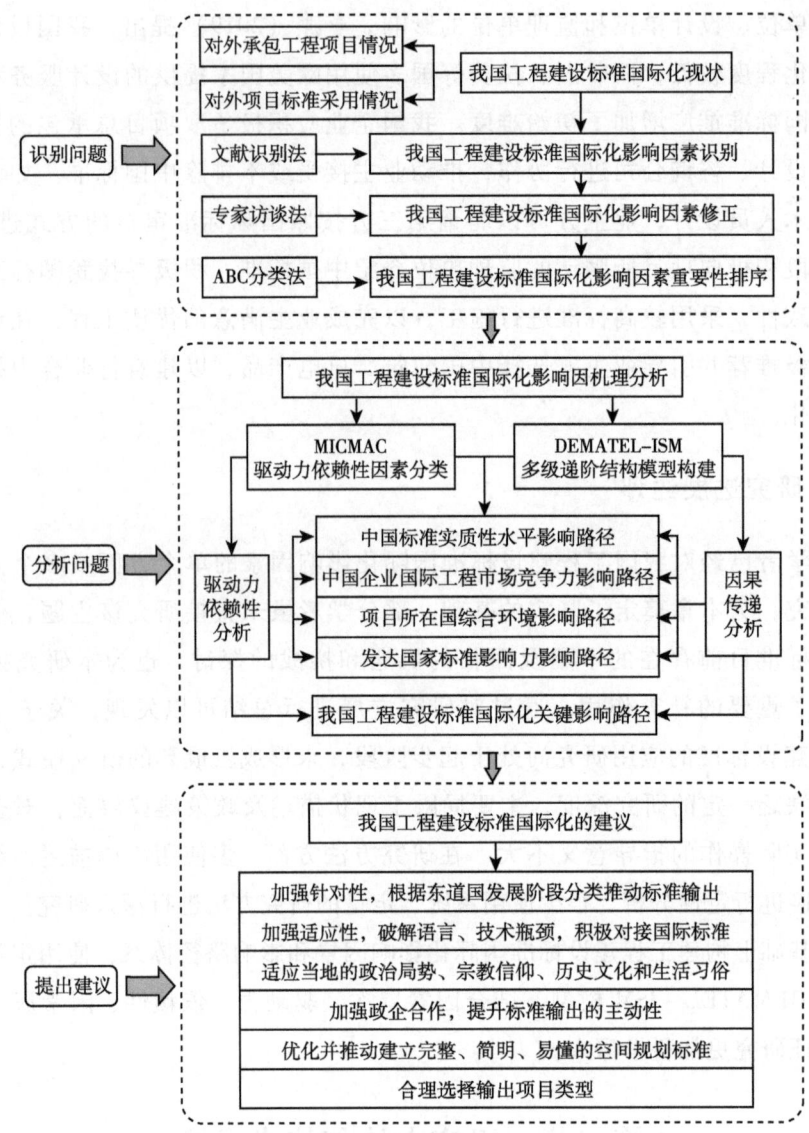

图 5-1 技术路线

第三节 我国工程建设标准国际化现状及影响因素确定

一、对外承包工程项目情况

(一) 中国对外承包工程情况

近年来,国家大力鼓励建筑企业开展国际工程业务,我国对外工程业务规模逐步扩大，国际竞争力不断提高。中华人民共和国商务部数据统计，2010~2021年中国对外承包工程完成营业额和新签合同额情况如图5-2所示。中国对外承包工程完成营业额和新签合同额均在2018年和2020年有所下降，分别是由于受到2018年全球经济增长缓慢、贸易保护主义抬头影响和2020年新冠疫情的冲击，使得国际工程市场经济承受下行压力。但从总体来说，2010~2021年中国对外承包工程完成营业额和新签合同额整体仍呈逐年增长趋势，业务规模不断扩大。

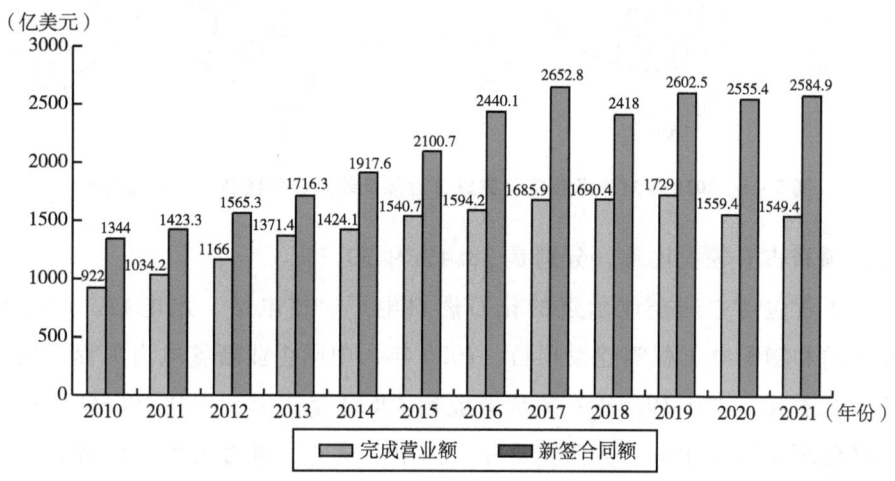

图5-2 2010~2021年中国对外承包工程情况

（二）中国对外承包工程项目情况

从2021年9月中国对外承包工程商会公布的《2020年度中国对外承包工程统计公报》可知，中国对外承包业务行业分布广泛，具体如图5-3所示（各专业领域占比按图例顺序逆时针读取），其中在一般建筑工程、交通运输工程和电力工程等领域继续保持优势，业务稳步增长。

一般建筑工程包括中国企业承建的民用、商用和公用建筑类基础设施建设项目。2020年，中国企业新签一般建筑类项目合同额640.1亿美元，占当年新签合同总额的25%，是合同金额最大的领域。其中，多户单元住宅类项目新签合同额比重最大，占一般建筑类项目合同总额的47.3%。

交通运输工程包括中国企业承建的公路、桥梁、机场、铁路、港口等交通运输类建设项目。2020年，中国企业新签交通运输类项目合同额633.3亿美元，占比24.8%；完成营业额403.1亿美元，占比25.8%，是当年对外承包工程完成营业额最大的领域。在交通运输工程中，公路类项目和占铁路类（含地铁、轻轨及相关公

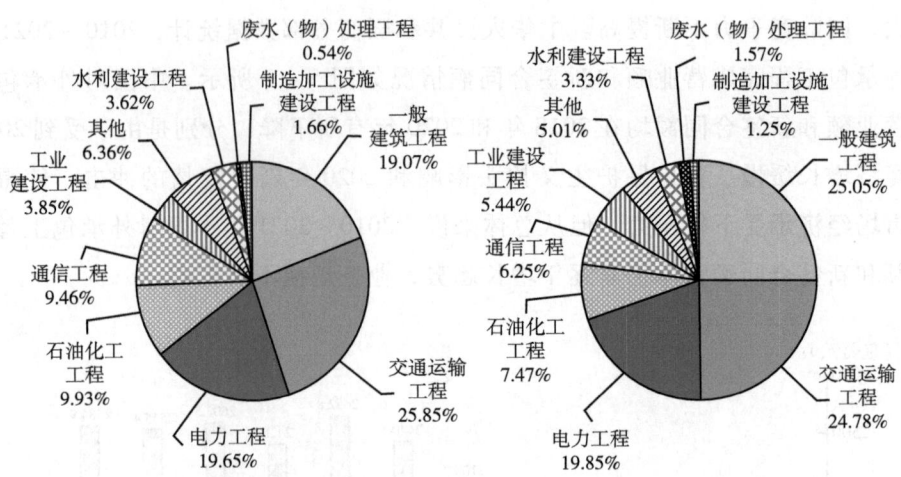

图 5-3 2020 年对外承包工程完成营业额及新签合同额各专业领域占比

共枢纽）项目占有较大比重，分别是 38.4% 和 30.7%。

电力工程包括中国企业承建的化石燃料电厂、核电站、水电站、热电联产电厂、发电站和输配电工程等建设项目。2020 年，中国企业新签电力工程类项目合同额 507.3 亿美元，占比 19.9%；完成营业额 306.4 亿美元，占比 19.6%。在电力工程中，绿色环保类（水电、太阳能电站、风电、核电）电力工程项目新签合同金额比重最大，占 39.6%。

从 2021 年 9 月中国对外承包工程商会公布的《2020 年度中国对外承包工程统计公报》可知，2020 年中国对外承包工程业务洲别分布情况如图 5-4 所示（各地区占比按图例顺序逆时针读取），对外承包工程业务的八成以上仍集中在亚洲和非洲地区，重点地区和重点国别市场的大型项目是对外承包工程业务稳健发展的重要支撑。对外承包工程在各地区市场业务份额每年虽有波动，但总体保持稳定，2020 年亚洲是中国对外承包工程的最大市场，其后分别是非洲、欧洲、拉丁美洲、大洋

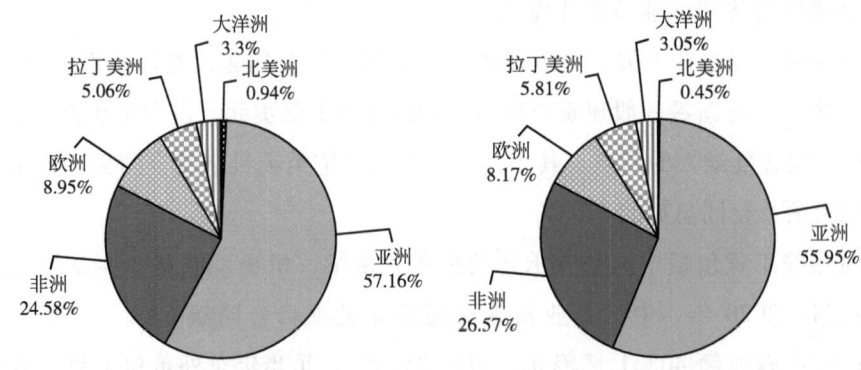

图 5-4 2020 年对外承包工程项目完成营业额及新签合同额各地区占比

洲、北美洲。重点国别市场项目业务也较为稳定，2020年中国对外承包工程完成营业额前十位的国家（地区）分别是阿拉伯联合酋长国、中国香港、巴基斯坦、印度尼西亚、马来西亚、沙特阿拉伯、孟加拉国、阿尔及利亚、俄罗斯联邦和澳大利亚。

二、对外承包工程项目标准应用情况

2016年以来，住房和城乡建设部标准定额司开展"一带一路"中国工程建设标准海外工程项目应用情况系列调研，收集了中国企业在"一带一路"相关国家工程项目案例总计469个，项目采用标准情况如表5-1所示。其中，采用中国标准和项目所在国当地标准的项目最多，分别占31.77%和25.37%，其次是法标、英标、美标等，可看出以项目建设推动标准国际化已取得一定成果，但在我国承包的项目中，英标、美标、法标、俄标等仍然具有强劲的优势。

表5-1　　　　　　　　中国对外承包工程项目标准使用情况

标准类别	中国标准	英标	美标	法标	俄标	当地标准	国际标准	其他
项目个数	149	45	41	61	20	119	9	25
占比	31.77%	9.59%	8.74%	13.01%	4.26%	25.37%	1.92%	5.33%

对采用中国标准的149个项目进行行业领域和项目投资性质分析，分别如图5-5和图5-6所示（各行业领域占比和投资性质占比按图例顺序逆时针读取）。在行业领域分析中，中国标准在公路交通工程、电力工程、工业建筑工程、石油化工工程领域的应用较多，这些领域也是我国对外承包工程的重点领域，可看出我国在交通运输工程、建筑工程和电力工程的竞争力处于世界前列，相关行业标准在海

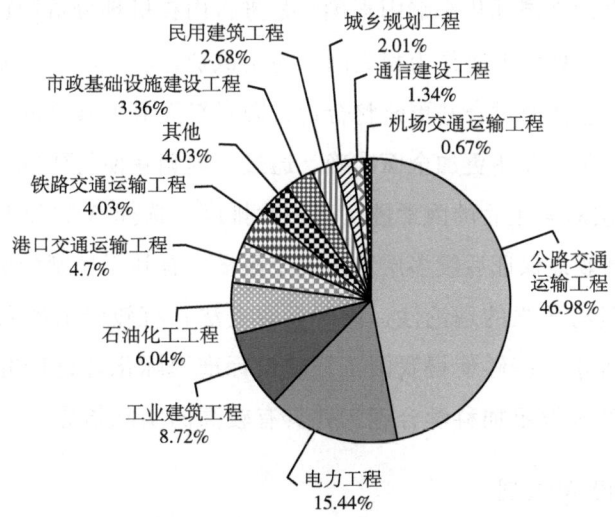

图5-5　中国标准应用各领域占比

外市场的认可度较高。在项目投资性质分析中,中国标准多应用于中国政府援建、投资、贷款及中国企业投资的项目中;在工程所在国投资的项目中,一般情况下受到历史文化的影响,多采用法标、英标、美标等宗主国标准,如果在与我国具有良好合作、经济发展和基础设施建设较为落后的国家,应用我国标准概率也较高;而其他海外国家投资的项目多是国际工程市场公开招标项目,中国承包企业与其他国家建筑企业参与竞标,在此情况下一般不会采用我国标准。

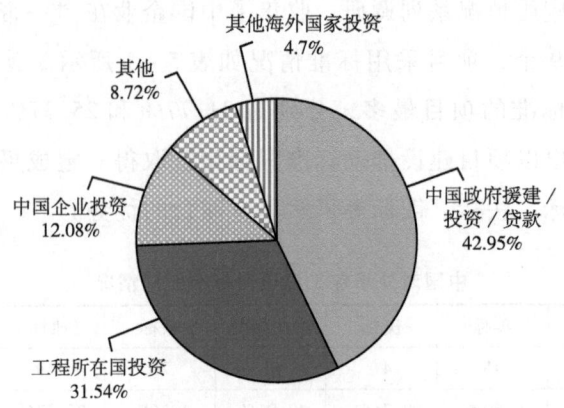

图 5-6 中国标准应用项目投资类型占比

三、我国工程建设标准国际化影响因素识别与修正

(一) 影响因素确定方法

我国工程建设标准国际化影响因素确定是进行内在机理分析和提出相应建议的基础。本章首先采用文献梳理法作为相关因素初始识别方法,再采用专家访谈法对已识别因素进行修正,包括通过合并更改整合近义因素来降低因素之间的高相关性、通过完善修正使因素含义和表述更加全面准确、通过合理删除使得研究更具有针对性。最后利用 ABC 分类法对修正后的因素进行重要性排序,选择 A 类和 B 类因素进行后续建模分析,能够有效地保证后续多层结构模型质量,有利于模型分析和解释。

文献梳理法具有较强的理论性,而问卷调查法具有较强的实践性,采用两种方法综合确定影响因素,能够使得我国工程建设标准国际化理论研究与实际研究相结合,使影响因素的选取更加科学合理,并具有较高的实际指导意义。

(二) 影响因素识别

本章通过文献梳理法对我国工程建设标准国际化影响因素进行初始识别。国内

第五章 我国工程建设标准国际化影响机理研究

学者已经对我国工程建设标准国际化影响因素的单个方面或多个方面进行了深入研究，为本章奠定了坚实基础。

本章重点以"工程建设标准""国际化""走出去""推广""挑战""机遇""存在的问题""影响因素"等为主题词，通过查阅中国知网、Web of Science、ASCE Library等平台，确定了47篇具有代表性的文献，并从中提取了40项影响因素，如表5-2所示。

表5-2 我国工程建设标准国际化影响因素初步识别

序号	影响因素	描述	文献来源
1	中国制定国际标准数量	在2.6万项国际标准中，中国主导制定或参与制定国际标准数量或比例	[1] [5] [6]
2	中国在国际标准化组织中所属机构数量	在国际标准化组织中的750多个技术机构中，中国所属机构数量或比例	[1] [5]
3	国家相应机构是否增设标准管理职能	国家标准化管理委员会、住房和城乡建设部标准定额司等机构是否增设标准管理职能	[1] [32]
4	标准更新周期	标准审查、修订、发布的周期	[2] [3] [19]
5	标准国际认证程度	标准通过国际认证数量或比例	[6]
6	标准评定机制完善程度	对标准制定、评定和执行的有效监督程度	[3]
7	标准体制合理性	强制性标准和推荐性标准相结合的体制的合理性	[2] [3] [10] [11] [12]
8	标准供给模式合理性	标准立项、发布、实施均由政府管理的合理性	[2] [3] [7] [12] [32]
9	国内标准组织权威性	与国外标准化组织对接的我国社会性标准组织的权威性和代表性	[12]
10	标准指标合理性	标准技术指标的合理性	[13] [14]
11	标准内容科学性	标准方法、原理、经验等内容的科学性	[15] [16]
12	标准内部协调性	标准内容是否存在关联性过弱或交叉重复的协调性问题	[5] [13] [15]
13	标准外部兼容性	标准引用外部标准如国际标准、地区标准数量或比例	[4] [5] [8] [15] [34]
14	技术先进性	与标准相应的技术先进性	[2] [12] [13] [17]
15	材料、设备质量	与标准相应的工程材料、设备质量是否满足采购要求	[18] [19] [42]
16	标准宣传力度	标准宣传力度和宣传范围	[1] [5]
17	标准国际化信息平台是否建立	与ISO、IEC类似的多语言版本的标准国际化信息平台是否建立	[5]
18	标准外文版本翻译情况	标准外文版本翻译数量和质量	[2] [19] [34] [35]

续表

序号	影响因素	描述	文献来源
19	标准论证工作量及成本	企业收集规范编制配套资料进行标准论证和翻译的工作量及成本	[16]
20	高水平复合型人才数量	企业熟悉国际标准化规则、掌握高水平专业技能、具有优秀的外语表达能力的高层次复合型人才数量	[1] [5] [18] [20] [21]
21	企业标准管理水平	企业标准管理体系健全程度和管理水平	[34] [38] [47]
22	国家标准推广支持力度	我国对标准推广的支持力度，包括政策倾斜和财税优惠等	[6] [32]
23	企业金融融资渠道	企业开拓海外市场的金融融资渠道，包括国际商业银行、多边金融机构等	[4] [45]
24	建筑相关企业推广标准积极性	我国设计、咨询、施工、监理等建筑相关企业推广标准积极性	[4] [6] [47]
25	企业建设与运营项目衔接情况	企业建设与运营项目衔接情况、运营效果和后期评价等	[6]
26	项目所在国政治环境	项目所在国政府对于建筑行业实施的方针和政策、政权变动与社会秩序等	[22] [23]
27	项目所在国经济发展水平	项目所在国经济发展水平	[24] [26] [27]
28	项目所在国基础设施建设水平	项目所在国基础设施建设水平	[28] [29] [30] [31]
29	项目所在国殖民地性质	项目所在国殖民地性质	[32] [33]
30	项目所在国语言	项目所在国语种种类、沟通交流难易程度等	[5] [36] [37] [38]
31	项目所在国宗教信仰和风俗习惯	项目所在国对建筑形体或其他方面有特殊要求的宗教信仰和风俗习惯等	[37]
32	项目所在国标准体系健全程度	项目所在国工程建设标准体系健全程度	[17] [38] [39]
33	项目所在国对采用外国标准限制程度	项目所在国法律法规对工程项目采用外国标准的限制程度	[40] [41]
34	因地理差异导致的我国标准适用程度	因气候和地域差异等地理环境原因导致的我国标准适用程度	[14]
35	发达国家标准先发优势	发达国家在前期推广标准所积累的优势	[24] [42]
36	项目所在国对发达国家标准路径依赖	项目所在国对发达国家标准路径依赖	[10] [17] [46] [47]
37	项目所在国技术人员接受西方教育程度	项目所在国技术人员接受西方教育的比例	[10]
38	项目投资性质	包括中国政府援建、中国贷款、中方企业投资及当地政府或企业投资等	[9] [34] [42] [43]
39	项目承包单位性质	包括大型中央企业、国企、民营企业等	[44] [45]
40	项目运作模式	包括 BOT、PPP、EPC、DB、CM	[4] [41]

(三) 影响因素修正

为了增强影响因素选取的科学性和准确性,需要对因素进行修正,即邀请专家对 40 项因素的研究价值进行判断,包括对相关度高的因素进行整合、对表述不准确的因素名称和描述进行完善以及删减不具有研究价值的因素。本章主要通过访谈从事相关领域研究的高校教授、科研机构人员和建筑企业项目负责人从而对因素进行修正,具体专家背景如附录一所示,访谈提纲如附录二所示,修正意见如表 5-3 所示,修正原则如下:

(1) 该因素是否是研究我国工程建设标准国际化的必要因素,即缺少该因素是否将导致研究结果出现偏差。

(2) 该因素含义是否准确唯一,即其他因素是否与该因素的相关性保持在合理水平,其他因素是否是该因素的可替换因素或可整合因素。

表 5-3　　　　　　　　相关因素的修正意见及理由

序号	修正意见	修正理由
1	"中国制定国际标准数量"和"中国在国际标准化组织中所属机构数量"合并更改为"中国所属国际标准机构话语权"	"中国制定国际标准数量"和"中国在国际标准化组织中所属机构数量"均属于现状描述数据,长期内处于稳定状态,需要经过相关部门审批才能使数量增加,对我国标准国际化无直接影响。而两者共同体现出的中国所属国际标准机构的话语权和地位,对推动我国标准国际化具有重要影响,因此进行合并更改
2	"标准指标合理性"和"标准内容科学性"合并更改为"标准科学性"	标准内容包括指标、方法、术语等,因此"标准内容科学性"和"标准指标合理性"是包含关系,两者高度相关。为避免高度相关性,将两者合并更改为"标准科学性"
3	"技术先进性"和"材料、设备质量"合并更改为"标准先进性"	"技术先进性"和"材料、设备质量"反映了标准所依托的建筑技术和建筑材料设备的先进性,两者是并列关系,与工艺先进性、产品先进性共同构成五新技术,反映了标准先进性,因此采用"标准先进性"进行概括,含义更加全面准确
4	"标准国际化信息平台是否建立"改为"标准国际化信息平台建设运营情况"	当前,全国标准信息公共服务平台已经建立,中国对外承包工程商会和中国"一带一路"网也开设了与标准相关的板块服务,用于宣传我国标准,因此"标准国际化信息平台是否建立"表述不准确。"标准国际化信息平台建设运营情况"包括平台的内容建设、多版本语言模式切换和运营维护等,含义更加丰富,对海外用户了解我国标准具有重要影响
5	"项目所在国殖民地性质"改为"项目所在国历史"	"项目所在国殖民地性质"是事实情况,反映了项目所在国被殖民的历史,对其工程建设发展具有重要影响,是项目所在国对宗主国工程建设标准产生路径依赖的重要原因;此外,人口迁移、签订不平等条约等历史原因也是影响工程建设标准发展的重要因素,因此采用"项目所在国历史"进行概括,含义更加丰富准确

续表

序号	修正意见	修正理由
6	"项目所在国技术人员接受西方教育程度"改为"项目管理人员接受西方教育程度"	项目技术人员负责按照标准规定进行施工,接受西方教育主要反映在因熟悉而提高施工效率等方面,而项目管理人员可参与项目标准的选择和决策,因此"项目管理人员接受西方教育程度"对项目标准的选择的影响程度更大
7	删除"国家相应机构是否增设标准管理职能"	国家相应机构是否增设标准管理职能属于现实情况,原则上需要由具有资格的部门审批,主要影响对内标准管理,而对对外标准推广不具有直接影响
8	删除"标准评定机制完善程度"	标准评定在我国实行得很少,且评定是针对采用新标准的国内项目进行效果评价,对标准推广不具有直接影响
9	删除"标准体制合理性"	我国实行强制性标准和推荐性标准相结合的体制,长期稳定不变,符合我国国情和标准发展历史,与其他国家不具有可比性,对工程建设标准推广不具有直接影响
10	删除"项目所在国宗教信仰和风俗习惯"	工程建设标准主要是针对建筑质量、安全等方面做出的强制性规定,而宗教信仰和风俗习惯主要体现在对建筑规划和形体具有特殊诉求,对工程建设标准选择无直接影响

通过对初步识别出的 40 项我国工程建设标准国际化相关因素进行专家意见修正,共确定影响因素 33 项（F1,F2,…,F32,F33）,如表 5-4 所示。

表 5-4　　　　　　　　我国工程建设标准国际化影响因素

代号	因素名称	代号	因素名称
F1	中国所属国际标准机构话语权	F18	建筑相关企业推广标准积极性
F2	标准更新周期	F19	企业建设与运营项目衔接情况
F3	标准国际认证程度	F20	项目所在国政治环境
F4	标准供给模式合理性	F21	项目所在国经济发展水平
F5	国内标准组织权威性	F22	项目所在国基础设施建设水平
F6	标准科学性	F23	项目所在国历史
F7	标准内部协调性	F24	项目所在国语言
F8	标准外部兼容性	F25	项目所在国标准体系健全程度
F9	标准先进性	F26	项目所在国对采用外国标准限制程度
F10	标准宣传力度	F27	因地理差异导致的我国标准适用程度
F11	标准国际化信息平台建设运营情况	F28	发达国家标准先发优势
F12	标准外文版本翻译情况	F29	项目所在国对发达国家标准路径依赖
F13	标准论证工作量及成本	F30	项目管理人员接受西方教育程度
F14	高水平复合型人才数量	F31	项目投资性质
F15	企业标准管理水平	F32	项目承包单位性质
F16	国家标准推广支持力度	F33	项目运作模式
F17	企业金融融资渠道		

四、我国工程建设标准国际化影响因素重要性排序

(一) 变量设计及数据收集

为保证后续模型系统层次分明,要求纳入模型系统中的因素对最终目标具有较强影响力。在后续构建多级递阶结构模型时,一方面,如果将所有因素纳入结构模型进行研究,因素数量过多会影响模型质量,不利于探究因素之间的影响路径;另一方面,阈值的存在会过滤掉较小的因素之间的影响作用,使对我国工程建设标准国际化影响较小的因素在系统中处于独立位置,不利于模型解释和分析,因此要对33项影响因素对最终目标的影响作用大小进行排序,影响作用较小的不再纳入后续模型构建和分析。

本章依托南美洲国家玻利维亚的两个项目即"尤库莫圣博尔哈公路项目"与"圣何塞德奇基托斯—圣伊格纳西奥德贝拉斯科段道路建设项目",采用问卷调查法对从事工程建设标准相关工作或研究的人员进行调查,利用问卷星平台进行问卷设计、下发与回收,最终共收集问卷319份。调查问卷评价基于5点量表进行赋值:"1"="影响作用很小"、"2"="影响作用较小"、"3"="影响作用一般"、"4"="影响作用较大"、"5"="影响作用很大"。

(二) 数据统计分析

1. 调查人员基本情况描述性统计分析

调查人员对我国工程建设标准的了解程度调查结果如表5-5所示,39.2%的调查人员对我国工程建设标准相关情况非常了解,92.8%调查人员都对我国工程建设标准都具有一定的了解程度,能够很好地保证问卷填调查结果的合理性。此外,有7.2%的调查人员共23人对我国工程建设标准不太了解或不了解。为了提高后续研究的严谨性,从319位调查人员调查结果中删除对我国工程建设标准不太了解或不了解的23位调查人员调查结果,对剩余296位调查人员调查结果进行后续分析。

表5-5　　　　　调查人员对我国工程建设标准的了解程度

了解程度	频率	百分比(%)	累积百分比(%)
非常了解	125	39.2	39.2
较了解	81	25.4	64.6

续表

了解程度	频率	百分比（%）	累积百分比（%）
一般了解	90	28.2	92.8
不太了解	21	6.6	99.4
不了解	2	0.6	100.0
总计	319	100.0	

调查人员所在单位性质调查结果如表5-6所示，62.5%调查人员均来自施工企业、咨询企业、监理企业等企业类单位，33.8%调查人员来自高校、科研机构、研究院等事业单位，极少数调查人员来自政府相关部门和其他行业。在本次调查对象中，利用工程实践经验进行判断的"企业类"调查人员占比最高，其次是以学术研究、专题研究等理论研究为主的"教育科研类事业单位"。本次问卷主要面向这两类单位发放并回收，体现了问卷调查结果的实践性和理论性。

表5-6　　　　　　　　　调查人员所在单位性质

单位性质	频率	百分比（%）	累积百分比（%）
政府相关部门	8	2.7	2.7
教育科研类事业单位	100	33.8	36.5
企业类	185	62.5	99.0
其他	3	1.0	100.0
总计	296	100.0	

此外，对62.5%的"企业类"调查人员共185人进行工程技术职务和海外工程项目工作经验调查，结果如表5-7和表5-8所示。在工程技术职务调查中，"技术员"职务占比为50.3%，"助理工程师""工程师"和"高级工程师"职务占比为49.7%，表明本次问卷发放对象结构合理，既包括建设现场的一线施工人员，又包含项目各级管理层人员。在海外工程项目工作经验调查中，83.8%调查人员都具有海外工程项目工作经验，为本次理论研究奠定了坚实的实践基础，从而使研究结果能够更好地指导以后的项目实践。

表5-7　　　　　　　　　企业类调查人员工程技术职务

工程技术职务	频率	百分比（%）	累积百分比（%）
技术员	93	31.4	50.3
助理工程师	58	19.6	81.6
工程师	28	9.5	96.8
高级工程师	6	2.0	100.0
总计	185	62.5	

第五章 我国工程建设标准国际化影响机理研究

表 5-8　　企业类调查人员海外工程项目工作经验

工作经验	频率	百分比（%）	累积百分比（%）
10 年以上	19	6.4	10.3
5~10 年（包括 10 年）	59	19.9	42.3
1~5 年（包括 5 年）	24	8.1	55.1
1 年以内（包括 1 年）	53	17.9	83.8
暂无	30	10.1	100
总计	185	62.5	

2. 信效度分析

信度（Reliability）是指采用同样的方法对同一对象重复调查所得到的结果的一致程度，一般认为 Cronbach's Alpha 系数在 0.6~0.7 时信度可接受，在 0.7~0.8 时信度较高，在 0.8 以上时信度非常高；如果小于 0.6，则应考虑调整题目和修订量表。本章利用 SPSS 25.0 进行信度分析，结果如表 5-9 所示，33 项我国工程建设标准国际化影响因素调查结果的内部一致性 Cronbach's Alpha 系数为 0.903，信度符合要求。

表 5-9　　信度分析

Cronbach's Alpha	项数
0.903	33

效度（Validity）是指测量工具或手段能够准确测量出被测事物的程度，效度越高，说明调查结果的准确性越高，越有利于筛选出重要的我国工程建设标准国际化影响因素。一般采用 KMO 检验和巴特利特（Bartlett）球形度检验来计算结构效度。一般认为 KMO 在 0.6~0.7 时效度可接受，在 0.7~0.8 时效度较高，在 0.8~0.9 时效度很高，在 0.9 以上时效度非常高；同时，Bartlett 球形度检验的显著性系数小于 0.01 时，可认为调查结果的效度良好。本章利用 SPSS 25.0 进行效度分析，结果如表 5-10 所示，KMO 值为 0.962，大于 0.9，同时 Bartlett 球形度检验显著性系数为 0.000，表明调查结果的效度符合要求。

表 5-10　　效度分析

KMO 检验		0.962
巴特利特球形度检验	近似卡方值	11788.968
	自由度	528
	显著性系数	0.000

(三) 基于 ABC 分类法的因素重要性排序

ABC 分类法又称为主次因素分析法,最初应用于企业库存管理方面,即根据事物在技术、经济方面的主要特征,分为 A、B、C 三类进行排序,从而识别出重点因素和一般因素,以实现区别管理。首先计算各个因素的平均重要性得分,其次计算每个因素重要性得分占总得分的百分比,并根据百分比由高至低排序,最后将累计频率在 0~80% 的因素划分为 A 类因素,将累计频率 80%~90% 的因素划分为 B 类因素,将累计频率 90%~100% 的因素划分为 C 类因素。对 33 项我国工程建设标准国际化影响因素进行重要性评测、排序和分类,结果如表 5-11 所示。

表 5-11 基于 ABC 分类法的影响因素分类结果

代号	因素	得分	占比	累计占比	类别
F9	标准先进性	4.5986	0.0421	0.0421	
F10	标准宣传力度	4.5549	0.0417	0.0838	
F20	项目所在国政治环境	4.4675	0.0409	0.1247	
F12	标准外文版本翻译情况	4.4238	0.0405	0.1652	
F29	项目所在国对发达国家标准路径依赖	4.3801	0.0401	0.2053	
F28	发达国家标准先发优势	4.3146	0.0395	0.2448	
F18	建筑相关企业推广标准积极性	4.2490	0.0389	0.2837	
F3	标准国际认证程度	4.1944	0.0384	0.3221	
F14	高水平复合型人才数量	4.0961	0.0375	0.3596	
F1	中国所属国际标准机构话语权	4.0634	0.0372	0.3968	A 类
F26	项目所在国对采用外国标准限制程度	4.0415	0.0370	0.4338	
F13	标准论证工作量及成本	4.0087	0.0367	0.4705	
F24	项目所在国语言	3.9760	0.0364	0.5069	
F23	项目所在国历史	3.9432	0.0361	0.543	
F11	标准国际化信息平台建设运营情况	3.6155	0.0331	0.5761	
F8	标准外部兼容性	3.5609	0.0326	0.6087	
F31	项目投资性质	3.5391	0.0324	0.6411	
F25	项目所在国标准体系健全程度	3.4844	0.0319	0.673	
F22	项目所在国基础设施建设水平	3.4080	0.0312	0.7042	
F15	企业标准管理水平	3.2660	0.0299	0.7341	
F30	项目管理人员接受西方教育程度	3.2114	0.0294	0.7635	
F16	国家标准推广支持力度	3.0912	0.0283	0.7918	
F2	标准更新周期	3.0475	0.0279	0.8197	
F5	国内标准组织权威性	2.9929	0.0274	0.8471	B 类
F7	标准内部协调性	2.9383	0.0269	0.874	

续表

代号	因素	得分	占比	累计占比	类别
F21	项目所在国经济发展水平	2.8509	0.0261	0.9001	C类
F19	企业建设与运营项目衔接情况	2.4140	0.0221	0.9222	
F27	因地理差异导致的我国标准适用程度	1.8678	0.0171	0.9393	
F32	项目承包单位性质	1.4855	0.0136	0.9529	
F17	企业金融融资渠道	1.3654	0.0125	0.9654	
F33	项目运作模式	1.3217	0.0121	0.9775	
F6	标准科学性	1.2452	0.0114	0.9889	
F4	标准供给模式合理性	1.2125	0.0111	1	

从重要性排序结果可知，在33项我国工程建设标准国际化影响因素中，22项属于A类因素，3项属于B类因素，8项属于C类因素。从ABC分类法原理可知，A类因素和B类因素是影响我国工程建设标准国际化的重要因素，而C类因素得分较低，与A类因素和B类因素得分存在明显差距，对我国工程建设标准国际化的影响作用较小。为了使影响因素路径研究更加具有针对性，选择A类和B类共25项影响因素进行后续模型构建和分析，对"项目所在国经济发展水平（F21）""企业建设与运营项目衔接情况（F19）""因地理差异导致的我国标准适用程度（F27）""项目承包单位性质（F32）""企业金融融资渠道（F17）""项目运作模式（F33）""标准科学性（F6）"和"标准供给模式合理性（F4）"8项因素不再继续后续研究。

C类8项因素分别与标准、项目、企业相关，对此进行简要分析。

在标准方面，包括"因地理差异导致的我国标准适用程度（F27）""标准科学性（F6）"和"标准供给模式合理性（F4）"3项因素。首先，我国幅员辽阔，涉及多种气候、水文、地质类型，相应的工程建设标准体系经过不断发展和完善，已能够满足大多数工程条件的建设需求。因此，"因地理差异导致的我国标准适用程度（F27）"对我国工程建设标准在海外国家应用的影响较小。其次，我国标准内容方面多总结经验公式供行业人士使用，对国内工程建设的指导较为明确直接，与国外相比理论研究不够深入，因此"标准科学性（F6）"有所差异，但经过翻译和论证，能够与国外咨询工程师进行有效的沟通，因此"标准科学性（F6）"对我国工程建设标准在海外国家应用的影响较小。最后，"标准供给模式合理性（F4）"主要指我国标准多是由政府部门起草、编制、审核和发布，没有充分利用社会各界力量，供给模式较为单一，不利于完善标准体系，而对我国标准国际化影响较小。

在项目方面,包括"项目所在国经济发展水平(F21)"和"项目运作模式(F33)"2项因素。首先,经济发展水平含义比较丰富,"项目所在国经济发展水平(F21)"作为项目建设的宏观经济环境,主要通过影响基础设施建设程度而对推广具有间接影响,而对项目标准选择直接影响较小。其次,"项目运作模式(F33)"主要通过影响项目资本结构和投资方而对标准选择具有间接影响,直接影响较小。

在企业方面,包括"企业建设与运营项目衔接情况(F19)""项目承包单位性质(F32)"和"企业金融融资渠道(F17)"等3项因素。首先,"企业建设与运营项目衔接情况(F19)"属于项目后期运营,在一定程度上能够反映企业实力和本次项目建设的成果,但对项目前期标准选择影响较小。其次,当前在海外国家开拓工程业务的"项目承包单位性质(F32)"多为大型央企国企,资金实力雄厚,在承揽工程时易受到东道国业主方的青睐,但承包单位对项目标准选择的发言权较小,因此对推动我国工程建设标准国际化的作用较小。最后,在"一带一路"倡议下,国内各大银行出台一系列优惠支持政策,合理配置资金和资源,推动建筑业转型升级,促进国家"走出去"战略的大力实施,因此"企业金融融资渠道(F17)"丰富,因资金不足致使项目未能采用我国标准的情况较少。综上所述,C类因素对我国工程建设标准国际化的影响作用较小,对C类因素不再进行后续研究。

本章首先介绍了我国对外承包工程项目情况和对外承包工程项目标准应用情况,可知中国对承包工程总体呈现稳定持续上升态势,同时在公路交通运输工程、电力工程、工业建筑工程等领域以援建项目建设推动标准国际化已取得一定成果。其次,利用文献识别法对我国工程建设标准国际化影响因素进行初步识别,共识别出40项相关因素。为增强因素选取科学性和表述准确性,利用专家访谈法对因素进行修正,包括通过合并更改整合近义因素来降低因素之间的高相关性、通过完善修正使因素含义和表述更加全面准确、通过合理删除使得研究更具有针对性,最终共确定我国工程建设标准国际化影响因素33项。最后,利用ABC分类法对其进行重要性排序,其中22项属于A类因素,3项属于B类因素,8项属于C类因素。C类因素分别与标准、项目和企业相关,进行简要分析后可知,A类因素和B类因素是影响我国工程建设标准国际化的重要因素,而C类因素对我国工程建设标准国际化的影响作用较小。为了使影响因素路径研究更加具有针对性,选择A类和B类共25项影响因素进行后续模型构建和分析,对C类因素不再进行后续研究。

第四节 我国工程建设标准国际化影响机理分析

一、DEMATEL-ISM 方法原理及模型求解概述

（一）方法原理

决策试行与评价实验室法（Decision Making Trialand Evaluation Laboratory，DEMATEL）由美国学者于 1971 年提出，是以有向图和矩阵工具为基础进行因素识别与分析的一种有效方法。DEMATEL 旨在充分利用专家与权威的经验知识来判断复杂系统内部要素的逻辑，从而得出不确定的因素间的关系。

解释结构模型方法（Interpretative Structural Modeling Method，ISM）由美国学者于 1973 年提出，通过借助专家的实践经验和计算机工具等，以概念模型、有向图、矩阵工具和布尔逻辑运算为基础，分析因素以及因素之间的直接二元关系，最后将系统内的因素构造成一个层次明确的多级递阶结构模型。ISM 在变量众多、因素间具有复杂关系而结构不清晰的系统问题中应用得十分广泛。

DEMATEL 和 ISM 两种方法各有侧重，其相同点是均须通过专家的经验知识来对各因素之间的关系进行初始判断，并建立矩阵，不同点是 DEMATEL 模型强调每个因素在系统中发挥的作用，而 ISM 模型更强调每个因素所处的层次，探索并揭示系统因素的层级关系和内在影响路径。基于此，本章采用 DEMATEL 与 ISM 相结合的方法，对我国工程建设标准国际化的 25 项重要的影响因素进行综合分析。

（二）模型求解

（1）计算综合影响矩阵。首先邀请相关领域专家，对各因素之间的相互作用关系及其强度进行打分，并表示成矩阵形式，进行平均化计算，得到直接影响矩阵；其次将直接影响矩阵进行标准化计算，得到标准影响矩阵；最后通过既定的矩阵运算得到综合影响矩阵。

（2）计算可达矩阵。首先将综合影响矩阵与单位矩阵相加得到整体影响矩阵；其次通过多次试验确定偏差较小的合理阈值，将整体影响矩阵各个元素与阈值比较后确定可达矩阵相同位置的元素取值为 1 或 0；最后得到完整的可达矩阵。

（3）依据驱动力和依赖性进行因素分类。以可达矩阵为基础，计算各个因素的驱动力和依赖性，将 25 项影响因素分为独立类因素、自治类因素、关联类因素、依赖类因素四类。

(4) 构建多层递阶结构模型并进行路径分析。以可达矩阵为基础，利用 MATLAB 计算每个因素的可达集和先行集，以"可达集与先行集的交集是否是该因素的可达集本身"为判断原则，得出各个因素所处的系统层次，构建多层递阶结构模型，划分影响路径，结合各因素驱动力和依赖性进行分析。

(5) 确定关键影响因素并进行关键影响路径分析。根据综合影响矩阵计算得出 25 项因素的中心度和原因度，根据中心度排序确定关键影响因素和关键影响路径并进行因果关系传递分析。

二、变量设计及数据收集

为进一步研究我国工程建设标准国际化的 25 项重要的影响因素之间的相互作用关系及其强度，探究其影响路径，构建多层级递阶模型，本章采用德尔菲法进行收集，利用问卷星平台进行问卷的设计、下发与回收，共对 10 位相关领域的专家进行了问卷调查，专家背景如附录一所示。

调查问卷如附录三所示，采用矩阵式五点量表形式，通过选择相互作用关系及其强度对 25 项影响因素建立联系。其中 A_{nij}（n 表示第 n 位专家，i 表示第 i 行，j 表示第 j 列）表示第 n 位专家对 F_i 对 F_j 的直接影响作用的打分结果，即 1 = "影响很小"、2 = "影响较小"、3 = "影响一般"、4 = "影响较大"、5 = "影响很大"。若影响因素之间没有相互作用，则自动赋值为 0。

三、基于 DEMATEL–ISM 的影响因素模型构建

（一）综合影响矩阵计算

通过问卷调查，共形成 10 个直接影响矩阵，分别记为 A1，A2，…，A9，A10。对 10 个直接影响矩阵进行平均化处理，得到平均直接影响矩阵 A，计算公式如式（5-1）所示。平均化直接影响矩阵 A 的元素 A_{ij}（i 表示第 i 行，j 表示第 j 列；$0 \leq A_{ij} \leq 5$）表示因素 F_i 对 F_j 的平均直接影响作用。

对平均化直接影响矩阵 A 进行标准化处理，得到标准化直接影响矩阵 B，计算公式如式（5-2）所示。平均化直接影响矩阵 A 经过标准化后，使得影响作用分值范围变为 0 到 1，从而能够与单位矩阵进行运算，同时数据收敛速度加快，使后续的数据处理更加高效便捷。

对标准化直接影响矩阵 B 和具有相同行、列数量的单位矩阵 I 进行既定运算得到综合影响矩阵 C，公式如式（5-3）所示，结果保留四位小数，如表 5-12 所

示。综合影响矩阵 C 的元素 Cij 表示因素 i 对因素 j 的直接和间接影响作用之和,并以此为基础计算各个因素的影响度、被影响度、中心度及原因度。

$$A = \frac{\sum_{n=1}^{25} \Sigma An}{25} \quad (5-1)$$

$$B = \frac{A}{\max\left(\max \sum_{i=1}^{25} Fij, \max \sum_{j=1}^{25} Fij\right)} \quad (5-2)$$

$$C = B * (I - B)^{-1} \quad (5-3)$$

(二) 可达矩阵计算

将综合影响矩阵 C 与具有相同行、列数量的单位矩阵 I 相加得到整体影响矩阵 D,公式如式 (5-4) 所示。在整体影响矩阵中,Dij 表示某因素对包括自身在内的所有因素的直接和间接影响作用之和,由于因素对自身的影响作用可视为 1,因而整体影响矩阵对角线值均为 1。

可达矩阵 E 是划分因素层次的基础,通常会受到阈值的影响。设定阈值为 λ,可达矩阵的元素 Eij 的取值取决于整体影响矩阵的元素 Dij 与 λ 的关系,公式如式 (5-5) 所示。阈值的选择会影响系统的复杂程度,阈值越大,系统层次越少,内部要素逻辑越简单,但各因素之间的相互关系也越难以探索;阈值越小,系统层次越多,不利于准确的探索出有效的影响路径。设置合理阈值,可以有效过滤相互影响作用较弱的因素之间的关系,保留响相互影响作用较大的因素之间的关系,使系统层次结构更清晰。

$$D = C + I \quad (5-4)$$

$$Eij = 1, Dij \geq \lambda \quad (5-5)$$

$$Eij = 0, Dij < \lambda$$

利用 MATLAB 计算不同的 λ 取值分别对应的可达矩阵。在可达矩阵中,某因素的行、列之和被称为节点度,以可达矩阵渐近稳定和节点度适中为原则,经过反复试验,当 λ 的取值在 [0.1, 0.3] 时,可达矩阵趋于稳定。以 0.05 为梯度,选取 0.1、0.15、0.2、0.25、0.3 5 个阈值作图,如图 5-7 所示,可看出,当 λ = 0.2 时的节点度折线与其他取值的折线重合点最多,其对应的平滑曲线如图 5-8 所示,节点度适中,最终选取阈值 λ = 0.2,计算相应的可达矩阵 E,如表 5-13 所示。

表 5-12 综合影响矩阵 C

变量	F1	F2	F3	F5	F7	F8	F9	F10	F11	F12	F13	F14	F15	F16	F18	F20	F22	F23	F24	F25	F26	F28	F29	F30	F31
F1	0	0	0.2566	0	0	0	0	0.0895	0	0.0641	0.0384	0	0	0	0.0109	0	0	0	0	0	0	0	0	0	0
F2	0	0	0.0717	0	0	0	0.2368	0.0250	0	0.0179	0.0107	0	0	0	0.0030	0	0	0	0	0	0	0	0	0	0
F3	0	0	0	0	0	0	0	0.3487	0	0.2500	0.1497	0	0	0	0.0423	0	0	0	0	0	0	0	0	0	0
F5	0	0	0.2476	0	0	0	0.0789	0.0863	0	0.0619	0.0371	0	0	0	0.0105	0	0	0	0	0	0	0	0	0	0
F7	0	0	0	0	0	0	0	0.0781	0	0.2697	0.0692	0	0	0	0.0196	0	0	0	0	0	0	0	0	0	0
F8	0	0	0	0	0	0	0	0.0667	0	0.2303	0.0591	0	0	0	0.0167	0	0	0	0	0	0	0	0	0	0
F9	0	0	0.3026	0	0	0	0	0.1055	0	0.0757	0.0453	0	0	0	0.0128	0	0	0	0	0	0	0	0	0	0
F10	0	0	0	0	0	0	0	0	0	0	0	0	0	0	0	0	0	0	0	0	0	0	0	0	0
F11	0	0	0	0	0	0	0	0.2566	0	0	0.2566	0	0	0	0	0	0	0	0	0	0	0	0	0	0
F12	0	0	0	0	0	0	0	0.2895	0	0	0	0	0	0	0.0726	0	0	0	0	0	0	0	0	0	0
F13	0	0	0	0	0	0	0	0	0	0	0	0	0	0	0.2829	0	0	0	0	0	0	0	0	0	0
F14	0	0	0	0	0	0	0	0	0	0	0.2434	0	0	0	0.0689	0	0	0	0	0	0	0	0	0	0
F15	0	0	0	0	0	0	0	0	0	0	0.2303	0	0	0	0.0651	0	0	0	0	0	0	0	0	0	0
F16	0	0	0	0	0	0	0	0	0	0	0.0789	0	0	0	0.2723	0	0	0	0	0	0	0	0	0	0.2632
F18	0	0	0	0	0	0	0	0	0	0	0	0	0	0	0	0	0	0	0	0	0	0	0	0	0
F20	0	0	0	0	0	0	0	0	0	0	0	0	0	0	0.0789	0	0.0203	0	0	0	0.2500	0	0	0	0
F22	0	0	0	0	0	0	0	0	0	0	0	0	0	0	0.0078	0	0.2368	0	0	0.0855	0.2303	0.2763	0.0745	0	0.2237
F23	0	0	0	0	0	0	0	0.0146	0	0.2500	0.0641	0	0	0	0.0181	0	0	0	0	0	0.0047	0	0	0	0.0045
F24	0	0	0	0	0	0	0	0.0724	0	0	0	0	0	0	0.0911	0	0	0	0	0	0	0	0	0	0
F25	0	0	0	0	0	0	0	0.1711	0	0	0	0	0	0	0	0	0	0	0	0	0.0545	0	0	0	0.0530
F26	0	0	0	0	0	0	0	0	0	0	0	0	0	0	0	0	0	0	0	0	0	0	0	0	0
F28	0	0	0	0	0	0	0	0	0	0	0	0	0	0	0	0	0	0	0	0	0	0	0.2697	0	0
F29	0	0	0	0	0	0	0	0	0	0	0	0	0	0	0	0	0	0	0	0	0	0.2566	0.0692	0	0
F30	0	0	0	0	0	0	0	0	0	0	0	0	0	0	0	0	0	0	0	0	0	0	0	0	0
F31	0	0	0	0	0	0	0	0	0	0	0	0	0	0	0	0	0	0	0	0	0	0	0	0	0

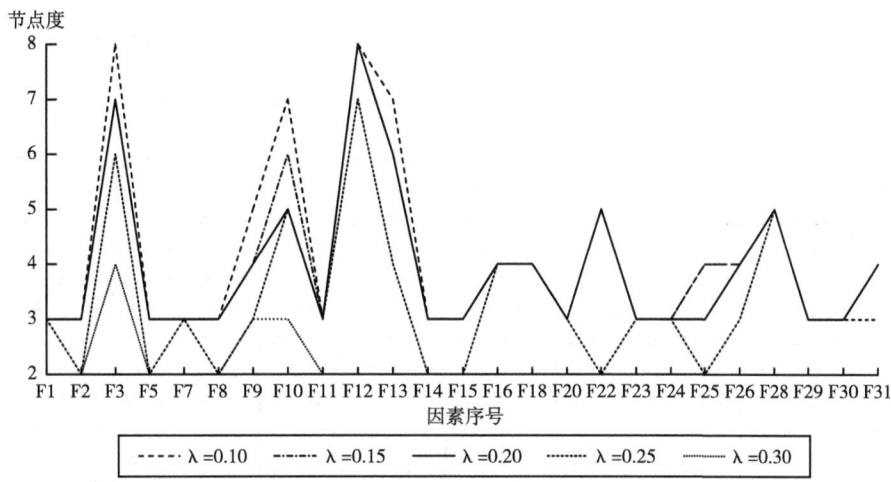

图 5-7 节点度

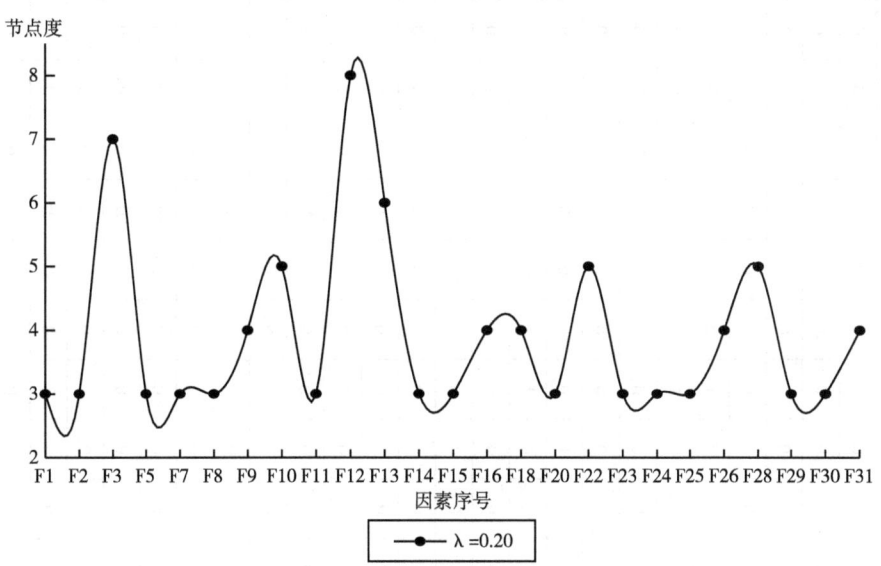

图 5-8 λ=0.20 的节点度

(三) 驱动力依赖性因素分类

在可达矩阵基础上,利用交叉影响矩阵相乘法来计算我国工程建设标准国际化各个影响因素的驱动力和依赖性,进而明确各个影响因素在系统中所处的位置和发挥的作用。在可达矩阵 E 中,各行元素数值之和即为对应的影响因素的驱动力,各列元素数值之和即为对应的影响因素的依赖性。根据影响因素驱动力和依赖性的相对大小,将 25 个影响因素分为四大类,分别是位于坐标系中第一象限的关联类因素、位于坐标系中第二象限的依赖类因素、位于坐标系中第三象限的自治类因素和

表 5-13 可达矩阵 E

变量	F1	F2	F3	F5	F7	F8	F9	F10	F11	F12	F13	F14	F15	F16	F18	F20	F22	F23	F24	F25	F26	F28	F29	F30	F31
F1	1	0	1	0	0	0	0	0	0	0	0	0	0	0	0	0	0	0	0	0	0	0	0	0	0
F2	0	1	0	0	0	0	0	0	0	0	0	0	0	0	0	0	0	0	0	0	0	0	0	0	0
F3	0	0	1	1	0	1	0	0	0	0	0	0	0	0	0	0	0	0	0	0	0	0	0	0	0
F5	0	0	0	1	1	0	0	0	0	0	0	0	0	0	0	0	0	0	0	0	0	0	0	0	0
F7	0	0	0	0	1	1	1	0	0	0	0	0	0	0	0	0	0	0	0	0	0	0	0	0	0
F8	0	0	0	0	0	1	0	0	0	0	0	0	0	0	0	0	0	0	0	0	0	0	0	0	0
F9	0	0	0	0	0	0	1	0	0	0	0	0	0	0	0	0	0	0	0	0	0	0	0	0	0
F10	0	0	0	0	0	0	1	1	0	0	0	0	0	0	0	0	0	0	0	0	0	0	0	0	0
F11	0	0	0	0	0	0	0	0	1	0	0	0	0	0	0	0	0	0	0	0	0	0	0	0	0
F12	0	0	0	0	0	0	0	0	0	1	0	0	0	0	0	0	0	0	0	0	0	0	0	0	0
F13	0	0	0	0	0	0	0	0	0	0	1	0	0	0	0	0	0	0	0	0	0	0	0	0	0
F14	0	0	0	0	0	0	0	0	0	0	0	1	0	0	0	0	0	0	0	0	0	0	0	0	0
F15	0	0	0	0	0	0	0	0	0	0	0	0	1	0	0	0	0	0	0	0	0	0	0	0	0
F16	0	0	0	0	0	0	0	0	0	0	0	0	0	1	0	0	0	0	0	0	0	0	0	0	0
F18	0	0	0	0	0	0	0	0	0	0	0	0	0	0	1	0	0	0	0	0	0	0	0	0	0
F20	0	0	0	0	0	0	0	0	0	0	0	0	0	0	0	1	0	0	0	0	0	0	0	0	0
F22	0	0	0	0	0	0	0	0	0	0	0	0	0	0	0	0	1	0	0	0	0	0	0	0	0
F23	0	0	0	0	0	0	0	0	0	0	0	0	0	0	0	0	0	1	0	0	0	0	0	0	0
F24	0	0	0	0	0	0	0	0	0	0	0	0	0	0	0	0	0	0	1	0	0	0	0	0	0
F25	0	0	0	0	0	0	0	0	0	0	0	0	0	0	0	0	0	0	0	1	0	0	0	0	0
F26	0	0	0	0	0	0	0	0	0	0	0	0	0	0	0	0	0	0	0	0	1	0	0	0	0
F28	0	0	0	0	0	0	0	0	0	0	0	0	0	0	0	0	0	0	0	0	0	1	0	0	0
F29	0	0	0	0	0	0	0	0	0	0	0	0	0	0	0	0	0	0	0	0	0	0	1	0	0
F30	0	0	0	0	0	0	0	0	0	0	0	0	0	0	0	0	0	0	0	0	0	0	0	1	0
F31	0	0	0	0	0	0	0	0	0	0	0	0	0	0	0	0	0	0	0	0	0	0	0	0	1

位于坐标系中第四象限的独立类因素,如图5-9所示。

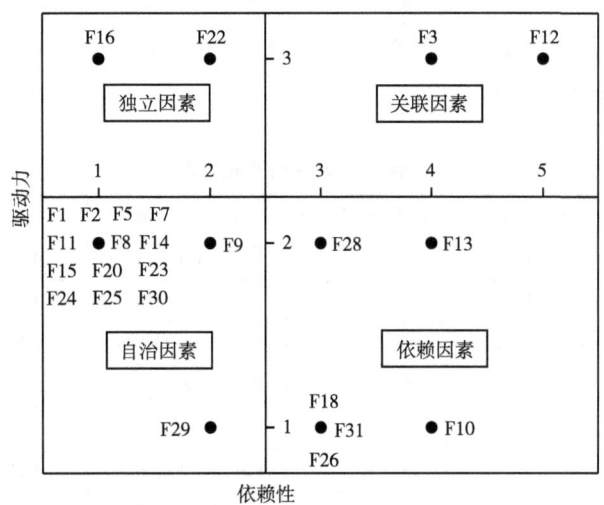

图5-9 驱动力和依赖性因素分类

在四类因素中,自治类因素数量最多,依赖类因素次之,关联类因素和独立类因素数量最少,四类因素数量分布合理,证明了阈值选取的合理性。对此进行简要分析。首先,自治类因素驱动力和依赖性均较低,但结合整体影响矩阵和可达矩阵中的元素数值可知,阈值 λ 的选取有效过滤掉了较弱的或间接的影响作用,只保留了较强和直接的影响作用。自治类因素多为影响我国工程建设标准国际化的间接因素或根源因素,数量最多,因素之间表现出明显的纵向作用传递关系和稳定的驱动力,有利于系统层次更加分明。其次,依赖类因素驱动力较弱,依赖性较强,数量较多,多为影响我国工程建设标准国际化的直接因素,极易受到系统中其他因素的影响作用。最后,关联类因素和独立类因素数量较少,却是系统不可或缺的重要因素,一般位于系统运行的关键路径上。其中关联类因素具有高驱动力和高依赖性,该类因素自身的变化极易对其他因素造成影响,也易受到其他因素的影响,是重要的少数中间传递因素;独立类因素具有高驱动力和低依赖性,该类因素主要对其他因素产生影响,而自身相对稳定,是重要的少数稳定因素。综上所述,四类因素数量分布符合规律,有利于系统结构趋向合理。

(四)多级递阶结构模型构建

根据可达矩阵 E 计算各个因素的可达集 $R(F_i)$(Reachable set)、先行集 $A(F_i)$(Antecedent set)和两个集合的交集 $I(F_i)$(Intersection set),以 $I(F_i) = R(F_i)$ 为原则划分因素层次结构。若某个因素满足 $I(F_i) = R(F_i)$,则该因素为第一层因素,

如表 5-14 所示。在可达矩阵中划去第一层因素所属的行和列，重复计算剩余因素的可达集与先行集，再利用等式进行验证，以此类推，直至得出所有因素的层次。利用 MATLAB 进行集合计算与等式验证，最终构建多级递阶结构模型，25 项因素共划分为六层，如图 5-10 所示。

表 5-14　　　　　　　　　　因素层次划分的迭代过程

因素	可达集 R	先行集 A	交集 I	层次	因素	可达集 R	先行集 A	交集 I	层次
F1	F1 F3	F1	F1		F16	F16 F18 F31	F16	F16	
F2	F2 F9	F2	F2		F18	F18	F13 F16 F18	F18	第一层
F3	F3 F10 F12	F1 F3 F5 F9	F3		F20	F20 F26	F20	F20	
F5	F3 F5	F5	F5		F22	F22 F26 F31	F22 F25	F22	
F7	F7 F12	F7	F7		F23	F23 F28	F23	F23	
F8	F8 F12	F8	F8		F24	F12 F24	F24	F24	
F9	F3 F9	F2 F9	F9		F25	F22 F25	F25	F25	
F10	F10	F3 F10 F11 F12	F10	第一层	F26	F26	F20 F22 F26	F26	第一层
F11	F10 F11	F11	F11		F28	F28 F29	F23 F28 F30	F28	
F12	F10 F12 F13	F3 F7 F8 F12 F24	F12		F29	F29	F28 F29	F29	第一层
F13	F13 F18	F12 F13 F14 F15	F13		F30	F28 F30	F30	F30	
F14	F13 F14	F14	F14		F31	F31	F16 F22 F31	F31	第一层
F15	F13 F15	F15	F15						

根据我国工程建设标准国际化各个因素所在层次，可将第一层因素划为表层直接影响因素，将第二层、第三层因素划为中层间接影响因素，将第四层、第五层、第六层因素划为深层根源影响因素。结合我国工程建设标准国际化的 25 项影响因素的因果传递关系，可将我国工程建设标准国际化影响路径分为四条，分别是：

路径一：中国标准实质性水平影响路径；

路径二：中国企业国际工程市场竞争力影响路径；

路径三：项目所在国综合环境影响路径；

路径四：发达国家标准影响力影响路径。

四、基于 DEMATEL-ISM 的影响路径分析

（一）中国标准实质性水平影响路径

中国标准实质性水平影响路径如图 5-11 所示，包括系统第一层至第六层共 11 项因素，包含全部的 8 项深层因素，表明提升我国标准实质性水平、增强我国标准

第五章 我国工程建设标准国际化影响机理研究

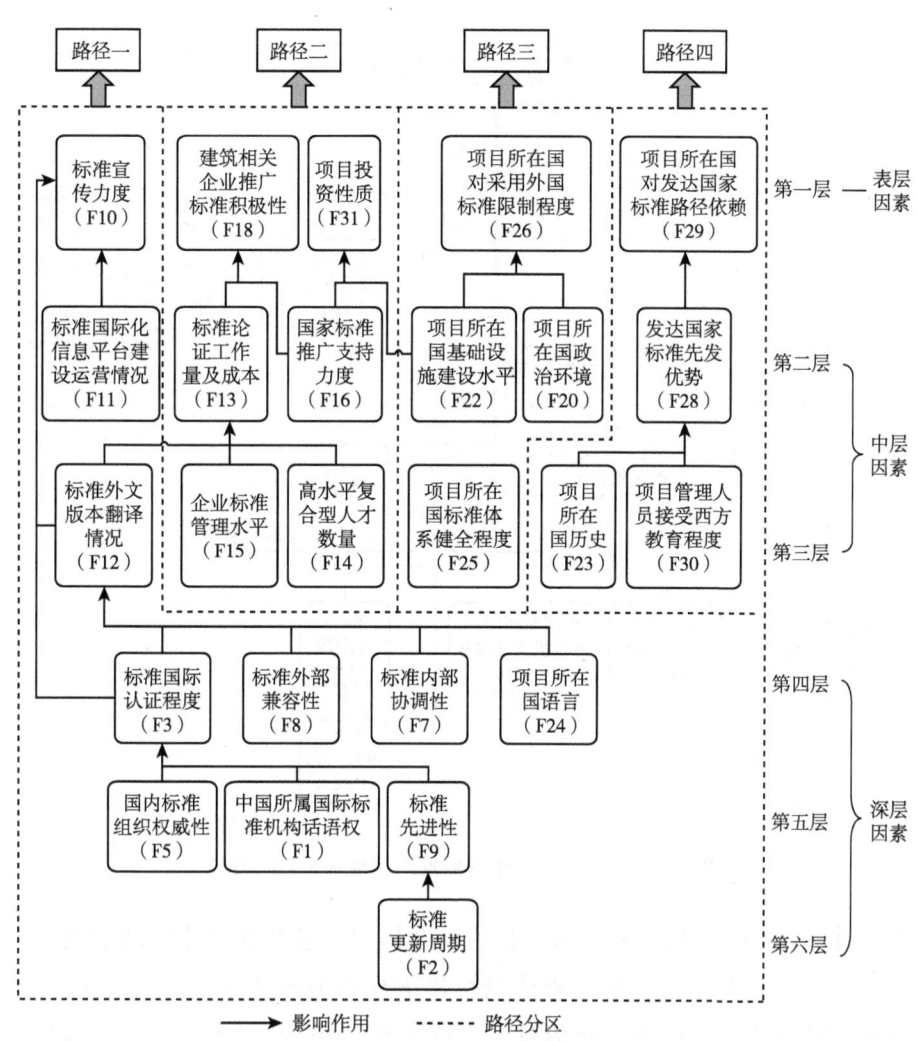

图 5-10 多级递阶结构模型

竞争力是推动我国标准国际化的根本动力。根据因素作用传递，中国标准实质性水平影响路径可从以下三个部分进行分析。

第一，以科学技术为支撑的标准先进性提升路径；

第二，以标准机构和组织为推力的标准国际交流路径；

第三，以版本翻译和标准信息平台为媒介的标准宣传路径。

1. 以科学技术为支撑的标准先进性提升路径

该部分共包括 2 项因素，其中，"标准先进性（F9）"是反映标准实质性水平的重要因素，而缩短"标准更新周期（F2）"，及时更新、补充和修订标准是保证标准先进性的重要方式，具体分析如下：

"标准更新周期（F2）"和"标准先进性（F9）"均属于自治类因素，均只对

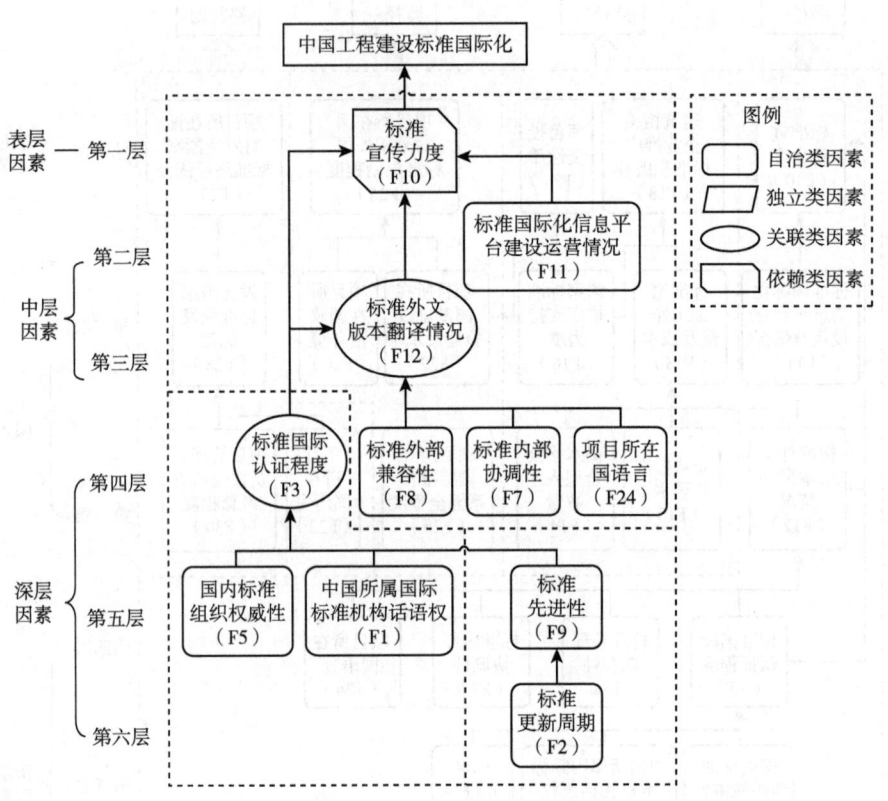

图 5-11　路径一：中国标准实质性水平影响路径

上层某一项因素产生影响，表现出明显的纵向作用传递关系和稳定的驱动力。随着社会发展和技术进步，目前的工程建设标准无法再有效地满足项目建设的综合要求，因此工程建设标准亟须与时俱进。"标准更新周期（F2）"一般不超过 5 年，由标准制定部门根据科学技术发展和经济建设需要适时进行复审，对及时更新标准和吸收新技术意义重大，因此标准制定部门选择合适的复审时机非常重要。此外，"标准先进性（F9）"与科技密不可分，先进的科学技术是提高我国工程建设标准竞争力、推动我国工程建设标准国际化的深层关键因素，该项因素一旦发生变化，对其上层因素的影响是比较直接和快速的。因此，要着力使该因素得到改善，从而对中层因素、表层因素乃至最终目标发挥积极的推动作用。一方面，要继续推动倡导行业采用"五新"技术即新技术、新工艺、新设备、新材料、新产品，推动行业标准不断更新完善；另一方面，应加大对科技研发的政策支持与金融支持力度，使我国建筑技术、施工工艺和产品设备材料质量达到国际先进水平，以高科技、高质量助力我国工程建设标准不断完善发展。

2. 以标准机构和组织为推力的标准国际交流路径

该部分共包括 3 项因素,其中"中国所属国际标准机构话语权(F1)"在一定程度上反映了我国标准的国际认可程度,"国内标准组织权威性(F5)"对开展标准对接合作具有重要影响,两者均对"标准国际认证程度(F3)"具有积极作用,具体分析如下:

目前在国际标准化组织中的 750 多个技术机构中,中国所属机构只有 79 个。因此"中国所属国际标准机构话语权(F1)"较弱,侧面反映了我国制定的标准多数尚未达到国际先进水平或尚未获得国际市场认可。此外,我国工程建设标准主要以政府部门制定为主,"国内标准组织权威性(F5)"较差,无法与国外的民间标准化组织进行平等地对接交流,不利于我国宣传推广标准,也不利于我国标准充分吸收国际先进经验。"中国所属国际标准机构话语权(F1)"和"国内标准组织权威性(F5)"均属于自治类因素,两者均相对稳定;"标准国际认证程度(F3)"处于深层因素的最高层,既对中层因素和表层因素有影响,又随深层因素的变化而变化,符合关联类因素高驱动型、高依赖性的特征,是需要重点关注的因素。因此,要逐步综合提升我国标准先进性,提高我国在国际标准化组织中的话语权,同时要引导国内标准组织深入参与工程建设标准制定和推广,帮助其与国际组织顺利对接沟通,提高"标准国际认证程度(F3)"。

3. 以版本翻译和标准信息平台为媒介的标准宣传路径

该部分共包括 6 项因素,其中"标准外部兼容性(F8)""标准内部协调性(F7)"和"项目所在国语言(F24)"共同影响"标准外文版本翻译情况(F12)",而"标准外文版本翻译情况(F12)"和"标准国际化信息平台建设运营情况(F11)"是影响"标准宣传力度(F10)"的重要因素,具体分析如下:

在标准兼容性方面,我国标准引用国际标准或区域标准较少,"标准外部兼容性(F8)"有待提高,应充分借鉴国际先进标准,经论证后可直接引用成为我国标准条文并加以应用,节省标准制定成本,提高标准兼容性。在标准协调性方面,一方面,我国实施强制性标准和推荐性标准相结合的体制,部分技术法规直接引用标准,容易导致三者的关系、层级不明确;另一方面,我国标准多是由各个行业主管部门及其所属的大型企事业单位、科研院所编制,各行业均将本行业的标准规范制定得比较详尽,但行业之间没有沟通交流,使得"标准内部协调性(F7)"得不到保障。"标准外部兼容性(F8)"和"标准内部协调性(F7)"属于自治类因素,长期内比较稳定,需要逐步探索和完善相应体制机制,从而提高标准兼容性和协调性,进一步有利于开展标准外文版本的翻译工作,提升翻译质量,对"标准外文版本翻译情况（F12）"起到积极的促进作用。此外，"项目所在国语言（F24）"也对"标准外文版本翻译情况（F12）"具有一定影响，当"项目所在国语言（F24）"为非通用语言或少数民族语言时，掌握相应语言又了解工程建设标准的专业人才十分有限，标准翻译工作的推进较为困难。

海外国家业主方对我国工程建设标准的了解程度和评价优劣主要来源于我国对于标准的主动推广，将我国标准翻译为多语言版本并利用平台发布是国际组织和东道国业主了解并认可我国标准的重要宣传途径。"标准宣传力度（F10）"作为表层因素，对我国工程建设标准国际化进程具有直接促进作用，是典型的依赖型因素。"标准外文版本翻译情况（F12）"主要受到"标准外部兼容性（F8）""标准内部协调性（F7）"和"项目所在国语言（F24）"的综合影响，又主要对我国标准的宣传推广发挥积极作用，符合高驱动力、高依赖性的关联类因素特征。"标准国际化信息平台建设运营情况（F11）"属于自治类因素，在一定程度上影响着标准宣传力度，建立权威的多语言版本标准平台，及时公布标准更新情况、分享先进技术经验等，是使我国标准能够及时、准确和有效地传播给海外标准用户的重要宣传渠道。

（二）中国企业国际工程市场竞争力影响路径

中国企业市场国际工程市场竞争力影响路径如图 5-12 所示，共包括 6 项因素，全部为表层和中层因素，表明企业是项目建设的主体，依托企业建设品牌项目推动我国标准是我国标准走向国际市场的直接重要途径，可分为以下两个部分进行分析。

第一，以对外投资为手段的标准推广路径；

第二，以全过程工程咨询为思路的市场业务拓展路径。

1. 以对外投资为手段的标准推广路径

该部分共包括 2 项因素，即"项目投资性质（F31）"和"国家标准推广支持力度（F16）"，具体分析如下：

项目投资性质主要包括中国政府援建、中国优惠贷款、中方企业投资或参与投资、当地政府或企业投资四种。"项目投资性质（F31）"属于表层自治类因素，驱动力和依赖性均低，只对最终目标产生影响，是项目采纳何种标准的最直接因素。"国家标准推广支持力度（F16）"属于中层独立类因素，驱动力较强，通常情况下，在中国政府援建、中国优惠贷款和中方企业投资或参与投资的项目中，可以通过事先在合同中明确约定、利用资金优势谈判协商等方式争取项目采用中国标准；

第五章 我国工程建设标准国际化影响机理研究

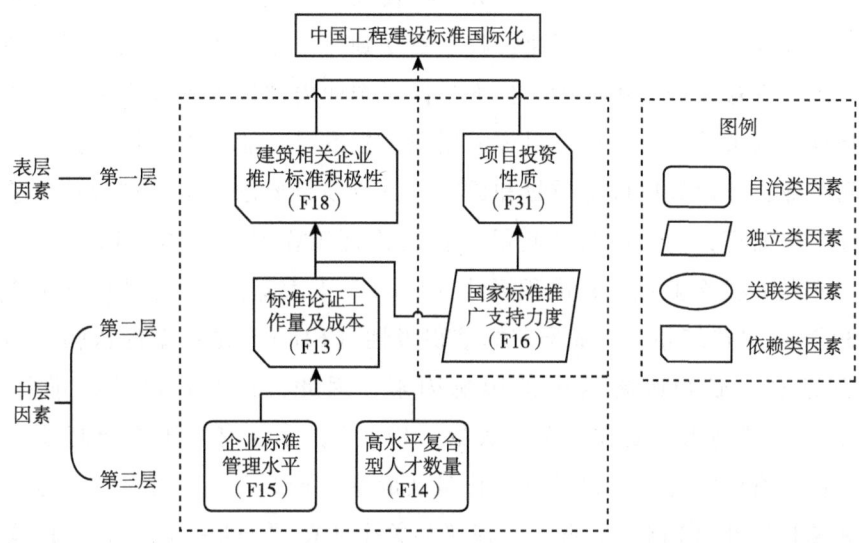

图 5-12 路径二：中国企业国际工程市场竞争力影响路径

而在当地政府或当地企业筹资建设的项目中，标准选择多根据业主方要求，并结合所在国家自身标准体系情况和设计公司、咨询公司的建议等综合决定，采用中国标准的可能性较小。因此，应发挥我国资金优势，加大对外投资力度，明确约定项目采用中国标准。

2. 以全过程工程咨询为思路的市场业务拓展路径

该部分共包括4项因素，"建筑相关企业推广标准积极性（F18）"是影响我国标准推广的表层直接因素，而建筑相关企业取得工程项目是应用我国标准的首要前提。当前建筑业正在从传统的施工建设模式向全过程工程咨询模式转型，发展全过程工程咨询，有利于增强工程建设各阶段内在联系，增强整体把控能力，减少管理成本，增强企业的综合竞争力。在此过程中，要以中国工程建设标准为核心，逐步提高"标准管理水平（F15）"和增加"高水平复合型人才数量（F14）"，从而降低"标准论证工作量及成本（F13）"，努力实现工程建设标准与工程建设项目的深度结合，为业主提供完整的建筑服务和标准服务。具体分析如下：

"标准管理水平（F15）"和"高水平复合型人才数量（F14）"均属于中层自治类因素，对"标准论证工作量及成本（F13）"具有直接作用，从而对"建筑相关企业推广标准积极性（F18）"产生影响。"标准管理水平（F15）"一方面与企业性质有关；另一方面企业规范化管理标准需要成立专门的标准管理机构及配置专业的标准研究人员，与企业人才质量和数量有关。人才是企业发展的基础，加大对企业高水平复合型人才的培养，增加"高水平复合型人才数量（F14）"是提高企业竞争力的重要基础。一般来说，业务规模较大、管理体系完善、优秀人才储备丰富的公司，在推动我国标准国际化过程中更受到业主方的青睐，在合同谈判阶段更能增强我国标准被选用的可能性。标准论证对企业内部标准管理水平和标准管理人才素质是极大的考验，当工程项目拟采用我国标准时，业主方或第三方监理通常会要求我国企业进行论证以确保质量和成本等符合项目要求，但开展现场试验、标准对比翻译、与监理方沟通协商等使得"标准论证工作量及成本（F13）"极高，从而使得"建筑相关企业推广标准积极性（F18）"大大降低。"标准论证工作量及成本（F13）"和"建筑相关企业推广标准积极性（F18）"是典型的依赖性因素，要使其得到改善，必须改善其下的影响因素。因此，只有提高"标准管理水平（F15）"、增加"高水平复合型人才数量（F14）"，才能有利于企业高效地开展标准论证工作，有效降低"标准论证工作量及成本（F13）"，从而提高"建筑相关企业推广标准积极性（F18）"。此外，建筑相关企业在"一带一路"倡议的支持下走出国门，面对充满挑战的海外市场，企业的生存和竞争压力加剧，推广标准积极性较低。"国家标准推广支持力度（F16）"作为驱动力较强的独立类因素，除国家层面的标准推广战略外，对于企业推广我国标准的政策支持和财税优惠等，在一定程度上能够保障企业的生存发展，有利于提高"建筑相关企业推广标准积极性（F18）"。目前来看，整合工程建设全产业链资源来发展全过程工程咨询、提高企业综合竞争力是我国扩展海外市场业务、推广我国工程建设标准的重要途径。

（三）项目所在国综合环境影响路径

项目所在国综合环境影响路径如图5-13所示，共包括4项因素，即"项目所在国标准体系健全程度（F25）""项目所在国基础设施建设水平（F22）""项目所在国政治环境（F20）"和"项目所在国对采用外国标准限制程度（F26）"，全部为表层和中层因素，表明项目所在国综合环境对我国工程建设标准应用具有直接影响，可分为以下两个部分进行分析。

第一，以协助完善项目所在国标准体系为途径的标准推介路径；

第二，以营造良好政治环境为前提的标准互认路径。

1. 以协助完善项目所在国标准体系为途径的标准推介路径

该部分共包括3项因素，其中"项目所在国标准体系健全程度（F25）"在一定程度上会影响"项目所在国基础设施建设水平（F22）"，从而影响"项目所在国对采用外国标准限制程度（F26）"，具体分析如下：

基础设施作为经济社会发展基础，"项目所在国基础设施建设水平（F22）"主要受到基础设施建设标准体系健全程度的影响。"项目所在国标准体系健全程度

第五章 我国工程建设标准国际化影响机理研究

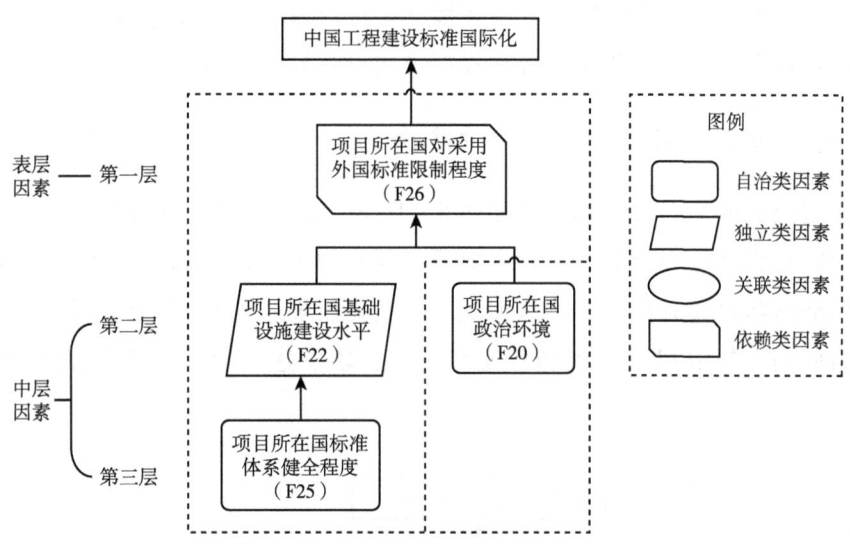

图 5-13 路径三：项目所在国综合环境影响路径

（F25）"属于自治类因素，通常只与东道国的发展有关，但其健全程度对我国推广工程建设标准的策略选择具有重要影响，主要通过直接对"项目所在国基础设施建设水平（F22）"和间接对"项目所在国对采用外国标准限制程度（F26）"起促进作用而对最终目标产生负向影响，即工程技术体系越健全，社会发展程度越高。一方面使得东道国基础设施建设越完善，导致我国承包企业的市场份额和开发潜力相对较小；另一方面东道国标准越有可能符合项目的建设要求，业主方就越倾向于采纳本国标准，从而不利于推广我国标准。由于工程建设法规与相关制度是我国企业在东道国合规建设、合规运营的基础，在此前提下，项目选用何种标准在很大程度上取决于"项目所在国对采用外国标准限制程度（F26）"。因此，在标准体系较不健全和无明确限制采用外国标准的国家，我国企业可以通过对口援助、开展合作等方式向其推荐我国标准，帮助其完善技术体系，抓住机会进一步拓展工程业务并通过协商推动业主方采纳我国标准。

2. 以营造良好政治环境为前提的标准互认路径

该部分共包括1项因素，即"项目所在国政治环境（F20）"，具体分析如下：

"项目所在国政治环境（F20）"属于自治类因素，由于政治环境是项目的宏观背景，基本不受到其他因素影响，主要包括国家之间的政治关系、各国政府对于建筑行业实施的针对具体或某类国家或标准的促进性或抑制性的方针政策等。"项目所在国政治环境（F20）"对推广我国工程建设标准具有直接重要影响，同时也可通过"项目所在国对采用外国标准限制程度（F26）"来反映政治环境的宏观影响作用。因此,要积极营造良好的政治环境,促进形成合作共赢的政策文件,为开展国际标准互认合作、推广我国工程建设标准建设良好的政治基础。

(四) 发达国家标准影响力影响路径

发达国家标准影响力影响路径如图 5-14 所示,发达国家标准国际影响力对我国标准国际化影响较为简单直接,主要通过与我国工程建设标准相竞争而对我国工程建设标准国际化具有负向影响。因此,我们要以规避发达国家标准的先发优势抑制作用为原则,制定相应的市场开发战略,主攻发达国家尚未涉及或涉及较少的市场。

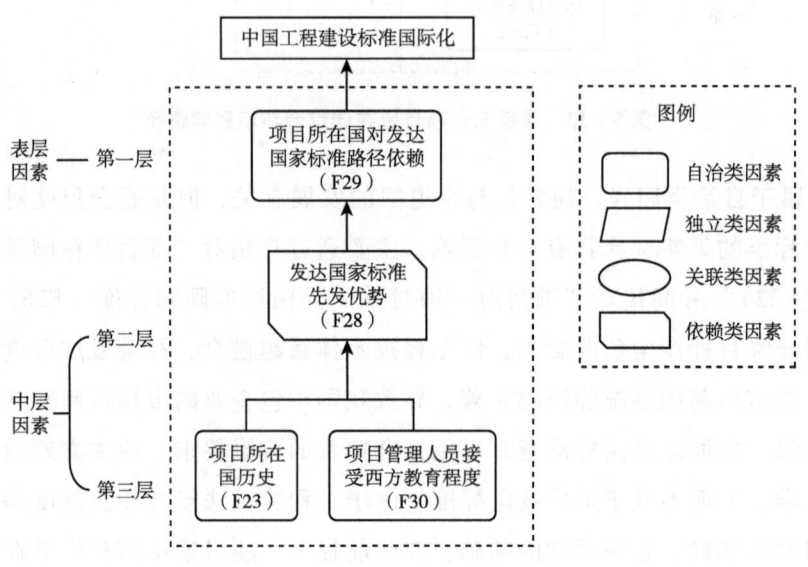

图 5-14 路径四:发达国家标准国际影响力

该部分共包括4项因素,其中"项目所在国历史(F23)"和"项目管理人员接受西方教育程度(F30)"是影响"发达国家标准先发优势(F28)"和"项目所在国对发达国家标准路径依赖(F29)"的重要因素,具体分析如下:

"发达国家标准先发优势(F28)"指发达国家在早期对拉美国家进行大量基础建设投资以占据市场、在全球开设办事处、举办各类研讨培训活动、组织宣传本国标准、推介本国标准和认证服务等使得美标、欧标等成为项目所在国业主方优先选择的工程建设标准。"发达国家标准先发优势(F28)"属于中层依赖类因素,依赖性较强,主要表现在"项目所在国历史(F23)"原因如殖民历史等是早期积累"发达国家标准先发优势(F28)"的重要方式,而"项目管理人员接受西方教育程度(F30)"是目前巩固"发达国家标准先发优势(F28)"的重要手段。"项目所在国对发达国家标准路径依赖（F29）"得益于欧美等发达国家的全过程咨询业务起步较早，发展迅速，在亚非拉地区工程设计、咨询、监理市场中占有相当大的份额，长此以往，项目所在国业主方习惯性采纳发达国家标准。因此，在开拓海外市场业务时，我们要主攻发达国家尚未涉及或涉及较少的市场，以规避发达国家的先发优势抑制作用。

五、基于 DEMATEL–ISM 的关键因素因果关系传递分析

（一）关键因素确定

利用综合影响矩阵 C 计算各个因素的影响度、被影响度、中心度和原因度。其中，影响度表示某因素对其他因素的直接和间接影响作用之和，用综合影响矩阵 C 的各行之和表示。被影响度表示某因素受到其他因素的直接和间接影响作用之和，用综合影响矩阵 C 的各列之和表示。当 i=j 时，影响度与被影响度之和表示该因素在系统中所施加和受到的影响之和，即中心度。影响度与被影响度之差表示该因素在系统中施加或受到的净影响，即原因度。当原因度大于 0 时，表明该因素在系统内对其他因素具有影响作用，称为原因要素；当原因度小于 0 时，表明该因素在系统内受到其他因素影响作用，称为结果因素。计算结果保留 4 位小数，并根据中心度大小进行排序，结果如表 5–15 所示。

表 5–15　　　　　影响度、被影响度、原因度及中心度

代号	因素	影响度	被影响度	原因度	因素属性	中心度	中心度排名	关键因素
F12	标准外文版本翻译情况	0.6186	1.2196	-0.6010	结果因素	1.8383	1	是
F3	标准国际认证程度	0.7907	0.8785	-0.0878	结果因素	1.6692	2	是
F10	标准宣传力度	0	1.6038	-1.6038	结果因素	1.6038	3	是
F13	标准论证工作量及成本	0.2829	1.2828	-0.9999	结果因素	1.5657	4	是
F18	建筑相关企业推广标准积极性	0	1.0736	-1.0736	结果因素	1.0736	5	是
F9	标准先进性	0.5419	0.3158	0.2261	原因因素	0.8577	6	是
F28	发达国家标准先发优势	0.2697	0.5329	-0.2632	结果因素	0.8026	7	否
F22	项目所在国基础设施建设水平	0.5329	0.2571	0.2758	原因因素	0.7900	8	否
F25	项目所在国标准体系健全程度	0.6065	0.0855	0.5209	原因因素	0.6920	9	否
F16	国家标准推广支持力度	0.6144	0	0.6144	原因因素	0.6144	10	否
F31	项目投资性质	0	0.5444	-0.5444	结果因素	0.5444	11	否
F26	项目所在国对采用外国标准限制程度	0	0.5395	-0.5395	结果因素	0.5395	12	否

续表

代号	因素	影响度	被影响度	原因度	因素属性	中心度	中心度排名	关键因素
F5	国内标准组织权威性	0.5223	0	0.5223	原因因素	0.5223	13	否
F23	项目所在国历史	0.4882	0	0.4882	原因因素	0.4882	14	否
F1	中国所属国际标准机构话语权	0.4595	0	0.4595	原因因素	0.4595	15	否
F7	标准内部协调性	0.4366	0	0.4366	原因因素	0.4366	16	否
F29	项目所在国对发达国家标准路径依赖	0	0.4135	−0.4135	结果因素	0.4135	17	否
F24	项目所在国语言	0.4047	0	0.4047	原因因素	0.4047	18	否
F8	标准外部兼容性	0.3727	0	0.3727	原因因素	0.3727	19	否
F2	标准更新周期	0.3652	0	0.3652	原因因素	0.3652	20	否
F30	项目管理人员接受西方教育程度	0.3258	0	0.3258	原因因素	0.3258	21	否
F14	高水平复合型人才数量	0.3123	0	0.3123	原因因素	0.3123	22	否
F15	企业标准管理水平	0.2954	0	0.2954	原因因素	0.2954	23	否
F11	标准国际化信息平台建设运营情况	0.2566	0	0.2566	原因因素	0.2566	24	否
F20	项目所在国政治环境	0.2500	0	0.2500	原因因素	0.2500	25	否

中心度表示各因素在系统中对其他因素所施加的影响和自身受到的来自其他因素的影响之和，用来衡量各因素在系统中的重要性及发挥的作用大小。以中心度为基础，确定关键因素及关键影响路径。根据中心度排序，将因素逐一在我国工程建设标准国际化影响因素多级递阶结构模型上进行标识，直至被标识的因素连接形成通路为止，被标识的因素即为我国工程建设标准国际化的关键影响因素，形成的通路即为我国工程建设标准国际化的关键影响路径。通过对因素进行顺次逐一标识，共确定关键影响因素6项，关键影响路径2条，如图5-15所示。6项关键影响因素依次是"标准外文版本翻译情况（F12）""标准国际认证程度（F3）""标准宣传力度（F10）""标准论证工作量及成本（F13）""建筑相关企业推广标准积极性（F18）"和"标准先进性（F9）"，其中5项为结果因素，1项为原因因素，分别涉及中国标准实质性水平影响路径和中国企业国际工程市场竞争力影响路径，结合各个关键影响因素的中心度和原因度对关键影响因素进行因果关系传递分析。

（二）关键因素因果关系传递分析

我国工程建设标准国际化的关键影响路径共分为2条，分别为以相关部门为主体、行业组织为辅助的标准宣传路径和以建筑企业为主体、工程项目为载体的标准推广路径。具体分析如下：

如表5-15所示，"标准宣传力度（F10）"和"建筑相关企业推广标准积极性

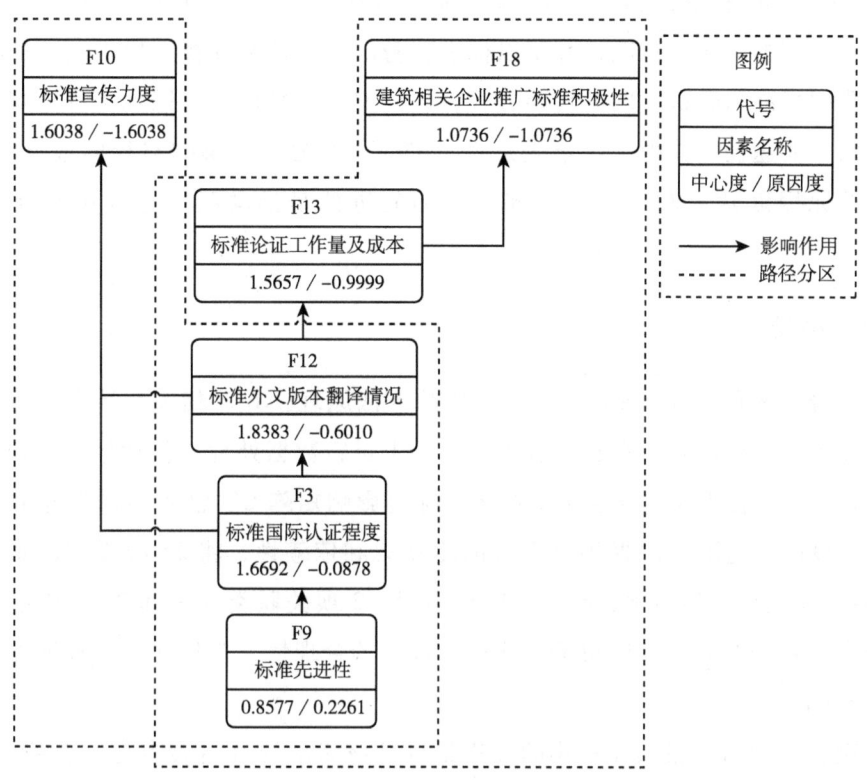

图 5-15 关键影响路径

(F18)"的影响度均为0,表明两项因素在系统中只受到其他因素的影响,而不会对其他因素产生影响作用;原因度分别为 -1.6038 和 -1.0736,分别排在 6 项关键因素原因度绝对值的第一位和第二位,表明两项因素在系统中受到的其他因素的影响之和是 6 项关键因素中最大和次大的,是典型的结果因素;如图 5-15 所示,两项因素均位于多级递阶结构模型的最表层,综上分析,"标准宣传力度(F10)"和"建筑相关企业推广标准积极性(F18)"可分别作为两条关键影响路径的终点因素。以"标准宣传力度(F10)"为终点因素的关键路径体现了宏观层面上的标准宣传,即以相关部门为主体、行业组织为辅助的标准宣传路径;以"建筑相关企业推广标准积极性(F18)"为终点因素的关键路径则体现了微观层面上的标准推广,即以建筑企业为主体、工程项目为载体的标准推广路径。结合关键影响路径图进一步分析可知,"标准论证工作量及成本(F13)"只存在于以建筑企业为主体、工程项目为载体的标准推广路径中,是影响企业推广标准积极性的重要因素,原因度为 -0.9999,排在 6 项关键因素原因度绝对值的第三位,主要受到"标准外文版本翻译情况(F12)"的影响。而"标准外文版本翻译情况(F12)""标准国际认证程度

（F3）"和"标准先进性（F9）"3项因素同时存在于两条关键影响路径中，表明无论是以何种方式推广我国标准，都要以标准自身的先进性为支撑，以申请国际认证作为提升我国标准国际认可度的重要方式，以外文版本翻译作为国际工程市场了解我国标准的主要途径，其中"标准先进性（F9）"作为关键影响路径的最深层因素，是典型的原因因素，因此提高标准自身的先进性是推动我国标准国际化的根本动力。

六、小结

本部分首先阐述了 DEMATEL–ISM 的方法原理，并对相关领域专家进行影响因素相互关系问卷调查，在数据收集的基础上进行数据处理，包括计算得出平均直接影响矩阵 A、标准化直接影响矩阵 B、综合影响矩阵 C、整体影响矩阵 D 和可达矩阵 E。根据可达矩阵计算各个因素的驱动力和依赖性，将 25 项影响因素分为四类，包括 15 项自治类因素、6 项依赖类因素、2 项关联类因素和 2 项独立类因素，四类因素数量分布合理，反映了可达矩阵计算的合理性，为构建多级递阶结构模型奠定了基础。

其次，以"可达集与先行集的交集是否是该因素的可达集本身"为判断原则，得出各个因素所处的系统层次，构建多层递阶结构模型。将中国工程建设标准国际化影响系统划分为四条影响路径，包括中国标准实质性水平影响路径、中国企业国际工程市场竞争力影响路径、项目所在国综合环境影响路径和发达国家标准影响力影响路径。基于四条路径，分为八个部分进行深入分析并得出推动我国标准国际化的相关做法：第一，以科学技术为支撑，提高标准先进性；第二，以标准机构和组织为推力，加强标准国际交流；第三，以版本翻译和标准信息平台为媒介，增强标准宣传力度；第四，以对外投资为手段，明确约定项目采用中国标准；第五，以全过程工程咨询为思路，开拓国际工程市场业务；第六，以协助完善项目所在国标准体系为途径，推介中国标准；第七，以营造良好政治环境为前提，开展标准互认合作；第八，以规避发达国家标准先发优势抑制作用为原则，主攻发达国家尚未涉及或涉及较少的市场。

最后，计算各个因素的影响度、被影响度、中心度和原因度。根据中心度排序确定了 6 项关键影响因素和 2 条关键影响路径，分别为以相关部门为主体、行业组织为辅助的标准宣传路径和以建筑企业为主体、工程项目为载体的标准推广路径，研究表明，无论是以何种方式推广我国标准，提高标准自身先进性都是推动我国标准国际化的根本动力。

第五节 我国工程建设标准国际化的对策及建议

随着"一带一路"倡议的不断推进以及我国国际政治经济地位的不断提升,我国将不断加强与世界各国尤其"一带一路"共建国家的合作,未来我国的城乡规划标准在国际上的应用将拥有巨大的潜力和市场。结合前面的分析,针对标准国际化提出六个方面的对策建议。

一、加强针对性,根据东道国发展阶段分类推动标准输出

"一带一路"共建国家的经济水平不同,工业化、城市化阶段也各不相同,各国现行城乡规划标准体系的差异较大,我国的城乡规划标准国际化无须实现对"一带一路"全部共建国家现行标准的完全替代,而应理性地进行推广,并针对不同类型的国家制定不同的标准推广策略。根据调研结果,东欧、西亚、东南亚等经济发达、标准成熟国家对中国标准的认可度、接受度往往不高,而人均GDP2000美元至3000美元、工业化刚起步的国家中国标准的接受度较高,一些合作和援建项目中甚至会直接采用中国标准,此类国家应成为下一阶段我国城乡规划标准国际化推广的重点对象。

根据城乡规划部门和城乡规划标准体系的发展水平不同,本节将东道国分为三类,分别制定不同的标准推广策略,以期提升我国城市规划标准的适用性。

(一)针对城乡规划部门、标准体系欠缺的东道国

越南、尼泊尔以及非洲的肯尼亚、尼日利亚等欠发达国家尚未形成完善的规划管理体系和制度,缺乏标准制定和管理部门,未构建起完善的标准体系。我国企业在此类国家开展的合作和援建项目中,应积极推动我国标准的应用,将中国标准作为先进经验进行推广。在推动标准直接应用的同时,可积极帮助此类东道国建立适应本国发展阶段和发展需求的城乡规划管理体系和城乡规划标准体系,并协助东道国培养规划师、设计师团队。具体的协助方式有多重类型,如图5-16所示。

(1)专家援建式。

通过派遣城乡规划标准领域的专家,包括顶层设计专家、具有一线项目经验的专家等,与所在国共同建立城乡规划标准制定委员会,共同制定符合地方特色并可与我国标准衔接的城乡规划标准体系。

(2) 项目带动式。

通过先进的项目建设和富有经验的中方建设者的帮带，树立典型，通过具体项目运作从而帮助其实现从宏观层面到中观层面再到微观层面的标准使用经验，参照中国标准，建立完整规划标准体系。

(3) 地方人才培养。

通过对所在国家的留学生，相关政府工作人员及从业者的专业培训，使其具备城乡规划的知识储备及项目经验，从而自主完成城乡规划标准体系构建。

(4) 顾问式参与。

对于一些城乡规划标准还未建立的国家，由于某些历史原因及政治原因，其城乡规划标准体系倾向于采用英属标准，可派遣相关人员成为他国城乡规划顾问，对当地标准与中国标准进行建议，从而增强标准的可实施性。

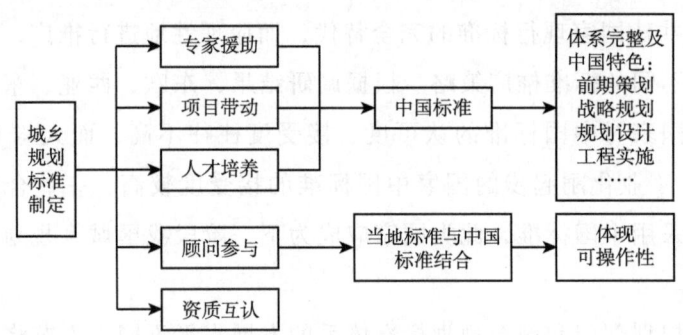

图 5-16 协助方式

此外，考虑到此类东道国往往存在同时应用多种标准的情况，应加强我国标准与欧美等标准的对比研究，并积极建立我国标准与东道国现行其他标准的冲突协商机制，以便在具体的规划设计和工程建设项目中能及时有效地预判可能出现的标准冲突问题，并在发生标准冲突的情况下能够快速形成标准协商结果。

(二) 针对拥有规划部门、未有完整城乡规划标准的东道国

马尔代夫、阿富汗、不丹等一些国家，本身拥有城乡规划编制相关部门，但是尚未建立起完整的城乡规划标准体系。这类东道国在城乡规划管理方面具有一定独特性，如马尔代夫等国受到地理条件的限制，目前主要采用旅游管理的方式进行城乡规划的管理。

在此类东道国直接推广我国的城乡规划标准往往具有一定难度，可以采用帮助其建立城乡规划标准体系制定委员会的方式进行协助。一方面适应东道国城乡规划

管理部门职能的独特之处,推进委员会在职能方面与原有城乡规划相关部门进行衔接;另一方面,积极协助东道国建立参照我国的城乡规划标准的完善的城乡规划标准体系。

(三) 针对经济发达、已有完整规划部门和规划技术标准体系的东道国

"一带一路"共建中东欧、西亚、东南亚等发展阶段较高、经济实力较强的国家对国际标准、欧美标准等外来标准的接受度较高,对中国标准往往持不信任的态度。特别是一些原英属殖民地国家广泛采用英系城乡规划标准体系,中东欧地区对欧盟标准的执行力度强势,英美标准、欧盟标准和技术规范占据垄断地位,我国城乡规划标准难以进入。

中国企业在此类东道国开展城乡规划编制工作,首先应该对国际标准、英美标准、欧盟标准和技术规范有充分了解,针对具体的项目和领域,积极开展谈判和协商,必要时可考虑采用当地标准。

同时,可积极推动与此类东道国的规划师资质互认机制建立。以全国城市规划执业制度管理委员会为主体,与相关国家签订规划师资格互认协议,从机制上帮助我国规划师快速融入相关国家的项目建设中,如表5-16所示。

表5-16　　　　加强针对性,分类别推动技术标准输出

	国家	推广方式
城乡规划部门、规划标准均欠缺	越南、尼泊尔以及非洲的肯尼亚、尼日利亚	参照中国标准建立完整规划体系及标准体系
拥有规划部门,未有直接相关城乡规划标准	马尔代夫、阿富汗、不丹等	通过派遣专家、项目带动等方式,按照中国标准建立完整规划体系及标准体系
拥有规划部门,拥有完整规划标准体系	中东欧:立陶宛、爱沙尼亚、匈牙利、罗马尼亚 南欧:希腊 西亚:以色列 东南亚:泰国 中亚:哈萨克斯坦 南亚:斯里兰卡、巴基斯坦	通过谈判或协商,形成通用的国际标准体系 对于某些采用英美标准、欧盟标准且标准执行力度强大的国家,考虑可采用当地标准

二、加强适应性,破解语言、技术瓶颈,积极对接国际标准

(一) 加快语言、度量制等标准转化系统开发

推动我国城乡规划技术标准国际化的第一步应该是打开自己的大门,以更主动

的方式将中国标准推送至国际平台,加强对我国规划设计行业和城乡规划标准的推广和宣传。然而目前我国城乡规划建设方面的主要技术规范、法规尚无准确专业、采用国际通用语言翻译的版本,这已经成为外方了解中国城乡规划建设的最直接障碍。在具体的规划设计工作当中,语言不通、度量衡制度缺少有效衔接措施更是直接影响项目进度。

因此,建议以英语、"一带一路"共建国家当地语言翻译中国城乡规划标准,在国家驻外政府网站上公开,中国城乡规划的相关实践及具体案例也可根据共建国家情况有针对性地进行双语公开展示,提高中国城乡规划标准对"一带一路"共建国家的可参考性,迈出标准走出国门的第一步。

(二) 支持规划设计软件兼容性开发

设计软件的开发与不同国家的设计手法、工作方式、管理要求相关。一方面,积极加强语言、度量衡制度转换的技术模块和软件的开发;另一方面,增强国内主流设计软件与"一带一路"共建国家惯用设计软件之间的兼容性,从技术上解决城乡规划标准迈出国门的障碍(见图5-17)。

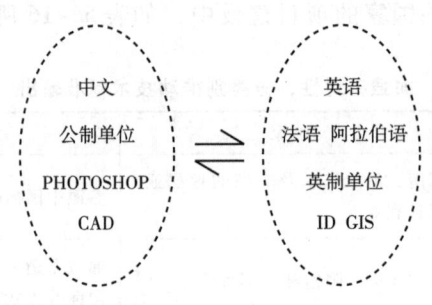

图 5-17 对接因素

(三) 加强基本术语的对接研究

加强对中国与不同东道国之间的城乡规划术语的对接研究,以基础术语的对接支撑城乡规划标准的对接,服务于我国城乡规划设计服务的推广,消除规划设计中可能产生的误会与误差。

三、适应当地的政治局势、宗教信仰、历史文化和生活习俗

(一) 适应当地的政治局势和规划管理模式

我国的城乡规划标准和服务在输出时应积极了解当地政治环境、法律环境和经

济环境。尽量在政治环境稳定的区域选择投资合作项目，遵守当地法律，积极利用当地优惠政策，在当地支持的经济领域内展开合作。而对于政治环境复杂、政治局势动荡的东道国，则应积极识别潜在的风险，以安全为先，避免涉及当地冲突，甚至可以回避此类国家的规划建设项目。

针对某些在规划领域没有强制性标准，在项目中采取注册规划顾问制的东道国，则应积极加强与规划顾问的协商，尽量争取我国城乡规划标准的应用。

（二）兼顾当地宗教信仰、历史文化、生活习惯

文化宗教信仰对于城市生活的影响较大。"一带一路"共建国家和地区的社会结构相对复杂，信仰、种族较多，在"一带一路"共建国家推广我国的城乡规划标准必须充分了解当地的宗教信仰、历史文化，尊重当地的习惯，遵守交往礼仪、避免风俗禁忌。除了在具体的规划设计项目中了解当地居民的精神需求，并在规划设计中予以满足之外，中国企业在国外服务时也应注意努力实现与当地员工的和谐共处，实现与当地社会、文化、法治的良性融合（见图5-18）。

图5-18 宗教信仰

"一带一路"共建国家的交通出行模式和行为习惯差异较大，对中国标准的适用性也有影响。我国标准在此类东道国的应用中应注重加强对居民生活习惯的研究，积极修正交通、道路、景观、服务设施等方面的规划标准，以增强规划的针对性和适应性。

四、加强政企合作，提升标准输出的主动性

城乡规划标准在"一带一路"共建国家的推广不仅是几个咨询服务单位或工程承包商"走出去"那么容易，而需要政府、重点企业、行业协会、中介机构、专业技术人员等多方面主体的共同努力，不断规范国家标准、行业标准、企业标准，推动标准的互相协商和融合，加强服务和标准输出的主动性。

（一）对政府推动中国城乡规划标准国际化工作的有关建议

第一，加强政府层面的经济合作力度，推动地方政府积极主办中国与"一带一路"共建国家企业合作论坛、商贸博览会等活动，建设中国与"一带一路"共建国家经贸合作的重要平台，以中外经贸合作项目、规划项目为载体推动中国城乡规划标准"走出去"。例如，在推动中国标准在蒙古国应用的过程中加强中蒙自由贸易区、跨境合作区建设力度，通过经济合作推动城乡规划标准化推广与实施。又如宁夏回族自治区政府与中国商务部、中国国际贸易促进委员会共同主办中国—阿拉伯国家博览会，通过政府机构和商会推介，有效促进中国与西亚国家项目业主的高层沟通，为推动中阿经贸合作发挥了重要作用。

第二，基于政府层面与外方协同建立中外标准交互、审核平台。借鉴亚美尼亚援建项目的成功案例经验，目前对外建设项目的一个可行模式是由外方政府层面建立一个审查中方规划建设规范标准可行性的技术审查平台，基于此平台，中方可以在外方设定的基本框架内先期采用中方标准进行方案设计，完成方案后提交审查平台，由审查平台直接提出存在问题及调改意见，再交由中方完善设计方案，以此模式多轮交流、审查后最终达到外方要求。此模式不失为一种可操作的对外项目建设方式，避免了中方设计人员因难以系统掌握对方规范标准造成的设计错位问题，如能中外协同建立中外标准交互、审核平台，则能为企业对外建设项目提供极大的方便。

第三，积极开展中外标准对比研究，借鉴国外先进技术，跟踪国际标准发展变化，结合国情和经济技术可行性，缩小中国标准与国外先进标准技术差距。标准的内容结构、要素指标和相关术语等，要适应国际通行做法，提高与国际标准或发达国家标准的一致性。推动建立沿线重点国家和区域的标准化研究中心。

第四，政府应采取措施提高我国工程建设标准技术水平，缩小与欧美等发达国家标准指标差距，鼓励企业在海外项目中推广应用中国标准，同时应在标准国际化方面建立和优化符合国际标准架构的运作与管理标准体系，并加强在标准规范方面的对外专题交流。

第五，政府和商会等组织应共同建立海外投资项目的追踪机制，建立重大项目跟踪联系制度，为投资决策提供重要参考依据。申请方经资格审查后可浏览项目库，查询以往项目历史资料以规避部分海外投资风险。

第六，要推动中国标准"走出去"，完善标准翻译、审核、发布和宣传推广工作机制，鼓励重要标准与制订的同步翻译，积极推动与主要贸易国的版权互换。在新技术的影响下,重视网络宣传,引进最新信息技术,发展壮大网络媒体,探索市场化改革途径,开拓网络报道的深度和广度,加强与国外网民互动,把城乡规划标准的网络外宣推向一个新高度。

(二)对重点企业推动中国城乡规划标准国际化工作的有关建议

第一,成立中国建设工程企业联盟,建立与"一带一路"共建国家常态交流合作机制,逐步增强中国城乡规划标准国际化适用性与影响力。

第二,转变经营模式,寻找合作机会,与当地企业合作或成立联营体。从当地公司对市场的准确了解和对客户信息的把握中得到进入当地市场的优势,更好地了解当地投资环境,提升竞争力,同时在与政府打交道或物资采购等方面,避免一些不必要的麻烦。

第三,尽量提升企业自身在海外投资项目中的主动权,发挥项目投资优势,主动在合同条款中选择、明确采用中国标准,加快我国标准国际化进程。

第四,深入开展与国际咨询公司合作,建立与国际标准化组织常态交流合作机制,促进中方企业逐步向国际型公司转型(但目前使用中国标准的国际工程咨询企业较少,当参与国际竞争时,当多个投资方均来自不同国家时,肯定会寻找一个能够相互接受的国际标准或委托国际工程咨询及管理公司进行咨询或代理,此时,咨询公司熟悉的标准基本就成了国际标准)。中方各咨询公司之间建立战略合作关系,成立企业联盟。中方企业利用各自优势,充分发挥对当地国家战略规划和产业政策的理解,为其他中方咨询公司进行政策、技术等方面的服务。通过建立项目库,积极交流总结经验,如图5-19所示。

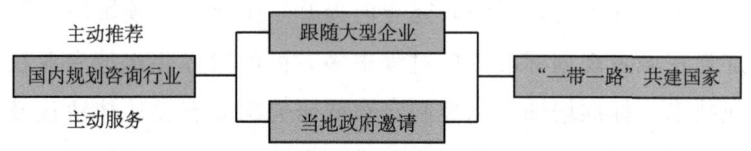

图5-19 规划咨询行业"走出去"的途径

第五,积极申请外资公司资质,进入咨询市场。中方企业应按照西亚国家的标准和程序,申请咨询市场所需的相关资质,或积极与当地咨询公司合作,共同完成竞标,达到西亚国家的咨询市场准入条件。

第六,鼓励有关单位积极参加国际标准化活动,加强与国际有关标准化组织交流合作,参与国际标准化战略、政策和规则制定,承担国际标准和区域标准制定,推动我国优势、特色技术标准成为国际标准。

(三)对行业组织(协会)推动中国城乡规划标准国际化工作的有关建议

第一,改变标准由政府单一供给模式,放开社会团体和企业制定标准的资格,对团体标准制定不设行政审批,推动社会团体和企业成为工程建设标准的有效供给主体。鼓励具有社团法人资格和相应能力的协会、学会等社会组织,根据行业发展和市场需求,按照公开、透明、协商一致原则,主动承接政府转移的标准,鼓励社会团体积极将政府现行推荐性标准经完善提高后制定为团体标准,或制定新技术和市场缺失的标准,供市场自愿选用。在这个过程中,团体标准要与政府标准相配套和衔接,形成优势互补、良性互动、协同发展的工作模式。要符合法律、法规和强制性标准要求。要严格团体标准的制定程序,明确团体标准制定的相关责任。

第二,加强城市规划协会、城乡规划设计院之间的互动联系,共同参与两国重点城市建设,建立互动融合共享机制。

第三,行业组织应尽其所能争取在国际标准制定中参与的机会,同时多组织与其他国家在标准制定方面的交流活动。

(四)对人才培养和能力建设的建议

第一,"一带一路"倡议是中国面对全球化危机提出的建设性方案,是全球治理的中国智慧。全球化未来向何处去,语言与文字所承载的沟通、交融的使命愈发凸显,因此第一条件就是培育"多语种+"人才。"多语种+"就是要打破专业、学科壁垒,以人文通识教育培养学生的价值观自觉,以社会科学方法论教学促进国别、区域研究意识,并始终以问题研究导向提升学生在某一领域的专精。

第二,加强在城乡规划标准推广过程中多方面的国际化水准专业技术人员的培养,包括专业技术、标准培训、标准制定领域研究国外有关法律法规及标准规范的人员等。邀请一批国际标准化专家来我国讲学交流,培育一批标准化管理和专业人才,为开展共建国家标准化合作交流提供人才保障。

第三,规范和促进国际人才中介机构的发展。发挥市场中介机构在国际化人才培养和引进中的主体作用。促进行业协会、学会与国际通行行业评价体系的接轨,引进国际专业技术行业的认证标准,加快对国内专业技术人才执业资格与国际专业协会执业资格的接轨,加速人才国际化进程。

第四,推动交流,积极推进我国城乡规划专业院校与"一带一路"共建国家城乡规划专业院校之间的学术交流,推动相关专业课程、奖学金的设置。

五、优化并推动建立完整、简明、易懂的空间规划标准

(一) 建立开放的标准体系,衔接联合国标准、英标

第一,加强中外标准的对比研究学习,融合提升、积极探索具有较强针对性的中国特色标准系统。以重点对外建设项目为契机,加强对当地规范标准的研究学习,对比分析中国标准的优势点、问题点,在此基础上研究制定基于且高于外方标准的专门对外建设规范、标准,形成我国城乡规划建设对外输出的特色标准系统。

第二,加快标准修订速度。目前,我国已基本形成了相对完善的城乡规划标准体系,为适应社会经济的发展及居住环境品质的不断提升,应在现有基础上进一步完善尚无规范标准的专业领域。同时,应加快标准的修订速度,目前现有的很多标准因修订速度过慢已不适应当前社会经济发展的需求,使得标准的实用性降低。此外,应加强我国标准与国际先进国家标准的接轨。

第三,通过标准体系的结构调整,建立开放的标准体系,与国际接轨,重点衔接联合国标准、英标。寻找对接联合国标准的路径,优化调控内容,推动标准体系的技术进步。根据"一带一路"共建国家规划标准体系的特点,重点加强对英标的研究与对接。

第四,构建"第二套"规划体系和国际化反馈机制。在推动我国规划标准国际化的过程中,应该根据不同国家的情况,对我国现有规划体系进行部分内容优化和"本地化",在不同国家和地区建立"第二套"规划技术体系。"第二套"规划技术体系应该与本地的规划法规、行政管理、运作体系等相结合,以适应不同国家的发展基础、规划体系现状,并充分吸纳本地规划与建设特色,增强中国城乡规划标准在国外的适用性。以使用中国城乡规划标准的项目为依托,建立中国城乡规划标准国际化应用的反馈机制,及时有效地将我国规划标准在国外应用过程中存在的问题进行反馈和总结,并不断对于"第二套"规划技术体系进行修正,以改善现有规划标准的应用情况。

(二) 借鉴先进地区的标准制定思路,改善我国城乡规划标准

借鉴"一带一路"共建国家先进的规划设计理念,如加强生态与环境规划、以人为本的设计思想、弹性刚性结合的控制方法等,并将其融入标准制定和优化的过程当中,如图 5-20 所示。西亚国家多重视自然环境保护,积极发展绿色节能建筑,将可持续发展理念付诸城乡规划编制与实施的整体过程,如阿联酋颁布有绿色

建筑指引、可持续发展手册,巴林有《建筑环保法》等。与西亚国家相比,我国城乡规划中现有的可持续发展、生态保护等相关内容尚不完善,绿色建筑评价标准等与西亚国家尚存在一定差距。中国城乡规划在国外应用时,应借鉴当地有关环境保护与可持续发展的有关规划法规,以生态学原理为指导,对建设项目、区域开发计划实施后可能对环境造成的影响进行预测和估计,强化城乡规划的环境保护功能,以实现城乡人与环境的关系的平衡协调为目的,为城乡居民创造最优环境。

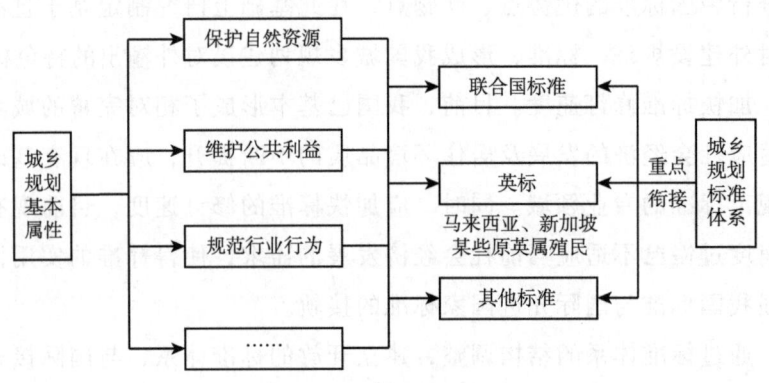

图 5-20 标准制定和优化思路

(三)适应城乡规划机构变化改革,建立空间规划技术标准

我国现有的城乡规划有关标准包括城乡规划国家标准12个、行业标准4个、城乡规划相关的国家标准约900个、城乡规划相关的行业标准约1400个。

根据十三届全国人民代表大会第一次会议批准的国务院机构改革方案,设立中华人民共和国自然资源部,规划标准体系存在调整完善的可能。服务"一带一路"倡议,适应城乡规划机构变化改革,积极推动建立明确统一、完整易懂的空间规划系统和标准,并加强国内外的宣传,如图5-21所示。

倡导建立"多规"协同机构主导的规划编制体系,如图5-22所示。国民经济和社会发展规划的指导下,"多规协同"机构负责融合主体功能区划,编制完成区域城镇体系规划,在此基础上将城乡总体规划、土地利用总体规划、环境保护规划等专项规划,在空间上将管控内容集中到"多规协同"机构,统筹规划形成"一张图",确定城乡用地的规模边界、增长边界、保护边界等。在这一框架下,各部门回归本部门的规划编制体系各自完成国民经济和社会发展规划、城乡规划、土地利用总体规划以及各部门专项规划,并按照法定程序报批,批复时间限制需要纳入法定程序。

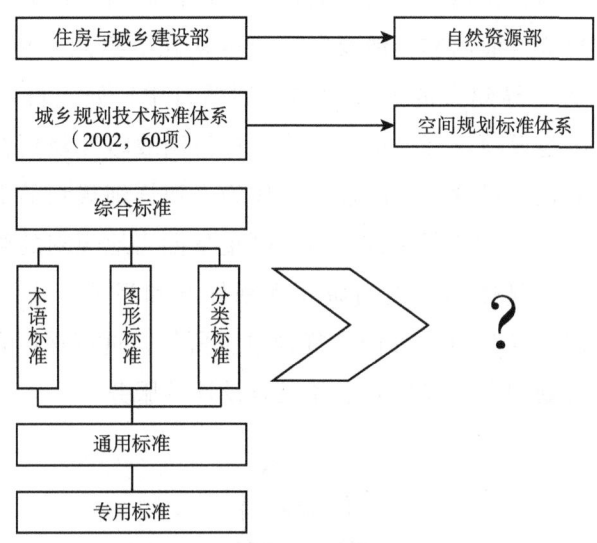

图 5-21 机构变革与空间规划标准体系建立

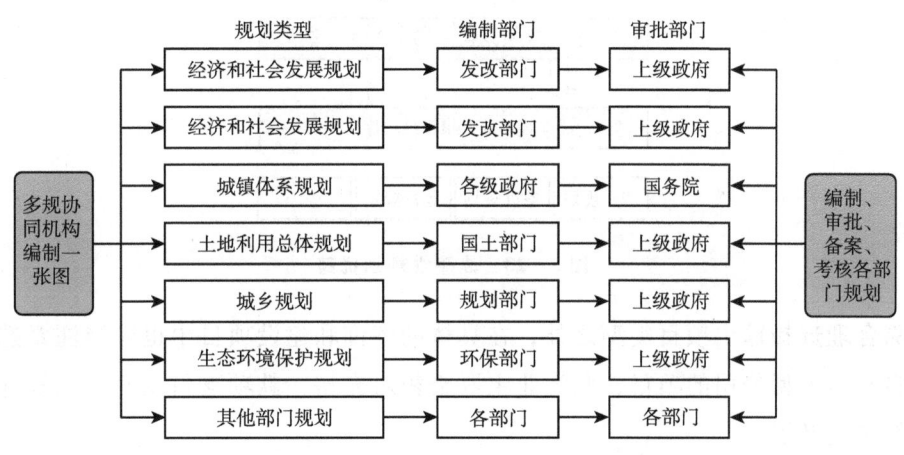

图 5-22 "多规"协同机构主导的规划编制体系

六、合理选择输出项目类型

中国城市规划种类繁多，体系庞杂，在"一带一路"共建国家选择合适类型的规划项目进行承接。在这个过程中，可充分发挥我国在战略性规划方面的优势。在我国城乡规划体系中，城镇体系规划、城市（镇）总体规划、乡规划都属于战略性规划，控制性详细规划和修建性详细规划、村庄规划属于实施性规划。我国战略性规划包括生态与环境、经济与产业、人口与社会、历史与文化、技术与信息等各方面因素，着眼于城市和地区的长远发展与宏观战略部署，表述城市和地区在一个长久阶段内发展的整体方向,包括城市发展战略、城市性质与城市职能确定、城市规模预测、城市总体布局等方面内容,涉及空间尺度从几十到几万平方公里。如图5-23所示,在一些中方主导建设的大尺度的规划项目中,如飞机场等大型基础设施建设项目、工业园区建设项目等,可以充分发挥我国战略性规划在战略思路与编制技术上的优势,建立较大尺度的空间规划,作为本地详细规划的上位规划,弥补本地规划技术体系的不足。就各国而言,建议侧重掌握当地规划的管理体制、组织架构、法规体系,而对于具体的详细的城乡规划标准和规范,建议在开展具体项目时,采取联合当地规划(建筑)部门、规划事务所等,进行深度合作,在合作过程中,我方侧重提供规划理念、规划方案和政策设计等服务。

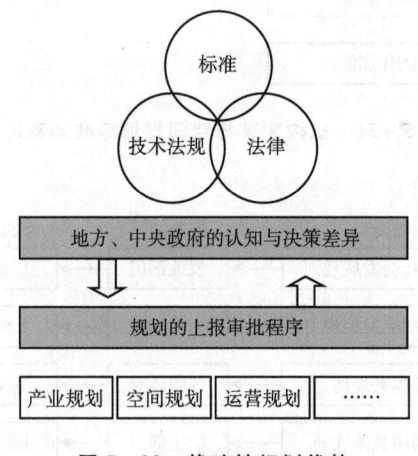

图5-23 战略性规划优势

除合理选择输出项目类型之外,在具体的咨询和建设项目中也应当注意选好业主,多参与大型公司的项目,此类业主资金相对充裕,款项支付及时,能够保证项目履约顺利开展。

第六章 "一带一路"共建国家公路工程项目差异化研究

"一带一路"陆上共建国家和地区，普遍存在交通不便利、基础设施相对落后的情况，要想加快经济发展，必须搞好包括公路在内的交通基础设施建设。公路交通基础设施建设是实现"一带一路"陆上互联互通的关键，打通"一带一路"共建的缺失、瓶颈路段，提升共建公路基础设施水平，有助于改变目前制约"一带一路"共建国家深化合作的基础设施薄弱环节。

本章依托于玻利维亚尤库莫项目和两圣项目，结合玻利维亚地区地形、地貌、地质、水文等条件及当地工程实践的调研，在研究、总结及提炼的基础上，形成玻利维亚地区道路施工管理指南，进一步帮助中国企业了解、熟悉以玻利维亚为代表的南美洲地区公路工程项目从自然人文环境、施工技术，设计规范、施工组织与实施，到检测及验收、质量管理、商务管理、财税管理以及安全管理、环境保护、考古等方面全方位分析与国内同类工程存在的差异化，并形成总结性内容，能够帮助企业了解并熟悉以玻利维亚为代表的南美洲地区标准体系差异，而且对于承接的海外类似工程可提供切实有用的技术支撑与施工指南，为我国企业更好地承接南美洲地区海外项目，实现海外工程综合收益及建立中国拉美之间的关系提供有力的指导和借鉴。

第一节 公路施工受自然环境差异化的影响

一、属地工程背景

（一）属地依托工程背景概述

玻利维亚地理位置如图 6-1 所示，其为南美洲的一个内陆国家，全称为多民族玻利维亚国,为南美洲国家联盟的成员国,主要邻国有巴西、秘鲁、智利、阿根廷、巴拉圭五国,国土面积109.8万平方公里,截至2022年9月,全国总人口1183.2万人,法定首都为苏克雷,但实际上的政府所在地为拉巴斯,拉巴斯海拔高度超过3600米,为世界海拔最高的首都。

图6-1 玻利维亚地理位置

玻利维亚主要地形是高原,海拔高,平均海拔超过3000米,是世界平均海拔最高的高原国家。东部和东北部大部分为亚马孙河冲积平原,约占全国面积的60%;中部为山谷地区,属安第斯山东麓,农业发达,许多重要城市集中于此。

西部为玻利维亚高原,平均海拔在1000米以上。主要河流有贝尼河、马莫雷河和圣米格尔河。与秘鲁交界线上有的的喀喀湖,海拔3812米,为世界海拔最高的大淡水湖,可终年通航,是两国的交通要道和南美洲古文化的发祥地。

玻利维亚东部和中部属热带草原气候,向西部山地过渡到亚热带气候,内陆高原为山地气候。大部分地区气候干凉;年降水量从东北到西,由2000毫米递减至100毫米以下。

玻利维亚位于南美洲中部,西经69°38′至57°26′、南纬9°38′至22°53′之间,是拉丁美洲两个内陆国家之一。北部和东部与巴西接壤,南部与阿根廷和巴拉圭为邻,西部和西南部分别与秘鲁和智利相连。国土面积居南美第五位,美洲第八位。玻利维亚位于西4时区,当地时间比北京时间晚12个小时,不实行夏时制。

如表 6-1 所示,玻利维亚全国划分为 9 个省(Departamento)、112 个地区(Provincia)、337 个市(Municipio)和 1397 个自然村(Cantón)。

表 6-1　　　　　　　　　　玻利维亚省份情况

省份	省会	面积(平方公里)
拉巴斯省(La Paz)	拉巴斯(La Paz)	133.985
圣克鲁斯省(Santa Cruz)	圣克鲁斯(Santa Cruz de la Sierra)	370.621
科恰班巴省(Cochabamba)	科恰班巴(Cochabamba)	55.631
丘基萨卡省(Chuquisaca)	苏克雷(Sucre)	51.524
塔里哈省(Tarija)	塔里哈(Tarija)	37.623
奥鲁罗省(Oruro)	奥鲁罗(Oruro)	53.588
贝尼省(Beni)	特立尼达(Trinidad)	213.564
潘多省(Pando)	科维哈(Cobija)	63.827
波托西省(Potosí)	波托西(Potosí)	118.218

玻利维亚圣何塞德奇基多斯至圣伊格纳西奥道路改建项目,以下简称两圣道路建设项目,位于玻利维亚圣克鲁斯省,如图 6-2 所示。该省建于 1561 年,人口 277.62 万人,是新兴工商业城市,全国第二大经济文化中心,圣克鲁斯省省会。其位于东部平原,海拔 437 米,全年平均气温 23.8℃。本工程全长约 208 公里,包括到圣伊格纳西奥市的环形道,起点位于圣伊格纳西奥,终点位于圣何塞,沿线经过 9 个比较大的土著部落,部落人口数量分布不均,从 220 人到 14000 人不等。公路等级为双向两车道,每车道宽 3.5 米,道路宽度 7 米,每侧路肩宽度 1.5 米,设计速度 80~100 公里/小时;市政道路双向四车道,每侧车道宽 7.2 米,中间 4 米绿化带,设计速度 35 公里/小时。

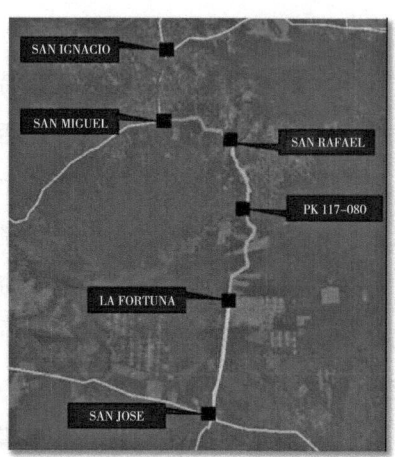

图 6-2　两圣项目位置

玻利维亚尤库莫—圣博尔哈道路建设项目位于贝尼省，分为两个路段：尤库莫—圣博尔哈路段 53 公里，尤库莫北环线 2.57 公里，全长 55.57 公里。起点位于尤库莫，终点位于圣博尔哈，如图 6-3 所示。项目包括 3 个城区，即为人口最多的三个城镇（Yucumo, La Embocada 和 San Borja），其中 Yucumo 约 9000 人、San Borja 约 25000 人、La Embocada 约 600 人。道路总体呈西—东走向，途经贝尼平原。道路为双向双车道路面全宽 10.3 米，机动车道宽度 7.3 米，车行道宽度 3.65 米，两侧非机动车道宽度 1.5 米，农村路段设计速度 80 公里/小时，城市路段设计速度 50 公里/小时。

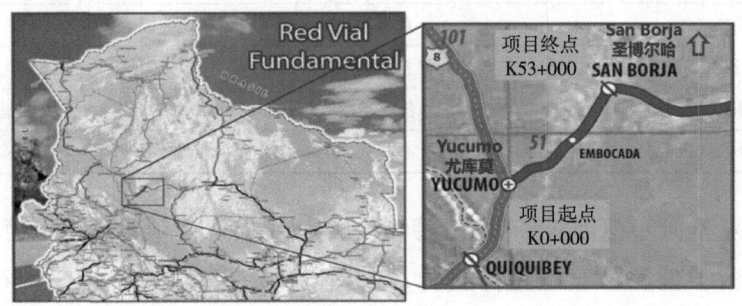

图 6-3 尤库莫项目位置

（二）属地依托工程特点及难点

1. 工程特点

（1）玻利维亚两圣道路建设项目是中建集团在南美洲基础设施建设领域的第一个工程项目，由于中建集团进入南美洲基础设施建设领域起步较晚，对于南美洲属地的建设工程标准规范，特别是美国的标准规范认知程度较差。这就需要我们在施工建设过程中不断熟悉掌握标准规范，特别是识别掌握中美标准规范的差异化是本工程项目的主要特点之一，也是项目能否完美履约的关键因素之一。

（2）玻利维亚目前在施工的两个工程项目均实行大项目制管理，统筹所有施工资源调配，同时项目部采用劳务小班组制的管理模式，所有施工机械和主要施工材料采用自主采购模式，大大增加了施工资源采购和调配难度。这是本项目的另一大特点，也制约着项目实施的成败。

2. 工程重难点

（1）由于玻利维亚两圣项目是中建集团进入南美地区基础设施建设领域的第一个项目，对属地国家人文社会、天气环境、资源供应和标准规范等完全不熟悉，同时也缺乏在国际工程项目中实行小班组劳务管理的经验，需要在施工过程中不断摸索总结经验，形成一整套自主的管理方法，这是本工程履约的难点之一。

（2）标准规范的差异化、天气环境的差异化、人文社会的差异化和施工组织模式的差异化等形成了工程项目施工不确定性风险因素，及时处理应对风险也是本工程顺利施工的难点之一。

二、地形环境差异化的适应性

（一）地形及地貌特点

玻利维亚位于南美洲中部，属于内陆国。东北与巴西为界，东南毗邻巴拉圭，南邻阿根廷，西南邻智利，西接秘鲁。玻利维亚属温带气候，是南美的一个内陆高原国。东部和东北部大部分为亚马孙河冲积平原，约占全国面积的60%；中部为山谷地区，属安第斯山东麓，农业发达，许多重要城市集中于此；西部为玻利维亚高原，平均海拔在1000米以上。主要河流有贝尼河、马莫雷河和圣米格尔河。与秘鲁交界线上有的的喀喀湖，海拔3812米，为世界海拔最高的大淡水湖，可终年通航，是两国的交通要道和南美洲古文化的发祥地。

（二）地形环境适应性工程案例

San Ignacio de Velasco 和 San Diablo 山脉西部边界之间地形起伏，有较缓的斜坡；在雨季期间，易受洪水影响，形成临时水域的小泻湖。地形植被等主要受变质岩的土壤类型的控制，还包括湿度和其他人为因素。

1. 两圣道路建设项目

（1）地形条件的影响。

两圣项目地形条件如图6-4所示，该项目处于玻利维亚的东部，属于微丘和平原，当前道路蜿蜒曲折，海拔高度在250米和550米之间。山脉西部边界之间地形起伏，有斜坡，项目西高东低，高差约90米。在雨季期间，易受洪水影响，形成临时水域的小泻湖。地形植被等主要受变质岩的土壤类型的控制。尤库莫项目位于玻利维亚中北部平原地区，由贝尼省负责管辖。贝尼省位于玻利维亚东北部的亚马孙雨林，面积213564平方公里，人口约411399人，平均海拔220米。

（2）适应性对策。

①如图6-5所示，全线三座桥梁的位置地形高差少，充分利用地形的优势桥梁预制采用原桥位预制施工。该方法的特点为直接在T梁的架设位置设置台座，进

图 6-4 两圣项目地形条件

行现场浇筑,取消 T 梁预制场建设和梁板吊装等环节,极大地节约施工成本,并避免梁板吊装高危施工。技术上的重难点在于保障台座的不均匀沉降和 T 梁的预拱度,T 梁的临时支撑和永久支撑之间的转换等。

图 6-5 施工现场地形

②由于地形平坦,设计为了防止道路水淹,道路设计以填方为主,借方需求量大,需要到道路两侧寻找合适土源取土。合同原设计为全线路侧取土,但由于当地的地质环境及社会协调和环境保护问题,最终迫使我们将取土场改为线外远距离取土,付出了极大的人力物力成本来置换,甚至在某些地段,无法找到或者当地居民不配合,没有可用的取土场,以至于影响项目进展。

③在项目施工段落中还存在部分石方段落,需要进行爆破施工。项目特编制了《路基石方爆破施工方案》,其中附有飞石安全距离计算书,在确定安全距离的同时,还对爆破人员和资质进行严格审查,以防发生安全事故。

2. 尤库莫项目

（1）地形条件的影响。

尤库莫项目位于玻利维亚中北部平原地区，由贝尼省负责管辖。贝尼省东邻巴西，面积21.35万平方公里，首府特立尼达，下分8县，人口411399人，人烟稀少。全省大部为亚马孙河上游冲积平原，平均海拔200~300米。

项目西起安第斯山脉边界尤库莫市，属于3号基本路线，连接了拉巴斯和特立尼达城市，呈西东走向，主线全长53公里。附近有一条maniqui河与道路纵向齐驱，是周边雨水汇聚主要河道。项目起点标高244.6米，终点标高194.7米，高差约50米，西高东低，中间地势起伏不大。在雨季期间，易受洪水影响，形成临时水域的小泻湖。

项目道路两侧均为牛羊养殖农场，是当地主要的畜牧和农业生产区，地势较为平坦，地下水位高，雨季期间更是会出现很多地段积水现象。

（2）地形适应性应对措施。

因当地形平坦，道路路基本为填方路基，所需填土材料均以借方为主，需要到道路两侧寻找合适土源取土，而两侧土地基本为当地农场主私有，需提前准备。土场的启用工作有寻找合适土源地、考察有无考古遗迹、与农场主签订协议合同与上报监理环境评估报告，时间周期长，不定因素多。项目部措施是分段落计算好需求量，安排了专人负责，从项目开工开始不间断从事土场的寻找工作，同时加大社会宣传力度，做好周边农场主与周边属地居民工作，保障填方材料储备。

受地形影响，雨季期间道路两侧积水严重，边坡沟壑冲刷很大，对路基浸泡时间长，危害性大，比较好的设计规划是抬高路堤高度，降低水位线对道路的影响，特殊路段做好排水设施，如排水盲沟和排水边沟。项目部对原地面软基地段都采取了换填片石和土方换填措施，来保障基底稳定性；同时在易出现沉降和老路拓宽地段申请加设了土工格栅的技术措施。

当地种植植被以及杂草，雨季生长周期短，清表后需要尽快施工，不然很快又会长出新的杂草，影响施工进度。

当地河道基本为雨水冲刷自然形成，河道容易受雨量大小而随时有冲击边坡危险。当地设计习惯采用墩柱式桥台，给道路通车后带来了很多隐患。根据周边已施工完成的道路桥梁观察，三座桥梁的桥台有两座因为墩柱式桥台，在大雨期间被冲毁，一座也因桥台离河道较近出现沉降过多。对此好的技术措施是项目可以申请采用U形钢筋砼桥台的结构，可以有效防止突发大水的冲刷，新进场项目可以提前进行交涉申请，保障项目顺利交工。

三、气候条件差异化的适应性

(一) 气候特征

1. 气温变化特征

玻利维亚的气候多样。该国有三个气候区:热带平原地区(平均气温25℃)、谷地地区(平均气温18℃)、高原地区(平均气温10℃),与国内气候存在差异。山地地区冬季时常降霜,气温较低,日气温最低可达1℃,夜间则为零下;内陆地区冬季则相对温和,城市日气温一般在15℃以下,夜间则维持在零摄氏度左右。

2. 降水特征

玻利维亚气候具有不可控性,对工程项目有很大影响,从而导致工程施工计划与实际施工情况存在不同程度的波动,雨季持续时间长,对于施工运输过程造成很大阻力。施工中要采取一定的应变措施,进行安全动态生成管理。在充分研究气候差异化基础上,借鉴吸收国内成功经验,因地制宜进行动态调整,形成气候风险预判和应对措施。下一步将结合施工环境向当地环保部门、设计单位、中国领事馆及中国在波境内的其他公路项目施工单位等进行调查,预计持续时间为6个月,主要包括近年来各季节的平原、谷地和高原地区的降雨量、气温统计,再结合道路施工技术要求,提出并总结形成一整套适合南美地区国家公路工程施工组织管理的方法,包括施工进度安排、资源调度及劳动力配置方法及施工过程管理措施与程序等。

(二) 气候条件差异化适应性工程案例

1. 两圣道路项目

(1) 气候条件的影响。

项目所在地域主要为旱季,在施工过程中大部分时间缺水,一年中主要有5个月份,下雨月份(11月至次年3月),年降水量600~1000毫米,年降雨量不高,但降雨强度大,日降雨量最大达到90毫米以上。在这几个月中,有52天的强降雨天气相当于1.7个月的无法施工时间,相当于每个雨季都会有近2个月的无法施工期。气候因素可能对建筑工地的正常发展产生负面影响,近年来暴雨对项目区造成破坏,导致洪水泛滥,排水系统的坍塌和恶化导致交通中断。同时雨季时期,取土场含水量较大,会对施工造成影响,取土场清表如图6-6所示。

为了分析这些现象对项目的影响,特别是对施工期的影响,我们分析了圣伊格纳西奥德韦拉斯科和圣何塞德基奥基斯站24小时内的年最大降雨量纪录(参见水

图 6-6 取土场清表

文和水力学研究,第四卷:基础研究),以这种方式获得最高年降水量的月份,并且我们进行直方图以确定统计上最多雨的月份,分析结果如图 6-7 所示。

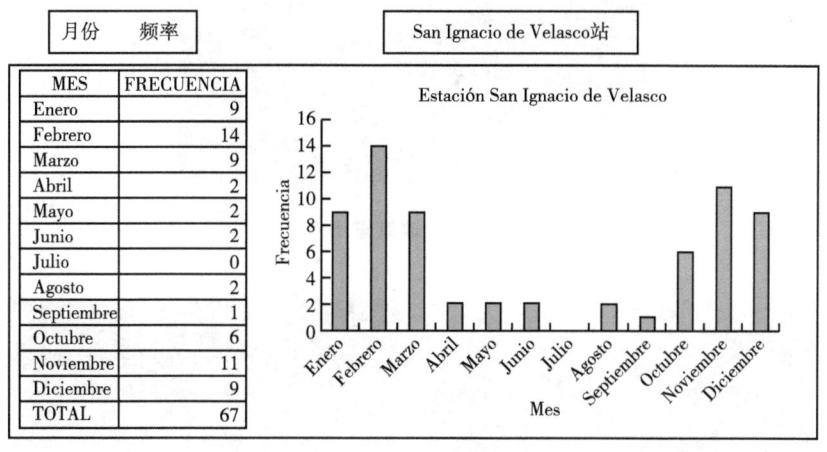

图 6-7 降水量直方图

(2) 适应性对策。

①技术保障措施,项目编制了《雨期施工方案》和《雨季施工应急预案》来应对雨季的到来,以便在最大程度上减少雨季对于项目施工的影响。

②在旱季时,因为缺水,所以项目租赁了大量水车以供在路上洒水,至于取水点,时常需要和周围地主协商,借用水塘取水,为此与地主签订协议,提出一些置换条件以方便取水。如图 6-8 所示,左图为旱季洒水,右图为水车在邻近水塘取水照片。

③由于缺乏洒水车,为了合理利用机械,项目对自卸车进行了改装,解决洒水量大的需求。图 6-9 为由自卸车改装的洒水车在洒水降尘。

④如图 6-10 所示,为了保证雨季路基不被冲毁,对已经成型的段落及时做好边沟、路缘石和急流槽等防排水措施,保护已经成型的路基。

图 6-8 水车水塘取水

图 6-9 改装车洒水

图 6-10 现场排水

⑤如图 6-11 所示,为了保障道路的通畅,项目定期安排机械对沿线道路进行维养,特别是雨季,要及时保持道路的畅通。

2. 尤库莫项目

(1) 气候条件的影响。

尤库莫项目区气候特征为热带气候,年平均温度 26~27℃,年平均降水量 2000 毫米以上,12 月至次年 5 月为雨季,贝尼河、马莫雷河及其支流洪水泛滥。森林占全省面积 38%,其余为热带草原。

图 6-11　道路维养

（2）适应性对策。

①因地处亚马孙热带雨林地区，雨水充沛，道路涵洞设计数量多，施工工期长，本项目就有 100 道箱涵。项目要做好现浇和预制双结合的施工技术准备，在雨季期就做好施工方案、预制场地建设、材料设备采购和施工队伍组织工作，争取在雨季刚好结束后马上开始施工作业，为路基施工打好坚实基础。需要注意的是，非雨季期一年只有六个月左右，现场要分段全线启动，加人加队伍争抢工期，尽量不要把计划排到第二年，中间可能因雨季时间过长而拖延工期。

②受气候影响，雨季期间取土场都会因为降雨而全部被淹导致无法取土。项目采取的措施，一是在取土场把土挖出水面堆积备用，二是在雨季到来之前提前在施工现场多备土。

③雨季期间因为时间长，对路基边坡冲刷的影响也是重点关注之一，本项目和周边中资企业项目都有不同程度损害，轻则冲出较深沟槽。因线路较长，当地设计一般不采用较好的边坡防护设计，而是等草皮自然生长形成保护。本项目采取了挖机在边线取土进行覆盖的措施，有效保护路基填筑成品段。

四、本节小结

本节介绍了玻利维亚国家总体的地理位置、地形地貌特征及气候环境，并结合所依托的属地工程项目——两圣道路项目和尤库莫项目当地的实际情况，摸索并提出了针对地形条件差异化、气候条件差异化的适应性对策，给项目顺利履约提供了有力保障。

第二节　公路施工管理受人文差异化的影响

人文因素是针对关联到组织环境与工作因素，以及会影响到项目产出效率的人的行为特质而言。它包括个人、工作、组织环境之间相互影响的关系。不同国家地区存在政治、文化、宗教以及语言等方面的差异,只有充分认识到这种差异才能有效协调项目组织内外部的关系,实现项目顺利实施。

针对海外工程施工特点,应熟悉掌握所在国的政治、文化、宗教等多方面人文信息,全面梳理分析识别工程存在的风险因素。通过分析研究,形成一整套人文风险识别和应对措施,保证工程项目施工顺利履约。

一、属地人文环境概述

玻利维亚与中国,存在政治、文化、宗教以及语言等方面的差异。全国人口1130万(2018年6月),其中,圣克鲁斯省人口最多,为315万人;其次是拉巴斯省,286万人;科恰班巴省人口为194万人,排在第三位。在玻利维亚华人数量为5000人左右,主要集中在圣克鲁斯省。

针对海外工程施工特点,本部分差异化研究通过分析政治、文化、宗教等多方面人文信息,全面梳理分析识别工程存在的风险因素,形成人文风险识别和应对措施,保证工程项目施工顺利履约。

二、属地政治及文化环境

(一)属地政治环境特点

1. 政治制度

玻利维亚于1825年8月6日独立。实行代议制民主制度。宪法于1826年颁布,1967年和1994年两次修改。2009年9月25日玻利维亚颁布宪法修正案,规定玻利维亚多民族国家性质,建立四权分立政治体制(行政、立法、司法、多民族选举机构)。宪法规定,国体为共和制,总统和副总统均由直接选举产生,总统任期为5年。新宪法规定总统和副总统可连任1次。总统为国家元首、政府首脑和武装部队统帅。总统是胡安·埃沃·莫拉莱斯·艾玛,2014年10月,莫拉莱斯在大选中获胜,第二次成功连任,任期至2020年1月。2019年10月举行了总统大选,莫拉莱斯作为候选人再次参选并胜出,后由于玻国反对党势力的无限期罢工运动,并被指出存在选举舞弊现象,莫拉莱斯迫于压力辞职下台,后由珍尼娜·阿涅斯·查韦斯,原参议员,替代前者作为玻利维亚政府临时总统,并被选举为参议院议长。

多民族立法大会由参众两院组成。立法大会拥有通过和修改法律、审查议员资格、处理违法议员、弹劾政府部长等职权。参议院设36席,每省4席,参议员经大选直接选举产生。年满35岁、具有当选众议员资格的公民方能当选。众议院设130席,按各省人口比例分配,68位众议员经各区选民直接选举产生,其余在大选中产生。年满25岁、服过兵役、无犯罪记录、由政党或合法团体提出的候选人均可竞选。每届立法大会任期五年。参、众议长由两院分别选举产生,任期一年,可连选连任。本届议会于2010年1月组成。

司法机构由国家最高法院、宪法法院和地方法院组成。最高法院和宪法法院均设在苏克雷,最高法院有12名大法官,由国会议员经2/3多数选举产生;宪法法院有5名大法官,由国会议员经2/3多数选举产生,任期均为10年。

多民族选举机构由最高选举法院、省级选举法院、选举法官、投票监督机构、公证机构组成。最高选举法院由7名成员(其中必须包括两名印第安人)组成,任期6年,不得连选连任。

由于2019年10月的选举结果引起的大罢工,已对项目造成了不可抗力影响,导致项目停工。而在临时政府上台后,出于其政治诉求,多次在各个方面对前政府执政期间的国际贷款和投资项目进行审计,多次出现针对中国资金的项目和中资企业项目的审计言论,然而并未收到实质性执行相关审计的消息。同时,针对前政府留下的相关债务(国际贷款以及待付工程款),称前政府卷走了相关款项,导致其无法支付相关款项,并将之前的付款流程更改,一切国家支付款项必须经过财政部批复才能付款。这也导致全国基本所有的基建项目自2020年初开始均未得到支付。

2020年3月开始,玻利维亚出现新冠疫情。临时政府虽尽早做出决策,进行封国、封城等防疫措施,但由于资金扶持力度不够,相关措施均浮于表面,导致疫情控制不力,急速蔓延。2020年8月,由于选举日期的多次后延,原执政党势力开始组织政治性封路,要求锁定选举日期,尽早结束临时政府的执政期。2020年的选举日期确定为10月18日,这也意味着玻利维亚的政治现状依旧不稳定,前总统莫拉莱斯虽辞职,但其党派"争取社会主义运动(Movimiento Al Socialismo)"的支持比例仍然占大多数,其支持群体为矿工群体、农民群体、古柯农群体等,均为玻利维亚国内人口分布较重的群体。因此,玻国目前仍然存在着长期的不稳定政治因素。

该国的多民族政治制度,以及不稳定的政治因素严重影响我们在当地管理。鉴于目前玻国政治势力的对立形势,而之前促成相关对立情况解决的方案均是封路、罢工类行动,由此可见,玻国长期下去,一旦出现政治诉求不满,问题得不到解决,就会封路、罢工。这种情况将会对我司在玻项目产生严重影响。在项目开始之前,我们应与当地政府进行友好协商,尽量减少在当地的管理不会因政治影响而出现不可控情况。

2. 主要党派

玻利维亚全国合法政党主要有：

（1）争取社会主义运动（Movimiento Al Socialismo）1995年成立，执政党。玻利维亚新兴左派政党，系"广泛参与的全国性民主力量"，反对新自由主义经济和经济全球化，是玻利维亚议会第一大政治力量。党的领导人为总统埃沃·莫拉莱斯。

（2）玻利维亚进步计划—国家团结党（Plan Progreso para Bolivia - Convergencia Nacional，PPB - CN），最大反对党，2009年9月由"玻利维亚进步计划""玻利维亚自治党"和"民族主义革命运动"合并而成，党的领导人为曼弗雷德·雷耶斯·比利亚。

（3）全国统一党（Unidad Nacional）2005年成立，主张维护中产阶级和企业界利益，是玻利维亚议会第三大政治力量。党主席为玻利维亚水泥大王多利亚。

（4）社会联盟党（Alianza Social）2005年成立，在野党。其主张净化和革新玻政治，为玻利维亚人民带来希望。党的领袖是该党前总统候选人、波多西市长雷内·霍亚基诺。

（5）无畏党（Movimiento Sin Miedo）1999年3月成立，原为执政党"争社运"联盟党，2010年起与"争社运"决裂，成为反对党。目前该党占据拉巴斯、奥鲁罗两市市长席位。党的领导人为拉巴斯市前市长胡安·德尔格拉纳多。

（6）社会民主力量党（Poder Democrático Social）2005年成立。其主张改革现有经济模式，维护社会稳定，促进生产发展。领导人为前总统豪尔赫·基罗加。

其他主要政党有：新共和力量党、公民团结联盟、自由玻利维亚运动、左革阵、基督教民主党、"四·九"革命先锋党、社会党等。

3. 外交关系

玻利维亚奉行独立自主、和平和不结盟的对外政策，维护民族独立和主权，坚持各国一律平等、人民自决，不干涉别国内政、和平解决国际争端等原则，突出多元外交和务实经济外交。重视发展同拉美国家的传统友好关系，积极推进地区一体化，重视与美国的传统关系，重视发展同欧盟和亚太国家的经贸合作关系。主张反毒，但认为古柯不是毒品，呼吁国际社会为古柯"解禁"。玻利维亚系不结盟运动、七十七国集团、世界贸易组织、里约集团、安第斯共同体、拉普拉塔河流域组织、亚马孙合作条约组织等成员方和南方共同市场联系国。其同86个国家保持外交关系。玻利维亚驻外使馆32个，领事馆104个，多派遣名誉领事。26个国家和国际组织在玻利维亚派有常驻大使或代表，在玻利维亚内地城市设有41家外国领事馆。

(1) 同美国的关系。玻美于1825年6月8日建交。传统上玻美关系密切，对美国关系是玻利维亚外交重点。美国在玻利维亚驻有外交和军事使团，派有帮助培训缉毒部队的军事顾问。玻利维亚是接受美国援助最多的拉美国家之一。莫拉莱斯总统执政后，反对美国干涉内政，玻美两国龃龉增加。2008年9月，玻利维亚以干涉内政为由驱逐美国大使。随后，美国宣布取消《安第斯国家贸易促进和反毒法案》对玻利维亚的关税优惠，并将玻利维亚从与美国合作伙伴名单中删除。奥巴马总统上台后，两国签署双边关系框架协定，双边关系一度有所缓和。2013年，两国关系因玻方驱逐美国国际发展计划署官员和"棱镜门"事件等再度恶化。2014年12月，玻利维亚外长乔克万卡表示愿推动两国总统会见。2015年4月，莫拉莱斯总统出席美洲国家首脑会议时，表示希望与奥巴马总统会晤。12月，玻利维亚副总统加西亚与美国驻玻利维亚代办雷楠就玻美双边关系举行会谈并表示，希于2016年举行玻美高级别对话，寻找两国关系转圜契机。

目前临时总统上台后立即得到了美国、巴西政府的承认，也意味着玻美关系在现临时政府状态下较为融洽。

(2) 同拉美国家的关系。玻利维亚重视同拉美各国，特别是安第斯共同体以及委内瑞拉、巴西和阿根廷等邻国的传统友好关系，高层往来频繁。玻利维亚与多数拉美国家签有经济互补和投资保护协定，积极参与地区一体化进程，谋求实现成为贯通两大洋的"通道"和南方共同市场"能源供应地"的战略。玻利维亚是安第斯共同体和"美洲玻利瓦尔选择"一体化集团成员，是南方共同市场伙伴国。莫拉莱斯总统上任后，玻利维亚与古巴、委内瑞拉结成"反新自由主义阵营"和拉美"正义轴心"，玻利维亚加入委内瑞拉倡导的"美洲玻利瓦尔选择"（2009年6月更名为"美洲玻利瓦尔联盟"，ALBA）。玻利维亚积极参与地区一体化，努力加强与周边国家的相互信任和合作，与巴西、阿根廷等周边大国关系良好。而在临时政府上台后，即出现了中断与委内瑞拉、古巴等国的一系列合作，更是驱逐了委内瑞拉使领馆人员，否定了马杜洛政府并承认了胡安·瓜伊多政府。

(3) 同欧盟的关系。玻利维亚重视发展同欧盟各国的关系。莫拉莱斯总统多次访欧。欧盟有关国家陆续向玻利维亚做出减免债务承诺。2014年9月，莫拉莱斯总统访问西班牙和白俄罗斯，并分别与上述国家政要会见、会谈。同月，莫拉莱斯在纽约出席联大会议期间会见法国总统奥朗德，双方就修复因专机受阻事件受损的双边关系达成共识。2015年6月，莫拉莱斯访问布鲁塞尔、出席拉共体—欧盟国家首脑峰会，并同法国总统奥朗德、意大利总统伦齐会晤。2018年11月，莫拉莱斯总统访问德国、意大利、法国、爱尔兰，并同德国总理默克尔、法国总统奥朗德会晤。

(4) 同日本的关系。1956 年，两国签署移民协定，随后 1000 户日本家庭移居玻利维亚。日本向玻利维亚提供了大量援助，也免除了部分到期债务。2015 年 4 月，玻利维亚副总统加西亚访问日本，就加强盐湖矿产和地热开发合作同日方交换意见。

(5) 同印度的关系。2019 年 3 月 28 日，印度总统拉姆·纳特·科温德访问玻利维亚，就两洋铁路、卫星、锂资源等议题达成了多项合作协议。

(6) 同中国的关系。1985 年 7 月 9 日，玻利维亚同中国建立外交关系。建交以来，两国高层保持交往，政治互信不断加深。2011 年 8 月，莫拉莱斯总统应邀出席在深圳举行的第 26 届世界大学生运动会开幕式。2013 年 12 月 19 日，受国家主席习近平的邀请，玻利维亚总统莫拉莱斯对中国进行了友好的国事访问，将中玻关系推向新高度。2014 年，习近平主席特使、全国人大常委会副委员长陈竺在玻利维亚圣克鲁斯会见了玻利维亚总统莫拉莱斯。2014 年 7 月，国家主席习近平在出席金砖峰会、访问拉美四国期间，于 16 日在巴西利亚会见玻利维亚总统莫拉莱斯。2015 年 1 月，应玻利维亚政府邀请，习近平主席特使、国土资源部部长姜大明出席了玻利维亚总统莫拉莱斯连任就职仪式，并与莫拉莱斯举行会谈。2016 年 3 月，中国政协副主席马培华率团访问玻利维亚，同玻利维亚总统及议长举行会谈。2016 年 10 月，王毅外长访玻，并同玻利维亚总统莫拉莱斯进行亲切会谈。2018 年 6 月，受国家主席习近平的邀请，玻利维亚总统莫拉莱斯再次对中国进行了友好访问，双方同意，将两国关系提升至战略合作伙伴关系。

(二) 属地文化环境特点

1. 民族特征

玻利维亚是多民族国家，主要有土著民族，包括各族群印第安人、梅斯蒂索人（即欧洲和非洲移民与土著人的混血后代，占玻利维亚人口的 30% 左右）和欧洲、非洲移民（占总人口的 15% 左右）。据统计，玻利维亚境内共有 37 个土著族群，克丘亚人和阿依玛拉人人口最多，分别为 155.8 万人和 127.9 万人，瓜拉尼人为 7.8 万人。

玻利维亚是土著民族文化保存较为完好的国家，也因为如此，在两圣项目的工程量清单中，也存在 300 多万玻利维亚诺（目前仍在追加）的"土著村落计划"工程，包含社区文化场地，经济场地的建设等工作内容。因此，项目的执行，需要严格恪守尊重其文化内容和行为方式的准则。项目沿线多为土著村落，无论是征地、路权释放、还是相关工作的实施，都要以尊重其文化传统和习俗为根本，了解其村落的运作方式,方能进一步开展相关工作。

2. 语言

玻利维亚新宪法规定:官方语言为西班牙语和克丘亚语(Quechua)、阿依马拉语(Aymara)、瓜拉尼语(Guarani)等36种印第安土著人语言。但占主导地位的语言为西班牙语,目前仍未出现项目所在地接触的人群存在不会西班牙语,仅掌握印第安土著语的情况,但是,为了更好地维持与土著村落的关系,项目应适当招聘懂相关语言的社会专家或相关管理人员。

解决措施:

①尊重当地的风俗文化和行为准则,了解村落运行方式;

②与当地村落领导者协商。

三、属地宗教文化及风俗习惯

(一)宗教信仰及宗教文化

尽管玻利维亚新宪法废除了天主教的国教地位,规定一切宗教平等。但在玻利维亚约81%的居民信奉天主教,约10%信奉新教或福音教。玻利维亚在主要的城镇均可见到建筑规模各异的教堂,每到宗教节日时,可看到当地的居民抬着圣母玛利亚或耶稣的像沿街祈祷。

(二)属地风俗习惯特点及其对员工属地化的影响

玻利维亚印第安人的长相和着装习惯与我国藏族人相似,皮肤黝黑,无论男女均喜欢戴毡帽,女性多喜欢穿厚厚的多层袍裙。印第安人由于历史的原因大多居住在海拔相对较高的地区,从事放牧或为矿业主打工。玻利维亚多数人的饮食习惯以肉食为主,主要有牛、猪、鸡、羊肉等,餐桌上常见的菜有西红柿、土豆、洋葱和生菜等。玻利维亚较为热闹的节日是每年2~3月间的狂欢节。其中以奥鲁罗市的狂欢节最为壮观,全国各主要城市,甚至包括邻近国家的人们穿着五彩缤纷的节日服装,戴着各种不同的面具,载歌载舞,吸引着众多前来观光的游客。

玻利维亚的风俗习惯使得外资企业在参与玻利维亚工程项目时,不得不考虑当地的习俗,对外资企业员工的饮食、穿着等都有一定的影响。

(三)人文差异对项目雇佣工人的影响

根据玻利维亚《劳动法》第三章规定,所有企业或组织雇佣外国技术劳工,数量不能超过企业总雇工人数的 15%。玻利维亚项目用工高峰期雇用工人数最高达到 400 人，此时中方管理达到 60 人。但考虑成本，高峰期时中方管理人员达到 40 人左右。工人一般工作 8 小时，加班算双倍工资。当地工人服从中方的领导，当地工人是中方的员工。由于当地劳动法保护当地工人，不能随便开除当地工人，需要出具警告函，满 3 分警告函可以对工人进行开除。如果没有警告函，则需要对工人进行赔偿。

四、属地工会及其他非政府组织

（一）工会组织及其对属地企业的影响

玻利维亚总工会（COB）、省级总工会（COD）、玻利维亚劳动者农民联合工会（CSUTCB）、玻利维亚矿业合作社联合会（FENCOMIN）、玻利维亚矿工联合工会（FSTMB）等。雇主组织是与工会组织相对立的组织，公司雇主方可以组建健康安全小组，由 6 名成员组成，其中 3 名是公司雇主方委任的，另外三名通过工人大会选举产生，在小组中的工人成员不得选举为工会成员。

由于玻利维亚当地法律要求，外资企业需要雇用相当数量的当地工人以带动当地就业，且一些工种的工人在当地雇用更具合理性，因此与工会相关的问题是中方企业对外发展中避不开的话题。

（二）属地其他非政府组织及可能出现的纠纷等风险

玻利维亚当地劳动法规定一个公司超过 20 人即可成立工会，由工人自发组建，公司无权干预，工会一旦成立，工会成员公司至少一年内不得开除或者留到项目结束。工会组织的目的是保障工人的权益，但有时候工会领导也会借着工人与公司之间的纠纷煽动工人情绪，增加自己谈判的筹码，从而为自己带来一些利益或者一些优待。

劳务纠纷主要是工人个人与公司之间的事情，解决方式与纠纷事件与工人意愿有关，若纠纷事件较小则工人大多直接选择与公司协商，若事件较大则可能会借助工会力量或是劳工部等外部力量来解决，但有时候工会领导也会借着工人与公司之间的纠纷增加自己谈判的筹码，从而为自己带来一些利益或者一些优待。另外，公司管理方面确实也存在问题，工会组织起来争取合法合理的权益，会使公司改善现状。项目执行过程中遇到很多实际问题，如异地员工无理要求公司提供住宿的同时报销车费；工人反映餐饮不符合其高标准，中方请营养师配餐；工人工作出大错引得中方人员言语激烈，而被诉态度差，向工人道歉；工会领导人员要求公司租用其车辆，而该车项目根本用不上；工人效率低下而要继续留用不得开除；工会组织频繁组织活动，影响正常运行等。

通常来讲，罢工都会成功。工会一般都会收集相关的证据，等到罢工时，拿着各种证据与公司谈判，这种情况下公司则会妥协，以满足工人的相关诉求。

玻利维亚工会势力比较强大，时常通过发动罢工、封路和游行等方式向政府施压。2015年以来，受金属价格下跌影响，玻利维亚矿产出口收入骤减，矿工不满情绪加剧，当地接连爆发数起暴力罢工事件，目前已有至少5名矿工在冲突中丧生，社会矛盾不断激化。2020年8月，上述主要工会作为MAS的支持者，也发动了一系列封路运动，旨在确定大选日期，尽快终止临时政府任期。

除上述大型工会外，玻国法律还允许每个公司员工设立工会。此外，玻利维亚劳动部以及劳动法的相关规定，非常倾向于劳工方，并按月对相关社会福利的缴纳、工资支付情况进行检查。项目每月支付的工资表，须到劳动部进行认证备案。劳动合同也须到劳动部备案。社保的缴纳已完全联网，可在线申报，医保也须每月按时缴纳，并通过财务进行一系列申报，形成闭环管理。

解决措施：

①劳合同纠纷。合同在劳动局备案，使合同生效。通过咨询劳工经验丰富的律师，合同一式三份，一份给工人，一份公司留底，一份留劳动局备案才算有效，避免劳动局不承认签订的固定期限合同，闹事工人不能够解除合同。

②劳务纠纷。通过有效途径清除闹事工人，将闹事工人派到他们比较不愿意做的工作，他们不服从公司安排，属于违纪，就有理由开除。

③掐断闹事工人外部援助。闹事工人想要联合其他工会帮助他们成立工会，公司领导与其他工会负责人联系，避免他们获得支持。

五、属地公路施工管理受人文差异化的影响因素

玻利维亚的人文环境与中国的人文环境不同，就使得中国企业参与玻利维亚工程项目时，不得不考虑人文差异。

目前，玻利维亚的政治局势不稳定，经常出现封路、罢工抗议等情况，使得外资企业对玻利维亚本地的工人进行管理造成很大的障碍，不便于管理。另外，因当地文化的差异，其中土著居民较多，不便于跟其沟通。这使得在施工过程中常常出现土著居民阻碍中国企业施工的情况。

玻利维亚工会组织对公路施工管理也造成一定的影响。受玻利维亚文化的影

响,玻利维亚本地员工常常会自行组成工会,他们常常通过工会来挑起群众情绪,以满足自身利益。这就使得中国企业在管理过程中遇到阻碍的情况。

玻国法律体系完善,针对劳工方面的法律体系尤为突出,其中重要的几点是,最低工资保障:最后一次更新的最低工资保障金额为2122玻利维亚诺,也就是说,员工的基本工资不得低于这个金额。另外,每年根据国家GDP的增长,政府会强制设定工资增长比例,一般为3.5%~5%。因此,随着工程工期的延长,人工费用也会逐年增加相应的百分比。安全、卫生方面的福利,相关法律法规严格规定了劳保服的发放要求、发放品目以及住宿的空间要求,如人均居住面积应达到6平方米,劳保用品每半年发放一次,生活日化用品每3个月发放一次等。以上对于外资企业进行施工管理均造成了一定的影响。

在生活习惯上,中方人员也充分尊重当地传统文化。如图6-12、图6-13所示,在玻利维亚大型假日时,中方员工会特地准备节日礼物,春节期间与当地员工一起欢庆,玻利维亚尤库莫项目和两圣道路项目采购了丰富的食材和红纸,大家一起动手写福字、制作春联,通过挂中国结、包饺子、看春晚等新年活动,营造"年的氛围"、送去"年的祝福"、品尝"年的味道";端午节,中建市政玻利维亚尤库莫项目邀请外籍员工共度佳节。玻利维亚政府邀请中方员工参加当地的足球运动。在工作中,双方员工相互学习,共同进步。玻利维亚是一个以西班牙语为第一语言的国家,与当地人交流存在一些障碍,但是中方员工努力学习西班牙语,尽力交流,互相学习,中方员工也会把一些简单的中文分享给玻方员工;随着时间的推移,中方员工逐步适应、融入玻利维亚当地文化,在尊重当地文化的同时,也带来了一些"中国元素",促进了项目的顺利开展。

图6-12 项目部人员迎春节

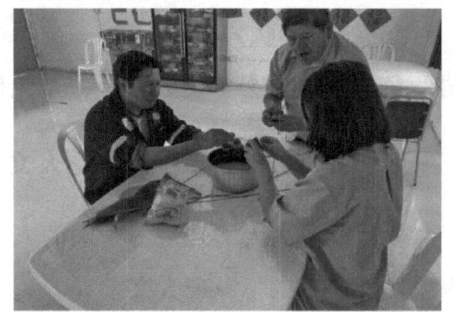

图6-13 与玻利维亚项目人员包水饺

六、本节小结

本节主要对公路施工过程中,可能出现的人文、环境、宗教、政治、工会等方面的差异展开论述,详细介绍了这些方面在玻利维亚项目的情况,全面梳理分析识别工程存在的风险因素,以及一些需要注意的事项及解决措施,以保证工程项目施工顺利履约。

综上所述,玻利维亚是一个多民族、多党派国家,每次选举换届,可能会产生动荡,导致对项目施工造成影响。宗教文化意识高,在当地施工时,要注重尊重当地文化,避免产生分歧。属地工会组织对当地工人的影响较大,容易影响工人,使其与本公司产生劳务纠纷。

第三节　公路工程设计差异化

玻利维亚国内公路规范体系相对不够健全和完善,主要是以参照美国州际公路与运输工作者协会(简称,AASHTO)以及美国材料实验协会(简称,ASTM)制定的标准规范为主。与此同时,在设计上也会根据玻利维亚当地具体实际情况和特点对公路工程设计的相关美标规范进行一些修改和简化,形成与本国状况相适应的一套规范体系,基本上可以体现当今西方国家在路基土建施工方面的规范要求。本指南通过对比中美两国现行的规范与玻利维亚公路项目技术规范之异同,对南美地区类似玻利维亚的海外公路工程的设计和施工组织给出了积极的指导意见和思路。

一、中美玻规范标准体系概述

(一) 中国规范标准体系

标准体系是编制行业标准、制订行业规划和计划的重要依据。自我国进行基础设施建设以来,公路工程施工技术标准与相关规范一直处于不断更新与发展当中,进入20世纪90年代后,随着国道主干线规划的全面实施,我国公路网规模的快速形成,我国公路桥梁建设进入了一个全新的发展时期,公路工程的建设、管理、养护与运营标准均得到了不同程度的发展。其中,以大规模工程建设为依托,公路工程标准规范得到了长足的发展,但由于各类工程结构的规范门类日渐增多,原有的JTJ体系已不适用。为此,在2002年交通部原JTJ体系的基础上,增加了规范的功能类别,即JTG体系。在新体系下,结合我国公路桥梁建设的新发展,公路桥梁设计规范形成了集材料类别(混凝土钢)、结构形式(梁桥、拱桥、缆索桥)、设计内容(抗风、抗震)于一体的规范体系,采用了国际主流的概率极限状态设计理论。总体而言，目前公路桥梁设计规范的分工越来越细、内容越来越丰富，理论不断完善、理念不断提升。经过多年的发展和完善，形成了具有中国特色的公路桥梁设计指标体系。

众所周知，工程结构由二维到三维、由图形到模型、由阶段到周期、由定性到定量、由局部到整体、由单一到综合的过渡和升级已成为必然趋势，这是工程结构内生动力（理论与技术）和外部推动（需求与约束）下的综合反映，也代表了公路桥梁标准规范的发展趋势。具体而言，以 BIM 技术、性能设计等理论与技术和可持续发展、"四个交通"等需求与约束推动下的 BIM 标准、性能设计规范和公铁两用桥梁设计规范等代表了桥梁设计规范的发展趋势。因此，未来应着力开展性能设计、基础数据收集、BIM 技术及标准等方面的研究，为我国桥梁设计规范的升级换代做好充分的技术储备。

（二）美国及玻利维亚规范标准体系

1. 美国公路工程规范标准体系

与中国不同，美国是一个联邦制国家，各州拥有极高的自治权力。作为老牌资本主义国家与发达国家，公路工程相关的施工技术标准由美国国家公路与运输协会（简称，AASHTO，由各州交通厅选派的代表组成）于1914年便开始制定。

AASHTO 作为美国交通运输的非营利性研究机构，是美国最著名的公路与交通协会，其目标是建立安全的交通系统、在确保机动性的同时促进经济繁荣和环境保护，对于美国国家交通运输法规与政策的制定和颁布有较大话语权。AASHTO 的标准和规范涵盖海陆空交通系统，在路桥方面，主要涉及道路桥梁的修建和改建改造工程设计、施工、养护及交通设施运营。AASHTO 的标准、规范和指南数目繁多，相互交叉，内部逻辑关系虽然清晰但较为复杂，其标准体系与众多欧美区域、国家和协会标准的特点一致，且与其他协会保持非常密切的协作关系（如 ASTM）。

美国标准规范按材料（试验规程、沥青、水泥混凝土与土工材料等）施工与养护、路面与桥涵构造物、公路路线与交通安全设计、公路排水、规划 8 类划分，约有 150 种分类标准或手册指南；从事交通领域工作的技术人员均应了解或必备的参考书有：AASHTO 发布的、俗称"绿皮书"和"黄皮书"的"公路路线设计标准"（A Policy on Geometric Design of Highway and Street）和"公路安全设计和运营指南"（Highway Safety Design and Operation Guide）等。

2. 玻利维亚公路工程规范标准体系

根据调研可知，目前中国建筑行业进入国际市场的份额日渐增多，近几年国内公司在南美国家相继承揽了一些大型水利水电、公路桥梁工程项目，在合同中都明确写明采用美国规范。对于南美地区玻利维亚也不例外，由于该国公路工程建设和发展起步较晚，在公路工程设计的规范体系相对不够健全和完善，在设计和施工时一般遵循美国标准，但也会根据当地具体实际情况和特点在公路工程设计的相关美标规范基础上编制一些国家规范，对于当地有利的方面就采用美标，不利的方面对美标规范进行补充和细化，形成与本国国情相适应一套规范体系。

（三）中美玻常用规范标准体系

本指南根据南美洲玻利维亚公路工程项目的实际进展情况，了解中美玻三国在公路工程标准体系的应用现状并进行标准差异比较，从中美玻三国在公路工程设计、施工、质量检测以及验收等方面进行对比分析和研究。

1. 公路工程设计

公路工程设计差异化主要从中美玻三国在公路几何线性设计、路面结构设计、涵洞结构设计、附属工程设计以及属地工程设计五个方面的内容进行各国规范的对比分析，研究中所涉及和参考的主要标准如下：

国内常用标准：《公路工程技术标准》JTG B01—2014、《公路路线设计规范》JTG D20—2017、《公路沥青路面设计规范》JTG D50—2017 以及《公路桥涵设计通用规范》JTG D60—2015 等。

美国常用标准：AASHTO A Policy on Geometric Design of Highways and Streets 2011（《公路与城市道路几何设计规划》）、AASHTO 200X（《路面设计指南 2008 版》）、AASHTO GDPS-93（《新建路面结构计算方法》）以及 AASHTO LRFD Bridge Design Specifications, Fifth Edition（《美国公路桥梁设计规范》）等。

玻利维亚当地常用标准：Manual de diseño geométrico（《西中几何手册》）、Manual de carreteras（《玻利维亚公路手册》）、Especificaciones Técnicas Generales Actualizadas（《路基路面涵洞等通用技术规范（内含特殊技术规范）》）、ESPECIFICACIONES TÉCNICAS GENERALES PUENTE（《桥梁通用技术规范》）以及 DOCUMENTO BASE DE CONTRATACIÓN DE SERVICIOS DE SUPERVISIÓN TÉCNICA（《玻利维亚尤库莫—圣博尔哈道路项目招标文件》）等。

2. 公路工程施工

公路工程施工差异化主要从中美玻三国在路基路面施工、钢筋混凝土施工以及模板工程施工三个方面的内容进行各国规范的对比分析，研究中所涉及和参考的主要标准如下：

国内常用标准：《公路路基施工技术规范》JTG/T 3610—2019、《公路沥青路面施工技术规范》JTG F40—2004、《混凝土结构设计规范》GB 50010—2010（2015版）、《混凝土结构工程施工规范》GB 50666—2011、《公路桥涵施工技术规范》JTG/T F50—2011以及《建筑工程大模板规程》JGJ 74—2003等。

美国常用标准：AASHTO Standard Specifications For Highway Bridge（《公路桥梁标准规范》）、AASHTO M146-147（《路基、土壤骨料、填料以及基层、底基层面层标准规范》）、ACI-318-05（《美国混凝土结构设计规范》）、ACI 304.3R（《测量、搅拌、运输和浇筑混凝土的标准规程》）、ACI 308R-01（《混凝土养护指南》）、ASTM A615/A615M-15（《混凝土钢筋用变形和普通碳素钢筋标准规范》）以及ACI 347-04（《混凝土模板指南》）等。

玻利维亚当地常用标准：Especificaciones Técnicas Generales Actualizadas（《路基路面涵洞等通用技术规范（内含特殊技术规范）》）、Manual ABC HormigonesABC混凝土手册以及ESPECIFICACIONES TÉCNICAS GENERALES PUENTE（《桥梁通用技术规范》）等。

3. 公路工程质量检测和验收

公路工程质量检测和验收差异化主要从中美两国公路工程的质量检测、质量验收两个方面的内容进行两国规范的对比分析，研究中所涉及和参考的主要标准如下：

国内常用标准：《混凝土结构工程施工质量验收规范》GB 50204—2015、《砌体结构工程施工质量验收规范》GB 50203—2011、《公路工程质量检验评定标准》JTG F80 1—2017等。

美国常用标准：AASHTO Standard Specifications For Highway Bridge（《公路桥梁标准规范》）、AASHTO QA-1-1996（《质量保证指南规范》）、ACI 311.4R-2005（《混凝土检验指南》）、ACI-121R-08（《混凝土施工质量体系指南》）、AASHTOM31M-M31-2010（《混凝土配筋用变形钢筋和光面碳素钢筋标准规程》）以及ACI 530-05/ASCE 5-05/TMS（《砌体结构的建筑规范要求》）。

二、几何线形设计标准对比

公路几何线形设计是公路总体设计、总体布局的关键。线形是公路的骨架，其设计合理与否，不仅直接关系到公路建设项目的质量好坏、里程长短、投资多少、效益高低，更直接影响到公路运营安全。每个国家对线形的设计都有明确的设计标准，线形设计是否合理不仅是关系到公路安全性问题的最主要因素，也是确定道路的经济性、景观环境、通行能力等方面的重要因素，公路线形指标的均衡性、一致性、线形的连续性及线形与环境景观的协调性才是满足汽车高速及安全行驶的重要保证。本小节通过对中美玻三国之间公路几何线性设计方面的分析和比较,得出三国在公路工程设计上显然不同的地方,为南美地区海外公路工程项目的设计者提供指导思路,在条件允许的情况下可以借鉴。

(一) 中国标准的几何线形设计理念

1. 设计依据

(1) 设计车辆。

根据中国规范《公路路线设计规范》JTG D20—2017,国内从对交通运行的影响角度考虑,将公路上的常见机动车归并为小客车、中型车、大型车和拖挂车四类,并将小客车定为各级公路设计交通量换算的标准车型。

(2) 设计速度。

道路的设计速度是设计时确定几何线形的基本要素。根据中国规范《公路路线设计规范》JTG D20—2017,国内高速公路的设计速度在80km/h、100km/h以及120km/h中取值,一级公路在60km/h、80km/h、100km/h中取值,二级公路在60km/h、80km/h中取值。在设计速度的选用方面,中国规范贯穿了干线公路优先考虑较高的设计速度,集散公路宜选用较低设计速度的思路,即倡导按公路的功能选择设计速度。

(3) 通行能力。

通行能力是指公路所能疏导交通流的能力,反映了在保持规定的运行质量前提下,公路所能通行的最大小时交通量。高速公路在规划设计时,要避免因交通量不适应,造成在通车后短时间内的交通阻塞,在保证提供良好的服务水平和运行质量的同时,要兼顾我国经济发展水平以及公路建设投资的力量。我国高速公路每车道的基本通行能力和设计通行能力的取值见表6-2。

表6-2　　高速公路每车道的基本通行能力和设计通行能力

设计速度(km/h)	120	100	80
基本通行能力	2200	2100	2000
设计通行能力	1600	1400	1200

2. 平面设计

(1) 线形要素。

根据中国规范《公路路线设计规范》JTG D20—2017的规定,高速公路、一级公路、二级公路、三级公路平面线形由直线、圆曲线、回旋线三种要素组成。四级公路平面线形应由直线、圆曲线两种要素组成。

（2）圆曲线。

根据中国规范《公路路线设计规范》JTG D20—2017，国内对于各等级公路所采用一般值、最小值和不设超高的圆曲线小半径值等作了详细规定，其中高速公路的最小平曲线半径如表6-3所示。

表6-3　　　　　　　　　　　圆曲线最小半径

公路等级		高速公路		
计算行车车速（km/h）		120	100	80
一般最小半径（m）		1000	700	4000
极限最小半径（m）		650	400	250
不设超高最小半径（m）	路拱≤2%	5500	4000	2500
	路拱>2%	7500	5250	3350

同时，我国规范也对各等级公路圆曲线的最小长度作了规定，其中高速公路的最小圆曲线长度如表6-4所示。

表6-4　　　　　　　　　　　最小圆曲线长度

公路等级		高速公路		
设计速度（km/h）		120	100	80
平曲线最小长度（m）	一般值	600	500	400
	最小值	200	170	140

（3）缓和曲线。

根据中国规范《公路路线设计规范》JTG D20—2017 的规定，高速公路及一、二、三级公路，当圆曲线半径小与不设超高的圆曲线最小半径经相连接处，应在直线与圆曲线径向连接处设置缓和曲线。

中国规范对各级公路缓和曲线最小值都给出了明确的数据，但对最大值，只是规定回旋曲线长度应随圆曲线半径增大而增长，并未做定量的要求。在设计过程中，为了追求线形的顺适美观，在不过分增加工程量的前提下，通常认为缓和曲线的长度取值以满足"缓和曲线圆曲线缓和曲线"长度1∶1∶1为宜。

3. 纵断面设计

（1）最大纵坡。

根据中国规范《公路路线设计规范》JTG D20—2017 的规定，高速公路的最大纵坡要求如表 6-5 所示，高速公路受地形条件或其他特殊情况限制时，经技术经济论证，最大纵坡可增加 1%。

表 6-5　最大纵坡

公路等级	高速公路		
设计速度（km/h）	120	100	80
最大纵坡（%）	3	4	5

（2）最小坡长。

根据中国规范《公路路线设计规范》JTG D20—2017 的规定，我国国内最短坡长以不小于设计速度 9 秒的行程为宜，规定高速公路的最短坡长，如表 6-6 所示。

表 6-6　最短坡长

设计速度（km/h）		120	100	80
最小坡长（m）	一般值	400	350	250
	极限值	300	250	200

（3）最大坡长。

根据中国规范《公路路线设计规范》JTG D20—2017 的规定，我国国内对高速公路的最大坡长如表 6-7 所示。

表 6-7　不同纵坡的最大坡长

设计速度（km/h）	纵坡坡度（%）	120	100	80
最大坡长（m）	3	900	1000	1100
	4	700	800	900
	5	—	600	700
	6	—	—	500

（二）美国标准的几何线形设计理念

1. 设计依据

（1）设计车辆。

根据美国规范 AASHTO A Policy on Geometric Design of Highways and Streets 2011 的规定，美国将设计车辆分为小客车、公共汽车、载重汽车和旅游车四大类，并细化提供了代表这些通用类型汽车的 20 种设计车辆的尺寸。一般情况下采用载重汽车 WB-19 为设计车辆。

（2）设计速度。

根据美国规范 AASHTO A Policy on Geometric Design of Highways and Streets 2011 的规定，美国高速公路设计速度的选择仍然以地形作为主要依据。对于城市高速公路，过去按照市中心、市区和郊区分别采用 80km/h、100km/h、120km/h，而现在则不分城内和城外，基本采用一致的设计速度。美国高速公路设计速度一般为 110km/h，其中绿皮书中规定：高速公路设计速度如果低于这个值，其安全性会差一些，同时规定设计速度不得小于 80km/h。

（3）设计交通量。

美国高速公路的新建项目通常按 20 年年限的交通量规划和设计，有些改建项目也有采用较低年限的。设计交通量（DHV）一般采用设计年限第 30 位高峰小时交通量，高峰小时系数 K 一般为：8%~12%（市区）、10%~15%（郊区）或 12%~18%（乡区）。方向分配系数 D 一般为：67%（市区）、55%（郊区）或 70%（乡区）。

（4）服务水平。

根据美国规范 AASHTO A Policy on Geometric Design of Highways and Streets 2011 的规定，美国将服务水平划分为 A（最不拥挤）~F（最拥挤）6 个等级，并根据公路功能级别、地形条件推荐选用相应的设计服务水平。在美国高速公路的设计标准中，原则上强调在条件许可的情况下尽可能采用较高的服务水平，其中乡区平原及丘陵服务水平为 B，乡区山岭以及市区和郊区的高速公路的服务水平为 C。

（5）通行能力。

随着汽车性能的不断改善和交通管理水平的不断提高，美国公路设计标准所推荐的高速公路每车道最大通行能力（服务水平为 E 级）也呈逐年加大的趋势。1985 年版的《公路通行能力手册》中高速公路每车道最大通行能力为 2000 辆/h，1994 年版则推荐四车道为 2200 辆/h，六车道为 2300 辆/h，1997 年最新研究成果则为 2400 辆/h。

2. 平面设计

（1）线形要素。

根据美国规范 AASHTO A Policy on Geometric Design of Highways and Streets 2011 的规定，高速公路为道路使用者提供安全、高效、舒适的使用环境，其平面线形应与地形特征相适应。组成平面线形的要素有直线、圆曲线和缓和曲线 3 种。

（2）圆曲线。

根据美国规范 AASHTO A Policy on Geometric Design of Highways and Streets 2011 的规定，圆曲线最小半径有以下 4 种：

①最小圆曲线半径，由最大超高和横向摩擦系数确定。

②不设超高的最小圆曲线半径。

③取消反向路拱的最小圆曲线半径，是超高值为正常路拱横坡时的最小圆曲线半径。

④不设缓和曲线的最小圆曲线半径。

（3）缓和曲线。

根据美国规范 AASHTO A Policy on Geometric Design of Highways and Streets 2011 的规定，当圆曲线半径小于不设缓和曲线的最小圆曲线半径时，为了适应车辆的行驶轨迹及满足超高过渡的需要，平曲线应设置缓和曲线。一般采用回旋线作为缓和曲线。

AASHTO 规范中关于回旋线长度的规定是基于驾驶的舒适度和车辆的偏移情况确定的。当车辆驶入曲线时，合适的回旋线长度不会让驾驶员随着向心加速度的增加产生不舒适的感觉，也能保证车辆在正常的轨迹下行驶，其侧向偏移量不会超出自己的行车道，但回旋线长度过长会误导驾驶员认为前方圆曲线的半径较小，也会存在安全隐患。

（4）平曲线。

根据美国规范 AASHTO A Policy on Geometric Design of Highways and Streets 2011 的规定，当公路转角大于 5°时，在主要公路上，平曲线的最小长度应大约为设计速度（km/h）的 3 倍，即在可以高速行驶的道路上，采用较缓的曲率时，考虑道路的美观，平曲线的最小长度应大约为设计速度（km/h）的 6 倍，即当公路转角为 5°时，平曲线的最小长度应不小于 150m，并且转角每减少 1°，最小长度应增加 30m。

（5）最大超高。

为给设计者一个灵活使用的范围，AASHTO 规定有 4%、6%、8%、10% 和 12% 五种最大超高值可供设计选用，同时给出了五种相应的平曲线标准。高速公路的最大超高则规定为 8%、10% 或 12%。高架桥的最大超高为 6% 或 8%。值得注意的是，12% 是在最新标准中增加上去的，这反映了适应高速行驶的设计指标正越来越成为公路的需要。

3. 纵断面设计

（1）最大纵坡。

根据美国规范 AASHTO A Policy on Geometric Design of Highways and Streets 2011 的规定，美国对最大纵坡的规定是依据地形类别和设计速度确定的，高速公路的最大纵坡要求如表 6-8 所示,受地形条件或其他特殊情况限制时,山岭区最大纵坡可增加 1%。

表 6-8　　　　　　　　　乡区高速公路的最大纵坡

地形类别	设计速度（km/h）					
	80	90	100	110	120	130
最大坡度（%）						
平原区	4	4	3	3	3	3
丘陵区	5	5	4	4	4	4
山岭区	6	6	6	5	—	—

（2）最小纵坡。

美国规范 AASHTO A Policy on Geometric Design of Highways and Streets 2011 对最小纵坡的规定较为宽松,是综合考虑后确定的。在不设路缘石的公路上,如果路拱有足够的横坡坡度满足路面的横向排水,那么设计中可以采用平缓的;在设有路缘石的公路上,则应设置合适的最小纵坡以利于路面横向排水,通常会采用 0.5% 的最小纵坡,但是在路基坚固、路拱设计要求精确的高级道路上,也可采用 0.3% 的最小纵坡。

（3）坡长。

美国规范 AASHTO A Policy on Geometric Design of Highways and Streets 2011 规定的坡长是指相邻竖曲线间直线段长度,当竖曲线为坡长的一部分时,必须采用近似的当量直线段长度。对于 Ⅱ、Ⅳ 类型竖曲线,当其坡度差较小时,坡长可以取竖曲线交点之间的长度（VPI）;对于 Ⅰ、Ⅲ 类型竖曲线,考虑将竖曲线长度的 1/4 左右作为坡长的一部分,见图 6-14 和图 6-15。

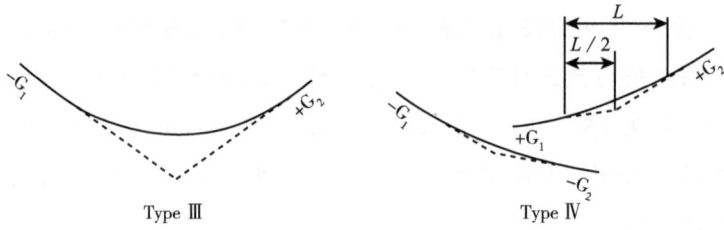

图 6-14　凸型竖曲线

AASHTO 对最小坡长未做明确规定,对最大坡长的规定与设计速度无关,是以载重汽车速度低于平均速度的速度折减量为依据确定的。速度折减量的推荐值为 15km/h。

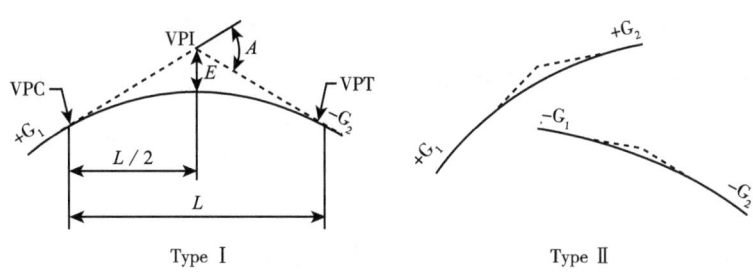

图 6-15　凹型竖曲线

（三）中美国几何线形设计差异化

美国采用 AASHTO A Policy on Geometric Design of Highways and Streets 2011（《公路与城市道路几何设计规划》）作为公路几何设计标准，其在玻利维亚等英联邦国家广泛使用，与中国《公路路线设计规范》JTG D20—2017 相比，两国在公路几何设计方面的基础理论是一致的，只是侧重点和表现形式略有不同，美国规范较为灵活，其更侧重对设计的引导，而非强制性限制。由于中美两国经济、文化、地域等的差异，在几何线形对行车安全影响方面的理解差异较大，导致部分设计理念差异较大，如缓和曲线的使用。其次，两国设计标准在平面设计中的圆曲线半径、超高、缓和曲线等主要指标上有所不同，具体分析如下。

①圆曲线：公路平曲线的设计是以速度和半径的相应关系以及这两者与超高及横向摩擦力之间的联系为依据，经对比分析，两国规范由于参数取值及计算方法类似，因此对于圆曲线的半径要求比较接近。

②超高：美国 AASHTO 设计规范中设定包含有 4%、6%、8%、10% 和 12% 五种最大超高值，设计人员设计根据具体情况使用。而我国规范中规定的高速公路最大超高值一般均采用 8%。在同样的设计速度下，对于相同的圆曲线半径，美国规范选用的超高值偏大。

③缓和曲线：美国 AASHTO 几何设计中缓和曲线长度主要基于满足超高渐变段的设置，而两国规范在超高渐变段的设置理念上存在差异，美国规范认为缓和曲线太长会导致驾驶员误认为前方圆曲线的半径较小，为了减少这种误导发生的可能性，限制了缓和曲线的最大长度。

此外，与我国公路技术标准不同的是美国 AASHTO A Policy on Geometric Design of Highways and Streets 2011（《公路与城市道路几何设计规划》）仅仅是一本设计指南，但它实际上是提出了有关道路几何设计的一系列指导方针，设计人员在使用这套指导方针时可以有一定的灵活性。并且相对我国公路路线设计而言，美国道路设计理论和体系更注重路线与地形、环境的配合和协调。在设计中充分强调路线的一致性和连续性,强调设计的灵活性。另外,美国标准在设计中采用了汽车运行车速的理念,路线设计中追求各线形指标的相互配合协调、高低指标之间的过渡缓和、路线线形均衡,追求实际行驶车速相对平稳等,这对降低工程造价、减少交通事故等具有重要的意义。

(四)属地玻利维亚公路几何线形设计理念

1. 设计依据

(1)设计车辆。

玻利维亚当地将设计车辆划分为卡车、巴士、旅游巴士以及半挂车四种类型,与中国和美国设计车辆的划分都有一定的区别。项目中选择用于计算加宽的设计车辆是 SR 半挂车,其总长度为 22.4 米。

(2)设计车速。

根据玻利维亚公路手册将公路等级分为(O)、(Ⅰ.A)、(Ⅰ.B)、(Ⅱ)以及(Ⅲ)五个等级。其中 O 级可以理解为高速公路,其设计车速在 120km/h、100km/h 以及 80km/h 中取值。I.A 级可以理解为有分隔带的一级公路,其设计速度在 100km/h、90km/h 以及 80km/h 中取值。I.B 级可以理解为没有分隔带的一级公路,其设计速度在 100km/h、90km/h 以及 80km/h 中取值。Ⅱ级可以理解为主道路中的辅助道路,其设计速度在 80km/h、70km/h 以及 60km/h 中取值。对于Ⅲ可以理解为乡村道路。其设计速度在 70km/h、60km/h、50km/h 以及 40km/h 中取值。

由于玻利维亚两个项目都设有收费站,但这两条路都不是全封闭的。类似于以前国内的普通收费站,在关键的路口位置设置。目前玻利维亚没有 O 级,Ⅰ.A 级目前有 2 条,一条为拉巴斯到奥鲁罗已经建好,另一条为圣克鲁斯到科恰班巴在建公路。除这两条外最高的公路等级就是 I.B 级,且当地现在 I.B 级公路大部分都要进行收费。当地玻利维亚的两个项目的公路等级都是 I.B 级,即玻利维亚的国家干线公路。在两圣项目采用均为双向车道类型,还考虑到地形因素,对于波状起伏地区的设计速度为 80km/h,平原地区设计速度为 100km/h。而尤库莫项目项采用两车道农村双向路段的设计速度 80km/h 以及双道两车道单向城市路段,由于是城市区域,设计速度受到限制,建议城区的设计速度限于 50km/h~80km/h。

(3)交通量。

由于玻利维亚尤库莫项目第一年的预计 TPDA 为 519,小于 1500 的 BD 交通量,以及在使用寿命 20 年完成后,随着交通量(TPDA 1009)的增加,运行速度很有可能低于 80 公里/小时。因此,该道路被排除一级公路类别。当地交通量的确定方式和中国以前的确认模式是一样的,车流量是通过当地道路收费站,或者有专人在现场直接调查当地车流量是多少,通过这两个比较简单的途径。他们监控比较少,所以通过这种比较原始的方法进行一个车流量的确定。

2. 平面设计

(1) 线形要素。

玻利维亚当地控制水平线形设计中的主要考虑因素有:①该地区的地形;②项目速度;③水平曲线设计;④检查制动能见度;⑤与纵向线协调;⑥建筑、运营和维护费用。玻利维亚当地公路由直线、圆曲线、缓和曲线三种要素组成。

(2) 直线。

直道上的最小长度要求分为两种情况,一种是不同向曲线之间的直道,另一种是同向曲线之间的直道,其具体要求如表6-9和表6-10所示。

表6-9　　　　　　　不同向曲线之间的LR最小值一条件

VP(公里/小时)	40	50	60	70	80	90	100	110	120
LR(m)	56	70	84	98	112	126	140	154	168

表6-10　　　　　　　同向曲线之间的最小LR值

VP(公里/小时)	30	40	50	60	70	80	90	100	110	120
地势平坦起伏	—	110/55	140/70	170/85	195/98	220/110	250/125	280/150	305/190	330/250
山地地形	25	55/30	70/40	85/50	98/65	110/90				

(3) 圆曲线。

玻利维亚当地对圆曲线最小半径的要求如表6-11所示,对于在单向高速路或道路上,当路线的轴线沿中心延伸,内部道路上曲线的半径应小于路线的轴线;因此,除上述外,线路的最小半径至少必须在轴线与内车道左缘(取决于交通方向)的现有空间内增加。

表6-11　　　　　　　水平曲线的最小半径

道路收集—当地—发展			
Vp km/h	emax (%)	f	Rmin (m)
30	7	0,215	25
40	7	0,198	50
50	7	0,182	80
60	7	0,165	120
70	7	0,149	180
80	7	0,132	250

续表

公路—高速路—主要道路			
80	8	0,122	250
90	8	0,114	330
100	8	0,105	425
110	8	0,096	540
120	8	0,087	700

(4) 缓和曲线。

玻利维亚当地在考虑安全性、舒适度以及美观性，需要在道路上直线和圆曲线或在双圆曲线之间增加可变曲率元素。可变曲率元素的使用使得车辆可以根据同圆曲线相对应的特定速度行驶，且保持在车道中间。通常来说，当圆曲线与直线直接连接时不会发生此种情况，因为在此种情况下，驾驶员本能地利用可变曲率路径，偏离车道中心，甚至进入相邻车道，这将伴随危险发生。

(5) 曲线超高。

在玻利维亚尤库莫项目中，根据 ABC 几何设计手册表的关系式可确定每条曲线的超高，考虑最大超高为 8%，其超高和横向摩擦取值如表 6-12 所示。

表 6-12　　　　　　　　　　超高和横向摩擦

	Emax 最大超高	F 横向摩擦
Caminos 道路 Vp 30 a 80km/h 速度 30 至 80km/h	7%	0,265—V/602,4
Carreteras 公路 Vp 80a 120km/h 速度 80 至 120km/h	8%	0,193—V/1134

3. 纵断面设计

(1) 最大纵坡。

玻利维亚对最大纵坡的规定是依据道路或公路类型和设计速度确定的，如表 6-13 所示。在玻利维亚尤库莫项目中，该路段的坡度一般不超过 1%，只有四个垂直切线超过 2%。刚开始的 20 公里路段的累积绝对坡度较大，达到 20%，平均坡度为 0.72%，而其余 33 公里的累积坡度仅为 5%，平均坡度为 0.20%。

表 6-13　　　　　　　　　　玻利维亚公路的最大纵坡

CATEGORIA 类别	VELOCIDAD DE PROYECTO (km/h) 设计速度 (km/h)									
	≤30	40	50	60	70	80	90	100	110	120
Desarrollo 发展道路	10~12	10~9	9	—	—	—	—	—	—(1)	—
Local 地方道路	—	9	9	8	8	—	—	—	—	—
Colector 主干道	—	—	—	8	8	8	—	—	—	—
Primario 一级公路	—	—	—	—	—	6	5	4, 5	—	—
Autorrutas 超级公路	—	—	—	—	—	6	5	4, 5	—	—
Autopistas 高速公路	—	—	—	—	—	5	—	4, 5	—	4

注：与上述类别相关的 Vp 范围未考虑 110km/h。

（2）最小纵坡和坡长。

经过与南美地区玻利维亚相关技术人员的访谈可知，玻利维亚当地并没有对最小纵坡和坡长作出详细的描述，只对最大坡度作出了规定，当地最小坡度和坡长应结合工程地理条件和施工情况，对国标或美标对应规定进行借鉴和参考。

4. 差异化分析

公路几何设计中，本项目施工没有设计方，监理在该项目中承担了设计方的责任，承包方也可以根据路线的详细勘查对设计平纵进行变更。同样对应公路安全的考虑，中美在道路的几何设计规定中有不同的标准。例如，在玻利维亚公路几何设计手册中，对于≥600m 的长直线端头的曲线，设计速度为 80km/h 的要求按 100km/h 进行弯道设置，而国内没有这方面的规定。

通过玻利维亚在公路几何线形设计理念与中美两国的比较，发现设计依据、平面设计以及纵断面设计都存在一定的差异，同时本国在公路几何线性设计规范依旧还不够全面和完善，因此玻利维亚公路工程项目在路线设计过程中根据工程自身特点，在综合考虑安全、经济、与自然环境相协调等因素后，结合中美两国设计标准，选取合理的技术指标，从而设计出安全、经济、舒适、同沿线环境相协调的平面几何线形。

三、路面结构设计标准对比

(一) 中国标准的路面结构设计理念

1. 设计方法

根据我国《公路沥青路面施工技术规范》JTG F40—2004,我国沥青路面设计方法采用双圆垂直均布荷载作用下的多层弹性体系理论,以路表面回弹弯沉值和沥青混凝土层弯拉应力、半刚性及刚性材料基层弯拉应力为设计指标进行路面结构厚度设计,设计完成后,路面结构的路表弯沉与各结构层的弯拉应力均应满足设计指标的极限标准。

弹性层状体系是由若干个弹性层组成,上面各层具有一定厚度,最下一层为弹性半空间体,如图6-16所示。

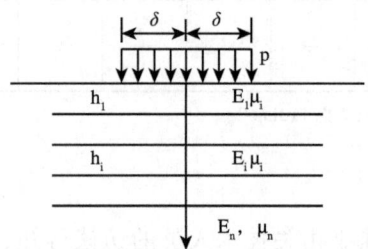

图6-16 弹性层状体系示意图

路面结构层厚度应满足如下要求:

①轮隙中心处(见图6-17A点)路表计算弯沉值l_s应小于等于设计弯沉值l_d,即$l_s \leqslant l_d$。

②轮隙中心(见图6-17C点)或单圆荷载中心处(见图6-17B点)的层底拉应力应σ_m小于或等于容许拉应力σ_R,即$\sigma_m \leqslant \sigma_R$。

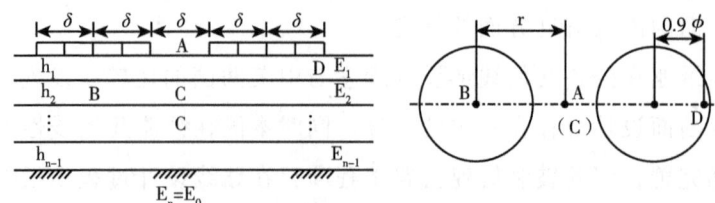

图6-17 路面荷载及计算点图示

路面结构设计应按如图6-18所示的流程进行,主要内容包括:

①根据设计要求，按弯沉或弯拉指标分别计设计年限内一个车道的累计标准当量轴次，确定设计交通量与交通等级，拟订面层、基层类型，并计算设计弯沉值或容许拉应力。

②按路基土类与干湿类型及路基横断面形式，将路基划分为若干路段，确定各个路段土基回弹模量设计值。

③参考本地区的经验拟订几种可行的路面结构组合与厚度方案，根据工程选用的材料进行配合比试验，测定各结构层材料的抗压回弹模量、劈裂强度等，确定各结构层的设计参数。

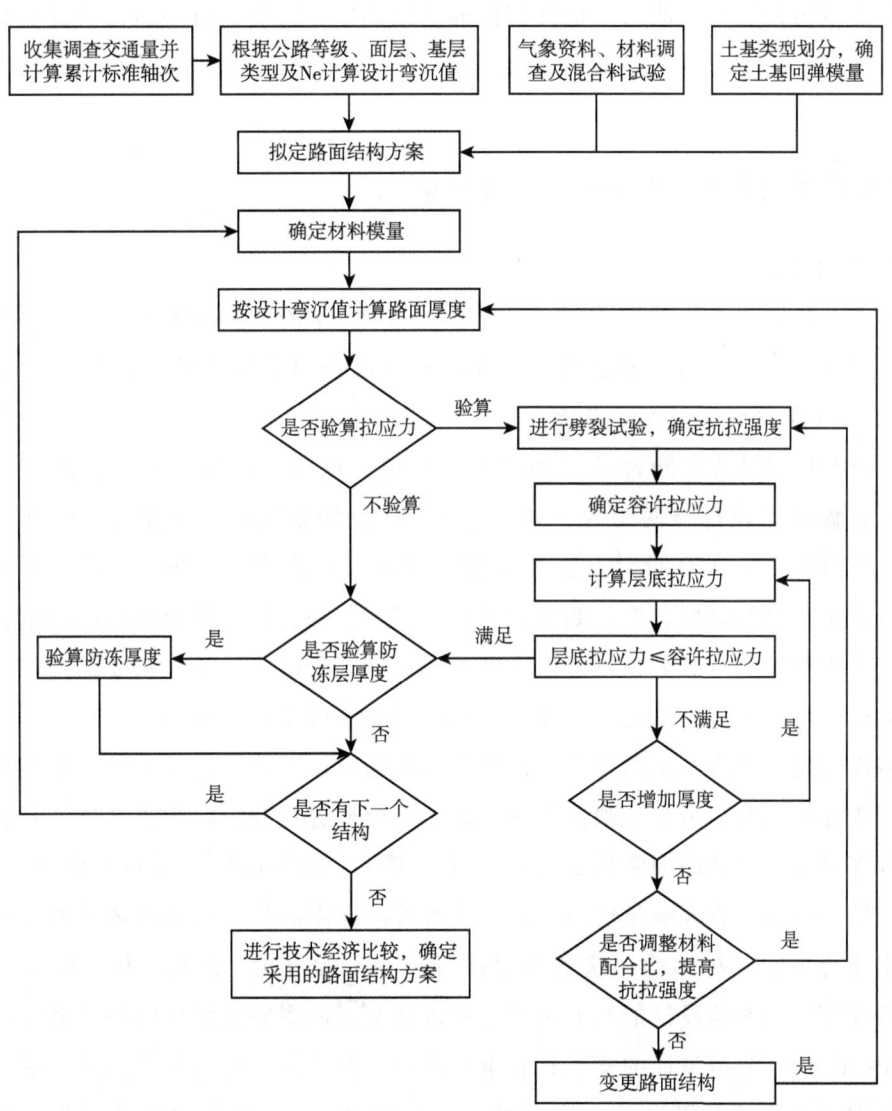

图6-18 国内路面结构设计流程

④根据设计指标采用多层弹性体系理论设计程序计算或验算路面厚度。

⑤对于季节性冰冻地区应验算防冻厚度是否符合要求。

⑥进行技术经济比较，确定路面结构方案。

2. 设计指标

我国由于大量采用了半刚性基层沥青路面结构，主要采用了两个设计控制指标：一是控制疲劳开裂的层底（沥青层底、半刚性层底）拉应力指标，二是控制路面结构承载力的弯沉指标，采用设计弯沉作为路面整体刚度指标，也是路面厚度设计的主要依据。但是我国设计指标主要考虑的是路面结构的整体强度及稳定性，而未将高等级道路抗车辙能力、抗开裂性能考虑其中。因此，按现行沥青路面设计法所设计的路面，难以保证道路在交通荷载、气候条件的共同作用下不出现车辙或开裂。

（二）美国标准的路面结构设计理念

1. 设计方法

AASHTO 设计方法的产生得益于 1958～1962 年的 AASHTO 试验路，AASHTO 设计方法在国内外都有着重大影响。AASHTO 法提出了反映路面的服务质量的概念——PSI（路面现时服务能力指数）。

AASHTO 设计方法同样基于多层弹性理论，将路面设计与路面使用性能相联系，真正做到了设计与使用为一体。AASHTO 设计方法的设计流程如图 6-19 所示，由图可知 AASHTO 设计方法主要有 3 个阶段：评价、分析、决策。在评价阶段，主要是一些基础性分析，如考虑环境、温度、湿度等对路面材料的影响，交通量的统计以及轴载分级等预测、可靠度的确定等。分析阶段是最重要的阶段，也是核心阶段，该阶段首先进行试算设计，通过第一阶段中层厚的估计、道路、几何特征、路面初始平整度、路面材料特性等参数的确定，试算设计出一种路面结构。然后调用程序中的路面力学反映模型和路面性能模型进行分析路面累计损坏量和路面平整度等指标，验证路面结构是否满足性能要求，若不能满足则对结构进行修改，并重新计算分析，直到满足性能要求。决策阶段即需要从满足性能要求的路面结构中选出最合理的一种结构，这就需要进行一些工程分析、排水分析、纹理结构分析、特殊环境和影响设计的当地习惯分析以及全寿命周期费用分析等诸多因素。

AASHTO 中分级设计的概念有着重要作用。设计人员可以根据道路等级和可靠度灵活选择不同的分级设计，从而提高设计效率。AASHTO 中将设计等级分为三级。一级设计也就是高等级设计有着最高要求的输入信息，往往用于高等级道路。

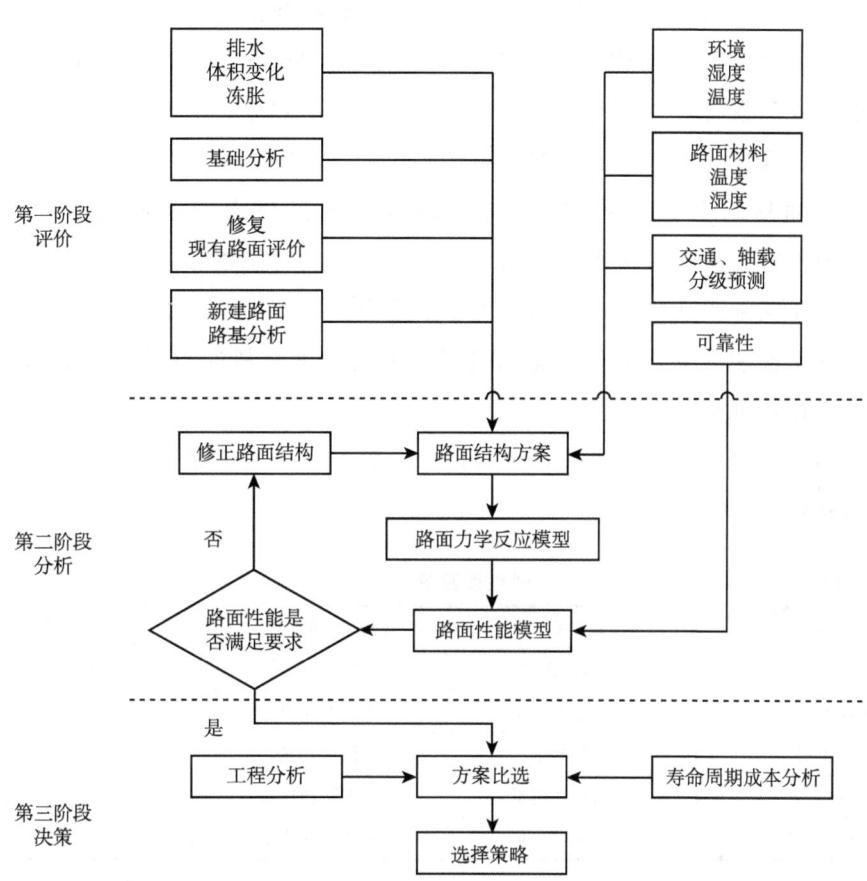

图 6-19 美国路面结构设计流程

一级设计需要进行实验室或者现场试验,以获取最为精确和详细的数据。二级设计是最为常规的中等等级设计,当不能满足一级设计要求时,设计人员便可选择二级设计,选用一些行业数据库内的参数或理论推导而来的参数。三级设计的设计可靠度相对最低,适用于低交通量道路等小型设计,设计参数可选用一些代表值或者平均值。在实际设计中还可以采用混合等级法进行设计,不过所有设计等级的运算方法是一样的,预测路面累计破坏和平整度的模型也是一样的。表 6-14 列出了路面分级设计的输入要求。

表 6-14　　　　　　　　　　分级设计的输入要求

输入水平	输入值的确定	输入值的质量
1	实际观测或试验	好
2	回归分析、当地经验	中
3	默认值、估计值	差

对于交通量，AASHTO 中按轴载谱考虑了所有轴载情况，并只考虑重车对路面的破坏作用，并没考虑轴载谱中前 3 类车的计算。同时，对交通参数设计也分三级，其中一级参数需要统计不同月份、不同小时、不同分钟的交通量的差异性，这样更能精确、人性化地考虑交通轴载对路面的破坏作用。

对于路面材料参数，AASHTO 与中国设计规范最大的不同便是动态模量，AASHTO 中不管是沥青材料还是半刚性材料都采用其动态模量，并有一套标准的试验规程。由于实际生活中，道路的使用年限之内，不管是车辆的行驶还是环境的变化甚至是材料性能的变化都是动态的过程，因此考虑材料的模量才是正确的选择。这也与 PSI 有异曲同工之处。

AASHTO 中也对材料信息进行分级设计。表 6 - 15 为模量的分级规定，以此可以理解材料信息分级概念。

表 6 - 15　　　　　　　　　　弹性模量输入分级

材料	一级	二级	三级
沥青混凝土	实测动模量	估算动模量	经验动模量
水泥混凝土	实测弹性模量	估算弹性模量	经验弹性模量
稳定类材料	实测模量	估算模量	经验模量
颗粒材料	实测回弹模量	估算回弹模量	经验回弹模量
土基材料	实测回弹模量	估算回弹模量	经验回弹模量

2. 设计指标

AASHTO 2002 中主要考虑的破坏模式有沥青层底的疲劳开裂、路面的永久变形（车辙）、低温收缩以及平整度，其主要设计控制指标为沥青层的疲劳开裂和低温开裂、沥青层的纵向开裂、无机结合料类结构层的疲劳开裂、车辙和平整度。AASHTO 设计方法采用无量纲的现实服务能力指数 PSI 作为设计指标，还可作为路面使用性能的度量指标，它与路面实际状况（平整度、裂缝、车辙、修补）之间建立经验关系式，考虑了道路的抗车辙能力及抗开裂性能，反映路面功能性能的指标。

（三）中美路面结构设计标准对比

对中、美的路面结构设计方法与指标进行了对比，主要结论如下：

（1）各设计方法确定路面结构层厚度的理论基础都是相同的，即层状弹性体系理论；各设计方法的设计流程基本分为三个阶段，即参数获取阶段、路面结构计算阶段、方案确定阶段。但是在每一阶段各设计方法都存在不同，如设计参数获取阶段，中美两国对材料模量的获取方法不一样，交通量换算成累计当量轴次的方法不一样，土基回弹模量的取值方法也不一样等。再如路面结构计算阶段，两国所采用的计算标准不一样，即设计指标不一样。

（2）由于中美两国通常采用的路面结构存在差异，导致其设计指标也存在一定差异：我国的主要设计指标是路表弯沉和沥青面层或基层层底拉应力；AASHTO设计指标则为沥青层的疲劳开裂和低温开裂、沥青层的纵向开裂、无机结合料类结构层的疲劳开裂、车辙和平整度。总体而言，路表弯沉指标是我国的特有指标，其考虑的是结构的整体刚度水平，但不能单独考虑各结构层的状况；IRI指标也是美国设计指南的特有指标，而我国还没有在设计方法中体现路面功能性指标。

（3）美国在路面设计中考虑了路面结构在荷载和环境作用下的累积破坏过程，与实际路面行为更为吻合；我国虽然采用抗拉强度结构系数来考虑材料的损伤破坏过程，但其基础数据大多基于室内实验数据，与现场材料行为吻合度不高。

（4）美国设计指南中考虑了三种设计等级，每种设计等级分别对应不同等级的道路设计；同时考虑了设计可靠性，这些都是我国设计规范值得借鉴之处。

（四）属地玻利维亚路面结构设计标准理念

1. 设计方法

在玻利维亚沥青路面结构设计遵循了美国规范，两圣项目设计方采用了AASHTO GDPS－93规范方法，即半经验半理论的方法进行设计。该方法在试验段数据的基础上，建立了路面结构数需求值SNr的经验公式：

$$\log_{10}(W_{18}) = Z_R \times S_0 + 9.36\log_{10}(SN_r + 1) - 0.2 + \frac{\log_{10}\left|\frac{\Delta PSI}{4.2 - 1.5}\right|}{0.4 + \frac{1094}{(SN_r + 1)^{5.19}}}$$

$$+ 2.32\log_{10}(M_R) - 8.07 \quad (6-1)$$

其中，W18为设计年限内 $18 \times 10^3 lb$（80kN）累计当量轴次；Z_R为对应设计可靠度R的正态偏差；S_0为按照交通量或使用性能预估的总标准差；ΔPSI为使用性能期内路面服务能力指数的变化量；M_R为基层、底基层材料的动态回弹模量，对于土基则为有效回弹模量。

AASHTO GDPS－93规范方法的另一核心公式为路面结构数设计值SNd的计算式：

$$SN_d = a_1 D_1 + a_2 D_2 m_2 + a_3 D_3 m_3 \quad (6-2)$$

其中，a_1、a_2、a_3分别为面层、基层、底基层的层位系数，D_1、D_2、D_3分别为面层、基层、底基层的厚度；m_2、m_3分别为粒料基层、粒料底基层的排水系数。

在 AASHTO GDPS-93 规范方法中，如果 SNd 不小于 SNr，则该路面结构设计方案具有技术合理性。

根据和玻利维亚现场技术人员的访谈，玻利维亚在路面结构设计流程上同国内相差不大，首先项目前期设计文件由业主组织设计单位进行，结构性设计都具有相关的计算文件。

2. 设计指标

玻利维亚路面结构的设计指标主要有压实度、弯沉值、沥青含量、集料级配、车辙、横坡度及平整度等方面。在验收时主要以标高为主，以弯沉、平整度为辅，但中线平面偏位、横坡与平整度的验收均忽略。底基层需要测弯沉，而基层与面层不需要测弯沉，压实度仍以灌砂法为主。压实度每 100m 测 3 个点；弯沉检测，每一双车道评定路段（不超过 1km）检测 80~100 个点。

3. 路面结构设计上的差异

在玻利维亚在路面结构设计上需要合理设置路面各结构层的位置和层厚，充分发挥各层材料的特性，以抵抗车轮荷载和环境因素的作用，实现路面的设计使用寿命。同时，整个结构特别是基层以下部分还应保持有足够的剩余强度，以保证路面结构有最低的修复成本和更长的使用寿命。现场尤其需要关注每一层的设计厚度和设计宽度以及边坡的修整，还有材料的换填。

中国大部分采用的是级配碎石底基层以及水泥稳定碎石基层，这两层结构基本上不会有较大变动，对于基层中的水稳层可能采用 2 层或者 1 层，基层上面铺设 1~3 层沥青混凝土面层，根据粒径大小可分为粗、中、细粒三种结构层次，其设计厚度不超过 10cm。在过去，我国沥青混凝土结构层采用一层级配碎石上直接铺设沥青混凝土，从理论上是可以达到行车要求，但会出现大面积的开裂严重损坏现象，因此目前很少能看到此类型的路面结构层。

玻利维亚路面结构层优化和确定也在不断的探索之间，现阶段采用的是成本较低的筛分后的天然砂砾作为底基层，同时对砂砾的级配也有一定的要求，这种形式在国内 20 世纪 90 年代也有所采用。其次以级配碎石作为基层，最上面一层采用的是沥青混凝土面层，当地规范要求其设计厚度不超过 7cm，相比国内路面结构层次相对简单；由于当前玻利维亚地区，很多建好的路面后期损坏导致维修费用很高，为提高主道路质量，在玻利维亚尤库莫项目中，现正把筛分后的天然砂砾底基层掺加水泥，名为颗粒状水泥土运用到底基层的实验阶段，本项目采用 25cm 厚的底基层加入水泥要比 15cm 厚的效果更好，基本很少出现路面开裂，也得到当地认可和满意。

通过当地技术人员经验了解到，如果不在底基层加入水泥，可在基层中加入水泥

(在级配碎石中加入水泥形成水泥稳定碎石),通过这个方式可以对路面起到保护作用以及提高道路的使用年限。由于采用级配碎石作为基层,沥青混凝土一旦达到使用年限,就会出现局部开裂,从而导致道路的整体损坏,但是加入了水泥后,局部开裂,仅会对沥青混凝土产生轻微损坏,产生的是路面的局部性损坏。玻利维亚路面结构层与国内差异较大地方在于,当地采用不加水泥级配碎石作为基层,而我国是采用的是水泥稳定碎石基层,我国这种沥青混凝土沥青路面结构层形式,在使用效果方面会比玻利维亚更好。根据调研了解到,由于玻利维亚当地工程师主观性认为采用水泥稳定碎石基层形式容易开裂从而对沥青混凝土面层损害。因此,当地不同意采用水泥稳定碎石基层的形式。对于这种情况,可采用稀浆封层或土工格栅的方式,从而提高路面防水以及防开裂的作用。

对于底基层的设计区别,我国采用的是级配碎石底基层,而玻利维亚当地采用的是天然砂砾底基层,天然砂砾从河道或山坡中获取,当地对风化的压缩土也没有硬性要求,很多项目都可以直接采用。当地道路修完之后,由于损害比较大,会再加水来增加其承载力,从而提高底基层的强度。对于基层的设计区别,国内采用的是水泥稳定碎石基层,而玻利维亚采用的是级配碎石基层。另一个区别在于基层压缩度要求,美标压实度要求不小于97%,而当地认为按该压实度完成的道路质量不好,人为地把压实度提高到100%,按照当地压实标准以及施工工艺进行,碾压达到10遍以上,可达到压实度100%的效果。

4. 项目遇到的质量通病与解决措施

(1) 横向裂缝。

主要原因:采用平接缝,边缘未处理成垂直面;采用斜接缝时,施工方法不当;新旧混凝土的黏结不紧密;摊铺、碾压不当。

应对措施:

尽量采用平接缝。将已摊铺的路面尽头边缘在冷却但尚未结硬时锯成垂直面,并与纵向边缘成直角,或趁未冷透时用凿岩机或人工垂直刨除端部层厚不足的部分。

采用斜接缝时,注意搭接长度,一般为 0.4~0.8m。预热软化已压实部分路面,加强新旧混凝土的黏结。

摊铺机起步速度要慢,并调整好预留高度摊铺结束后立即碾压,压路机先进行横向碾压(从先铺路面上跨缝开始,逐渐移向新铺面层),再纵向碾压成为一体,碾压速度不宜过快。同时,也要注意碾压的温度要符合要求(见图6-20)。

(2) 纵向裂缝。

主要原因:面层施工摊铺、碾压方式不合理(见图6-21)。

图6-20 沥青混凝土面层横向裂缝　　　图6-21 沥青混凝土面层纵裂缝

应对措施：

①尽量采用热接缝施工，采用两台或两台以上摊铺机梯队作业。当半幅路施工或因特殊原因而产生纵向冷接槎时，宜加设挡板或加设切刀切齐，也可在混凝土尚未冷却前用镐侧除边缘留下毛槎的方式。铺另半幅前必须将缝边缘清扫干净，并涂洒少量粘层沥青。

②将已摊铺混凝土留10~20cm暂不碾压，作为后摊铺部分的高程基准面，待后摊铺部分完成后一起碾压，如图6-22所示。纵缝如为热接缝时，应以1/2轮宽进行跨缝碾压；纵缝如为冷接缝时，应先在已压实路上行走，只压新铺层的10~15cm，随后将压实轮每次再向新铺面移动10~15cm。

图6-22 沥青混凝土面层车辙

③碾压完成后，用3直尺检查，用钢轮压路机处理棱角。

（3）车辙。

主要原因：车辙可分为磨耗型车辙、结构型车辙、失稳型车辙、压密型车辙。

应对措施：合理的路面结构层设计，各层模量不宜相差过大，级配要合理；采用适宜的油石比，并且经过车辙试验验证；选择温度敏感性低、稠度高的沥青；加强路面施工质量控制，对厚度、平整度、孔隙率等指标进行控制。

5. 经验总结

沥青混凝土路面是公路工程的常见路面形式，玻利维亚两圣项目严格按照项目技术规范进行施工，保障了路面施工质量。主要的施工要点如下：

（1）沥青混凝土的出厂温度、摊铺温度是质量控制的关键，需要严格控制沥青的各项温度指标。行车道和硬度间的厚度不一致时，可以通过调整熨平板的高度，一次摊铺成型，能够显著节约工期和成本。此外，还要严格控制压实度、平整度。

（2）2000型沥青混凝土拌和站的产量约为90t/h，生产出的沥青混凝土应该均匀一致，无花白、离析、结块现象。摊铺机的正常摊铺速度确定7.5cm的C类沥青混凝土为1.0m/min，摊铺机正常夯锤倍数为7，摊铺机松铺系数以1.2控制。

（3）施工现场应做好交通组织，距离200m处设置前方施工标志牌，距离100m处设置限速标志牌，距离20m处设置禁止驶入和导向标志牌。施工人员穿戴反光背心，脚穿劳保用鞋。应该加强沥青站和现场的工作协调，设立专门的生产协调群，沥青站、现场和在途运输的情况及时在群里通知，以便实时调整场站发料和现场摊铺的速度。

四、桥涵结构设计标准对比

（一）中国标准的桥涵结构设计理念

1. 公路桥规极限状态与设计方法

桥梁设计准则需要通过极限状态设计得以具体实现，现代桥梁的结构设计理念已由传统的容许应力法走向极限状态法，根据我国《公路桥涵设计通用规范》JTG D60—2015规定，提出设计应满足2种极限状态，即：

（1）承载能力极限状态：对应于桥涵结构或其构件达到最大承载能力或出现不适于继续承载的变形或变位的状态；

（2）正常使用极限状态：对应于桥涵结构或其构件达到正常使用或耐久性的某项限值。

我国规范采用以概率理论为基础的极限状态设计法，以可靠指标度量结构构件的可靠度，采用分项系数的设计表达式进行设计，其设计表达式如下：

$$\gamma_0 S \leqslant R(f_d, a_d) \tag{6-3}$$

其中，γ_0——桥梁结构的重要性系数；

　　　　S——作用或荷载效应（汽车荷载记入冲击系数）的组合设计值；

　　　　R——构件承载力函数；

　　　　f_d——材料强度设计值；

　　　　a_d——几何参数设计值。

2. 汽车荷载

根据《公路桥涵设计通用规范》JTG D60—2015 规定，中国的汽车荷载等级分为公路-Ⅰ级和公路-Ⅱ级两个等级，荷载模式分为车道荷载和车辆荷载。各级公路桥涵设计的汽车荷载等级应符合表 6-16 的规定。

表 6-16　　　　　　　　　中国各级公路桥涵的汽车荷载等级

公路等级	高速公路	一级公路	二级公路	三级公路	四级公路
汽车荷载等级	公路-Ⅰ级	公路-Ⅰ级	公路-Ⅱ级	公路-Ⅱ级	公路-Ⅱ级

注：①二级公路为干线公路且重型车辆多时，其桥涵的设计可采用公路-Ⅰ级汽车荷载。②四级公路上重型车辆少时，其桥涵设计所采用的公路-Ⅱ级车道荷载的效应可乘以 0.8 的折减系数，车辆荷载的效应可乘以 0.7 的折减系数。

（1）车道荷载。

根据《公路桥涵设计通用规范》JTG D60—2015 规定，车道荷载由均布荷载和集中荷载组成，桥梁结构的整体计算采用车道荷载，车道荷载的计算图式如图 6-23 所示。

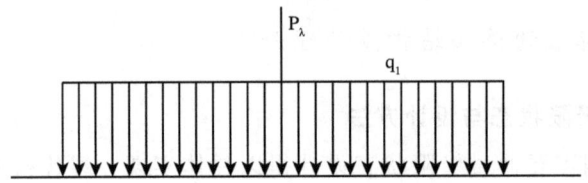

图 6-23　中国车道荷载计算简图

公路-Ⅰ级车道荷载的均布荷载标准值为 $q_K = 10.5 \text{kN/m}$；集中荷载标准值 P_K 按式（6-4）选取，规定要求桥梁计算跨径小于或等于 5m 时，$P_K = 180 \text{kN}$；当桥梁计算跨径等于或大于 50m 时，$P_K = 360 \text{kN}$，当桥梁计算跨径在 5m～50m 时，P_K 值采用直线内插求得。对于公路-Ⅱ级车道荷载的均布荷载标准值 q_K 和集中荷载标准值 P_K 按公路-Ⅰ级车道荷载的 0.75 倍采用。

$$P_K = \begin{cases} 270 & L \leq 5\text{m} \\ 2L + 260 & 5\text{m} < L < 50\text{m} \\ 360 & L \geq 50\text{m} \end{cases} \quad (6-4)$$

其中，L 为桥梁的计算跨径，设支座的为相邻两支座中心间的水平距离；不设支座的为上、下部结构相交面中心间的水平距离。

(2) 车辆荷载。

公路桥梁结构的局部加载、涵洞、桥台和挡土墙土压力等的计算采用车辆荷载，根据中国规范《公路桥涵设计通用规范》JTG D60—2015 规定，车辆荷载的立面、平面尺寸见图 6-24，主要技术指标规定于表 6-17 中。公路-Ⅰ级和公路-Ⅱ级汽车荷载采用相同的车辆荷载标准值。车道荷载横向分布系数应按设计车道数如图 6-25 所示布置车辆荷载进行计算。

表 6-17 中国车辆荷载的主要技术指标

项目	单位	技术指标	项目	单位	技术指标
车辆重力标准值	kN	550	轮距	m	1.8
前轴重力标准值	kN	30	前轮着地宽度及长度	m	0.3 × 0.2
中轴重力标准值	kN	2 × 120	中、后轮着地宽度及长度	m	0.6 × 0.2
后轴重力标准值	kN	2 × 140	车辆外形尺寸（长 × 宽）	m	15 × 2.5
轴距	m	3 + 1.4 + 7 + 1.4			

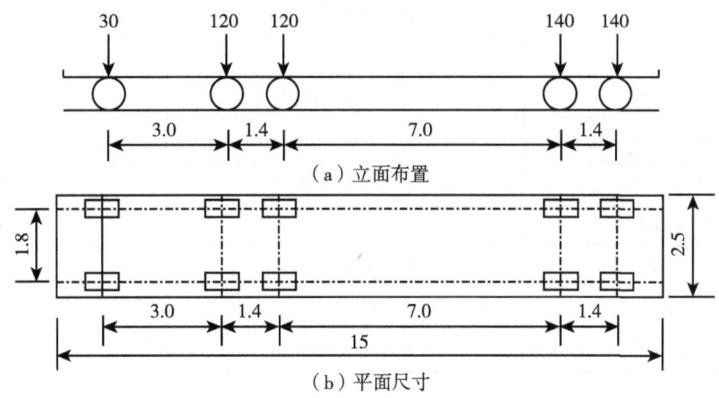

图 6-24 中国车辆荷载的立面、平面尺寸

3. 人群荷载

根据中国规范《公路桥涵设计通用规范》JTG D60—2015 规定，当桥梁计算跨径不大于 50m 时，人群荷载标准值为 3.0kN/m^2；当桥梁计算跨径大于或等于 150m 时，人群荷载标准值为 2.5kN/m^2；计算跨径介于 50~150m 时，人群荷载标准值采用线性插值获得，对于跨径不等的连续结构，以最大计算跨径为准。城镇郊区行人密集地区的公路桥梁，人群荷载标准值取上述规定值的 1.15 倍，专用人行桥梁人群荷载标准值为 3.5kN/m^2。

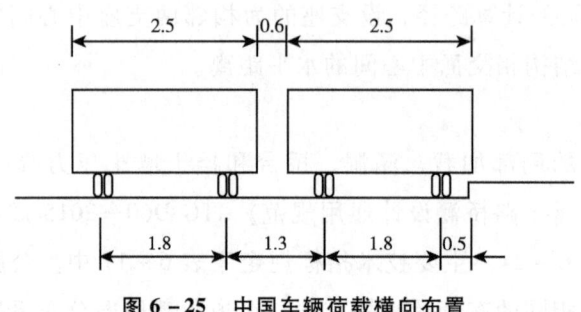

图 6-25 中国车辆荷载横向布置

4. 车道数的设计和横向车道折减

根据中国规范《公路桥涵设计通用规范》JTG D60—2015 规定，桥涵设计车道数根据桥面宽度以及车辆行驶状态进行划分，应符合表 6-18 的规定。对于多车道桥梁上的汽车荷载应考虑多车道折减，当桥涵设计车道数等于或大于 2 时，由汽车荷载产生的效应应按表 6-19 规定的多车道折减系数进行折减，但折减后的效应不得小于两设计车道的荷载效应。

表 6-18　　　　　　　　　中国桥涵设计车道数

桥面宽度		桥涵设计车道数
车辆单向行驶时	车辆双向行驶时	
W < 7.0		1
7.0 ≤ W < 10.5	6.0 ≤ W < 14.0	2
10.5 ≤ W < 14.0		3
14.0 ≤ W < 17.5	14.0 ≤ W < 21.0	4
17.5 ≤ W < 21.0		5
21.0 ≤ W < 24.5	21.0 ≤ W < 28.0	6
24.5 ≤ W < 28.0		7
28.0 ≤ W < 31.5	28.0 ≤ W < 35.0	8

表 6-19　　　　　　　　　中国汽车荷载横向折减系数

横向布置设计车道数（条）	1	2	3	4	5	6	7	8
横向折减系数	1.20	1.00	0.78	0.67	0.60	0.55	0.52	0.50

5. 汽车荷载冲击力

钢桥、钢筋混凝土及预应力混凝土桥、圬工拱桥等上部构造和钢支座、板式橡胶支座、盆式橡胶支座及钢筋混凝土柱式墩台，应计算汽车的冲击作用。而对于填料厚度（包括路面厚度）等于或大于 0.5m 的拱桥、涵洞以及重力式墩台不计冲击力。

汽车荷载的冲击力标准值为汽车荷载标准值乘以冲击系数 μ。

冲击系数 μ 可按下式计算：

当 f < 1.5Hz 时，μ = 0.05；

当 1.5Hz ≤ f ≤ 14Hz 时，μ = 0.1767lnf - 0.0157；

当 f > 14Hz 时，μ = 0.45。

其中，f 为结构基频（Hz）。

对于汽车荷载的局部加载及在 T 梁、箱梁悬磬板上的冲击系数采用 1.3。

（二）美国标准的桥涵结构设计理念

1. 公路桥规的极限状态以及设计方法

AASHTO 规范经历了 ASD - LFD - LRFD 等 3 个设计理念的转变。现有 LRFD 即荷载抗力系数设计法采用极限状态设计法进行设计，通过在荷载和承载力上设置对应的系数来保证结构的安全度，根据美国规范 AASHTO LRFD Bridge Design Specifications 对 4 种极限状态清晰地对结构可能存在的状态进行了分类，从而明确了对应状态下的设计理念：

（1）使用极限状态（Service Limit State）：在正常使用条件下，对应力、变形和裂缝宽度的限制。

（2）疲劳和断裂极限状态（Fatigue and Fracture Limit State）：对于设计车辆和给定应力循环次数下产生的应力幅的限制。断裂极限状态是根据 AASHTO 材料规范再对韧性提出的要求。

（3）强度极限状态（Strength Limit State）：在设计期限内，桥梁应能承受特定的静力不利荷载组合，保证强度和稳定性。

（4）极端事件极限状态（Extreme Event Limit States）：在经历较大的地震、洪水，或船只、车辆或流冰（很可能在受到冲刷条件下）撞击时，保证结构不致毁坏。

根据美国规范，以可靠度理论为基础，采用荷载抗力设计法（Load and Resistance Factor Design），公式中"荷载"一侧，在力效应、荷载系数基础上乘以关于延性、超静定和运营重要性的综合系数；"抗力"一侧，采用公称抗力（各种材料强度标准值及几何参数计算出的抗力）乘以一个各种构件取值不同的抗力系数，其设计表达式如下：

$$\eta \sum Y_i Q_i \leq \phi R_n \quad (6-5)$$

$$\eta = \eta_D \eta_R \eta_I > 0.95 \quad (6-6)$$

其中，η——关于延性、超静定和运营重要性的系数；

Y_i——荷载系数;

Q_i——力效应;

ϕ——抗力系数;

R_n——公称抗力;

η_D——有关延性的系数;

η_R——超静定性的系数;

η_1——运营重要性的系数。

2. 汽车荷载

根据美国规范 AASHTO LRFD Bridge Design Specifications 的规定,作用在桥梁或附属结构上的汽车荷载(HL-93级),设计计算时取两项组合中的较大者:

(1)设计货车+设计车道荷载;

(2)设计双轴+设计车道荷载。

从前面的组合可以看出,美国规范中的汽车荷载有三种不同的形式,分别为设计货车(Design Truck)、设计双轴(Design Tandem)和设计车道荷载(Design Lane Load),每种荷载形式表述如下。

①设计货车荷载(Design Truck)。

美国规范设计货车的轴重、轴距和轮距示意图见图 6-26。设计货车的中、后两个 145kN 重轴之间的轴距应当在 4300~9000mm 的范围内变化,以能产生最不利效应为准。

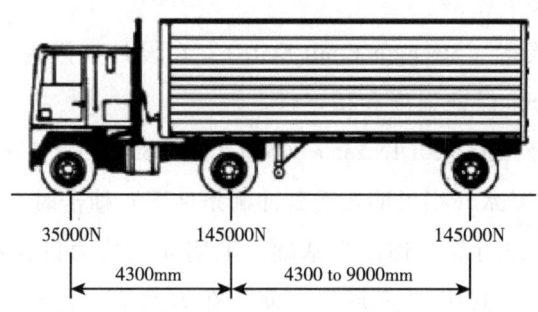

图 6-26 美国设计卡车荷载的轴重和尺寸

②设计双轴荷载(Design Tandem)。

美国规范设计双轴荷载纵向布置由一对 110kN 的车轴荷载组成,间距为 1200mm。横向轮距为 1800mm,设计双轴的纵向布置和横向布置示意图如图 6-27 所示。

(3)美国规范设计车道荷载为均布在桥梁结构跨度方向上的均布荷载,均布荷载集度为 9.3kN/m,设计车道荷载计算简图如图 6-28 所示。

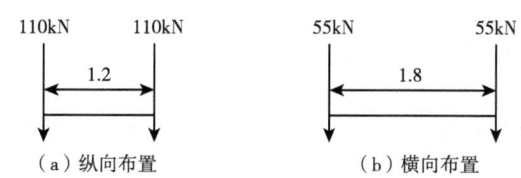

图 6-27　设计双轴图示

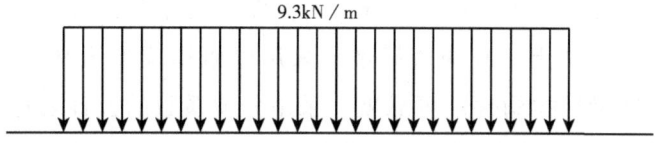

图 6-28　设计车道荷载图示

3. 人群荷载

根据美国规范 AASHTO LRFD Bridge Design Specifications 的规定，所有宽度大于 600mm 的人行道应该施加 3.6×10^{-3} MPa 的人群荷载，且应同时考虑汽车设计活载，专供行人和自行车交通使用的桥梁，应该按照活载 4.1×10^{-3} MPa 进行设计，同时需要考虑桥梁维修车辆的活荷载（不计冲击）。

4. 车道数的设计和横向车道折减

在桥梁结构设计中，汽车荷载的取值同桥梁宽度密切相关，特别是设计车道数，根据美国规范 AASHTO LRFD Bridge Design Specifications 的规定，美国车道数取桥面宽度与 3.6 的整数部分，对于车道宽度小于 3.6m 的车道，按实际车道数计。美国规范对多车道折减系数见表 6-20。

表 6-20　　　　　美国汽车荷载横向折减系数表

横向布置设计车道数（条）	1	2	3	>3
横向折减系数	1.20	1.00	0.85	0.65

5. 汽车荷载冲击力

如无其他规定，设计卡车荷载和设计双轴荷载的冲击系数按 (1 + IM) 修正，IM 值见表 6-21。设计车道荷载和人群荷载不使用冲击系数。

表 6-21　　　　　美国冲击系数 IM 值

构件	IM
桥面板接缝的所有极限状态	75%
所有其他构件疲劳和破裂极限状态	15%
所有其他极限状态	33%

(三) 中美桥涵结构设计标准对比

中美桥梁规范主要区别体现在极限状态和设计方法、荷载取值、车道数的设计和横向车道折减以及汽车荷载冲击系数等四个方面。

1. 极限状态和设计方法

在极限状态分类上,中国桥梁规分为两类极限状态而美国桥梁规范划分了四类极限状态。在设计方法上,我国桥梁规范采用以概率理论为基础的极限状态设计法,以可靠指标度量结构构件的可靠度,采用分项系数的设计表达式进行设计。而美国规范是以可靠度理论为基础,采用荷载抗力设计法,设计表达式没有分项系数。

2. 荷载取值

对于汽车荷载,中国桥梁规范汽车荷载由车道荷载和车辆荷载组成,车道荷载由均布荷载和集中荷载组成。美国桥梁规范有两种荷载组合,设计货车与设计车道荷载组合,设计双轴与设计车道荷载组合,桥梁结构计算取两种组合的较大值;此外,美国规范的车道荷载无集中荷载,靠车辆荷载提供集中力以获得桥梁荷载最不利布置。在进行整体计算时,美国规范是将车辆荷载和车道荷载按一定规则进行加载,而中国规范的车道荷载适用于整体承载力计算,车辆荷载适用于局部承载力计算,且规定车道荷载与车辆荷载的作用不得叠加。对于人群荷载,中美两国对于人群荷载的取值方法有所区别。

3. 车道数的设计和横向车道折减

中美两国对于车道数的设计都考虑车道宽度,而中国还考虑车辆的行驶状态。对于横向车道折减系数,美国桥梁规范多车道折减系数均高于中国桥梁规范,其单车道折减系数为中国规范的1.2倍。

4. 汽车荷载冲击系数

对比两国的冲击系数计算方法可知,中国桥规认为影响桥梁冲击特性的主要因素是桥梁结构的振动基频,冲击系数的计算是基于结构基频得到的,并且在一定的范围内变化。美国桥规的冲击系数则是依据不同的构件类别以及极限状态,给出相应的冲击系数,是一个定值。中国桥规中的均布荷载和集中力均应计入冲击系数的影响,而美国桥规中的均布荷载无须考虑冲击效应,仅有设计货车和设计双轴需要考虑冲击效应。

(四) 属地玻利维亚桥涵结构设计理念

1. 公路桥规的极限状态以及设计方法

玻利维亚当地项目采用了美规规范对极限状态的划分方式,也是将极限状态划分为使用极限状态、疲劳和断裂极限状态、强度极限状态以及极端事件极限状态四种类型。设计方法和美国相似,以可靠度理论为基础,采用荷载抗力设计法对桥涵结构进行设计。

2. 设计荷载与其他参数的取值

玻利维亚当地是在"公路桥梁标准规范"(Standard Specifications for Hihgway Bridges)、AASHTO 标准 1996-16a 版的基础上完成了桥梁设计。关于汽车荷载取值方式,是根据标准 AASHTO 的规定,在桥梁设计中考虑活动荷载的两个标准,设计卡车荷载的轴重和尺寸如图 6-29 所示。

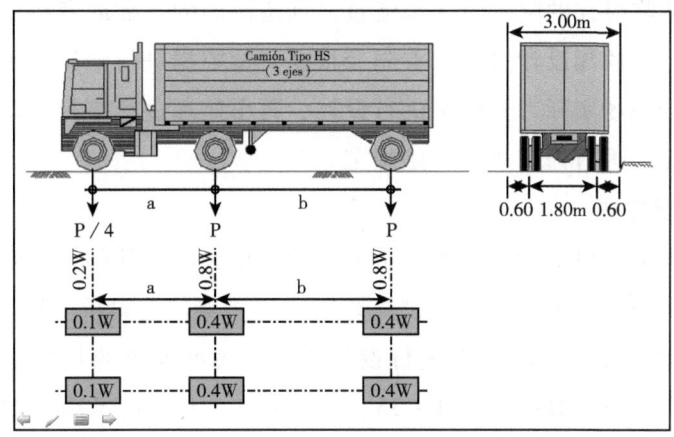

图 6-29 设计卡车

此外,还考虑了等量荷载标准,具体数值参数如表 6-22 所示。

表 6-22 设计卡车荷载参数

TIPO 类型	Peso Camión (tn) 卡车重量 (tn)	P (üi)	a (m)	b (m)	We (kg/m)	Pi Corte (tn) Pi 切割重量 (tn)	Pi P. Momento (tn) Q. Pi 应力重量 (tn)
HS-20	32.667	14.515	4.30	4.30~9.00	952.4	11.793	8.165
HS-25	40.834	18.144	4.30	4.30~9.00	1,190.5	14.741	10.26

其设计车道荷载计算简图如图 6-30 所示,该道路宽度为 3.0 米。

关于人群荷载、车道数的设计和横向车道折减以及汽车荷载冲击系数同样依据美国 AASHTO 标准的相关规定进行取值,可参考本书中美国标准的桥涵结构设计理念中相关参数的取值。

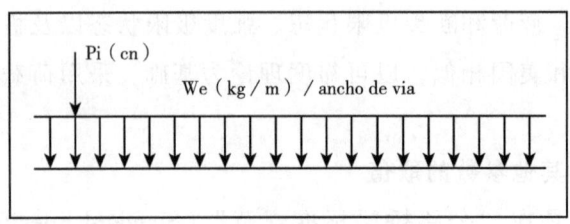

图 6-30　车道荷载计算简图

3. 设计依据和设计过程

玻利维亚桥涵的设计主要基于现场的实地考察，根据该处地形、坡度、水流的走势以及雨季来临时候的降水量和水流量来确定涵洞的孔数或者桥梁的类型以及各个技术参数。当地桥涵设计过程：首先会根据测量数据进行绘制地形图，从而进行流域分析，结合现场实际考察情况进行设计，再由监理进行审批，待监理回复通过或提出修改意见后进行修缮进而开始施工。

4. 桥梁变更方式

根据调研了解，目前阶段驻玻人员遇到的最重要的设计问题是桥型变更。但由于玻利维亚地形较为平整，整个项目只有三座 T 型梁简支梁桥。桥型较为简单，所以目前没有桥梁工程师在项目部进行设计工作。桥型变更的目的是使施工更加简单，桥梁原设计3座桥梁孔径是 1-35、1-40、1-45。两圣项目对桥梁进行了变更。由于以前在对比玻利维亚当地涵洞设计时发现当地的钢筋用量比国内少很多，因此在桥梁设计方面不能套用国内的标准，需要找当地业主监理认可的设计分包做桥梁变更设计，统一孔径 1-40。

5. 桥涵结构设计差异化分析

（1）与国内差异较大的地方是国内的设计图纸在开工之前基本上就可以完全确定，而当地业主所寻找的设计院提供的图纸均为基本概念设计，不能用于施工，还需要根据实际情况进行完善和修改后方可施工。

例如，"涵洞设计"在玻利维亚需要施工方自行设计，需要测量队在前期对涵洞设计处进行数据采集。而国内一般都是由设计方在前期已设计完成，施工时所得相关参数（原材料需求、工作量等）大体与设计相同。类似地，排水、箱涵、平面交叉设计都需要施工方根据现场情况进行调整、设计，国内则是在相关规范里明确了具体要求。

玻利维亚这种设计模式（将部分设计工作放在施工进行当中）对施工方来讲没有益处，而是会不同程度地延误工期。此外，很多设计、施工的进度与监理的签字、反馈有极大关系。

（2）桥型变更的程序方面，国内在涉及桥型变更问题时，一般是两种思路，分别是利用跨径调整桥长和下压桥梁标高调整桥长。前者会导致桥台高度变化导致的台背填土过高，使得桥头发生沉降问题（与地质条件有关），后者会导致大桩号端（桥梁高度变小端）挖方量增大导致的护坡变低，引发边坡稳定问题。在尤库莫这一具体项目中，仅有一座25.5m的简支梁桥涉及桥型变更，所以拟采用的方案为将桥改为多孔跨径的涵洞或者寻找类似的图纸、配套模板进行施工。更改方案意味着重新进行设计，所以在尤库莫标段，没有遇到由变更方法不同而产生的技术、工程量上的难题。

在桥型变更的程序方面，与国内基本一致，即施工方要提交充分的申请变更理由，包括地质、水文条件、造价、受力分析等，取得监理和甲方同意后才可进行设计变更。

（3）在桥梁基础设计的差异方面，玻利维亚当地桥梁基础的设计时需要做地勘检测，更多采用的是手工检测方式，相比国内的小型地质勘探钻机地勘检测方式相对落后。其次在玻利维亚当地桥梁基础基本采用桩基础的形式，较为单一，而国内桥梁基础形式多样，有桩基础、刚性扩大基础以及沉井基础等类型。在结构形式方面，玻利维亚当地桩柱式承台桩基和立柱的直径是一样的，而国内一般桩基设计的直径要比立柱直径大，其他形式和国内基本一致。在桥梁基础施工方面，由于玻利维亚地质条件的限制，在平原地带砂砾层较多，在基础施工方面需要采用全钢护筒方式到达桩底，在开挖施工时可以采用冲击钻、旋挖钻或者挖斗机械等方式和国内相差不大，但是当地机械设备均需要从国外进行采购。当地在施工中更加注重成本因素，由于项目采用全钢护筒的方式成本较高，且当地规范没有明确要求，后续经过监理同意，更改了施工工艺，采用泥浆护壁加冲击钻的方式进行桩基础的施工。此外，当地规范不允许采用膨润土进行开挖，是因为该方式会影响桩基础的强度。最后，在钢筋的连接形式方面，中国钢筋的连接形式包括焊接、机械连接以及绑扎搭接三种类型，钢筋连接形式多样，而当地钢筋连接一般采用绑扎搭接的形式，搭接要求是40倍d，当地很少采用焊接方式，这是由于焊接容易把钢筋烧坏，从而使钢筋的强度降低，能绑扎的尽量绑扎，没有其他解决办法才使用焊接方式，焊接要求是5倍d的双面焊和10倍d的单面焊。

桥梁上部结构在设计方面与国内的差异主要体现在梁板、桥面板、栏杆以及人行道四个方面。在梁板方面，在国内梁板最大跨径一般在50m左右，而当地梁板最大跨径一般在45m左右。国内的桥梁的主要梁板类型有T梁、箱梁以及空心板梁等三种形式，而当地桥梁梁板形式有T梁以及箱梁，但是箱梁在当地桥梁项目比较少见,主要还是以 T 梁为主。在 T 梁设计方面,玻利维亚当地 T 梁的翼板的宽度要比国内的小,其次在梁板之间安装距离有所差异,当地比国内梁板之间的距离要宽一些,由于两国之间湿接缝宽度和处理方式有差异,我国湿接缝宽度在 50cm 左右,再通过预埋钢筋将其浇筑形成一个整体再进行桥面铺装。而当地的湿接缝宽度在 1m 左右,不像国内将其连接起来,而是直接在上面做一个桥面板,然后一次性浇筑。在 T 梁施工方面,项目根据地形采用了原位预制的方法,得到了监理业主的认可,节约了吊装和运输成本,降低了施工难度。另一个区别在于玻利维亚当地预应力筋张拉方法和过程与国内有所区别,国内采用的是对称张拉,一般是以 10% 的初始预应力开始,后继续按比例张拉,到 25% 再到 50%。而当地采用的是一边张拉,在预应力筋张拉过程中,先对一端进行张拉,张拉完成后再张拉另一端,由于不能一次张拉到位,一共张拉四次,每端张拉两次,张拉力度通过油表控制,直到预应力钢筋张拉达到规定标准即可。当地以伸长量来控制油表值(以施加控制应力 1000N、2000N、3000N、4000N……来逐段测量伸长值,直到达到理论伸长量)。通过油表值加力的方式,逐级加载的方式分段来张拉,一个张拉要分十个段来测量伸长值,在张拉时,与规定伸长值有细微差别时,当地会通过以往的张拉经验来确定加多少力,在最终的张拉效果还是比较好的。在人行道板方面,国内在人行道板设计时直接在边梁区域已经做好,而当地的人行道板是和桥面板连接在一起。在栏杆设计方面,国内栏杆形式多样,而当地桥梁栏杆基本按照栏杆标准图集去设计,当地很多桥梁栏杆形式都一样。最后在伸缩缝方面,国内桥梁伸缩缝的要求比较高,有多种型号,采用的是复合型的材料。而当地伸缩缝的设计比较十分随意,与国内 2000 年桥梁伸缩缝的设计类似,采用两个角钢和止水带简易形式,此种方式当伸缩缝容易损坏而导致后期维修费用较高。

(4)在玻利维亚当地,由于考虑到经济成本以及技术难度等因素,对于道路路线的规划和制定一般会尽力避开山体隧道工程的设计,关于尤库莫项目与两圣项目所处地质条件均为平原地带,对于路线经过的小型山脉直接进行开挖和清除,均没有涉及隧道工程,因此本指南在隧道工程方面的差异就不再进行拓展和补充。

(5)总体来说,玻利维亚当地对桥涵结构设计的规范不是很完善和健全,主要依托美国标准进行设计,当前桥涵工程状况相比国内要落后一些,类似国内早期的设计方式。目前玻利维亚当地项目难点不在于设计和施工难度有多大,而是在于资源条件差以及获取难度大。首先,工人没有一个完整的体系,工人综合素质较低,一般都是边做边学,导致施工效率低下;其次,材料方面需要各地进行寻找和采购,在资源方面的问题需要企业花费大量时间和精力去解决。此外,本小节对中国规范以及美国公路桥梁设计规范进行了对比,并找出两国规范的差异,可结合两国规范的优点进一步完善当地的桥涵结构设计。

6. 项目遇到的质量通病和解决措施

(1) 桥梁基础施工方面。

①坍孔、缩孔。

现象:孔壁坍塌、成孔后钢筋笼安放不下去。成因包括:

a. 砂层钻进泥浆性能差(如粘度太小、含砂量大等),不能起到护壁作用;

b. 孔斜、地层软硬不均等原因造成扩孔;

c. 在某一孔段进尺速度极不均衡或重复钻进;

d. 在非稳定层段(如砂层)钻进过程中反复抽吸造成孔壁局部失稳;

e. 钻进速度太快引起塌孔。

解决措施:保证泥浆的性能及水头压力以满足护壁要求;采取合理的钻进工艺,反对片面追求进尺而盲目钻进;在黏性土层中钻进,每钻进一个钻杆重复进行扫孔。

施工过程中若发生塌孔、缩孔现象,可采取的具体措施有:小扩孔、轻微塌孔可不做处理;大扩孔、塌孔严重采用黏土回填;保证钻头直径重新下钻扫孔,缓慢提起钻头,处理后重新下钻。

②夹泥、断桩。

现象:先后两次灌注的混凝土层之间,夹有泥浆或钻渣层,如存在于部分截面,为夹泥;如属于整个截面有夹泥层或混凝土有一层完全离析,基本无水泥浆黏结时,为断桩。成因包括:

a. 灌注水下混凝土时,混凝土的坍落度过小,集料级配不良,粗骨料颗粒太大,灌注前或灌注中混凝土发生离析,或导管进水等使桩身混凝土产生中断;

b. 灌注中发生堵塞导管又未能处理好,或灌注中发生导管卡挂钢筋笼,埋导管,严重坍孔,而处理不良时,都会演变为桩身严重夹泥,混凝土桩身中断的严重事故;

c. 清孔不彻底或灌注时间过长,首批混凝土已初凝,而继续灌入的混凝土冲破顶层与泥浆相混,或导管进水,一般性灌注混凝土中坍孔,均会在两层混凝土中产生部分含有泥浆渣土的截面。

预防措施:混凝土坍落度严格按设计或规范要求控制住,尽量延长混凝土初凝时间(如用初凝慢的水泥,加缓凝剂,尽量用卵石,加大砂率,控制石料最大粒径;灌注混凝土前,检查导管、混凝土罐车、搅拌机等设备是否正常,并有备用的设备、导管，确保混凝土能连续灌注；随灌混凝土，随提升导管，做到连灌、勤测、勤拔管，随时掌握导管埋入深度，避免导管埋入过深或过浅；采取措施，避免导管卡、挂钢筋笼，避免出现堵导管、埋导管、灌注中坍孔、导管进水等质量通病的发生。

③经验总结。

冲击钻灌注桩是公路工程的桥梁桩基础形式，双圣项目严格按照项目技术规范进行施工。冲击钻灌注桩质量控制的关键在于桩基位置、钢筋笼偏位控制、混凝土材料配合比、泥浆指标等。施工时采用冲击钻，施工前先放样好位置，埋设好护筒。为了控制桩基偏位，在护筒上做好位置标记，在护筒外埋设护桩，随时检查并进行纠偏。桩基完成后采用动测检查桩基质量，检测结果满足设计和规范要求。双圣项目立柱的长度仅为1m，且和桩基的直径一致，经沟通，桩基和立柱一次性成桩浇筑，省去了立柱桩模等多项工序，节省了工期和成本。

（2）现浇箱梁施工方面。

①由底板倒角处气泡导致的麻面（见图6-31）。

现浇箱涵底板倒角位置容易出现气泡，形成麻面。

解决措施：浇筑墙底部倒角部位时，使用小型振捣棒平行于倒角模板振捣，同时用橡胶锤轻轻锤击倒角模板辅助振捣，以便气泡的排除。

②两阶段浇筑混凝土形成错台、漏浆（见图6-32）。

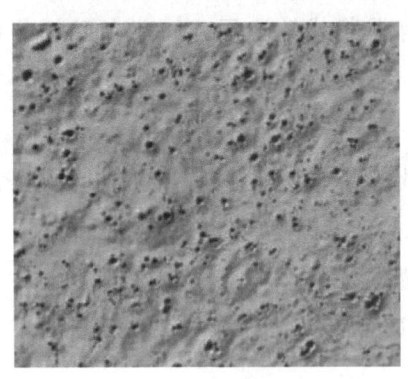

图6-31 混凝土麻面

图6-32 混凝土错台、漏浆

现浇箱涵分两阶段浇筑混凝土，分别为底板（一期）、墙身和顶板（二期）。如果一期模板面不平或变形，则二期模板与一期混凝土面就会接触不实，就会出现错台和漏浆。

解决措施：确保一期模板平整度、足够的强度和刚度，且一期模板适当高出一期混凝土3~5cm。浇筑一期混凝土后不拆除一期模板，将一期模板作为二期模板安装的基础。根据一二期模板拼接处,加遇水膨胀的纯棉条,在浇筑混凝土前用水湿润膨胀的纯棉条,使纯棉条膨胀,以堵严接缝处。

③现浇箱涵出现裂缝问题(见图6-33)。

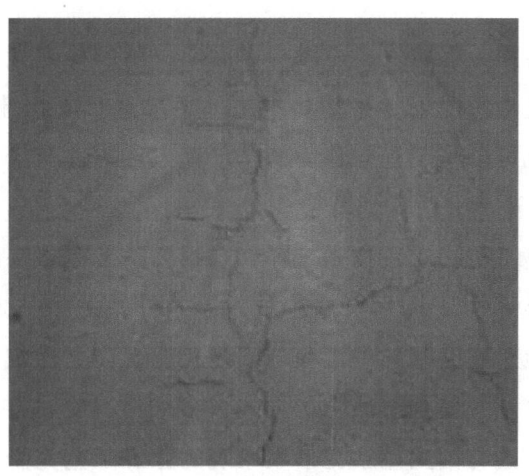

图6-33 沥青混凝土面层纵裂缝

解决措施:采用早期水化热低的水泥,使用减水剂,掺加粉煤灰等混合材料,减少单方水泥用量,粗骨料采用多级配,尽量减少混凝土早期温度上升量。预防混凝土表面温度的降低过快,延长拆模时间或采用导热慢的模板,以便维持表面温度和湿润,拆模后及时采取养护措施。及时铺草袋覆盖并洒水养护,防止混凝土水分损失过快,以减少内外温差。

④经验总结。

现浇混凝土箱涵是公路桥涵工程的常见排水设施,双圣项目严格按照项目技术规范进行施工,在保障施工质量的同时,对箱涵的涵背回填方式进行了优化,取得了较好的工期、经济效益。具体来说,按照原来的土质分层回填工艺,回填每道箱涵两侧一般需要7天,而流体回填仅需1~2天就能完成,节省工期5~6天。从机械、设备、人力等综合成本方面来看,土质分层回填工艺的综合成本约为每方180玻利维亚诺,流体回填的成本约为每方150玻利维亚诺,节省了30玻利维亚诺。

现浇箱涵质量控制的关键在于箱涵定位、表观质量、混凝土材料配合比、流体回填配合比等。混凝土模板可采用钢模,以便周转使用。采用水泥罐车结合溜槽方式浇筑,施工效率较高。涵洞应全幅开挖,雨季期间施工应提前修好便道,设置足量安全警示标志。

五、附属工程设计差异化

(一) 路基防护工程设计差异化

公路工程路基防护工程施工,可以提高后期应用的稳定性和坚固性,提高整体的工程建设质量。通常情况下,路基防护施工要求进行支挡建设,采用坞工铺筑、喷浆抹面等方法,也可以将工程与路面的排水施工系统进行组合,协调自然环境和美化路容。

国内公路工程路基防护工程技术多样,包括公路工程路基防护工程施工技术主要包括防滑桩施工技术、浆砌片石施工技术、锚杆框施工技术以及挡土墙施工技术。而玻利维亚当地对于路基防护工程与国内相比设计上比较单一,多样化道路保护附属工程设计不多。一般挡土墙防护方式,多采用石笼,将石头放进笼子里,不用砂浆,直接干砌,这与国内用水泥砂浆砌筑的施工工艺完全不同。此种方法与中国重力式挡土墙有相似之处但又不完全相同,国内常见于景观式建筑。

相比国内,玻利维亚当地在砼挡墙应用很少,设计创新少,如人行道板用的是4cm厘米厚水泥砼,路缘石也是用的砼预制件和现浇。

玻利维亚当地雨季降雨量较大,通常会在项目中修建防波堤,由于河沿岸每个雨季都不断出现侵蚀,为此执行了如堆石和石笼等保护工程;与此同时,本项目还在该河流沿岸上游建设了防波堤进行保护。

(二) 交通安全工程设计差异化

合理、优质的公路交通安全设施设计,可以供应清楚醒目的行车方向,供应足够的视距及其他信息,能够符合驾驶人员普遍期望的设计效果。这就要求在进行公路交通安全工程设计时具有"安全意识"设计理念,除满足其重要的特别的需求外,各类设施尽量做到全路统一,还要具有反抗外界环境的能力和比较简单地引起驾驶人员的留意,特别是供应的各类视线诱导信息,要简明、易懂,要允许驾驶人员有足够的反应时间,只有这样才能充分发挥公路安全、环保、舒适的功能。

玻利维亚当地与国内相似,公路中常见的交通安全设施包括交通标示、地面标线、安全护栏等。根据信号设施设置于路线中的几何位置,又可分平面标示和垂直标示两类,平面标示包括地面标线等,垂直标示包括标牌。不过由于地区差异,城市地区交通安全设施较为健全,而对于乡村小道交通安全设施较少。其次在附属标志上,两国均包括安全护栏、突起路标和轮廓标。

与国内相比，由于玻利维亚当地无高填高挖以及经济实力等因素的影响，有关对于交通安全工程设计占比较少，植草、草皮护坡等几乎没有，对于国内的钢筋砼网格护坡也很少见到。

（三）房屋建筑工程设计差异化

房屋建筑工程设计是为人类生活与生产服务的各种民用与工业房屋的综合性设计。根据选用的材料，配合周围环境，在安全、适用、美观和经济之间寻求合理的平衡。房屋建筑工程设计的产品为建筑、结构、设备各专业的图纸与说明书及其概算，作为房屋建筑施工的依据。

房屋建筑设计差异化主要从规范体系、混凝土工程、钢筋工程和模板工程四个方面进行分析。

（1）规范体系。

玻利维亚与中美两国相比，在房屋建筑工程设计上的相关规范较为落后，设计时所采用的材料更偏向于经济性和安全性，而中美两国在设计时是综合考虑了安全、适用、美观和经济等各个指标。

（2）混凝土工程。

玻利维亚与国内相比，在混凝土工程的差异化主要体现在混凝土标注试件、混凝土配合比设计、混凝土浇筑、混凝土振捣以及标志牌立柱等方面。对于混凝土标注试件，国内采用的立方体试件而玻国采用的圆柱体试件，其次试件的养护环境有所差异，不管是中国规范还是美国规范，它对养护室温度和湿度都是有要求的，而玻利维亚当地是通过修建水池子，可以是有遮挡方式也可以是露天方式，然后池子装水，将脱模的试件直接放到水进行养护，当地相比国内还是美国标准，都简化了很多；在混凝土配合比设计，玻利维亚当地并没有像国内一样引入砂率的概念；混凝土浇筑，玻利维亚当地采用人工现场振捣方式进行浇筑，施工进度比较慢，效率比较低，由于需要考虑到机械设备转运和施工成本的问题，当地工人一般不像国内常采用吊车配合料斗方式进行混凝土的浇筑；对于混凝土振捣，当地对混凝土的振捣采用振捣棒插抖方式以及使用要求和国内没有太大的区别，不过玻利维亚在振捣的流程与国内有一定的差异，对于国内，先将混凝土倒入模具之后，用震动棒震动插抖一下，然后再对混凝土抹平收浆。当地需要坍落度检查合格之后，采用人工插捣方式之将混凝土倒入模具之中，绝对不会允许使用震动棒，只允许人工插捣方式。其次玻利维亚标志牌立柱用的是钢筋砼立柱，基础简单，简单开挖回填即可。

(3) 钢筋工程。

玻利维亚与国内相比,钢筋工程差异主要体现在钢筋牌号和规格、钢筋设计构造上以及钢筋连接方式中。对于钢筋牌号和规格,玻利维亚钢筋品种规格采用美标牌号的分类方式,在钢筋的规格上 9.5mm 规格的钢筋与国内 10mm 规格钢筋有所区别,其他规格与国内一样;在钢筋设计构造中,由于当地钢筋工程技术较为落后,对钢筋锚固长度没有具体要求,根据施工人员的工程经验或者施工图来进行取值;在钢筋连接方式中,玻利维亚规范要求不允许焊接,经当地专家了解,实际上采取焊接+连接的形式,但规范上规定不允许焊接,会给予我们工作造成困难。国内会采用机械连接,通过钢套筒进行连接,但玻利维亚很少会用这种形式,市场上钢筋套筒的流通也很少。

(4) 模板工程。

玻利维亚与国内相比,模板工程差异主要体现在模板材类、模板配件及模板使用与拆除等几个方面。在模板材料中,由于当地工程规模不大,且当地盛产木材并且质量不错,因此当地模板材料主要为木材,少部分会用到钢材,而支架全部采用木材;对于模板配件,国内模板配备了主肋和次肋,并按模板受到荷载以及刚度要求进行配置。而玻利维亚采用木模板有竖向或横向的加劲肋,钢模板则没有类似配件;对于模板涂料,在模板的使用过程中,不像中标和美标那样规定使用各种模板涂料以及脱模剂、弥缝剂,而是采用内模涂抹废机油的方式来便于模板的拆除,其他诸如模板涂料、弥缝剂等现场不做要求。

(四) 绿化景观工程设计差异化

公路绿化景观工程是公路建设中的重要组成部分,是做好环境保护和生态环境治理工作的有效途径。

(1) 公路绿化能有效减少水土流失,保护路基和边坡的整体性、稳定性。

(2) 改善路容路貌,降低噪声干扰和控制大气污染。

(3) 进一步美化公路两侧的生态环境,提升城市的整体形象。

(4) 公路两侧的绿化带能够起到缓解驾驶员视疲劳的作用,对行车路线起到很好的诱导作用,为驾驶员提供一个很好的感官和视觉效果,从而愉悦心情,有效减少了交通安全事故的发生。

玻利维亚与国内相比,当地园林绿化景观专业人才少,当地相关的绿化类规范较少,当地的苗圃大多为家庭院内用苗。而国内与美标在绿化规范比较健全和完善,对绿化种植土的检测标准、乔木胸径、冠幅要求、地被、草皮等作出一定的规定和要求。

(五) 属地公路工程设计差异化要点

玻利维亚当地公路工程设计差异化除了上述关于几何线形设计、路面结构设计、桥涵结构设计以及附属工程设计几个方面外,根据玻利维亚两圣和尤库莫项目特点和实际情况,当地公路工程设计关于现场现浇箱涵工艺、路面压实与平整、图纸绘制与软件使用、现场监管、现场检测和测量、路权释放、考古与文物保护以及雨季天气等几个方面问题值得关注。

1. 玻利维亚现场现浇箱涵工艺

依据项目现场工作人员的反馈,较之国内的各种规范(包括但不限于管涵)、标准,美国标准是不提供标准化的施工图纸的。仅给出各种结构(部件)的设计方法与要求,程式化地套用在按照美标标准施工的现场施工中很难实现。需要施工部门进行必要的计算分析后,绘制具体的施工图。

在钢筋混凝土圆管涵的设计方面,中美规范存在较大差异。依据现场工作人员反馈,在本项目中管涵计量按延米计量,监理要求质量达到玻利维亚Ⅲ级管的要求(与美标有差异),没有可以套用的通用图纸。据调研,玻利维亚业主部门自己有设计手册,存在一般项目所能涉及的箱涵的标准图集,现场人员可以依据此设计手册进行箱涵的施工。

2. 路面压实与平整方面

(1) 压实度试验。

国内外压实度试验都采用灌砂法,但是在使用的设备上会存在一定的区别。国内的灌砂筒材质均为金属,是为避免外力作用下的变形破坏;而国外的灌砂筒仅仅在放砂的位置是金属,上面灌砂的透明塑料筒。其规格也是按照美国标准的,效果与国内还是存在一定的差异。

(2) 压实所用机械。

路基碾压的机械组合国内外存在一些不同。国内的压路机采用的是初压、复压、静压。而国外主要是采用两种压路机配合平地机来施工,先用羊足碾过一遍,路基上有很多凹槽,使用平路机抹平一遍,然后再用振动压路机过一遍。

(3) 路面平整度处理。

路面平整度的处理与国内基本一样,采用3m直尺方法,操作简单,但会存在一定的误差。但由于路基大多是细粒土,且标高的控制非常严格,平整度完全没有问题,可以不需要检测的。

3. 图纸绘制与软件使用

（1）图纸绘制。

玻利维亚项目图纸需要施工方自己绘制，目前玻利维亚项目采用设计外包的模式，请外部绘图人员（不需要驻场）绘制图纸，付款：交图付图纸费用的一半，监理审核通过后付全款。在国内，有专业的设计单位进行图纸绘制，施工方以施工为主。这种设计分包的方式可以为后续项目提供参考的工作思路，帮助项目加快图纸设计进度。因监理审批图纸的速度较慢，所以目前只支付绘图人员一半的费用，按件付费的模式相比自有设计员工，可以控制时间、费用成本等。

（2）图纸设计软件不同

国内和玻方的设计软件不同，玻方当地设计人员采用 civil-3D 软件。

4. 现场监管

根据调研了解到，玻利维亚在公路工程项目设计中对现场的监管和国内有所区别，主要包括两个方面，一是对现场环境的监管，二是对现场实验的监管。

（1）对环境的监管。

尤库莫项目的监理会陆续增加人员，达到合同要求，对应施工方的五大专家。目前已增派环境专家，负责环境管理，施工方每个月也会做环境报告，作为计量的资料，报送给监理，监理进行审批。相较于国外，国内施工方不会配置环境专家，只是按照国内环境监管的要求进行施工，国内会有专门的机构进行检查。

（2）对现场试验的监管。

玻利维亚当地监理方和施工方均有自己的实验室，但是监理人员较少，如果做同一个实验，则监理会旁站进行观测和记录，监督整个过程，如果对实验存在质疑，会自己做实验，一般情况下是旁站监测。在实验人员方面，中方和属地均有实验负责人，实验由属地做，但很多方面主要还是由中方控制的。在实验设备方面，主要是国内采购，地方采购的很少。

5. 现场检测和测量

（1）路基试验检测项目。

路基试验检测项目与国内大同小异，路基填筑主控项目也是检测压实度等指标，检测方法也是使用灌砂法，不过国外会使用一个国内很少用到的设备——核子密度仪，用这个设备来检测。国外要求可以用灌砂法，也可以使用核子密度仪。由于该仪器有辐射，国内使用少，这边使用时会注意由专人使用检测。

（2）原材检测。

项目会对原材料入场进行检测，把控质量，包括模板、钢筋、水泥等材料，均须检测合格后方能入场。以碎石为例,爆破石头后,在碎石场用自己的碎石设备改小粒径,以满足不同的粒径要求,并对针片状含量、含泥量、洛杉矶磨耗试验(国内采用压碎值)等指标进行试验检测。基层材料的筛分、液塑限、CBR 强度值,洛杉矶磨耗试验;在底基层料场会对底基层材料的筛分、液塑限、CBR 强度值等指标进行试验检测。

(3)测量方面。

现场施工时涵洞、挡墙通常不能和设计的完全一致,但竣工图是按照现场的实际情况绘制的。当地监理有自己的测量队伍,运用的都是传统的测量设备,中方公司应用 GPS 等较先进的测量方法。

6. 路权释放

与国内相比,玻利维亚在公路工程设计中区别较大的就是路权释放问题。路权开放的含义:拥有公路经营管理权,否则没有资格修路,包括公路长宽多少米及施工场地的范围。此问题由于玻利维亚政府 2019 年面临大选,政治比较混乱,高层频繁更换,导致业主方(政府)对路权开放等事项没有协调到位。路权释放的问题影响承包商围栏施工、取土场谈判确认工作,进而影响土方工作面开展,从而对工期产生较大的影响,根据调研,两圣项目按照合同约定,路权开放范围为中心线向两侧开阔各 50 米。但是实际施工仅开放 15 米,造成取土困难,也对项目的施工有着很大影响。项目在进行此问题申诉中,业主和监理也是拿施工方项目机械人员不到位来进行搪塞。

由于取土受到路权范围影响,需要与周边地主进行取土的商讨,因此可以通过以帮助修理堤坝和水塘来换取土壤的征用。

7. 考古与文物保护

在玻利维亚,公路工程设计、考古与文物保护问题也是影响项目工期一大问题,现场挖土之前需请考古专家进行勘测,如果有遗迹就没法在这片土地施工,考古之前需要实验人员取土,土要是能用就需要找考古专家,专家说没有遗迹才能挖土。接下来需要与地主谈判,准备了 100 多家土场,能谈下来的不到 10%,在很大程度上影响了取土效率和施工进度。

当地对于考古与文物保护问题,可以采取一些措施:

(1)建立健全文物保护制度,开工前要有针对性地制订文物保护措施和文物保护预案。积极主动和当地文物保护部门进行联系,遵守当地有关文物考古、勘探、发掘保护等方面的法律、法规,采取必要的措施防止施工过程中对文物的破坏或造成文物的流失等。

(2) 在文物保护区或建设控制带施工时，制订详细的施工方案，在施工现场作出标志说明，并安排专人负责现场管理。

(3) 施工时如发现文物古迹等有研究价值的物品，立即停止施工，采取必要的措施保护好现场，并及时向当地政府、文物及有关部门报告。不得移动和收藏，防止文物流失，待文物管理部门作出处理后方可继续施工。

(4) 土方工程以及其他需要取土、弃土时，对现有的或规划的保护文物遗址，应采取避让的原则进行地点的选择。

8. 雨季天气

根据调研可知，尤库莫项目所在地有雨季，每年的11月到次年的4月为六个月的雨季，雨季期间，由于降水量过大，道路损毁特别严重，需要增加道路的维修次数，道路维护由平日的一次增加至7~8次，这种临时性施工会占用了大量人材机，维修费用很高，并且因下雨而增加的维护费用不计算在产值之内，无法向业主进行索赔。一方面，雨季天气对道路工程施工产生了不便；另一方面由于防淋、防湿工作不到位，降水会也对机电设备和现场原材产生一些损坏，雨季时间过长，还会严重影响到项目工期时间。针对雨季问题，可以采取下列措施：

(1) 编制雨季各施工项目的施工设计方案，备足雨季施工材料和防护物品。掌握天气预报和气象动态，经常与当地气象部门联系，以利安排施工，做好预防工作。

(2) 维护好现场施工便桥，疏通现场的排水系统，做到雨后车辆即可通行和防止雨水对支架基础的浸泡。雨季加强施工便道养护，以便雨后能很快投入使用。

(3) 在连绵的小雨天，不能进行路基填筑施工时，为抢工期，可安排石方施工。

(4) 做好物资、设备的防淋、防湿工作，对钢筋和机电设备等做好覆盖。及时检测砂石料含水量，准确调整砂浆、混凝土施工配合比，施工完毕对砌体和混凝土表面及时覆盖。

(5) 拌和站搭设简易防雨工棚，混凝土现浇现场配备好足量的防雨布。对深基坑加设挡板和支撑，坑外做好排水设施，备足排水设备，防止基坑边坡滑坍，在施工安排上，开挖一个基坑，浇筑完成一个，不留隐患。

六、本节小结

本节主要通过中美玻规范标准体系概述、几何线形设计标准对比、路面结构设计标准对比、桥涵结构设计标准对比、附属工程设计差异化以及属地公路工程设计差异化要点从六个方面来进行中美玻三国在公路工程设计差异化对比分析和研究。

中美玻规范标准体系概述中首先对中美玻各国在公路工程标准体系的形成和发展状况做了一个简单的概述，其次列举了指南中美玻三国在公路工程设计、施工、质量检测和验收常用的规范标准。

在公路几何线型设计标准对比中，通过中美玻各国的几何线形设计理念包含设计依据、平面设计以及纵断面设计三个角度，对比分析三国在公路几何线型设计中的异同，各国在公路几何设计方面的理论基础是一致的，只是侧重点和表现形式略有不同，美国规范较为灵活，其更侧重对设计的引导，并非强制性。

在路面结构设计标准对比中，主要是从中美玻各国在路面结构设计方法和设计指标两个角度进行对比分析，各国在确定路面结构层厚度的理论是一样的，即层状弹性理论，设计流程基本可分为参数获取阶段、路面结构计算阶段、方案确定阶段三个阶段，由于各国材料模量获取方法、土基回弹模量、计算标准以及路面结构形式的不同，各国设计指标会有所差异。最后列举玻利维亚项目在公路工程中遇到的一些通病、解决措施以及值得关注的经验总结，为后续类似工程提供一定的参考和借鉴。

在桥涵结构设计标准对比中，首先对中美桥涵设计理念进行对比研究，从公路桥规极限状态与设计方法、汽车荷载、人群荷载、车道数的设计和横向车道折减以及汽车荷载冲击力五个方面进行对比分析，中美两国在极限状态分类不同，国内采用的是概率理论为基础的极限状态设计方法，美国采用的是可靠度理论为基础的荷载抗力设计方法。两国对于汽车和人群荷载的组成与取值方法有所区别，美国多车道折减系数均高于中国桥梁规范，其次中美两国在汽车荷载冲击系数确定方法有所区别，国内根据结构基频确定，而美国根据构件类别和极限状态确定。之后对玻利维亚桥涵结构设计理念进行分析和研究，玻国极限状态与设计方法与美国相似，设计主要依据现场的实地考察来确定涵洞或桥梁的类型以及各个实际参数。值得注意的是，玻利维亚当地将部分设计工作放到施工中的设计模式、桥型变更程序、在桥梁设计和施工方面上一些差异以及在桥涵工程中在基础和现浇箱涵施工遇到的一些通病、解决措施与经验总结，了解这些工程设计与施工差异、通病问题的应对方案以及经验总结将有助于后续类似项目的开展和推进。

在附属工程设计差异化中，主要是结合玻利维亚当地在路基防护工程设计、交通工程设计、房屋建筑工程设计以及绿化景观工程设计四个方面与国内进行简单差异化对比和分析，总体来看，玻利维亚由于地区发展以及经济实力的影响，玻国在附属工程数量分布较少，相关规范和技术人才相对稀缺。在附属工程设计上更偏向于经济性和安全性，而国内综合考虑了安全、适用、美观和经济等多个指标。

在属地公路工程设计差异化要点中,根据玻利维亚两圣和尤库莫项目特点和实际情况,本指南除了关于几何线形设计、路面结构设计、桥涵结构设计以及附属工程设计几个方面外,还列举关于当地公路工程设计关于现场现浇箱涵工艺、路面压实与平整、图纸绘制与软件使用、现场监管、现场检测和测量、路权释放、考古与文物保护以及高温与雨季天气等几个值得重点关注的问题以及相关的应对措施,也将给后续类似海外工程项目提供一定借鉴和指导意义。

最后,通过调研可知,当前在玻利维亚推广我国工程建设标准还存在一定困难。当地的招投标及标书的编制都是由当地工程师来负责,多数高级工程师都在美国留过学,大学毕业的工程师也较偏向于美国标准。在玻利维亚,有当地的公路规范,但还是不全面,大多数标准还是以美国标准为主。要将中国规范标准引进玻利维亚等国家,应从源头入手,从招投标、设计阶段开始推进中国标准。另外,还可以发展当地的学生来中国求学,为中国标准走进玻利维亚做铺垫,加强当地工程师对中国标准的接受程度。

第四节 公路工程施工、检测及验收标准差异化

针对玻利维亚在公路工程施工、检测及验收过程中所使用到的美国标准规范,将其中涉及的部分施工技术标准、设计与施工验收标准和试验检测标准与中国标准及规范中的相应内容进行对比研究,并结合工程实际进行差异化分析。

一、施工标准差异化

(一)路基路面施工

1. 路基施工

(1)路基开挖及填筑。

关于路基开挖,中美两国规范在路基开挖程序、挖方土体处置、地下排水处理等方面的规定基本相同,可以互相借鉴参考。

关于路基回填,中美两国均规定需要分段填筑、分层压实。有所不同的是,中国规范中规定每种填料的填筑层压实后的连续厚度宜不小于500mm;而美国规范中规定,开挖区域的每一层回填材料的厚度不超过150mm,直到达到原始地形水平。

(2)路基防护与支挡。

当采用石笼式挡土墙进行路基支护时,中国规范中规定:石笼式挡土墙墙背应

设置一层透水土工布,每层挡土墙施工完毕后,墙背应及时回填;回填面应与石笼顶面持平,墙后回填土应夯实,压实度应不小于95%。根据美国规范,玻利维亚也采用石笼式挡土墙,将石头放进笼子里,不使用砂浆直接进行砌筑,这与中国用水泥砂浆砌筑的施工工艺完全不同。

(3) 路基碾压方法。

在国内外土工建筑物黏性土填筑时,为了达到压实度,广泛采用羊足碾来提高密实度,玻利维亚与中国也不例外。

中国规范中规定,路基碾压需要设置试验段。压实方法分为重力压实(静压)和振动压实两种。土质路基压实应遵循的原则:先轻后重、先静后振、先低后高、先慢后快、轮迹重叠,压路机最快速度不宜超过4km/h。碾压应从路基边缘向中央进行,压路机轮外缘距路基边应保持安全距离。碾压不到的部位应采用小型夯压机夯实,防止漏夯,要求夯基面积重叠1/4~1/3。

美国规范中规定,路基的碾压作业是以羊足碾为主。先用羊足碾压路基进行一次振动压实作业,其目的是将路基层搅拌均匀。这时候路基上会出现很多的凹槽,故使用平地机进行平整处理。接着,利用光轮式压路机进行第二次振动碾压,使其平整。再接着是用羊足碾压路机进行第三次的碾压,目的是二次捣实路基。第四次作业仍是用光轮式压路机来碾压。路基的碾压需要按照以上程序进行3~4遍作业。

2. 路基填料及其控制标准

(1) 路基填料的一般规定。

中美两国规范及标准在路基填料的规定上具有较高的相似度,即均对路基填料给出了组成、适用条件上的分类及规定,且同时指出宜选用级配好的砾类土、砂类土等粗粒土作为填料,并严禁将含树叶、杂草、草根树根和污物等有害成分的有机材料作为填筑材料。

中美两国规范在路基填料的分类标准、分类类型方面的差异对比如下:

①两国规范规定的颗粒粒径分析控制性筛孔孔径不同。美国AASHTO标准条款中规定的路基填料的控制性筛孔直径为3″(75mm)、2″(50mm)、3/2″(38.1mm)、1″(25.4mm)、3/4″(19.05mm)、1/2″(12.7mm)、3/8″(9.52)、N°4(4.75mm)、N°10(2.0mm)、N°40(0.425mm)、N°200(0.075mm),中国公路规范中规定的路基填料的控制性筛孔直径为50mm、40mm、30mm、20mm、10mm、5.0mm(以上为粗筛)、2.0mm(以下为细筛)、1.0mm、0.5mm、0.25mm、0.075mm。

②两国规范中粗粒土与细粒土的分类界限不同。中国规范以通过0.075mm筛的细颗粒质量超过50%作为细粒土与粗粒土的分类界限,AASHTO规范中以通过

0.075mm 筛的细颗粒质量超过35%为细粒土与粗粒土的分类界限。

③中国规范对粗粒土的分类更侧重于土的粒径分析,而 AASHTO 根据颗粒组成、颗粒级配、细粒含量、相邻粒组含量、塑性指标(液限、塑性指数)、组指数统一对粗粒土进行分类。

④AASHTO 规范中通过引入组指数指标对同一种类型的土做出了优劣评判,这一点是中国规范没有涉及的。

玻利维亚现场路基以易开采、易取得、成本低的要求进行选材,因河道较多,河道沙石、土质的开采较方便,所以对干枯河道周边的沙土和河床料进行试验检测,并在规定范围内进行利用。

(2) 路基填料的控制标准。

路基填料的强度(CBR)和压实效果决定了路基的强度、刚度和耐久性。CBR 作为表征路基填料强度的指标值,直接影响着路基填料的优劣;压实度作为路基填料压实效果的重要评判指标,直接关系到路基施工的质量。两国规范中对路基各层填料压实度及 CBR 值的要求,如表 6-23 所示。

表 6-23　　中美规范中路堤填料最小承载比及压实度要求对比

位置	中国规范			美国规范		
	路面以下深度/m	压实度要求/%	CBR 值/%	路面以下深度/m	压实度要求/%	CBR 值/%
路床	0~0.3	≥96	≥8	0~0.3	≥95	≥8
	0.3~0.8	≥96	≥5	0.3~0.75	≥93	≥5
路堤	0.8~1.5	≥94	≥4	<0.75	≥90	≥5
	<1.5	≥93	≥3			
原地面		≥90			≥90	

从表 6-23 可知,在路床方面,两国规范中对压实度及 CBR 值的要求基本相同;在路堤方面,中国规范中涉及了分层压实且对压实度的要求更为严格,但美国规范中要求的 CBR 指数更高;两国规范中对原路面的压实度要求保持一致。

3. 路基试验

中美两国规范中关于路基试验测试方面的规定有许多相似之处,如均要求应及时对拟作为路堤填料的材料进行取样试验,要求对一般土进行的试验检测包括天然含水率、液限、塑限、颗粒分析、击实度、CBR 指数的测定等。中国规范中还规定,必要时还应做相对密度、有机质含量、易溶盐含量、冻胀和膨胀量等试验。

两国规范的差异在于部分指标的试验测定方法有所区别。当进行含水率测定时,美国规范中采用含水量—密度关系[2.5kg(5.5-lb)捣锤]及含水量—密度关系[4.54kg(10-lb)捣锤]的方法,而在中国规范通常采用的标准方法为烘干法。当进行路基压实度测定时,中国规范中载有灌砂法、核子密湿度仪法、环刀法、钻芯法及无核密度仪法,而美国规范中只包含有灌砂法及核子密湿度仪法。

4. 路面结构层

(1)基层和底基层设计。

①水泥混凝土路面基层和底基层施工。

根据中国标准《公路水泥混凝土路面设计规范》JTGD40—2011,公路水泥混凝土路面基层和底基层施工应满足下列要求:

a. 基层和底基层的材料可依据交通荷载等级、结构层组合要求和材料供应条件,分别参照表6-24和表6-25选用。

表6-24 各交通荷载等级的基层材料类型

交通荷载等级	基层材料类型
极重、特重	贫混凝土、碾压混凝土
	沥青混凝土
重	密级配沥青稳定碎石
	水泥稳定碎石
中等、轻	配级碎石
	水泥稳定碎石,石灰、粉煤灰稳定碎石

表6-25 各交通荷载等级的底基层材料类型

交通荷载等级	基底层材料类型
极重、特重	级配碎石,水泥稳定碎石,石灰、粉煤灰稳定碎石
中等、轻	未筛分碎石级配砾石,或不设

b. 承受极重、特重或重交通荷载的路面,基层下应设置底基层;当承受中等或轻交通荷载时,可不设底基层。当基层采用无机结合料稳定类材料,且上路床由细粒土组成时,应在基层下设置粒料类底基层。

c. 基层采用无机结合料稳定类材料时,底基层宜选用小于0.075mm的颗粒含量低于7%的粒料类材料。

d. 无机结合料稳定碎石基层上应设置封层,封层可采用单层沥青表面处治或适宜的膜层材料等。当采用单层沥青表面处治时,层厚不宜小于6mm。

e. 多雨地区,路基由低透水性细粒土组成的高速公路和一级公路或者承受极重或特重交通荷载的二级公路，宜设置由开级配沥青稳定碎石或开级配水泥稳定碎石组成的排水基层。排水基层下应设置由密级配粒料或水泥稳定碎石组成的不透水底基层。底基层顶面宜铺设沥青类封层或防水土工织物。

②沥青路面基层施工。

根据中国规范《公路沥青路面施工技术规范》JTG F40—2017，沥青路面基层施工应满足下列要求：

a. 新建沥青路面的基层按结构组合设计要求，选用沥青稳定碎石、沥青贯入式、级配碎石、级配砂砾等柔性基层；水泥稳定土或粒料、石灰与粉煤灰稳定土或粒料的半刚性基层；碾压式水泥混凝土、贫混凝土等刚性基层；以及上部使用柔性基层，下部使用半刚性基层的混合式基层。

b. 半刚性基层沥青路面的基层与沥青层宜在同一年内施工，以减少路面开裂。

c. 以旧沥青路面作基层时，应根据旧路面质量，确定对原有路面修补、铣刨、加铺罩面层。旧沥青路面的整平应按高程控制铺筑，分层整平的一层最大厚度不宜超过100mm。

d. 以旧的水泥混凝土路面作基层加铺沥青面层时，应根据旧路面质量，确定处治工艺确认能满足基层要求后，方能加铺沥青层。

e. 旧路面处理后必须彻底清除浮灰，根据需要并作适当的铣刨处理，洒布粘层油，再铺筑新的结构层。

根据美国AASHTO - M147 - 1965（2012） - 集料和土—集料底基层、基层用材料的标准规程，底基层及基层用材料应符合表6 - 26中有关级配A、B、C、D、E或F的要求。特别规定，如果当地经验表明，底基层用材料所需的通过0.075mm（200号）筛子的过筛率低于要求的值，以防止冻害作用的损坏，则工程师应规定相应的较低过筛率。

表6 - 26　　　　　　　　土—集料材料的级配要求

筛目标号		过筛率（质量百分比）					
标准 mm	其他	级配 A	级配 B	级配 C	级配 D	级配 E	级配 F
50.0	2in	100	100	—	—	—	—
25.0	1in	—	75～95	100	100	100	100
9.5	3/8in	30～65	40～75	50～85	60～100	—	—
4.75	4号	25～55	30～60	35～65	50～85	55～100	70～100
2.00	10号	15～40	20～45	25～50	40～70	40～100	55～100
0.425	40号	8～20	15～30	15～30	25～45	20～50	30～70
0.075	200号	2～8	5～20	5～15	5～20	6～20	8～25

第六章 "一带一路"共建国家公路工程项目差异化研究

玻利维亚降水较多、雨季较长,工程现场一般采取以下措施来提高路面基层的强度:①提高压缩度。玻利维亚对路面基层的要求较为严格,要求在原地面作业后需要达到91%的压缩度。但由于路面施工周期较长,因此要求路基绝对保持100%压缩度。②引入脱水油。雨季时,在底基层顶面及各层上都会布设一层脱水油。③调整横坡度。横坡度的作用是雨水降下后会顺着坡度马上流走。在中国施工中通常设置横坡度1.5%~2%,玻利维亚则调整3%的横坡度。

(2)路面面层设计。

根据中国标准《公路水泥混凝土路面设计规范》JTG D40—2011,公路水泥混凝土路面面层设计应满足下列要求:

①面层宜采用设接缝的普通水泥混凝土。当面层板的平面尺寸较大或形状不规则,路面结构下埋有地下设施,位于高填方、软土地基、填挖交界段等有可能产生不均匀沉降的路基段时,应采用接缝设置传力杆的钢筋混凝土面层。连续配筋混凝土、碾压混凝土和钢纤维混凝土等其他面层类型可依据适用条件选用。

②普通水泥混凝土、钢筋混凝土、碾压混凝土和连续配筋混凝土面层的计算厚度,可依据交通荷载等级、公路等级和变异水平等级确定,各种混凝土面层的设计厚度应依据计算厚度加6mm磨耗层后,按10mm向上取整。

③复合式路面的水泥混凝土下面层与沥青混凝土上面层之间应设置黏层。

④路面表面必须采用拉毛、拉槽、压槽或刻槽等方法筑做表面构造,在交工验收时构造深度应满足表6-27的要求。

表6-27 各级公路水泥混凝土面层的表面构造深度要求 (单位:mm)

公路等级	高速公路、一级公路	二、三、四级公路
一般路段	0.70~1.10	0.50~1.00
特殊路段	0.80~1.20	0.60~1.10

注:①特殊路段——对于高速和一级公路系指立交、平交或变速车道等处,对于其他等级公路系指急弯、陡坡、交叉口或集镇附近;②在年降雨量600mm以下的地区,表列数值可适当降低。

根据美国AASHTO M 147—1965(2012)集料和土—集料底基层、基层和面层用材料的标准规程,面层设计应有规定:面层所用材料应符合表6-27中有关级配A、B、C、D、E或F的要求。要求的类型和级配应指定。如果要将土集料面层在无沥青表面处理或其他叠加非渗透性铺面的情况下保养数年,则工程师应规定级配C、D或E通过0.075mm(200号)筛子的最低过筛率为8%,还应规定其最大液限为35,塑性指数范围为4~9,进而代替通过0.075mm(200号)筛子的细集料不得多于通过0.425mm(40号)筛子的集料的三分之二,而通过0.425mm(40

号）筛子的集料的液限不得超过25。

玻利维亚采用沥青面层，其面层有三个结构特点：一是其厚度较薄，小于10cm，一般在5~10cm；二是超薄水泥混凝土面层与作为基层的旧沥青面层之间有良好的粘结，形成复合路面结构；三是超薄水泥混凝土面层接缝间距较短，缝较窄。

（二）钢筋混凝土施工

1. 混凝土配合比设计

（1）混凝土强度的一般规定。

根据中国规范，混凝土强度等级应按标准方法制作、养护的边长为150mm的立方体试件，在28d或设计规定龄期下以标准试验方法测得的具有95%保证率的抗压强度标准值来确定。

与中国标准不同，在美国ACI 318规范中没有混凝土强度等级的概念，而是以"规定抗压强度"f'_c作为混凝土的强度指标，它在意义上相当于我国的棱柱体试件轴心抗压强度标准值。"规定抗压强度"f'_c指按标准方法制作养护的直径为150mm，高度为300mm的圆柱体标准试件在28d龄期用标准实验方法测得的具有91%保证率的抗压强度。同样，美国ACI规范中也没有"强度设计值"的概念。取而代之的是，对每一种不同的受力状态，用名义承载力乘以不同的承载力折减系数后得到设计承载力，也可以认为这个系数是对材料强度标准值的折减，从而得到材强度设计值。

基于美国公路混凝土施工标准体系，玻利维亚在结合了本土实际情况在进行混凝土强度设计时，要求混凝土的试验室实际测定强度达到标准值的90%即可，但同时要求进行混凝土标准值设计时留有一定的冗余度，一般规定的强度冗余系数为1.05（混凝土强度标准值同美国规范中标准圆柱体试件在标准条件养护下加载后测定的强度）。

（2）原材料。

对比中国GB标准与美国ASTM标准可以发现，两国标准对水泥品种的划分具有一定的相似性，两国标准对于水泥基本成分及性能的规定和理解具有一定的相通性，同时也存在一些不同的地方。以下总结了中美两国在水泥方面的部分差异：

①对于水泥强度的规定，ASTM标准仅规定了水泥的抗压强度，而GB标准则给出了水泥的抗压和抗折强度的要求。

②GB标准和ASTM标准对于水泥物理性能的要求也基本相同，ASTM标准较

GB 标准多考虑了需水量、干缩和膨胀等指标。

③对于水泥化学性能的要求，GB 标准较 ASTM 标准多考虑了氯离子的影响，其他性能指标的规定则大体上一致。

中美两方在骨料的组分类别、粒径和其与凝胶材料反应方面的具体规定也略有差异，美方在规范中更强调应避免骨料在使用过程中可能与周围环境发生的不良反应。

对于粗骨料，中国规范考虑了卵石与碎石的区别，对于粗骨料的级配指出若为单粒径则砂率应适当增大，这些规定过于笼统广泛。事实上，粗骨料粒径和级配对砂率的影响最终可归结为一个性质：空隙率。无论是粒形，还是级配都是因为其对空隙率的影响而间接对砂率产生影响。把粗骨料的捣实容重与其表观密度相比较我们就可以求得粗骨料的空隙率，从而绕开纷繁复杂的种种细节表征出粗骨料的性质对砂率总的影响。美国 ACI 的方法正是以简单易行的测捣实容重的试验取代了种种复杂而又无法囊括一切的表格和规定，对于粗骨料的各种粒形，好抑或是不好的级配均能起到指导作用。

在玻利维亚进行混凝土施工时，需符合玻利维亚 NB-011 标准的要求取用硅酸盐水泥。玻利维亚不同于其他国家，其工业化进程较缓慢，当地的工业废渣产出量较低，所以很少将矿物掺合料运用到工程施工中。在外加剂使用方面，玻利维亚国内通常使用的外加剂具有多重功能，如可以同时实现缓凝、引气等。

（3）配合比。

配合比设计的主要步骤。

中国规范中配合比设计的主要步骤：①根据设计要求的强度和耐久性选定水胶比；②根据施工要求的工作量和石子最大粒径等选定用水量和砂率，使用用水量除以选定的水胶比计算出胶凝材料用量；③根据体积法或质量法计算砂、石用量；④通过试验和必要的调整，确定每立方米混凝土各项材料用量和配合比。

美国规范中配合比设计的主要步骤：①根据混凝土的暴露等级决定是否需要引气，再分别针对引气混凝土和无引气混凝土，根据施工要求的工作度和骨料最大粒径初选用水量和含气量；②根据设计要求的强度和耐久性选定水胶比；③用水量除以选定的水胶比，计算出胶凝材料用量，再结合最小水泥用量的限制，选择最大值作为最终的胶凝材料用量；④根据骨料最大粒径、单位体积混凝土中粗骨料在干燥捣实状态下所占的体积，细骨料的细度模数，粗骨料的捣实容重选定粗骨料用量；⑤根据体积法或质量法计算细骨料的用量；⑥通过试验和必要的调整，确定每立方米混凝土各项材料用量和配合比。

从以上可以看出，中美规范在配合比选择的步骤中，最大的差别是中国规范中引入了砂率的概念，用砂率（砂与粗细骨料的重量比）来表征砂石用量之间的关系，以确定粗细骨料的用量，而美国规范则没有砂率这个概念。中国规范在配合比设计中，先求出单位体积混凝土中骨料的总重量，再用砂率求出砂、石各自的用量。而在美国混凝土配比设计方法中，其基本思路是通过规定单位体积混凝土中粗骨料所占的体积（用捣实容重表征）确定粗骨料的用量，然后用质量法或绝对体积法求出砂的用量（其中粗骨料的体积通过表中的捣实体积和捣实容重及其密度求得）。

（4）水胶比的选择。

水胶比不仅由强度决定，还决定于其他因素如耐久性。因为不同的骨料，水泥和胶凝材料在同样水胶比的情况下一般获得不同的强度，所以针对实际所使用的材料建立强度与水胶比的关系是非常必要的。

中国规范中水胶比的确定：水胶比应根据设计对混凝土强度的要求，通过试验确定。对于大中型工程，应通过试验建立相应的关系曲线，并根据试验结果，选择满足设计技术指标要求的水胶比。同时，水胶比还应满足耐久性要求。

水胶比计算公式如下：

$$C \quad f_{cu,0} + A \times B \times f_{ce} \tag{6-7}$$

其中，C 为所有胶凝材料的重量（包括：水泥重量+掺合料重量）；A、B 为回归系数；回归系数 A 和 B 应根据工程所使用的水泥、骨料和通过试验建立水灰比与混凝土强度关系式确定，当不具备上述试验资料时，对碎石混凝土 A 可取 0.48，B 可取 0.52，对卵石混凝土 A 可取 0.50，B 可取 0.61；f_{ce} 为水泥的实际强度（MPa）；$f_{cu,0}$ 为混凝土施工的配制强度（MPa）。

美国规范中水胶比的确定：当无试验资料可用时，对于含有 I 型波特兰水泥（硅酸盐水泥）的混凝土，可以在表 6-28 中得到近似和相对固定的数据。用有代表性的材料，在试验室标准养护条件下试验 28 天的试块，表中的水胶比可以得到与之对应的强度。

表 6-28　　　　水灰比或水胶比 28d 抗压强度之间的关系

28d 抗压强度/MPa	水灰比（质量比）	
	无引气混凝土	引气混凝土
40	0.42	—
35	0.47	0.39
30	0.54	0.45

续表

28d 抗压强度/MPa	水灰比（质量比）	
	无引气混凝土	引气混凝土
25	0.61	0.52
20	0.69	0.6
15	0.79	0.7

注：平均强度的选择，应该超出规定强度一定的幅度，以保证以后试验数据在规定的范围之内。

（5）用水量的选择。

用水量与下列因素有关：骨料最大粒径、颗粒形状、骨料级配、混凝土温度、气体引入量、外加剂的运用等。中美两国规范中均规定采用坍落度和骨料最大粒径来对应确定初选用水量，同等坍落度及粒径情况下，美国的初选用水量普遍略高于中国，两者总体相差不大。

中国规范中用水量的选定：水胶比在 0.40~0.70 范围，当无试验资料时，其初选用水量可按表 6-29 选取。

表 6-29　　　　　　　　常态混凝土初选用水量 kg/m³

坍落度/mm	卵石最大粒径/mm				碎石最大粒径/mm			
	20	40	80	150	20	40	80	150
10~30	160	140	120	105	175	155	135	120
30~50	165	145	125	110	180	160	140	125
50~70	170	150	130	115	185	165	145	130
70~90	175	155	135	120	190	170	150	135

注：①本表适用于细度模数为 2.6~2.8 的天然中砂。当使用细砂或粗砂时，用水量需增加或减少（3~5）kg/m³；②采用人工砂时，用水量增加（5~10）kg/m³；③掺入火山灰掺和料时，用水量需增加（10~20）kg/m³；采用Ⅰ级粉煤灰时，用水量可减少（5~10）kg/m³；④采用外加剂时，用水量应根据外加剂的减水率作适当调整，外加剂的减水率应通过试验确定；⑤本表适用于骨料含水为饱和面干状态。

美国规范中用水量的选定：表 6-30 提供了用不同的骨料最大粒径，有无引气情况下混凝土用水量的预估。根据骨料的特征和形状，用水量可能会高于或低于表中数据，但对初步预估这些数据已经足够精确。

表 6-30　　　　坍落度和骨料公称最大粒径不同时近似用水量和含气量

坍落度/mm	对应公称最大骨料粒径混凝土的单位用水量（kg/m³）							
	9.5	12.5	19	25	37.5	50	75	150

续表

无引气混凝土								
25~50	207	199	190	179	166	154	130	113
75~100	228	216	205	193	181	169	145	124
150~175	243	228	216	202	190	178	160	—
近似含气量/%	3	2.5	2	1.5	1	0.5	0.3	0.2
引气混凝土								
25~50	181	175	168	160	150	142	122	107
75~100	202	193	184	175	165	157	133	119
150~175	216	205	197	184	174	166	154	—
推荐平均含气量,根据不同的暴露等级（%）								
低等暴露	4.5	4	3.5	3	2.5	2	1.5	1
中等暴露	6	5.5	5	4.5	4.5	4	3.5	3
极度暴露	7.5	7	6	6	5.5	5	4.5	4

2. 混凝土搅拌及浇筑

（1）混凝土拌制。

关于混凝土的拌制，中美双方在混凝土拌合物的物理及化学性能方面的规定基本相同，对于搅拌机械设备的要求也基本相同。

在投放外加剂时，中方规定液体外加剂宜滞后于水和水泥投料，粉状外加剂宜溶解后再投料。而美国规范中规定，应把粉末状外加剂加工成条状后和其他干燥材料一起加入搅拌器中。

玻利维亚在混凝土的浇筑养护及振捣方面的施工方法基本与中国相同，混凝土搅拌一般在搅拌站中进行，也会发生在施工现场，通常采用机械拌和，严禁人工拌和。

（2）混凝土运输。

采用搅拌运输车运输混凝土时，中国《公路桥涵施工技术规范》JTG/T 3650—2020 规范中规定，当混凝土坍落度损失较大不能满足施工要求时，可在运输车罐内加入适量的与原配合比相同成分的减水剂。减水剂加入量应事先由试验确定，并应作出记录。加入减水剂后，搅拌运输车罐体应快速旋转搅拌均匀，并应达到要求的工作性能后再送或浇筑。

美国 AASHTO《公路桥梁标准规范》和《美国混凝土结构设计规范》ACI 日 318-05 中规定可采用通过若干不同的程序延长最大运输时间的规定：①通过将干物料分批装入预拌卡车运输至工作现场，再添加所有搅拌水可延长最大运输时间。最好在滚筒以搅拌速度旋转时，受压状态下在其前后部加水，通过此方法运送至卡车式搅拌器中的混凝土总体积与常规卡车搅拌相同,大约为滚筒体积的63%。②在混凝土离开搅拌设备之前,使用加强型缓凝剂对其进行处理。混凝土到达浇筑场地后,通常所选外加剂剂量应能够在短期内消失,使混凝土正常凝固。在某些情况下,混凝土到达浇筑场地,还须添加催化剂以活化混凝土。

在玻利维亚使用搅拌车运输时,混凝土不允许静置超过30分钟,所以在运输过程中或卸料过程中,要保持混凝土运输罐筒匀速不断搅拌。混凝土罐车的一般最大容积为8m³,且要求只能装满至最大容积的80%,不能超载或溢出。卸载混凝土时要求搅拌车转速控制在6r/min,由于工程现场和混凝土搅拌站有一定的距离,因此需要根据运输距离调整相应的配合比。通常使用外加剂或适当减少拌和水来增加最大运输距离,在运输过程中通常会随车配备一定量的外加剂,在运输途中或到达施工现场后,由技术人员对混凝土进行检测并加入。当混凝土运输到达施工现场后坍落度测试不合格时(混凝土浇筑现场坍落度检测如图6-34所示),可以加入定量的外加剂进行调整。但当发现混凝土离析或分层严重且超过了规定的限值时,混凝土将不允许继续使用。

图6-34 混凝土浇筑现场坍落度检测

(3) 混凝土浇筑。

①混凝土浇筑前的准备工作。

根据中国《公路桥涵施工技术规范》JTG/T 3650—2020以及美国标准ACI-318、AASHTO Standard Specifications For Highway Bridge混凝土浇筑前的相关规定,中美两国在混凝土浇筑前的准备工作整体上比较相似,两国都需要根据建筑物的情况、环境条件以及浇筑量等因素制定相关的浇筑工艺方案,同时要对模板和钢筋等材料做好提前清洁工作,对混凝土的均匀性和坍落度指标具有一定的要求,最后确认无误后再进行混凝土浇筑。

从细节来看，美国与中国相比，对混凝土浇筑前的环境条件和清洁工作要求更高，与此同时，两国在对于混凝土坍落度的测试方法与范围有所差异，如表6-31所示。

表6-31　　　　　　　　　　　　中美坍落度测试方法对比

项目	美国	中国
适用范围	骨料大小在37.5mm以内的，若用筛子清除大于37.5mm的骨料本规范同样适用。不适用于非塑性、非黏聚性混凝土	适用于骨料最大粒径在40mm以内、坍落度不小于10mm的混凝土
试验时间的要求	坍落度筒的提离过程应在（5±2）s内提升300mm，从开始浇筑混凝土到最终脱模不间断工作的时间不超过2.5min	坍落度筒的提离过程应在5～10s内完成
坍落度值的要求	对坍落度的要求一般为100mm。若添加了掺合物，坍落度值范围为添加前50～100mm，添加后在浇筑现场最高200mm	对坍落度要求一般为100mm
试验仪器与工具	a. 仪器的金属壁不薄于1.5mm，底面直径200mm，顶面直径100mm，高度300mm（直径和高度误差在3mm内）。用其他材料做成的模具与金属模具测出的坍落度相差应在6mm内； b. 工具：搅拌勺，振捣棒（600mm长，直径为16mm），尺子300mm长（精确到5mm）	仪器应该满足《混凝土坍落度仪》JG3021的要求

②混凝土浇筑的规定。

根据中国标准《公路桥涵施工技术规范》JTG/T 3650—2020，国内混凝土浇筑需要根据一定的厚度、顺序和方向进行分层浇筑，且上层混凝土需要在下层初凝前或者重塑前完成浇筑。在从高出向模板倾卸时，根据自由倾落高度采用不同方式，可直接卸或借助串筒、溜管等设施下落或采取减速装置，防止混凝土离析。与此同时，混凝土的浇筑宜连续进行，由于中断间歇时，间歇时间应小于前层混凝土的初凝时间或重塑时间。新浇筑混凝土的强度达到2.5MPa之前，不得使其承受行人、运输工具、模板、支架及脚手架等荷载。

根据美国标准AASHTO Standard Specifications For Highway Bridge，混凝土浇筑需要进行分层浇筑，后层在前层充分密实及初凝前浇筑完毕；混凝土应以一定的速度进行浇注，当混凝土超过相应高度时，应采用带漏斗的管或其他批准的装置进行混凝土落下浇注，必须防止拌和料的离析和砂浆溅在被浇注层标高以上的钢筋和模板上。混凝土结构每一部分的混凝土浇注应连续进行，在规定的施工缝之间不应停顿。在混凝土浇筑期间和浇筑以后，不得破坏混凝土与钢筋的粘结、人员不能在新浇混凝土上走动。

综上所述,中美两国在混凝土浇筑方面的相同点有:中美两国对于混凝土浇筑的规定大体相近,都进行分层浇筑,保证混凝土浇筑的连续性,且上下层混凝土应结合紧密。在浇筑时应根据混凝土浇筑时的高度,均考虑设置减速装置,使混凝土以一定的速度进行浇筑,保证混凝土一直处于塑性状态并且很容易地流进钢筋的空隙之间,从而避免离析现象。当新浇混凝土未达到规定强度值时,不得承受其他荷载。其不同点为:美国与中国两国相比,在混凝土浇筑细节方面上,美国对混凝土浇筑时所采用的浇筑设备功能要求比较高,同时美国在寒冷气候浇筑混凝土对温度和原材料作出相应的要求。中国要求混凝土浇筑应采取防止模板、钢筋、钢构、预埋件及其定位件移位的措施,可通过采取二次添加外加剂的方式保证混凝土的工作性能。与此同时,国内对倾落高度、输送到入模时间、施工缝或后浇带处理、浇筑顺序等细节给出具体数值规定,这些经验性结论使得工人能按规操作、保证质量,是值得推广的。

(4) 混凝土振捣。

根据中国《混凝土结构工程施工规范》GB 50666—2011 以及美国标准 ACI-309,两国关于普通混凝土振捣的规定如表 6-32 所示。

表 6-32　　　　　　　　　　中美混凝土振捣的规定

	中国	美国
混凝土振捣规定	(1) 应采用插入式振动棒、平板振动器或附着振动器	(1) 常用插入式振动棒
	(2) 振动棒应插入前层混凝土 50mm 深度,插点间距不应大于振动棒作用半径 1.4 倍	(2) 振动棒应插入前层混凝土 150mm 深度,插点间距不应大于振动棒作用半径的 0.5 倍
	(3) 混凝土分层振捣最大厚度为振动棒作用部分长度 1.25 倍	(3) 混凝土分层振捣最大厚度小于 500mm,基本等于振动棒作用部分长度
	(4) 振动棒垂直作用,快插慢拔均匀振捣	(4) 振动棒垂直作用,快速上下运动,持续 5~15s

两国均常采用插入式振动棒方式进行混凝土的振捣,中国和美国针对插入前层混凝土的深度、插入点间距、混凝土振捣分层厚度及振捣棒的作用方向和使用方式规定差异较大。其中,美国标准要求插入深度较大,且振动重叠区超过 50%,由此可见美国标准要求更高;与此同时,两国振捣棒的使用方式有所区别,中国规范中要求振动棒快插慢拔但没有强调其操作时间,而美国标准中规定振动棒应快速上下运动并给出了持续时长。

(5) 混凝土养护。

混凝土浇筑振捣之后,由于水泥水化作用,混凝土会逐渐凝结硬化,而水化作用需要适当的温度和湿度条件,因此为了保证混凝土具有适宜的硬化条件,必须对混凝土进行养护,混凝土养护通过控制混凝土浇筑后初期的温度和湿度,有效地避免脱水和温差导致的强度降低和裂纹发展。本部分从中美两国混凝土养护时长、养护方法以及标准试件的养护条件进行论述和差异化比较。

1)混凝土养护时长。

根据中国规范《混凝土结构工程施工规范》GB 50666—2011,国内关于对普通混凝土的养护时长规定:①混凝土浇筑后应及时保湿养护;②养护时间不超过7d(使用不同品种的水泥,养护时间有所不同)。

根据美国规范 ACI-308,美国关于对普通混凝土的养护时长规定:①混凝土开始干燥时进行养护;②表面温度达到10℃以上,不少于7d,养护至抗压强度达到设计强度的70%。

中美两国对于普通混凝土养护开始的时间节点基本相同,两国标准要求养护时长不少于7d。与此同时,美国标准还规定了养护结束的时间节点并提出了养护期间混凝土需保持的表面温度。

2)混凝土养护方法。

根据中国规范《混凝土结构工程施工规范》GB 50666—2011 以及根据美国规范 ACI-308,两国关于普通混凝土养护方法对比如表6-33所示。

表6-33　　　　　　　　　　中美混凝土养护方法

	中国	美国
混凝土养护方法	①保湿养护可采用洒水、覆盖和喷涂养护剂	①分为初期养护和后期养护两个阶段,初期养护可采用雾化和蒸发阻止剂,后期养护可采用薄片材料、液体成膜养护剂、积水养护、喷洒、雾化和吸收材料
	②室外温度不低于-15℃时,对地面以下工程可采用综合蓄热法,混凝土中应掺加早强剂。不易保温养护时,可采用掺防冻剂的负温养护法,此外还有暖棚法、蒸汽加热法和电加热法	②炎热环境可采用挡风或防晒板,以及蒸发阻止剂、雾化剂、阻凉剂
	③混凝土强度达到1.2N/mm² 前,不得在其上踩踏、堆放荷载、安装模板及支架	③寒冷环境可采用成膜养护剂,并加入绝缘材料或加热环境温度

经过对比可知,两国标准均规定了物理和化学两种养护方法,两国都需要根据施工对象、环境条件以及混凝土性能确定养护方案。美国标准根据养护时段的初、后期分为初期养护和后期养护而采取不同养护方法,同时重视特殊气候条件下的养护,提出了炎热和寒冷环境下的物理和化学相结合的养护方法;而中国在选择混凝

土养护方法时则主要需依靠工程师的经验,并在施工过程中不断调整相关措施;对特殊环境下的养护规定仍需进一步细化。

3)混凝土标准试件的养护条件。

根据中国规范《普通混凝土力学性能试验方法标准》GB 50081—2019,国内对于混凝土标准试件的养护条件如下:①将试件置于 20±5℃温度下静止保存 24~48h,然后编号;②拆模后,将试件置于 20±2℃的不流动氢氧化钙饱和溶液或相对湿度≥95%的养护室养护;③拆模试件与实际构件相同;④养护龄期为 28d(从搅拌加水)。

根据美国规范美国标准 ASTM C31,美国对于混凝土标准试件的养护条件如下:①养护过程为:储存—最初养护—最终养护;②储存:温度 16~27℃,时长 48h;③初养:温度 20~26℃;④终养:拆模 30min 后,养护温度 23±2℃,若能满足湿度要求,温度为 20~30℃。

中美两国相比,美国标准相较于中国,将养护过程详细地分为储存、最初养护和最终养护三个环节,同时还规定当湿度满足要求时温度限值可适当放宽。

不管是中国还是美国规范中对养护室的温度和湿度都有要求,而玻利维亚是通过修建封闭或露天养护水池,在水池中装满水后将脱模的试件放入水中进行养护。玻利维亚当地不进行同体养护,技术人员在现场做完养护后会用袋子将表面密封起来。概括来说,玻利维亚当地规范相比于中国或美国标准都简化了很多。图 6-35 为玻利维亚当地在养护池中进行混凝土标准试件养护的图片。

图 6-35 玻利维亚混凝土标准试件养护及养护池

3. 钢筋的一般规定

(1)钢筋牌号分类。

中国规范中,《混凝土结构设计规范》GB 50010—2010(2015 年版)提及的钢筋混凝土结构常用钢筋主要有三种:热轧带肋钢筋、热轧光圆钢筋和热轧余热处理钢筋。每种钢筋考虑强度等级（屈服强度特征值）、生产控制状态或可焊性等因素把钢筋分为以下多种牌号，其国内混凝土结构采用的钢筋牌号分类如表6-34所示。

表6-34　　　　　　　　中国混凝土结构采用的钢筋牌号分类情况

类别	标准规范	强度等级	牌号分类
热轧光圆钢筋	GB 1449.1—2008	235	HPB235
		300	HPB300
热轧带肋钢筋	GB 1449.2—2007	335	HRB335
			HRBF335（细晶体）
		400	HRB400
			RHBF400（细晶体）
		500	HRB500
			HRBF500（细晶体）
热轧余热处理钢筋	GB 13014—2013	400	RRB400
			RRB400W（可焊）
		500	RRB500

对于美国规范ASTM A615/A615M，根据屈服强度对变形和光圆碳素钢筋做了分类，最初钢筋等级划分为33级、40级和50级，发展到今天，33级和50级已经被淘汰，加入了60级、75级和80级钢筋。新版本美国规范ASTM A615/A615M—2015共有四种级别：40级、60级、75级和80级。ASTMA706/A706M-06a根据屈服强度对低合金变形和光圆钢筋作了规定，只有60级一种级别，美国钢筋等级强度单位英制公制如表6-35所示。

美国规范中，钢筋的规格用钢筋号而不是直径来表示，一个钢筋号约为1/8英寸（3.175mm）。共有3、4、5、6、7、8、9、10、11、14、18共11种规格。

表6-35　　　　　　　　美国钢筋等级强度单位英制公制对应表

美国钢筋等级	33级（已淘汰）	40级	50级（已淘汰）	60级	75级	80级
英制（ksi）	33	40	50	60	75	80
公制（MPa）	230	280	350	420	520	550

经过对比可发现，中美划分的钢筋牌号和规格表示有所区别，中国规范按产品名称加屈服强度特征值确定钢筋牌号，规格上采用钢筋直径表示；而美国规范钢筋牌号以钢筋屈服强度确定，规格上使用钢筋号表示。

玻利维亚项目的钢筋主要用于箱涵、涵洞和圆管涵、挡墙等结构物以及路面结构，如图6-36所示，当地主要采用热轧带肋钢筋，由于当地热轧光圆钢筋采购较为困难,因此施工现场上使用较少。当地钢筋的采购主要来源于国外,钢筋品种主要参照美国牌号分类方法,钢筋牌号有 Gr.40、Gr.60、Gr.75 和 Gr.80,不过钢筋的横截面面积和重量比与国内差别不大。对于钢筋使用的规格,除了 10mm 钢筋与国内有所区别,当地采用的是 9.5mm 规格的钢筋。对于 6mm、12mm、14mm、16mm、20mm、25mm 以及 28mm 等规格的钢筋与国内是一样的,部分规格的钢筋如图 6-37 所示。

图 6-36 涵洞排水口的钢筋布置

图 6-37 不同规格的钢筋

(2) 钢筋的屈服强度和抗拉强度。

中国规范《混凝土结构设计规范》GB 50010—2010(2015 年版)中普通钢筋屈服强度标准值 f_{yk} 相当于钢筋标准中的屈服强度特征值,具有不低于 95% 的保证率。钢筋强度设计值由强度标准值 f_{yk} 除以材料分项系数 γ_s 得到。延性较好的热轧钢筋,γ_s 取 1.10;对于 500MPa 级高强钢筋,为了适当提高安全储备,γ_s 取为 1.15。普通钢筋屈服强度标准值与强度设计值如表 6-36 所示。

表 6-36　　　　　　　　中国普通钢筋屈服强度标准值及设计值

钢筋牌号	屈服强度标准值 f_{yk}（N/mm²）	抗拉强度标准值 f_y（N/mm²）
HPB300	300	270
HRB335	335	300
HRB400，HRBF400，RRB400	400	360
HRB500，HRBF500	500	435

注：中国标准分项系数 γ_s 与钢筋强度有关。

对于美国规范，根据美国标准 ASTM A615/A615M 以及 ASTM A706/A706M 规定，当有明显屈服点时，钢筋的屈服强度 f_y 按屈服应力确定；当没有明显屈服点时，采用应力—应变曲线上对应于 0.35% 应变的点为最小屈服强度。当承载力极限状态设计时，结构设计表达式中采用强度折减系数 ϕ 进行强度折减。受拉控制截面，ϕ 取值为 0.9。美国标准钢筋强度值如表 6-37 所示。

表 6-37　　　　　　　　美国普通钢筋强度值

标准	钢筋牌号	钢筋屈服强度 f_y（N/mm²）	$\phi \cdot f_y$（N/mm²）
ASTM A615/A615M	Gr. 40	280	252
	Gr. 60	420	378
	Gr. 75	520	468
	Gr. 80	550	495
ASTM A706/A706M	Gr. 60	420	378

注：美国标准普通钢筋强度折减系数 ϕ 取值与受荷方式有关。

对比两国存在的差异不难发现：对于具有明显流幅的钢筋，中国规范将屈服点对应的强度定义为钢筋的屈服强度（f_{yk}），应力—应变曲线上对应于最大强度的点为极限抗拉强度。对于没有明显流幅的钢筋，取应力—应变曲线上残余应变的 0.2% 对应的应力为屈服应力，称为条件屈服强度，曲线上对应于最大强度的点为极限抗拉强度；美国规范规定，当有明显的屈服点时，钢筋的屈服强度按屈服应力确定；当没有明显屈服点时，采用应力—应变曲线上对应于 0.35% 应变的点为最小屈服强度。

（3）钢筋的弹性模量。

根据中国标准《混凝土结构设计规范》GB 50010—2015，普通钢筋的弹性模量 E_s 取值与钢筋的牌号有关，除 HPB300 等级外，其余牌号钢筋弹性模量 E_s 取值相同，如表 6-38 所示。

表 6-38　　　　　　　　　　　中国钢筋的弹性模量

钢筋牌号	弹性模量 E_s（$\times 10^7 N/mm^2$）
HPB300	2.10
HRB335、HRB400、HRB500、HRBF400、HRBF500、RRB400	2.00

美国标准 ACI 318 对于普通钢筋的弹性模量 E_s 为 200000MPa。

两国差异化比较：中美两国相比，除了中国 HPB300 等级的钢筋外弹性模量有所区别外，美国的普通钢筋弹性模量与中国 HRB335 及以上牌号钢筋的相当。

(4) 钢筋设计构造。

1) 钢筋的锚固形式。

钢筋的锚固是指钢筋被包裹在混凝土中，增强混凝土与钢筋的连接。其作用能使两者能共同工作以承担各种应力（协同工作承受来自各种荷载产生压力、拉力以及弯矩、扭矩等）。本部分通过中美两国直线锚固、机械锚固以及弯折锚固三种锚固类型进行对比分析。

①直线锚固。

在美国规范 ACI 318-11 中的钢筋直线锚固是指钢筋在锚固区内不做任何弯曲，钢筋端部不做任何处理的锚固形式。根据我国《混凝土结构设计规范》GB 50010—2010 中的带肋钢筋直线锚固也与美国标准的直线锚固定义相似。不过，中国对于光圆钢筋在锚固区末端做 180°弯钩以外，其余部分不做任何弯折，按锚固区钢筋投影长度为锚固长度，属于直线锚固，其原因在于根据中国钢筋基本锚固长度计算式，把光圆钢筋末端做 180°弯钩作为锚固钢筋外形系数确定的基础条件，端部弯钩部分的钢筋展开长度是不能计入基本锚固长度的，由此就只能把光圆钢筋末端做 180°弯钩还按直线锚固等同看待。中国 GB 50010—2010 的锚固长度尺寸规定以直线锚固长度为基本锚固长度，其他形式锚固长度均在基本锚固长度基础上乘以一个系数确定。由此看出，中国目前以直线锚固形式为钢筋的基本锚固形式。美国 ACI 318-11 以直线锚固为常用而非基本形式，其他锚固形式的锚固长度尺寸均有独立的计算式。

②机械锚固。

机械锚固是指对锚固区内的钢筋末端进行锚头处理，从而提高钢筋末端对混凝土的机械挤压作用。根据中国《混凝土结构设计规范》GB 50010—2010，机械锚固包括一侧贴焊锚筋、两侧贴焊锚筋、穿孔塞焊锚筋以及螺栓锚头四种形式，如图 6-38a.~d. 所示。要求焊缝和螺纹长度应满足承载力要求；螺栓锚头和焊接锚板的承压净面积不应小于锚固钢筋截面积的 4 倍；螺栓锚头的规格应符合相关标准的要求；螺栓锚头和焊接锚板的钢筋净间距不宜小于4d，否则应考虑群锚效应的不利影响；以及截面角部的弯钩和一侧贴焊锚筋的布筋方向宜向截面内侧偏置。

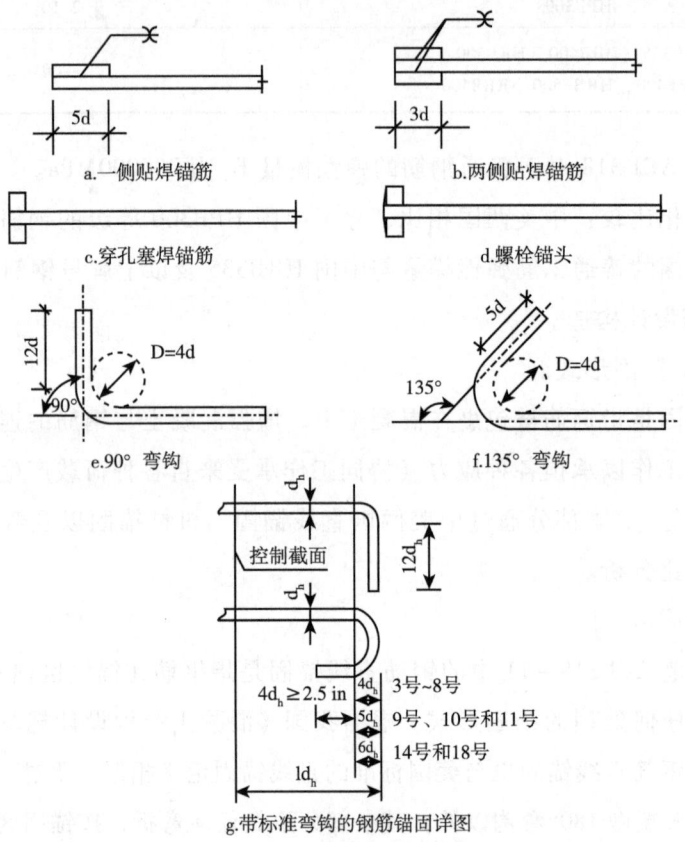

图6-38 中国钢筋机械锚固形式

美国标准 ACI 318-11 中并未对钢筋机械锚固形式做明确规定，允许任何机械装置的设计方式，只要求其能够提高钢筋拉力且不破坏混凝土，但要求应该进行可证明这种机械装置效能的试验。同时，对机械锚固的适用条件做了严格限制，如钢筋抗拉强度设计值不应大于60000psi；钢筋的规格不应大于No.11；混凝土应有正常的密度；锚头承压面积不应小于钢筋截面的4倍；钢筋净距不应小于钢筋直径的4倍等。

③弯折锚固。

弯折锚固的机理也是为了提高机械挤压的作用，是机械锚固的一种特殊形式。根据中国《混凝土结构设计规范》GB 50010—2010 规定，当锚固形式为90°弯钩时，技术要求为末端90°弯钩，弯钩内径4d，弯后直段长度12d；当锚固形式为135°弯钩时，技术要求为末端135°弯钩，弯钩内径4d，弯后直段长度5d。90°弯钩以及135°弯钩技术要求如图6-38 e.~f. 所示。

弯折锚固在美国提法有所不同，美国规范称弯折锚固为受拉标准弯钩锚固。根据美国标准 ACI 318-11 对受拉标准弯钩的锚固做了规定,给出了带标准弯钩的钢筋锚固详图,如图 6-38g. 所示。在美国规范中,有标准弯钩的钢筋不属于机械锚固的钢筋,要求考虑与弯钩所连直钢筋的粘结和弯钩锚固的组合作用。美国标准中也有中国 GB 50010—2010 规范中末端带 90°弯钩的类似锚固方式,没有末端带 135°弯钩的锚固方式。

2) 钢筋的锚固长度。

钢筋的锚固长度一般指梁、板、柱等构件的受力钢筋伸入支座或基础中的总长度,包括直线及弯折部分。钢筋的锚固长度在中美两国叫法也有所差异,美国将钢筋的锚固长度称为延伸长度。

根据中国《混凝土结构设计规范》GB 50010—2010,锚固长度计算规定如式(6-8)所示。

① 受拉钢筋的基本锚固长度按下列公式计算:

$$l_{ab} = \alpha \frac{f_y}{f_t} d \tag{6-8}$$

其中,l_{ab} 为受拉钢筋的基本锚固长度;f_y 为普通钢筋的抗拉强度设计值;f_t 为混凝土轴心抗拉强度设计值,当混凝土强度等级高于 C60 时,按 C60 取值;d 为钢筋的直径;α 为钢筋的外形系数,按表 6-39 取值。

表 6-39　　　　　　　　锚固钢筋的外形系数 α

钢筋类型	光圆钢筋	带肋钢筋	螺旋肋钢丝	三股钢绞线	七股钢绞线
α	0.16	0.14	0.13	0.16	0.17

② 受拉钢筋的锚固长度应根据锚固条件如式(6-9)所示,且不应小于 200mm。

$$l_a = \xi_a l_{ab} \tag{6-9}$$

其中,l_a 为受拉钢筋的锚固长度;ξ_b 为锚固长度修正系数,按表 6-40 取用。当多余一项时,可按连乘计算,但不应小于 0.6。

表 6-40　　　　　纵向受拉普通钢筋的锚固长度修正系数 ξ_b

类型	修正系数 ξ_b
当带肋钢筋的公称直径大于 25mm	1.10
环氧树脂涂层带肋钢筋	1.25
施工过程中易受扰动的钢筋	1.10

注:① 当纵向受力钢筋的实际配筋面积大于其设计计算面积时,修正系数取设计计算面积与实际配筋面积的比值,但对有抗震设防要求及直接承受动力荷载的结构构件,不应考虑此项修正;② 锚固钢筋的保护层厚度为 3d 时修正系数可取 0.80,保护层厚度不小于 5d 时修正系数可取 0.70,中间按内插取值,此 d 为锚固钢筋的直径。③ 当纵向受拉普通钢筋的末端采用弯钩和机械锚固措施时,包括弯钩或锚固端头在内的锚固长度(投影长度)可取为基本锚固长度 l_{ab} 的 60%。④ 受压钢筋的锚固。混凝土结构中的纵向受压钢筋,当计算中充分利用其抗压强度时,锚固长度不应小于相应受拉锚固长度的 70%,不应采用末端弯钩和一侧贴焊钢筋的锚固措施。

根据美国规范 ACI 318-11，延伸长度计算规定如下：

美国规范可采用两种方法计算受拉变形钢筋和变形钢丝的延伸长度。但锚固长度不能小于 12in.（304.8mm）。

①简化计算方法（单位为英制），计算公式如表 6-41 所示。

表 6-41　　　　受拉变形钢筋和变形钢丝的延伸长度的计算公式

情况分类	6 号或更小号的钢筋或变形钢丝（19.1mm 或更小直径的钢筋或钢丝）	7 号或大于 7 号的钢筋（22.2mm 或更大直径的钢筋）
当锚固钢筋的净距不小于钢筋直径 d_b，混凝土保护层厚度不小于 d_b，穿过 l_b 的箍筋不小于规范规定的最小值，或者锚固钢筋的净间距不小于 $2d_b$，混凝土保护层厚度不小于 d_b	$l_d = \dfrac{f'_y \psi_t \psi_e \lambda}{25\sqrt{f'_c}} d_b$	$l_d = \dfrac{f'_y \psi_t \psi_e \lambda}{20\sqrt{f'_c}} d_b$
其他情况	$l_d = \dfrac{3 f'_y \psi_t \psi_e \lambda}{50\sqrt{f'_c}} d_b$	$l_d = \dfrac{3 f'_y \psi_t \psi_e \lambda}{40\sqrt{f'_c}} d_b$

②基本方法。

受拉变形钢筋或变形钢丝的延伸长度如下：

$$l_d = \frac{3}{40} \frac{f'_y \psi_t \psi_e \psi_s \lambda}{\sqrt{f'_c} \left(\dfrac{c + K_{tr}}{d_b} \right)} d_b \tag{6-10}$$

其中，f'_y 为规定钢筋的抗拉强度，单位 psi；f'_c 为规定的混凝土抗压强度，单位 psi；ψ_t 为钢筋的定位系数，当横向钢筋使得延伸长度下新浇筑的混凝土厚度大于 12in.（304.8mm）取 1.3，其他钢筋取 1.0（顶部钢筋对浇筑位置的不利影响系数）；ψ_e 为涂层系数，对于保护层厚度小于 $3d_b$ 或净距小于 $6d_b$ 的环氧涂层的钢筋或钢丝取 1.5，所有其他涂层的钢筋或钢丝取 1.2，无涂层的钢筋取 1.0，ψ_t、ψ_e 的值不大于 1.7；λ 为混凝土品种系数，轻骨料混凝土取 1.3，普通混凝土取 1.0；d_b 为钢筋直径；c 为钢筋或钢丝中心到最近混凝土表面的距离或钢筋或钢丝中心间距离的一半，取两者中的较小值，单位 in；ψ_s 为钢筋的品种系数，6 号（19.1mm）或小于 6 号的钢筋或钢丝取 0.8，7 号（22.2mm）及大于 7 号的钢筋取 1.0；K_{tr} 为横向钢筋指数，$K_{tr} = \dfrac{A_{tr} f_{tr}}{1500 sn}$ 简化计算时（即使有横向钢筋）可取 0；f_{yt} 为规定的横向钢筋屈服强度，单位 psi；s 为 l_d 范围内横向钢筋的最大中心距，单位 in；A_{tr} 为间距 S 内与穿过锚固钢筋潜在劈裂面相交的横向钢筋的总面积，单位 in^2；n 为沿劈裂面锚固的钢筋或钢丝支数。

③标准弯钩受拉钢筋的延伸长度。

根据美国规范 ACI 318-05 标准弯钩钢筋的最小曲率直径要求,对于 3 号~8 号钢筋(9.5mm~25.4mm),最小曲率直径为 $6d_b$;对于 9 号、10 号和 11 号钢筋(28.7mm,32.3mm,35.8mm),最小曲率直径为 $8d_b$;对于 14 号和 18 号(43.0mm 和 57.3mm),最小曲率直径为 $10d_b$。带有标准弯钩受拉钢筋的延伸长度 l_{dh} 按基本延伸长度乘以适当的修正系数来确定,但不小于 $8d_b$ 和 6in.(152.4mm)中的较小者。

对于变形钢筋,基本延伸长度 l_{dh} 如下:

$$l_{dh} = \frac{0.02\psi_e \lambda f'_y d_b}{\sqrt{f'_c}} \qquad (6-11)$$

其中,对环氧涂层系数 ψ_e 取 1.2,对轻骨料混凝土 λ 取 1.3,其他情况下 ψ_e 和 λ 取 1.0。延伸长度的修正系数和钢筋端部混凝土的保护层厚度、延伸长度钢筋的横向钢筋的间距等有关。

④受压钢筋的延伸长度。

根据美国规范 ACI 318-05,受压变形钢筋的延伸长度如下:

$$l_{dc} = \max\left(\frac{0.02f_y}{\sqrt{f'_c}}d_b;\ 0.003f_y d_b\right) \qquad (6-12)$$

对于下列情况,l_{dc} 乘以下面的修正系数:配筋超出所需计算面积的,需要的 As/配置的 As;包围在直径不小于 1/4in.(6.35mm)、螺距不大于 4in.(101.6mm)螺旋筋内的钢筋或中心与中心距不大于 4in.(101.6mm)的 4 号钢筋内的钢筋,取 0.75,按上述计算的长度不小于 8in.(203.2mm)。

中美差异化比较分析:从中美两国钢筋锚固长度的确定方法来看,美国在钢筋锚固计长度算公式类型也比国内多,且比国内复杂,分多种情况考虑,同时考虑很多因素,要比我国规范要求严格。

由于玻利维亚当地与国内相比在钢筋工程技术这一块还是比较落后,在钢筋设计图中的锚固长度没有特别的要求,根据施工人员的工程经验或者施工图纸要求来取值。

(5)混凝土保护层厚度。

混凝土保护层厚度的确定主要与三个因素有关:①钢筋向混凝土传动的需要;②保护钢筋免受外界腐蚀介质侵蚀的需要;③耐火的要求,混凝土保护层越厚,钢筋受热软化而丧失强度的时间越长。

根据中国标准《混凝土结构设计规范》GB 50010—2010(2015 年版),对于构件中普通钢筋以及预应力筋的混凝土保护层厚度应满足构件中受力钢筋的保护层厚度不应小于钢筋的公称直径 d；设计使用年限为 50 年的混凝土结构，最外层钢筋的保护层厚度应满足表 6-42 所示；设计使用年限为 100 年的混凝土结构，最外层钢筋保护层不应小于下表中数值的 1.4 倍。

表 6-42　　　　　　　　国内混凝土保护层的最小厚度 c（mm）

环境类别	板、墙、壳	梁、柱、杆
一	15	20
二 a	20	25
二 b	25	35
三 a	30	40
三 b	40	50

注：①混凝土的强度不大于 C25 时，表中保护层厚度的数值应增加 5mm。②钢筋混凝土基础宜设置混凝土垫层，基础中钢筋的混凝土保护层厚度应从垫层顶面算起，且不应小于 40mm。

根据美国标准 ACI318-05 的规定，现浇非预应力混凝土构件的保护层厚度以及现浇预应力混凝土构件的保护层厚度要求如表 6-43 和表 6-44 所示。其中，当混凝土与氯化物接触时，如除冰盐、盐碱（地下水）、海水或这些供应源的雾化环境中，墙和板的最小混凝土保护层厚度可取 2in（50.8mm），其他构件为 2.5in（63.5mm）。对于工厂控制条件下制作的预制混凝土，最小混凝土保护层厚度根据混凝土的暴露条件类别、钢筋直径大小、构件类别可取为 1.5in（38.1mm）和 2in（50.8mm）。对于暴露于侵蚀环境或其他严重严酷暴露条件，划分为 T 类或 C 类的预应力混凝土构件（T 类构件——未开裂到已开裂的过渡状态；C 类构件——已开裂），其预应力配筋的最小保护层厚度应增大 50%，但若预压受拉区在持续荷载作用下不受拉，则允许不增加。

表 6-43　　　　　美国现浇非预应力混凝土构件的混凝土保护层厚度

暴露条件类别	构件	钢筋	保护层厚度
a）混凝土浇筑在地基上并永远在地基环境中	—	—	3in.（76.2mm）
b）混凝土处在地基土环境或露天环境中	—	6 号~18 号钢筋（19.1mm~57.3mm）	2in.（50.8mm）
	—	5 号钢筋（15.9mm）、W31 或 D31 号钢丝和更小直径的钢筋或钢丝	1.5in.（38.1mm）

续表

暴露条件类别	构件	钢筋	保护层厚度
c）混凝土不处在露天环境或不与地基接触	板、墙、密肋楼盖的肋	4 号钢筋（43.0mm）和 18 号钢筋（57.3mm）	1.5 in.（38.1mm）
		11 号钢筋（35.8mm）或更小直径的钢筋	0.75 in.（19.1mm）
	梁或柱	主筋、柱箍筋、梁箍筋或螺旋筋	1.5 in.（38.1mm）
	壳体和折板构件	6 号钢筋（19.1mm）或更大直径的钢筋	0.75 in.（19.1mm）
		5 号钢筋（15.9mm）、W31 或 D31 号钢丝和更小直径的钢筋或钢丝	0.5 in.（12.7mm）

表 6-44　美国现浇预应力混凝土构件的混凝土保护层厚度

暴露条件类别	构件	钢筋	保护层厚度
a）混凝土浇筑在地基上并永远在地基环境中	—	—	3 in.（76.2mm）
b）混凝土处在地基土环境或露天环境中	—	—	2 in.（25.4mm）
	—	—	1.5 in.（38.1mm）
c）混凝土不处在露天环境或不与地基接触	板、墙、密肋楼盖的肋	—	0.75 in.（19.1mm）
	梁或柱	主筋	1.5 in.（38.1mm）
		柱箍筋、梁箍筋或螺旋筋	1 in.（25.4mm）
	壳体和折板构件	5 号钢筋（15.9mm）、W31 或 D31 号钢丝和更小直径的钢筋或钢丝	0.37 in.（9.53mm）
		其他钢筋	钢筋直径，但不小于 0.75 in.（19.1mm）

中美两国差异化比较：从中美两国混凝土的保护层厚度的确定和要求来看，两国都需要根据环境所处类别来确定混凝土的保护层厚度，美国相对于中国在混凝土保护层厚度的确定更加详细和严密，分为预应力混凝土构件和非预应力混凝土构件两种类型的确定方法，同时美国标准中保护层厚度的确定也与钢筋类型和规格有着密切的关系。而对于中国标准，规定不同使用年限时混凝土构件保护层厚度的要求。

玻利维亚当地的钢筋保护层厚度，规范中没有标出最小保护层厚度和最大保护层厚度，只有一个要求不能超过30mm。同时对于像桥涵、平台等大体积混凝土，保护层厚度取值也有一定的区别，国内对于大体积混凝土，会适当加大保护层厚度，而玻利维亚当地按固定35mm厚度值取用。

（6）钢筋工程加工与安装。

1）钢筋的加工流程。

在中国，商品加工配送行业起步较晚，经过多年的发展已经有一部分规模，但还未广泛推广应用，从整体建筑状况来看，目前还是以现场加工钢筋为主导，集成化钢筋加工厂规模比例较少，且配送范围有限。中国钢筋加工流程如图6-39所示。

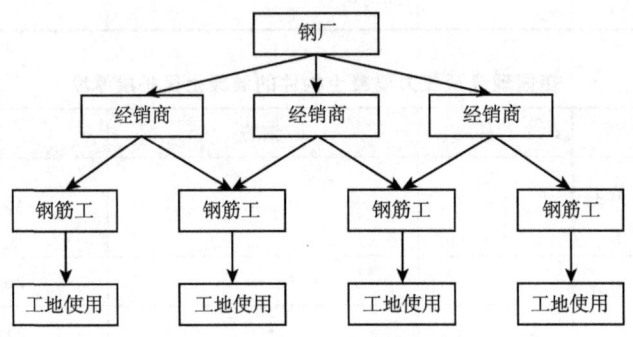

图6-39　中国钢筋加工流程

在美国，世界以发达国家为首的美国，其钢筋加工配送行业起步时间早，要比国内要领先得多，自动化的钢筋加工配送基本取代了传统的手工加工形式和半机械化加工形式，目前绝大多数是以集群化加工结合物流配送的形式存在，主要由棒材钢筋加工配送公司、线材钢筋加工配送公司以及专用钢筋制品配送公司三大类型组成。加工好的成品钢筋直接通过物流公司配送至各建筑施工场地，极大地提高了施工效率和节省了工期。美国钢筋加工形式工程流程如图6-40所示。

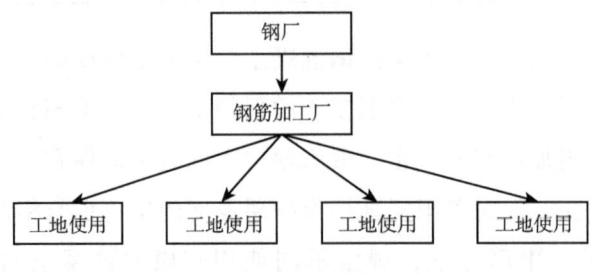

图6-40　美国钢筋加工流程

通过对中美两国钢筋加工行业差异化比较，不难发现：

①在美国，钢筋行业很大限度地节省了资源和工期，提高了生产效率。而中国以现场加工为主，容易受到人为、气候、现场施工条件的影响，而对钢筋质量和施工效率产生影响。从两国的工作流程上看，两种形式优劣一目了然，无论是效率还是工作成本，美国均较优先于中国，美国自动化钢筋加工配送形式值得我国借鉴。目前我国部分行业已经意识到这一问题，意识到了集成化钢筋加工配送的必然发展趋势，并且开始迈出中国自动化钢筋加工配送的第一步。

②中美两国在钢筋产量有着较大的差距，造成这一现象的原因主要包括管理和设备技术两个方面。在管理方面，美国与中国相比，钢筋加工厂具有一套完善的生产流程管理体系，从原材料进场—分类—下料计算—分配—加工—成品放码—最后成品运输厂一气呵成，而管理人员所做的就是不断超越、创新优化各个环节的效率从而使总体产能不断提升，这也是我国值得借鉴的宝贵经验。在设备技术方面，美国钢筋加工厂普遍使用数控自动钢筋加工设备，技术功能全面，生产速率超前，而中国现场加工，加工设备在性能方面参差不齐，这也就是美国钢筋人均产能比中国高出很多的重要因素。

玻利维亚当地的钢筋加工形式：当地项目首先需要采购钢筋材料然后申报监理，监理通过后，在钢筋加工棚中进行加工、制作和弯曲，然后再运输到现场进行绑扎。对于钢筋的工艺实验也是集中在项目部的钢筋加工棚进行的。玻利维亚当地钢筋的加工一般是倾向于现场直接加工。钢筋加工棚的位置没有具体硬性要求，可以安置现场也可以找一个单独的地方。对于规格较大钢筋的加工，加工好后可以直接送到施工现场使用，可以在自己选定的地方进行加工。如果在现场加工更加方便施工，可以选择在现场加工钢筋。

2）钢筋的加工。

根据中国标准《公路桥涵施工技术规范》JTG/T 3650—2020 的规定，目前仍以现场加工钢筋为主，加工前需要做好钢筋表面的清洁工作，对成盘和弯曲的钢筋需采用冷拉方法调制，对于不同牌号钢筋冷拉率应满足规定要求。受力主钢筋制作和末端弯钩形状应满足如图 6-41、图 6-42 所示的要求。

中国规范对于箍筋的末端应做弯钩，弯钩的弯曲直径不应大于被箍受力主筋的直径，弯钩的形状应符合规定要求，对于无抗震要求的箍筋可按图 6-42 a.、b. 形状进行加工，对于有抗震要求的结构，应按 c 进行加工。

中国钢筋的加工允许偏差应符合表 6-45 所列要求。

弯曲部位	弯曲角度	形状图	钢筋种类	弯曲直径D	平直段长度
末端弯钩	180°		HPB300	≥2.5d	≥3d
	135°		HRB400 HRBF400 HRB500 RRB400	≥5d	≥5d
	90°		HRB400 HRBF400 HRB500 RRB400	≥5d	≥10d
中间弯折	≤90°		各种钢筋	≥20d	—

注：采用环氧涂层钢筋时，除应满足表内规定外，当钢筋直径d≤20mm时，弯钩内直径D应不小于5d；当d>20mm时，弯钩内直径D应不小于6d；平直段长度应不小于5d。

图 6-41 受力主钢筋制作和末端弯钩形状

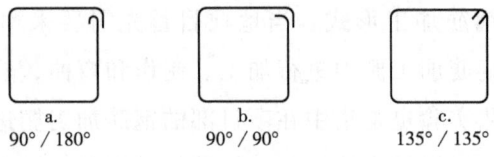

a. 90°/180°　　b. 90°/90°　　c. 135°/135°

图 6-42 箍筋弯钩形式

表 6-45　　　　　　　　钢筋加工的允许偏差

项目	允许偏差（mm）
受力钢筋顺长方向加工后的全长	±10
弯起钢筋各部分尺寸	±20
箍筋、螺旋筋各部分尺寸	±5

根据美国标准（ACI 315—2004 ACI detailing manual）的规定，美国标准对钢筋加工并没有进行详细的说明，其原因是根据美国施工现场状况来看，美国已经没有钢筋大量堆放与现场加工，所以钢筋包括纵向钢筋和箍筋都已经通过数控化机械设备在专业厂房内进行集中加工，纵向受力钢筋以及钢筋都按规定的指标要求加工成型，在施工现场仅是绑扎成型或者直接连接安装。

中美规范差异化比较：中美两国相比，中国钢筋加工以现场加工形式为主，容易受人为和设备条件因素的影响，钢筋质量容易受到影响，需要严格参考标准规范来执行加工钢筋，对于一些依旧采用现场加工形式的国家依旧具有借鉴和参考意义。而美国以工厂化集中加工为主，规范中没有具体对钢筋加工进行详细说明，对于尺寸变化、钢筋弯曲等影响，标准提及了钢筋加工过程中出现的额外费用，而我国标准没有相关介绍。对于美国钢筋的工厂集中加工模式，可以大大提高施工效率和钢筋质量，值得我国学习。

3）钢筋的连接。

中国钢筋的连接形式包括焊接、机械连接以及绑扎连接三种类型。其中，常采用焊接接头或机械连接接头，绑扎接头仅当钢筋构造复杂施工困难时方可采用，对于轴心受拉和小偏心受拉构件不应采用绑扎接头。当采用焊接接头和机械连接接头，在接头长度区段内，同一根钢筋不得有两个接头；对于绑扎接头，两接头间的距离应不小于1.3倍搭接长度。钢筋的焊接接头宜采用闪光对焊，或采用电弧焊、电渣压力焊、气压焊等形式，但电渣压力焊仅可用于竖向钢筋的连接，不得用于水平钢筋和斜筋的连接。钢筋的机械连接宜采用墩粗直螺纹、滚轧直螺纹或套筒挤压接头，且适用于HRB400、HRBF400、HRB500和RRB400热轧带肋钢筋。

美国的钢筋连接方式包括绑扎搭接、焊接与机械连接。绑扎搭接主要用于小规格钢筋（包括楼板配筋）；焊接由于质量原因与人工成本高（焊接施工人员成本较高，同时需要大量的质量检查人员成本，保证焊接质量），已基本不采用；大直径钢筋（特别是柱与梁的纵向钢筋或剪力墙钢筋）普遍采用机械连接。机械连接主要形式为：①螺纹双套筒对接型。钢筋先穿入套筒（分别为内螺纹套筒和外螺纹套筒），并在专门设备上将钢筋端部镦出外扩式锥台，钢筋连接时分别将两侧的内螺纹套筒和外螺纹套筒拧紧，使连接钢筋在端部顶紧，拉力由套筒传递，压力由顶紧的钢筋端部传递。②螺栓头与套筒连接型。超大直径钢筋的机械连接为采用加工的螺栓头与加工的内螺纹套筒在工厂里焊接（摩擦焊技术）到钢筋上。当采用焊接与机械连接时，其接头强度应大于等于1.25倍钢筋屈服强度标准值。

中美两国差异化比较：中美两国相比，从钢筋连接形式上看，均包括绑扎、焊接、机械连接三种类型，规定受力钢筋的接头宜设置在受力较小处，钢筋接头的位置宜相互错开，并规定了最小搭接长度。在绑扎连接中，中国标准对接头率进行了要求，由于接头率会进一步影响搭接长度，美国标准根据接头率调节搭接长度。在焊接连接方面，由于美国标准中带肋钢筋含碳量较高以及焊接成本太高，一般不采用焊接的形式。在绑扎搭接质量控制方面上，美国规范中主要通过拉力和接头距离保证绑扎质量。中国规范在连接质量则规定主要通过接头分布、接头面积分布率、接头连接质量和接头缺扣和松扣的百分率控制，并要求缺扣和松扣部分不应集中，这点与美国规范中有所区别。

玻利维亚当地钢筋之间搭接形式和国内有一定的区别,搭接要求是40倍d,玻利维亚钢筋的连接也会采用焊接的方式,焊接要求是5倍d的双面焊和10倍d的单面焊,但是施工单位一般不会采用焊接方式,这是由于焊接容易把钢筋烧坏,从而使钢筋的强度降低,能绑扎的尽量绑扎,没有其他解决办法才使用焊接。所以当地钢筋连接方式以绑扎为主,其次是焊接方式,没有机械连接方式。在对钢筋进行绑扎时,采用的是5号或7号的扎丝进行绑扎,采用的是满扎方式。两国钢筋绑扎使用时间有所不同,玻国钢筋绑扎工效低,在国内钢筋绑扎一般需要1天时间,而当地需要花3天时间,但是当地对钢筋绑扎要求十分严格,其次在钢筋绑扎钢丝以及绑扎形式要求也比较严格。

(三)模板支架施工

1. 模板材料

对于模板与支架的常用材料,中国规范中可使用钢材、胶合板或其他材料,不同材料对应质量与性能按照相应国家标准规范执行;而美国标准对于材料的选择不仅涉及不同部位的支架和模板要采用不同材料以发挥其不同特性,更是考虑了诸如成本、涂覆性能、气温、可操作性等很多方面,规定得很综合,很细致。

而受到经济发展水平以及当地材料等因素限制,南美项目并没有采用中标和美国标准相应规范。由于当地工程规模不大,主要以涵洞以及小桥为主,且当地盛产木材并且质量不错,因此当地模板材料主要为木材,少部分会用到钢材,而支架全部采用木材,如图6-43、图6-44所示即为当地木模架相关图片。

图6-43 木模板

图6-44 木支架

2. 模板配件

对于中标,模板还配备了主肋和次肋,并按模板受到荷载以及刚度要求进行配置。次肋配置方向与模板长度方向垂直，直接承受模板传递的荷载，而主肋则是承受次肋传递的荷载，并且起到加强模板整体刚度以及调整平直度的作用，主肋还起到支撑支架着力点的作用。

而对于美国标准而言，模板有了更多的配件以及对应要求。对于模板，美国标准还依据相关文献说明了模板锚固装置、模板吊架、侧模间隔装置等的必要性。

对于玻利维亚现场项目而言，木模板会有诸如图 6-44 中竖向或横向的加劲肋，钢模板则没有类似配件。

3. 模板脱模剂

美国标准对于模板涂料和脱模剂的定义比较详尽，具体如下：模板涂料是涂在液态模板上，以便在生产期间或在现场与混凝土表面接触，达到改变接触面结构、增强接触面耐久性、拆除时促进混凝土的脱离或者密封接触面，避免湿气侵入等作用中的一项或几项；而脱模剂，指涂在模板接触表面上，以便于避免粘合，有助于模板拆除的作用，有制造时永久涂在模板材料上的脱模剂，也有每次使用前，涂在模板上的。

对于中国规范而言，其中对模板涂料和脱模剂没有具体要求，只涉及"模板与混凝土之间要使用隔离剂，但不得采用废弃油等油料，且不得污染钢筋及混凝土的施工缝"。这里的隔离剂当归属于美国标准中的脱模剂，而不能污染钢筋及混凝土施工缝，就是对于模板涂料的操作规定。

4. 模板荷载取值计算

（1）中国标准中关于模板荷载的规定。

模板所受荷载种类有很多，如风载、雪载、波浪力、撞击力等，但最主要的，也是中国与美国标准中差异最明显的，就是模板侧向荷载。

对于侧向荷载的计算，不论中国或美国标准，其核心思想是将新浇筑混凝土对模板的横向压力视为流体对模板的压力去计算，而当考虑到混凝土坍落度、初凝温度、浇筑速度等因素时，再用其他公式考虑。

对于中国标准而言，计算思路是比较粗糙的。中国标准附录 C 中给到两个公式如下：

$$F = 0.22 \gamma_c t_0 \beta_1 \beta_2 V^{1/2} \qquad (6-13)$$

$$F = \gamma_c H \qquad (6-14)$$

其中，F 表示新浇混凝土对模板的侧压力（kN/m^2）；γ_c 表示混凝土的重力密度（kN/m^3）；V 表示混凝土浇筑速度（m/h）；t_0 表示新筑混凝土初凝时间，可按实验确定；当缺乏实验资料时，可采用 $t_0 = 200/(T+15)$ [T 为混凝土温度（℃）]；β_1

表示外加剂影响修正系数，β_2 为混凝土坍落度影响修正系数；H 表示混凝土侧压力计算位置处至新浇混凝土顶面的总高度（m）；混凝土侧压力计算分布如图 6-45 所示，图中 $h = F/\gamma_c$，h 为有效压头高度。

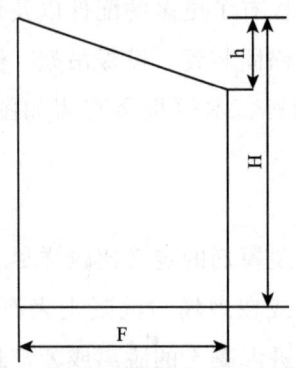

图 6-45 混凝土侧压力计算分布

可以看到，式（6-13）主要与施工方面有关，考虑了浇筑速度、外加剂、坍落度以及新浇混凝土初凝时间等因素，而式（6-14）则与理论有关，将混凝土看作流体去计算它的流体压力。中国标准中规定最终取用上两个式子计算结果的较小值。

（2）美国标准中关于模板荷载的规定。

美国标准中明确说明了，若不是新拌混凝土则不能被视作流体，此时流体压力公式不再适用，考虑不同坍落度、浇筑速率等因素，再选用不同计算公式进行侧向压力的计算，详细如下：

对于坍落度≤7in，正常内部振动深度≤4ft：

$$p_{max} = C_w C_c [150 + 9000R/T] \qquad (6-15)$$

对于浇筑率＜7ft/h 且浇筑高度不超过 14ft 的墙壁：

$$p_{max} = C_w C_c [150 + 43.400/T + 2800R/T] \qquad (6-16)$$

对于坍落度≤175mm，正常内部振动深度≤1.2m 的混凝土：

$$p_{max} = C_w C_c \left[7.2 + \frac{785R}{T + 17.8} \right] \qquad (6-17)$$

对于浇筑率＜2.1m/h 且浇筑高度超过 4.2m 的墙壁，及浇筑率为 2.1~4.5m/h 的墙壁：

$$p_{max} = C_w C_c \left[7.2 + \frac{1156}{17.8} + \frac{244R}{T + 17.8} \right] \qquad (6-18)$$

美国标准针对不同状况给出的不同公式考虑的情况更为多样，有关专家学者曾在给定参数条件下论证过中美标准不同公式计算出的模板侧向荷载的力的差别，结果表明，中国标准的计算值偏小，不够安全。另外，就计算模板侧向压力时考虑的侧重点而言，中国与美国标准也有所不同，它们共同考虑了重度、浇筑速度、塌落度和外加剂等影响，中国规范中考虑了坍落度、初凝时间等，而美国规范考虑了入模温度、模板形状尺寸等。

（四）桥梁施工及变更设计

中国在涉及桥型变更问题时，一般有两种思路，分别是利用跨径调整桥长及下压桥梁标高调整桥长。前者会导致桥台高度变化，进而导致台背填土过高，使得桥头发生沉降问题（与地质条件有关），后者会导致大桩号端（桥梁高度变小端）挖方量增大，进而导致护坡变低和边坡稳定问题。在玻利维亚尤库莫公路工程项目中，仅有一座 25.5m 的简支梁桥涉及桥型变更，所以拟采用的方案为将桥改为多孔跨径的涵洞或者寻找类似的图纸、配套模板进行施工。更改方案意味着重新进行设计，所以在尤库莫标段，没有遇到由变更方法不同而产生的技术、工程量上的难题。在桥型变更的程序方面，与国内基本一致，即施工方要提交充分的申请变更理由，包括地质、水文条件、造价、受力分析等，取得监理和甲方同意后才可进行设计变更。

二、检测标准差异化

（一）混凝土结构工程的质量检测

中美两国规范中关于混凝土的质量检查均包括施工过程中的质量检查和施工后的质量检查两个方面。

中国规范中规定，施工中的检查主要是对混凝土拌制和浇筑过程中材料的质量及用量、搅拌地点和浇筑地点的坍落度等进行检查，在每一工作班内至少检查 2 次；当混凝土配合比受到外界温度及湿度变化的影响时，应及时检查；对混凝土搅拌时间也应随时进行检查；对于预拌混凝土，应注意在施工现场进行坍落度检查。施工后的质量检查主要是对已完工的混凝土进行外观质量检测和强度检测。对有抗冻、抗渗等特殊要求的混凝土，还应进行抗冻、抗渗性能检查。有所区别的是，美国规范中规定，主要对混凝土的生产、检查和测试、放置说明、安置、预制架设等进行检查。

（二）砌体结构工程的质量检查

中美两国规范中关于砌体结构工程的质量检查有许多相似之处，如都规定了需要制订质量保证计划且规定应逐项列出用于验证的材料成分、质量、存储、处理、制备和放置是否符合要求。两国规范中最大的不同点在于，美国 ACI 530—2011《砌体结构建筑规范要求》中有规定，砌体质量保证等级可划分为 A、B 和 C 三个等级，而中国规范《砌体结构工程施工质量验收规范》中对于砌体工程的质量验收并没有划分等级。中国规范中对于设计资料和现场实物的检查相较于美国规范中规定得更加明确，但美国规范中更加强调有关强度的验收，规定砌体的抗压强度需要等于或大于规定的强度。

（三）预应力成孔管道外观质量检查

当预应力成孔管道进场时，应进行管道外观质量检查、径向刚度和抗渗漏性能检验。

根据中国《混凝土结构工程施工质量验收规范》GB 50204—2015 以及美国标准 AASHTO Standard Specifications For Highway Bridge，中美两国对预应力成孔管道外观质量检查异同点为：

相同点：①都要求预应力成孔管道的径向刚度和抗渗漏性能符合规定要求，即浇筑在混凝土中的管道应不允许有漏浆现象，它们应能按照要求传递黏结应力并能在混凝土的重量下保持其形状，且在混凝土浇筑期间具有足够的强度来保持其正确的位置而不产生移动。②都要求所有管道不得出现明显褶皱、损伤和开裂现象，同时需要做好清洁工作，使其不含降低粘结度或影响灌浆操作的有害材料。

不同点：从细节方面来看，美国与中国相比，在成孔管道中还对套管的材质和制作、锚浆孔、排气孔和排水口等内容进行了说明。

（四）公路工程质量检查差异化

根据中国标准《公路工程质量检验评定标准》（JTG F80/1—2017），路基检测一共分为七个项目，分别为：中线平面偏位、宽度、纵断面高程、横坡、压实度、弯沉以及平整度。

在国内实际施工时，经常无法达到设计的弯沉值，部分原因是路基实际上并没有达到形成路面强度所需要的路基强度。美国规范由于只验收压实度和 CBR，且无统一标准。因此美国规范对于路基真实强度处于无法控制的状态。建议国内规范将路基顶回弹模量纳入验收指标体系以达到设计参数与验收参数的统一。

中美规范在中线平面偏位、宽度、纵断面高程、横坡、压实度上，操作方法基本一致，步骤如下：

(1) 中线平面偏位：首先完成中线放线测量，测定中线偏位情况。每 200m 测 4 个断面，弯道加测 ZH、HY、QZ、YH、HZ 等点位。

(2) 宽度测量：利用经过复核并已确认的中桩，用长钢尺从中桩处向路床左右方向（应与路中线或路中线的切线垂直）进行测量，分别检查路床左右半幅宽度是否达到要求，每 200m 测 4 处，要求实测值符合设计值。

(3) 纵断面高程测量。利用经过复核并已确认的中桩，按照规范规定，每 200m 测 4 个断面，曲线段增加为每 20m 测 1 个断面，检测结果与计算的设计值相比较，偏差不超过 +10mm、-15mm。

(4) 横坡测算：每 200m 测 4 个断面，与纵断高程测量同时进行，用同一断面的最近点、最远点的实测高程和平距计算横坡，允许偏差 ±0.3%。

(5) 压实度检测：根据规范，压实度采用灌砂法测定，按照双车道 200m 检测 4 处的频率进行检测。压实度检测完成后应按《公路工程质量检验评定标准》（JTGF80/1—2017）计算该路段的压实度代表值，并按评定标准要求对交工路段进行评定。

虽然中美规范的操作步骤一致，但玻利维亚路基路面的验收有自己的要求，主要以标高为主，弯沉、平整度为辅，但中线平面偏位、横坡与平整度的验收均忽略。底基层需要测弯沉，而基层与面层不需要测弯沉，压实度仍以灌砂法为主。压实度每 100m 测 3 个点；弯沉检测，每一双车道评定路段（不超过 1km）检测 80~100 个点。

三、验收标准差异化

（一）检验批的质量验收

根据中国《混凝土结构工程施工质量验收规范》及美国规范 ACI 121R-08 的规定，检验批的质量验收均应包括实体检查和资料检查，且应具有完整的质量检验记录，重要工序应具有完整的施工操作记录。

（二）钢筋的隐蔽工程验收

浇筑混凝土之前，应进行钢筋隐蔽工程验收。中美两国在钢筋隐蔽工程验收的主要内容相差不大，主要包括以下内容：

(1) 纵向受力钢筋的牌号、规格、数量、位置；
(2) 钢筋的连接方式、接头位置、接头质量、接头面积百分率、搭接长度、锚固方式及锚固长度；

（3）箍筋、横向钢筋的牌号、规格、数量、间距、位置，箍筋弯钩的弯折角度及平直段长度；

（4）预埋件的规格、数量和位置。

（三）现浇结构的质量验收

现浇结构分项工程以模板、钢筋、预应力、混凝土四个分项工程为依托，是拆除模板后的混凝土结构实物外观质量、几何尺寸检验等一系列技术工作的总称。

根据中国标准《混凝土结构工程施工质量验收规范》，在进行现浇结构质量验收时应符合下列规定：

（1）现浇结构质量验收应在拆模后、混凝土表面未作修整和装饰前进行，并应做出记录；

（2）已经隐蔽的不可直接观察和量测的内容，可检查隐蔽工程验收记录；

（3）修整或返工的结构构件或部位应有实施前后的文字及图像记录；

（4）混凝土现浇结构外观质量、位置偏差、尺寸偏差不应有影响结构性能和使用功能的缺陷，质量验收应留存记录；

（5）装配整体式结构现浇部分的外观质量、位置偏差、尺寸偏差验收应符合要求，装配结构与现浇结构之间的接合面应符合设计要求。

根据美国《混凝土检验指南》ACI 311.4R 规定，现浇结构的验收包括：

（1）检验混凝土的使用和加固；

（2）检验水平保持和抹平操作；

（3）检验后期操作；

（4）检验表面处理的应用检验初始固化和保护使用后检验；

（5）检验混凝土的水硬过程；

（6）检验混凝土保护、监测固化温度；

（7）在移除对结构的支撑或荷载前验证其强度；

（8）检验后张；

（9）检验移除模板或荷载后的损坏；

（10）检验表面加工和表面修复；

（11）检验建筑师或工程师指示的修复；

（12）通过试验混凝土的芯或通过非破坏性实验检验现场的混凝土强度。

通过两国规范内容的列举比对可以得出结论，中美两国的现浇结构验收内容基本一致且都十分重视验收结果的记录和保存。

（四）装配式结构的隐蔽工程验收

中美两国在预应力的隐蔽工程验收的主要内容相差不大，主要包括以下内容：

（1）预应力筋的品种、规格、级别、数量和位置；

（2）成孔管道的规格、数量、位置、形状、连接以及灌浆孔、排气兼泌水孔；

（3）局部加强钢筋的牌号、规格、数量和位置；

（4）预应力筋锚具和连接器及锚垫板的品种、规格、数量和位置。

（五）装配式结构分项工程的验收

装配式结构分项工程的验收包括预制构件进场、预制构件安装以及装配式结构特有的钢筋连接和构件连接等内容。对于装配式结构现场施工中涉及的钢筋绑扎、混凝土浇筑等内容，应分别纳入钢筋、混凝土等分项工程进行验收。

中美两国在装配式结构分项工程中验收的项目和内容基本一致，适宜相互借鉴参考。值得注意的是，当装配式结构连接节点及叠合构件浇筑混凝土之前，应进行隐蔽工程验收。以中国标准《混凝土结构工程施工质量验收规范》中的规定为例，隐蔽工程验收应包括下列主要内容：

（1）现浇结构的混凝土结合面；

（2）后浇混凝土处钢筋的牌号、规格、数量、位置、锚固长度等；

（3）抗剪钢筋、预埋件、预留专业管线的数量、位置。

（六）混凝土结构施工质量验收时需要提供的资料

根据中国《混凝土结构工程施工质量验收规范》和美国《混凝土检验指南》ACI 311.4R 的内容，两国在施工前后对于所记录和保留的文件的内容要求基本相同。两国规定混凝土结构施工质量验收时应提供的文件和记录都包括有：

（1）设计变更文件；

（2）原材料质量证明文件和抽样检验报告；

（3）预拌混凝土的质量证明文件；

（4）混凝土、灌浆料试件的性能检验报告；

（5）钢筋接头的试验报告；

（6）预制构件的质量证明文件和安装验收记录；

（7）预应力筋用锚具、连接器的质量证明文件和抽样检验报告；

（8）预应力筋安装、张拉的检验记录；

（9）钢筋套筒灌浆连接及预应力孔道灌浆记录；

（10）隐蔽工程验收记录；

（11）混凝土工程施工记录；

（12）混凝土试件的试验报告；

（13）分项工程验收记录；

（14）结构实体检验记录；

（15）工程的重大质量问题的处理方案和验收记录；

（16）其他必要的文件和记录。

（七）施工质量验收差异化小结

基于美国公路混凝土施工标准体系，玻利维亚在结合了本土实际情况后形成了一套独具当地特色的规范标准。公路施工中的检查和验收，通常只进行外观和强度的验收，但通常要求验收时的合格率必须达到满分。通过和现场施工人员访谈交流可以发现，玻利维亚当地在工程施工中通常会根据监理的要求和建议对施工的具体内容进行调整。玻利维亚当地也没有成文的验收规范，通常规定会在施工过程中进行分段验收，验收后将原始记录直接作为验收报告进行提交，不要求重新提交统一格式的报告文件。

四、本节小结

本节主要对比分析了中美两国规范标准中公路工程施工、检测及验收的典型性差异，基本涉及了路基路面施工和验收的全过程。探讨分析了两国规范中各种施工技术和试验检测方法的差异性及统一性，同时结合中建集团南美洲玻利维亚项目的现场施工反馈，梳理了玻利维亚当地的公路工程施工技术特点，为中国建筑企业在美国标准体系下开展公路工程建设提供借鉴。

总体对比中国规范与美国规范分析可知，两国规范中在公路工程施工、检测及验收方面有诸多的相似之处，一些具体的施工工艺、检测方法及计算公式有所差异，施工及试验人员在实际操作过程当中，应当对两国的不同方法进行优选比较，选择更有效可行的方法，以配合工程所需。

随着近年来中国施工企业在海外的市场拓展及中国政府对外援助政策的实行，中资企业、中国标准和规范也随之走出国门。如何创造中国企业的品牌，如何使中国标准在项目区域生根发芽，还需要做更多大量且细致的工作。在今后的工作中，笔者希望和设计人员共同探讨，不断改进工作方法，提高工作能力，为中国标准规范、中国施工企业在南美洲市场开花结果而共同努力。

第五节　公路工程施工质量管理差异化

质量管理首先要确定质量管理方针、目标和职责，然后通过质量管理体系中的质量策划、质量控制、质量保证和质量改进等环节，最终实现所有管理职能的全部活动。质量控制指的是，为了达到质量要求所采取的技术作业和活动，它是质量管理的一部分，致力于满足质量要求，获取经济效益。

国际工程大多按照 ISO9001 质量体系模式运行，为确保质量目标的实现，在分析国内与南美质量管理差异化基础上，建立质量保证组织机构，制定有效的制度和超前预防预控措施，不断完善质量保证体系和质量自检体系，随时接受公司、业主、监理工程师的监督、检验，积极组织开展全面质量管理活动，优化施工工艺，提高工程质量。

一、质量管理体系

（一）质量管理目的

承包商承担从设计到施工的全过程服务，在项目实施过程中组织好各阶段的工作，必须优化设计、施工，以达到项目整体的统一协调。承包商制订项目质量管理目标，注重工程项目质量的长期可靠性，以避免与业主的纠纷和保证项目的完美履约以及项目的功能要求的实现。对于项目的质量管理，可分为两个方面：

（1）项目设计质量。其包括满足相关法律法规要求；项目设计规范和标准；设计的工作质量；设计技术标准；项目可施工性。

（2）项目施工质量。工程施工质量包括施工机械与器具质量；临时与永久设备质量；承包商在施工前制定的施工质量管理体系的完善程度；承包商所采用的施工技术和方法；项目各分部分项工程的质量以及工程的总体质量和性能要求；产品整体质量承包商的服务质量；产品缺陷的可维修性。

（二）质量管理分析

1. 管理职责

（1）管理承诺，包括承包商建立质量保证体系和对其编制的所有文件以及所有工程实施符合相关技术规范及法律法规的承诺；承包商应确保运营服务质量符合合同要求和项目质量目标满足合同要求。

（2）职责、权限和沟通，包括业主任命业主代表的职责；承包商对所有工程实施方法和工程的完备性、稳定性以及安全性负责并承担照管工程的责任。

2. 资源职责

（1）资源提供，包括承包商提供项目所需的符合要求的所有机械设备和材料；业主负责其提供的设备和免费供应的材料符合相关要求。

（2）人力资源，包括项目各方人员的相应资格和经验必须符合要求。

（3）基础设施，项目现场通道的适应性和可用性要求以及承包商对所有项目基础设施保障免受承包商的运输或其人员所带来的损害。

（4）工作环境，包括承包商应避免对现场带来不必要的干扰；按照要求保证作为工作取得任何附加区域的安全性；承包商对现场的清理以及为健康和安全需要在现场设立的事故预防员；为健康和安全需要所采取的相关预防措施以及给员工提供一切必要的设施。

3. 产品实现

（1）设计和开发，包括设计、承包商文件、施工和竣工工程均符合相关的技术标准和相应的法律法规要求，以及为实施设计和建造过程承包商编制的所有文件及手册、错误报告或缺陷记录都应符合合同要求。

（2）生产服务提供，包括承包商采用的设计和施工方法应符合合同要求；对工程相关的检验和检查；对任何工程缺陷的维修和检修；为任何工程实施所需要的记录；对业主方人员的培训；相关操作和维修的详细记录；构成业主财产的永久工程以及生产产品的防护。

（三）测量、分析和改进

（1）监测、测量和数据分析，包括承包商对业主提供的任何数据分析和确认；对制定的质量管理体系过程的监测；对任何工程以及构成工程一部分的设备和材料的监测；对合同数据的分析；对业主关于运营服务质量满意程度的调查；审计机构对各方相关工作是否符合要求的评审；承包商的监督工作；生产产量及产品稳定性的监测。

（2）不合格品控制，包括承包商采取措施对任何不合格品的控制；对任何不合格品进行纠正后的再次检验；对任何有缺陷或已遭损害的工程设备的处理；包括承包商采取措施消除发现的任何不合格品；业主对不合格产品的拒收；纠正后的重新检验；对任何有缺陷工程的有效处理。

（3）改进，包括承包商对工程项目质量的持续改进；在合同期内业主代表要求承包商对任何存在问题的工程的修复、修补、移出或替换；任何改进措施的记录和评审；对产品的持续改进。

二、工序检验及验收程序

（一）工序检验

工序检验指为防止不合格品流入下道工序，而对施工的各道工序及影响工程质量的主要要素所进行的检查和测试，检验由监理工程师以平行检验、过程旁站和巡视的方法进行实施。作为质量保证的重要一环，通过检测结果对工程质量做出判定，即工程质量是否符合规格标准的要求；或根据检测结果对工序做出判定，即工序要素是否处于正常的稳定状态，从而决定是否进入下道工序，防止出现批量不合格产品。

工序检验是工程质量形成过程中不可缺少的环节。对于承包方而言，工序检验是施工进入下道工序的前提，也是计量支付的依据，因此在整个施工过程中工序检验是最为关键的一环。

（二）检验制度

1. 质保质控工作机制

为保证检验制度的长期稳定的运行，保证质量政策能够得到落实，项目开工前应建立一套高效的质保质控工作机制。首先，在每一个工程段设置质量控制小组，从底层检查抓起，确保工程质量。该团队包括参与现场施工的各个部门。其次，还设立内部顾问小组，负责检查质控小组的工作。该内部顾问小组应当由施工质保经理领导。最后，为了加强质控小组和内部顾问小组的联系，还须为每个工程段配备现场质保经理，其将独自开展相应工作。质保经理也应为各工程段的质保事项负责。在总部层面上，还应建立施工质保部，制定关于现场的各种质保措施，该部门将编制样品质保和质控表单并制订施工现场检查和计划，记录质控小组的施工监理结果。施工质保部门将同现场质控人员和内部顾问小组队长密切联系，负责施工现场的信息传达，并负责按照相关政策对有关问题予以解决。详细的工程项目质保质控组织结构如图6-46所示。

在启动一项工程之前，施工团队将制订施工方案。质控小组负责对施工方案和

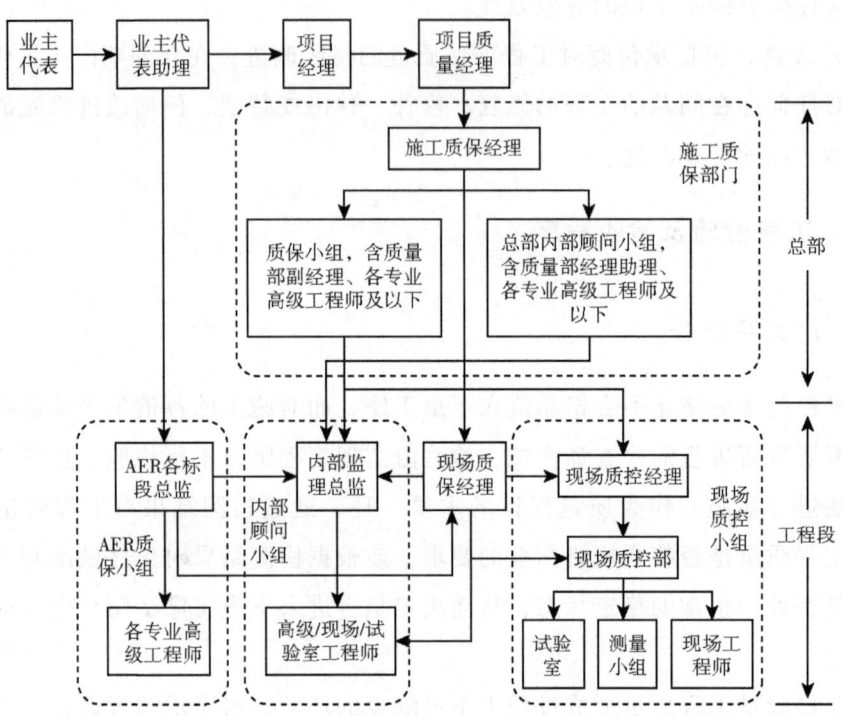

图 6-46 尤库莫项目质保质控组织结构

步骤进行审查,并提交本工程段的内部顾问小组予以审核。内部顾问小组对该施工方案进行审查,将来本项工程完工之后,执行团队将向内部顾问小组提交检验申请单(Request for Inspection)。内部顾问小组有关人员将对该项工程进行检查,并报告给他的负责人。之后,内部顾问小组总监(如有必要,将亲自检查该项工程)将签署检验申请单。最后,将被批准或未被批准的检验申请单归还给施工队。

2. 检查和测试程序

承包商需要遵循以下 3 项检查和测试程序:首先,在完成一道工序或领取材料后,承包商现场质控小组应对其进行自检;其次,如果获得批准,现场质控小组一般只须通知内部监理进行正式检验;最后,如果获得批准,应在文件上签名并存档。

检验申请单该部分是关于承包商申请对各类施工进行的检查和测试,以确定与技术规范的符合性。首先,执行小组完成某项工程,并经内部质控小组验证,然后执行团队向内部顾问小组提交检验申请单,以获得正式批准。这是实现工程质量的基本手段。执行团队应在检查之前至少一天或 12 小时提交检验申请单。一般而言,主要分成两种申请,即试验检测申请和测量检测申请,都由现场负责人报给试验资料人员和测量人员,然后试验和测量人员分别根据现场工头提供信息来填写第二天的试验或测量检测内容申请。典型的检验程序如图 6-47 所示。

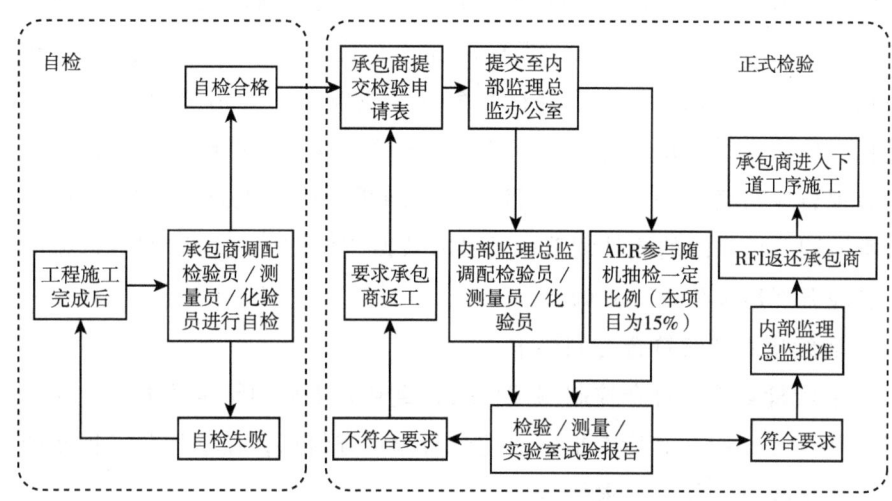

图 6-47 两圣（尤库莫）项目检验程序

（三）检查和测试方法

1. 初步检验

当某项具有特定功能的分项工程已经完成时，现场质控和内部顾问小组应即刻开展初步检查和测试。主要包括以下工作内容：

（1）检查工艺质量；

（2）对质控测试结果进行审查，检查其是否符合合同要求；

（3）审查工程的各种尺寸；

（4）根据规范和标准要求，在承包商文件上记录初步检查结果。

同时，在开展首件检验前，应确保以下内容符合合同要求：

（1）已经完成上述工作内容并获得证明；

（2）使用的材料/材料源获得批准；

（3）施工方案获得批准；

（4）所有完成该项工程所需的资源/设备/机器已就位；

（5）已编制数据收集表单（如需要）；

（6）所有所需的施工图纸已就位；

（7）所有所需的监督人员已就位；

（8）所有完成质量检验所需的测试设施或设备已配备。

2. 过程检验

在实际的项目施工过程中，执行小组应确保按照质量保证计划和书面规程开展所有的检查和测试活动。利用已制定的过程监控方法来确保施工活动符合相关规范和图纸的要求。同时,在即将竣工工程最后一道工序结束后,应确保已完成所有所需的检查和测试,并保证已收到并已核实所需的报告,并需要以正式函件告知监理。过程中应重点甄别并改正任何不符合要求的工程,如图 6-48 所示。

检查报告应明确开展的检查项目、检查结果、检查地点、已发现的瑕疵的性质、瑕疵原因及可采取的或计划采取的补救或改正措施。现场质控小组和内部监理相关人员应开展后续检查,并确保:

(1) 后续检查持续符合合同要求;

(2) 后续检查持续符合控制测试要求,直到某工程的特定功能建设完工;

(3) 由质控小组在其检查报告中记录后续检查信息,在增加某工程新的功能建设之前,改正缺陷(如有要求的话);

(4) 正在进行的施工是严格遵循施工方案;

(5) 根据工程所给定方法和规范以及器械的规范要求使用机器/设备;

(6) 根据施工方案对分项工程的工序进行划分和排序;

(7) 现场执行小组应对任何工程缺陷进行及时响应。

图 6-48 质量检查现场

3. 最终检查

最终检查和测试应在完工以后开展,或者在补救措施(如有)采取之后开展,或者在被要求时开展,以确认项目符合批准的计划和规范的要求。按照合同和规范要求,不足之处应被记录入施工文档之中。在针对瑕疵工程采取改正措施之后,应进行第二次完工检查,由业主代表助理和内部监理通知承包商。

(四)缺陷管理

检查过程中,如果发现任何工程或材料不符合规范和图纸的要求,质控小组和内部监理应进行不符合项记录,该记录应清楚地描述不符合工程和不符合原因。在不符项通知中,应要求承包商在整改期间提交施工方案,详细说明标准设计、施工程序、设备、人力、废物处置、材料和其他清除或整改缺陷工程的相关或特殊要求,并不妨碍其他已完成的工程。同时有权停止检验任何工程,并要求承包商就不符合的材料或工程的程度和严重性采取纠正措施。

承包商必须严格按照施工图纸和规范要求进行施工。当现场条件发生变化、材料不可用或承包商提出的修改时,承包商应对需要设计部门澄清的工程提出澄清申请。这可能包括合同文件的澄清。若未按照图纸或规范要求进行施工,必然会出现缺陷。缺陷工程可分为有条件的接受,此时要求承包商整改或补救,承包商在采取纠正措施后重新向内部顾问小组提交检查申请,若整改项满足要求时可以接受,并进入下道工序;或者完全不可接受,对于无法补救的工程实体,总监应立即要求停止施工,同时向承包商发送不合格实体清单(Non-Conformance Report),承包商在收到该清单时,应立即移除缺陷工程,并重新施工。

(五)竣工验收程序

1. 竣工验收的前提

当承包商在完成工程的绝大部分(即只剩余对工程或分项工程预期使用的功能没有实质影响的少量收尾工作或缺陷,本项目工程进度超过95%)后,可以向业主发函申请移交证书。业主在收到申请14天内,须成立包括业主代表、承包商及其他实体代表的委员会,委员会应在42天内对完成的工程进行竣工验收,以确认竣工与否并决定接受证书是否发放。对于本项目,申请发放接收证书前,需要拿到主体工程实质性完工证书(Substantial Completion Certification),附带会提供剩余工作清单(punching list),包含缺陷和少量剩余未完工工程。

如果雇主不当地延误竣工试验,则承包商可通知业主,要求在接到通知后21天内进行竣工试验。承包商应在上述期限内的某日或某几日内进行竣工试验,并将该日期通知雇主。如果承包商未在规定的21天内进行竣工试验,则业主人员可自行进行这些试验。试验的风险和费用应由承包商承担。这些竣工试验应被视为是承包商在场时进行的,试验结果应认为准确,予以认可。

2. 验收前需提交的文件

竣工验收前承包商应提供的文件包括但不限于以下内容:

(1)承包商文件:检验申请单、投标图纸、施工图纸、材料测试报告及获批文件、获批的施工技术方案及变更文件、获批的设计变更文件。

（2）竣工图纸：提交后供业主进行审核，每份审核期不应超过 21 天（从业主收到文件起），雇主在审核期内可向承包商发出通知，指出承包商文件不符合合同的内容，如文件确实不符合，承包商应重新修正、上报并审核。

（3）操作和维修手册：详细程度应满足业主操作、维修、拆卸、重新组装、调整和修复的需要。

3. 竣工验收顺序

除非合同另有说明，竣工验收应按照以下顺序进行：

（1）启动前测试，应包括适当的检验和（"干"或"冷"）性能测试，以证明每项生产设备能够安全地承受下一阶段的测试；

（2）启动测试，应包括规定的操作测试，以证明工程或分项工程能够在所有可利用的操作条件下安全地操作；

（3）试运行，应证明工程或分项工程运行可靠，符合合同要求。在试运行期间，当工程正在稳定条件下运行时，承包商应通知业主，告知工程已可以做任何其他竣工试验，包含各种性能试验，以证明工程是否符合雇主要求中规定的标准和履约保证。

由于通常部分分项工程如智能管理系统等的完工在其他分项工程之后，因此，需要向业主提供系统可用于验收的工作时间表，如竣工验收前所涉及的或要求完成的施工活动的工作计划。

4. 未通过竣工试验

如果工程或分项工程未能通过竣工试验，则业主会在验收报告内告知承包商并说明理由，承包商在收到验收报告后应立即修复缺陷，并保证上述未通过项整改完成并符合合同要求。当双方对未通过项有争议时，业主或承包商可要求重新进行试验。如果重新试验再次失败，则业主有权再次进行试验，或当业主实质上丧失了工程或分项工程的整体利益时，可以拒收，并确定一个日期告知承包商，要求到或不迟于该日期修补好缺陷或损害，并再次进行检验，或者颁发接受证书，但相应地会减少合同价格。

三、项目内部质量控制管理及措施

（一）质量保证体系

国内：为确保质量目标的实现，项目部成立以项目经理（执行经理）为组长的质量保证组织机构，制定有效的制度和超前预防预控措施，不断完善质量保证体系和质量自检体系,随时接受公司、业主、监理工程师的监督、检验,积极组织开展全面质量管理活动,优化施工工艺,提高工程质量,实现创优目标(见图6-49)。

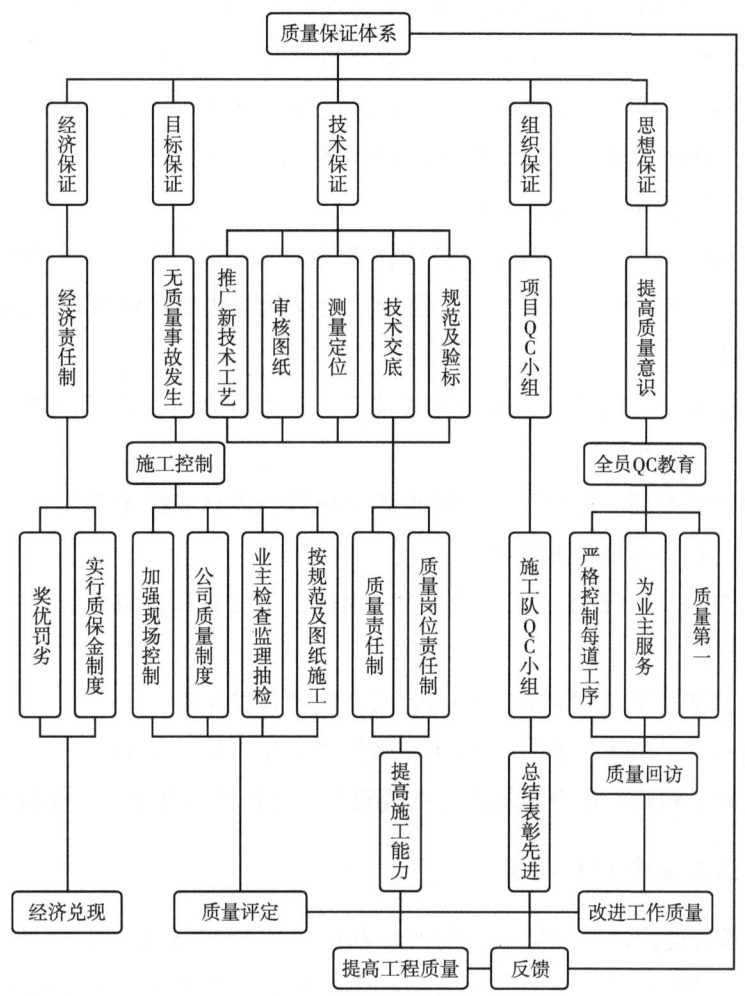

图6-49 质量保证体系

国外:国际工程要求严格按照ISO9001质量体系模式运行,根据国际通行的管理模式,实行项目业主负责制、招标投标制、工程监理制和合同管理制。在工程建设中,除执行国际上通用的FIDIC条款的管理标准和规范外,还要满足更为苛刻的"EPC"合同条款和标书技术规范《工程范围》的要求。为了使影响工程质量的各种因素处于受控状态,按期、保质、保量完成工程项目,业主和承包商组建了质量管理机构,建立了各项质量管理制度,健全了质量保证体系。

建立一个项目经理为主责任人,由项目总工和生产经理领导监控,项目各职能部门执行监督、分包队伍严格实施的项目组织体系。按照国际通行的管理模式,实行项目业主负责制、招标投标制、工程监理制和合同管理制。

（二）岗位职责

项目质量控制组织人员的岗位职责需要在开工前准备就绪，项目经理、质量部以及各级检查部门的主线一定要确保职责范围囊括整个工程质量控制体系，由上到下，逐级责任分配到位，不留死角。为确保质保质控计划高效运行，应严格管理质量控制团队，通过考核各级岗位的履职成绩等手段，以达到整个工程质量控制体系的完美运行。以下为各级岗位的职责：

（1）项目经理：负责工程质量控制体系的全面管理，组织内部任何部门和事项出现问题时，均为第一联络人。通过监管质量控制团队的日常管理和运行，以保证项目工程质量。

（2）质量部：全面负责实施质量管理工作，沟通协调各部门，对接业主及其代表，处理各类质量事项。

（3）设计技术部：配合质量部处理各类质量、设计或技术事项，并及时提供图纸、变更、施工方案的最新内容。

（4）采购部：负责向质量部提供所有现场使用材料和设备各类证书资料以及第三方检测工作。

（5）试验室：负责材料和现场试验的实施和检验工作。

（6）测量部：负责工程产品尺寸、坐标等测量工作的检验。

（7）现场工程师：负责现场施工质量管控，包括工序自检、互检和外检等工作。

（三）施工质量控制制度

从合同条件的角度，国际工程的产品都应该是100%合格的，因此针对此目标，项目施工的质量控制非常重要，质量控制团队需要严格实行质量控制责任制度，施工过程全部按要求进行自检、互检和交接检，对指定部位和分项工程未经检验或经检验定为不合格的，严禁转入下道工序。为保证单位工程一次交验合格率100%，需要坚持全工程的质量控制，并全面贯彻执行项目的规定，实现质保体系、质量监督的动态运行和全面质量管理，并在合同期内接受业主派驻代表或总承包商质控团队的监督，积极配合内部监理做好施工全过程的质量控制和监督检查工作，以保证工程质量管理目标的实现。

（四）施工质量控制措施

1. 施工准备阶段

主要包含以下内容：

(1) 施工前向施工技术人员进行技术交底;

(2) 根据设计图纸及标准规范要求,编写施工技术文件,并按规定报批后实施;

(3) 做好图纸会审工作,了解设计意图,提出设计文件中可能存在的问题,并做好会审记录;

(4) 根据工程的具体情况和要求,编制并实施对施工人员的技术培训考核计划,对应持证上岗的人员必须取得相应的资格证;

(5) 所使用的施工机具应能满足施工工艺要求并保持完好;

(6) 坚持开工报告审批制度,未经图纸会审、未编制施工技术文件或未经技术交底的工程项目不得开工;

(7) 准备齐全工程施工所需要的各种记录、质量检验及质量评定等表格。

2. 施工过程的质量控制

主要包含以下内容:

(1) 坚持"五通过",即通过原材料的检查,通过施工顺序,通过检查程序,通过隐蔽工程验收,通过施工工序交接;

(2) 做好工程所用设备、材料的质量控制,设备、材料进场必须经设备材料部专业人员验证,凡合格证与实物不符、没有合格证或者需要复验而没有复验的物资不应接收入库,更不能发放使用,凡不合格者需作明显标志,另行处置;

(3) 建立健全原材料的保管制度和发放台账,做到制度严明、台账清楚;

(4) 在施工过程中严格执行公司各项工程质量检验管理制度,及时发现处理所存在的问题;

(5) 施工技术资料应随时进行记录、收集和整理,必须与施工进度同步;

(6) 严格实施质量否决权制度,定期召开周、月度或年度质量例会;

(7) 根据实际需要不定期组织质量大检查,总结质量管理工作,克服质量通病,提高施工质量,质量大检查的结果应通报有关单位、以便及时整改,并书面上报公司。

3. 竣工阶段的质量控制

主要包含以下内容:

(1) 做好竣工前的"三查四定"工作:查漏项、查隐患、查质量;查出问题后,定责任、定实施措施、定施工人员、定完成期限。

(2) 交工前,各专业、各施工队将交工存档所需的技术资料分类整理、汇总和统一归档。

(3) 在最终检验和试验合格后的产品,要有保护措施。工程交工后,项目经理部撤场时,应制订出符合文明施工和环境保护的撤场计划,并按计划撤离。

(4)工程交付使用后,质量管理部门组织进行工程回访,征求用户对工程质量、服务的意见。对存在的问题要督促各相关部门限期进行处理。

(5)在整个施工过程中,严格执行质量控制管理程序,达到设计和合同要求。

(五)施工质量控制管理程序

1. 文件资料控制

为了严格实施质量体系文件,保证所使用文件、资料的适用性和有效性,本项目对质量体系文件(包括必需的外来文件和文件的各种媒体形式)进行管理和控制。项目经理工程部对质量体系文件归口管理,各部门对各自业务范围的文件实施管理和控制。

(1)文件和资料控制的范围。

主要包括:

①质量体系文件(包括质量计划、工艺标准);

②合同要求、施工法规、技术标准;

③设计文件;

④施工作业文件;

⑤施工检验资料;

⑥各业务部门在质量体系运行过程中形成的文件等。

(2)文件和资料的批准和发布。

主要包括:

①文件和资料发布前必须由授权人员审批其适用性;

②文件和资料发布部门要建立文件发布台账;

③质量体系运行的各个场所都能得到相应文件的有效版本;

④及时从所有发放和使用场所撤销失效和作废文件,防止误用。如需保留作废文件时要做适当标识。

(3)文件和资料的更改。

文件和资料的更改,要由原审批部门进行审批。若指定其他部门进行审批时,该部门要获得原审批部门的背景资料。需要时,要在文件或其附件上标明更改的性质。同时设计文件的更改应通过业主及其代表的审批,由原设计单位进行重新设计。

2. 设备材料控制

(1)采购控制。

采购"产品"包括材料、半成品、工程设备、外协件等。项目部对采购质量活动进行控制，其控制方式和程度，要根据产品特性、技术要求和质量保证要求确定。评定、选择能满足规定要求的合格分承包方（供货商），明确验证的安排及产品放行方式，实施必要的验证，建立有效的工作关系和信息反馈系统，以确保采购产品符合规定要求。设备、材料的采购由项目部采购部组织管理控制，负责设备、材料的进货检验、保管、发放。同时要评判分承包方（供货商）的能力，根据产品特性和质量要求，评价分承包方（供货商），对提供类似产品、过程或服务的以往业绩进行评审，按适宜的质量体系标准进行评定，同时评定分承包方（供货商）质量控制的有效性和完整性，了解其职工素质和制造、检测设备状况。

（2）采购产品的验证。

设备材料的采购文件由项目部采购部负责编制，工程部、采购部、施工队予以配合。要清楚地说明订购产品的技术要求、质量保证要求、制造过程质量监督和产品会检规定、供货范围、交付进度、交货状态等方面的规定。

①采购文件由项目部的采购部主管审批；

②采购产品的验证；

③在分承包方（供货商）货源处的验证；

④设备材料在分承包方（供货商）货源处的验证。项目部采购部依据采购文件中规定到分承包方（供货商）货源处或收货地的验证条款，定期派员前往验证，未经验证或验证不符合规定要求者，分承包方（供货商）不得发运。

（六）检验测量和试验设备的控制

为保证工程施工检测数据的可靠性，对用于施工过程的检验、测量和试验设备（以下简称检测设备）进行控制。检测设备的控制、校准和维护，由项目质量管理部监督控制。根据工程项目需要组建合理配置满足要求的检测试验室以及检测设备。操作者要依据检测任务，选择量程及精度满足要求的检测设备。检测设备的操作者要具备合格的技能和必要的资质。用于工程施工的检测设备，按规定的周期进行检定或校准。所有经检定或校准的计量器具，均可按量值传递的要求，溯源至国际标准单位。经检定或校准的计量器具，由当地计量鉴定部门签发标定合格证书。检测设备的检定（校准）状态要有明确标识。当发现检测设备偏离校准状态时，检测者要立即停止工作，并将检测设备送计量检定部门重新检定，对已检验和试验结果的有效性要重新评定。在搬运、防护和储存检测设备过程中，要采取措施，确保其准确度和适用性的完好。对于大型和较复杂的检测设备，公司采购部要保存其技术档案，以备查询。

（七）不合格品控制及纠正预防措施

为防止不合格品的非预期使用或安装，对不合格品进行标识、记录、评审、隔离和处置。纠正措施的目的是防止已出现的不合格、缺陷或其他不希望的情况再次发生，消除其现存的实际原因，同时及时发现质量问题，找出原因并采取纠正措施。对纠正措施的有效实施加以控制、验证和记录。更为重要的是利用适当的信息来源，以发现、分析和消除不合格的潜在原因，采取预防措施并实施控制以确保有效性。对于质量控制的管理来说，纠正和预防措施的实施、控制和验证，由质量管理部主导推进，责任部门负责具体实施。当通过检验或试验发现半成品或最终产品不符合规定时，要防止误用或安装，具体的控制措施包括：

从评判的角度。①确定产品不合格范围；②标识不合格产品，有条件的要隔离；③检验人员根据其经验不能简单处置时要把不合格现状形成报告，并进行评审和处置；④评价不合格性质；⑤确定处置方案；⑥通知受影响的其他职能部门。

从处置办法的角度。①进行返工，以达到规定要求；②经返修或不经返修作让步接收；③降级改作他用；④拒收或报废；⑤对返工或返修的产品按规定重新进行检验和试验。

（八）质量控制管理记录

在质量控制方面，工程质量控制是为建造符合使用要求和质量标准的工程所进行的全面质量管理活动。无论是在国内还是国外，建筑工程质量都关系建筑物的寿命和使用功能，对近期和长远的经济效益都有重大影响，所以工程质量管理是企业管理工作的核心。在玻利维亚公路工程项目中，监理遵循质量第一，认为质量达优的途径是必须遵守程序，监理认为严格按照程序执行，不仅是体现了对监理的尊重，而且可以保证质量，所以导致项目执行过程中缺乏一定的变通，导致工程运行不畅。在此过程中，因为玻利维亚当地工人普遍工作自由、效率比较低，通常面临着工作滞后的情况，因此项目会调整策略，增派中国工人进行协助。

对于工程施工、检验、试验过程中形成的质量记录文件的标识、收集、归档、借阅和处理，要以保证产品质量的可追溯性为核心。工程质量管理部对施工质量记录进行管理，项目经理对质量管理部的所有质量记录进行管理和控制，并保证其正确性和完整性，直至项目正式移交前，需要向业主提供完整的施工过程中的质量记录，以供查验。其中该质量控制记录的范围包含：①设计文件（图纸、材料或施工方案的获批文件、设计变更文件）；②材料及设备的质量合格证书或第三方证明资料；③施工过程中形成的各项记录等。

通用工作流程具体有：

（1）质量记录表式的规定，质量管理部应根据所承担的工作内容，选定质量记录表式。

（2）质量记录的填写和确认。

①施工质量记录由施工队人员及时填写，专职检查员检查确认并签字。对应由建设单位以及监督检验部门进行的质量验证点，还应有这些单位的代表在规定的质量验证点检查验证，确认签字。

②其他质量记录由实施人员填写，主管部门负责人检查验证，确认签字。

③质量记录填写必须字迹清晰、书写工整、内容真实可靠。

（3）质量记录的收集、整理，质量记录由施工队技术员收集、整理，并妥善保管，按施工阶段整理好后上交项目档案（资料）部门。项目经理部技术档案（资料）部门按照项目部的要求对质量记录进行标识、整理、编目、装订，本单位质量负责人检查认可，并按规定归档。

（4）质量记录的归档。

四、海外公路工程施工质量管理策略

（一）建立健全质量管理体系

传统质量管理模式中，信息化管理程度较低，各参与方之间信息相对孤立，容易形成"信息孤岛"现象，信息主要通过信函或电子邮件等途径传送，传递效率不高且易出现偏差。将BIM管理理念引入公路工程质量管理中，能够有效弥补传统质量管理模式的短板，实现工程信息模型化、合理的资料整理、快捷的信息传递、系统的材料管理和现场施工优化，大幅提高项目的总体质量。

质量管理体系建立健全后，还需建立良好的体系监督机制，加强现场监督力度，确保各项措施落实到位，减少常规现场质量问题的出现。例如，混凝土养护时间不够，强度达不到规范要求，即开始下道工序；完成的路基路面不平整；软土路基施工工艺不合理，导致地基处理不到位等，同时规避较严重质量问题的发生。

（二）加强施工全过程质量管理

从人机材管理入手，通过加大质量培训力度和不断学习新技术、新工艺，切实增强全员质量管理意识,并将先进的施工工艺应用到实际工程中;引进施工效率高、能够提高施工质量的机械设备,同时配备合格的维修保养人员,确保设备的正常运转,物资管理部门提前做好配件采购计划,保证及时供应。材料管理方面,第一,至少选择三家材料供应商,通过合理竞标,择优入选;第二,所有进场材料需供应商提供质量合格证书及相关试验报告,确保材料合格,同时须安排专人负责检查水泥等材料的有效期,避免材料浪费;第三,材料存放管理到位,如钢筋应放置在防雨防潮的仓库,防止锈蚀,影响后续使用;第四,做好材料质量、进场时间、使用情况等相关参数的记录,及时更新,保证现场料场的正常供应。

海外公路工程项目须加强项目的分包管理,引进不同的专业分包商,由于其专业化程度更高,能够有效提高工程质量;同时可降低承包商的资金和人机材投入,缓解资金压力,承包商可以集中自身现有的人员和机械设备进行主体施工,提高主体质量,缩短整体施工工期。分包商除上述优点外,还存在其弊端。例如,分包商资质不达标;分包人员技能水平参差不齐,影响施工质量;分包商过度追求进度和利润,材料以次充好,忽视施工质量。为保证分包商的施工质量,应采取如下措施:严格审查分包商的营业执照、资质证书等必备文件的合法性和有效性,确保分包工程在经营范围内,且有资格实施;严格按照项目分包管理办法,进行分包招投标、签约、履行、工程款结算以及违约处理等,确保分包合规;严格审查分包商施工队伍的作业水平,首先核查相关的从业证书,其次对个人的实际技能水平在施工中进行检验,保证施工质量;严格执行验收程序,指派专人负责分包工程的验收,明确验收的程度、时间、标准,并切实监管到位。

强化现场施工的管理,试验段相关参数获取的准确性对后续施工质量至关重要,以基层施工为例,依据道路等级、工程量、施工条件和工期要求等,选择合适的施工机具;确定压实机具的行驶速度;确定基层松铺厚度;确定压实遍数;选择合适的压实方式。路基工程的质量好坏关系与基层面层施工质量息息相关,路基工程常见的问题有基底为软基等不良地质,表面不平整,承载力不足;填筑材料不达标;压实度不满足质量要求。针对路基可能存在的问题,第一,需要做好开工前现场勘查工作,充分掌握施工条件,选用合理的施工工艺;第二,通过前期的试验结果,选择合适的路基填筑材料;第三,加强施工人员和机械设备的技术保障;第四,做好道路附属设施,特别是地下水丰富的路段,防止完成的路基受到侵蚀。此外,完成路面的养护依然不容忽视,养护质量的高低直接影响道路使用寿命,公路养护可引入标准化管理的概念,以实现物料、人员、安全、机械设备和验收的标准化,保证养护质量,延长道路使用年限。

(三) 注重图纸设计的事前控制

图纸设计的质量关系到施工工艺的选择，直接影响到整个项目的质量管理，加强其事前控制尤为重要。施工方应结合自身施工经验对初步设计图纸进行审核，针对不足之处，提出改进建议，不断优化图纸设计，确保图纸设计的合理性。

五、施工安全管理

近年来，玻利维亚政局出现动荡；国内社会治安状况总体较好，但近两年有所恶化。前总统莫拉莱斯原本在2019年10月总统选举中宣布首轮胜出，但反对派指认执政党舞弊，玻利维亚爆发大规模抗议活动和暴力冲突事件。莫拉莱斯下台后，玻国内政治紧张局势持续。因新冠疫情，总统选举几度推迟至2020年10月18日举行，"争取社会主义运动"总统候选人阿尔塞以55.1%的支持率首轮胜出，其任期至2025年。此外，因近年来玻利维亚财政和外汇储备缓冲的实质性流失、该国油气行业目前面临的挑战，以及该国高企的政治风险，三大国际投资评级机构纷纷下调对玻利维亚的主权信用评级。2021年，随着新冠疫情缓和及政府的积极应对，玻利维亚经济出现复苏迹象。2022年以来，受俄乌冲突导致的全球通胀影响，玻利维亚物价上涨、经济放缓，导致社会骚乱、犯罪率小幅上升，特别是圣克鲁斯市、阿尔托市（拉巴斯国际机场周边）、拉巴斯市的部分街区属案件多发地带。科恰班巴、奥鲁罗等大城市发案率也有所增加。另外，玻利维亚街头示威游行活动较多，现场逗留、围观者易受意外伤害。目前，玻利维亚主要风险包括公共卫生安全风险、骚乱冲突风险、民族宗教文化风险、政治稳定性风险、社会治安风险等。

驻玻利维亚各地，尤其是拉巴斯、圣克鲁斯、埃尔阿尔托、苏克雷、科恰班巴等中心城市和地区的中资企业与在外人员应依法合规开展境外安全工作，切实防范化解安全风险，扎实开展有关专项工作，认真履行安全主体责任，密切关注"小散远软"薄弱环节。在敏感时期应高度重视并严格执行相关防控措施，避免相关法律风险；同时，应密切关注当地疫情发展形势，提高防控意识，加强个人卫生防护。应遵守当地有关法律法规，采取必要防范措施，提前储备足够的粮食、饮用水及基本防疫物资，留意驻地周边异常情况及可疑人员，避免谈论社会、民族宗教、政治敏感话题。同时，应严格遵循玻利维亚军警部门与政府有关禁令，并听从当局发出的最新指示行动。

对于建筑工程施工安全管理是一个系统性、综合性的管理，其管理的内容涉及建筑生产的各个环节。无论在国内还是国外，建筑施工企业在安全管理中都坚持

"安全第一，预防为主，综合治理"的方针，制订安全政策、计划和措施，完善安全生产组织管理体系和检查体系，加强施工安全管理。

（一）施工安全培训

参与施工现场的人员的安全意识与施工现场安全密不可分。因此，无论是项目的管理人员还是进行施工作业的工人，都必须通过安全培训，提高安全意识，确保公路工程安全性的有效发展。由于项目人员变动较频繁，必须清楚认识到忽略了任意一个施工现场的相关人，其安全知识及交底未培训到位，都存在极大的安全隐患。项目必须将安全知识普及每一个人，尤其对新进的工人和项目周边的原住民更应加强安全生产宣传教育与安全培训，做到配备到位、履职到位、管理到位，使项目能安全管理，安全施工（见图6-50）。

在玻利维亚项目中安全培训重点包括以下部分：

(1) 节假日和休息日对项目工人进行总的安全交底；

(2) 重要项目开始前期必须做安全交底，如梁板架设等；

(3) 定期对当地社区、项目部周边土著民族部落进行安全培训，主要包括如何避开施工车辆等道路安全宣传（合同中有专项费用，为必须进行项）；

(4) 安全交底主要由玻方进行，中方派人进行监督并渗透中方管理模式，避免语言带来的交底不准确、不全面的安全风险。

图6-50 施工现场安全宣讲

（二）现场安全管理及应急管理

1. 现场安全管理

施工现场安全管理环节比较复杂，且涉及的范围比较广泛，对此，在进行安全管理工作时应结合施工现场实际情况，制定科学的安全管理工作。施工现场安全生产标准化建设与提升还要注意做到安全投入，结合施工现状，加强制度方面的建设与规划，针对标准化建设过程中有关规定加以细化，将具体责任落实在对应的管理人员身上，这样才能排除主观因素带来的影响，全面确保公路工程施工现场安全管理标准化的正常开展。如若工程项目建设时出现安全事故，应持以严肃的态度处理，并对相关责任人员追责问责，以免出现更为严重的经济损失及人身伤亡事故（见图6-51）。

在玻利维亚项目中，以下安全管理事项需要特别注意：

①签订合同后公司必须为每一位属地工人提供一切劳保及防护用品，劳保（工人着装）要求严格，劳保鞋、劳保服和反光衣必须穿戴；

②工人饮水：人员少的情况下要求保温水，正常要求桶装水；

③安全标志牌：限速、分流、施工提示等指示牌的设置颇多，且监理不定期进行安全标示牌检查；

④业主监理定期进行安全环境检查；

⑤玻方对安全方案较为重视，涵洞施工、半幅开挖等安全施工方案要求和环境方案、施工组织设计同时报送监理审批，与国内相同；

⑥安全部每月需要对沿线每月下雨量进行记录，可以在当地气象部门开具雨量报告，雨量报告在后期工期索赔起到一定作用；

⑦在扬尘较大区域内工作时项目部必须为其提供清肺排毒用品，如牛奶等；

⑧拥有200名以上员工项目部内必须设医务室定期对工人进行健康咨询和检查；

⑨国内有的项目安全有专门的费用清单，所以项目要做费用台账，但是玻利维亚项目没有专门的安全费用，只有总产值；

⑩协调好与当地土著的关系，避免发生冲突妨碍项目正常施工。

图6-51 居民罢工堵路

2. 应急管理

玻利维亚与国内一样，对于应急管理都比较重视，为及时有效地处理重大事件突发对工程正常施工秩序的影响，从工程开工就建立以项目领导班子为主体、各部门支持配合的施工应急响应小组。在紧急情况发生第一时间内启动应急机制，保证做到：统一指挥、职责明确、信息畅通、反应迅速、处置果断，把事故损失降低到最低。具体应急响应措施如下：

（1）发生高处坠落事故的抢救措施。

①救援人员首先根据伤者受伤部位立即组织抢救，促使伤者快速脱离危险环境，送往医院救治，并保护现场，查看事故现场周围有无其他危险源存在；

②在抢救伤员的同时迅速向上级报告事故现场情况。

（2）触电事故应急处置。

①截断电源，关上插座上的开关或拔除插头。如果够不着插座开关，就关上总开关。切勿试图关上事故电器用具的开关，因为可能正是该开关漏电；

②若无法关上开关，可站在绝缘物上，如一叠厚报纸、塑料布、木板之类，用扫帚或木椅等将伤者拨离电源，也可用绳子、裤子或任何干布条绕过伤者腋下或腿部，把伤者拖离电源。切勿用手触及伤者，不要用潮湿的工具或金属物质把伤者拨开，也不要使用潮湿的物件拖动伤者；

③如果伤者呼吸心跳停止，迅速进行人工呼吸和胸外心脏按压。切记不能给触电的人注射强心针。若伤者昏迷，则将其身体放置成卧式；

④若伤者曾经昏迷、身体遭烧伤或感到不适，则必须打电话叫救护车，或立即送伤者到医院急救；

⑤高空出现触电事故时，应立即截断电源，把伤者抬到附近平坦的地方，立即对伤者进行急救；

⑥现场抢救触电者的原则：迅速、就地、准确、坚持。迅速：争分夺秒时触电者脱离电源；就地：必须在现场附近就地抢救，伤者有意识后再就近送医院抢救。从触电时算起，5分钟以内及时抢救，救生率90%左右。10分钟以内抢救，救生率15%，希望甚微；准确：人工呼吸的动作必须准确；坚持：只要有百万分之一的希望就要尽百分之百的努力抢救。

（3）坍塌事故应急处置。

①坍塌事故发生时，安排专人及时切断有关闸门，并对现场进行声像资料的收集。发生后立即组织抢险人员在半小时内到达现场。根据具体情况，采取人工和机械相结合的方法，对坍塌现场进行处理。抢救中如遇到坍塌巨物、人工搬运有困难

时，可调集大型的吊车进行调运。在接近边坡处时，必须停止机械作业，全部改用人工扒物，防止误伤被埋人员。现场抢救中，还要安排专人对边坡、架料进行监护和清理，防止事故扩大。

②事故现场周围应设警戒线。

③遵循统一指挥、密切协同的原则。坍塌事故发生后，参战力量多，现场情况复杂，各种力量须在现场总指挥部的统一指挥下，积极配合、密切协同，共同完成。

④遵循以快制快、行动果断的原则。鉴于坍塌事故有突发性，在短时间内不易处理，处置行动必须做到接警调度快、到达快、准备快、疏散救人快、达到以快制快的目的。

⑤遵循讲究科学、稳妥可靠的原则。解决坍塌事故要讲科学，避免急躁行动引发连续坍塌事故发生。

⑥遵循救人第一的原则。当现场遇有人员受到威胁时，首要任务是抢救人员。

⑦伤员抢救立即与急救中心和医院联系，请求出动急救车辆并做好急救准备，确保伤员得到及时医治。

⑧事故现场调查取证。在救助行动中，安排人员同时做好事故现场调查取证工作，以利于事故处理，防止证据遗失。

⑨注意自我保护。在救助行动中，抢救机械设备和救助人员应严格执行安全操作规程，配齐安全设施和防护工具，加强自我保护，确保抢救行动过程中的人身安全和财产安全。

（4）车辆火灾事故应急处置。

①车辆火灾事故发生后，项目应立即组织人员灭火，有可能的情况下卸下车上货物；

②疏通事发现场道路，保证救援工作顺利进行，疏散人群至安全地带；

③在急救过程中，遇有威胁人身安全情况时，应首先确保人身安全，迅速组织脱离危险区域或场所后，再采取急救措施；

④为防止车辆爆炸，项目人员除自救外，还应向社会专业救援队伍求援，尽快扑灭火情；

⑤定期检查维修车辆，检查车辆灭火器的配备，保证良好的车况；

⑥夏季天气炎热，车内温度高，为防止车辆自燃现象的发生，应尽量将车停在阴凉处或定时对车辆洒水降温。

（5）重大交通事故应急处置。

①事故发生后，迅速拨打急救电话，并通知交警；

②项目在接到报警后,应立即组织自救队伍,迅速将伤者送往附近医院,并派人保护现场;

③协助交警疏通事发现场道路,保证救援工作顺利进行,疏散人群至安全地带;

④做好事后人员的安抚、善后工作。

(6) 机械伤害事故应急处置。

应急指挥立即召集应急小组成员,分析现场事故情况,明确救援步骤、所需设备、设施及人员,按照策划、分工,实施救援。需要救援车辆时,应急指挥应安排专人接车,引领救援车辆迅速施救。

(7) 应急救援物资及装备。

①救护人员的装备:头盔、防护服、防护靴、防护手套、安全带、呼吸保护器具等;

②灭火器:干粉、泡沫、气体灭火器等;

③简易灭火工具:扫帚、铁锹、水桶、脸盆、湿棉被、湿布、干粉袋等;

④通信器材:手机,对讲机若干。

(8) 应急救援路线如图 6-52 所示。

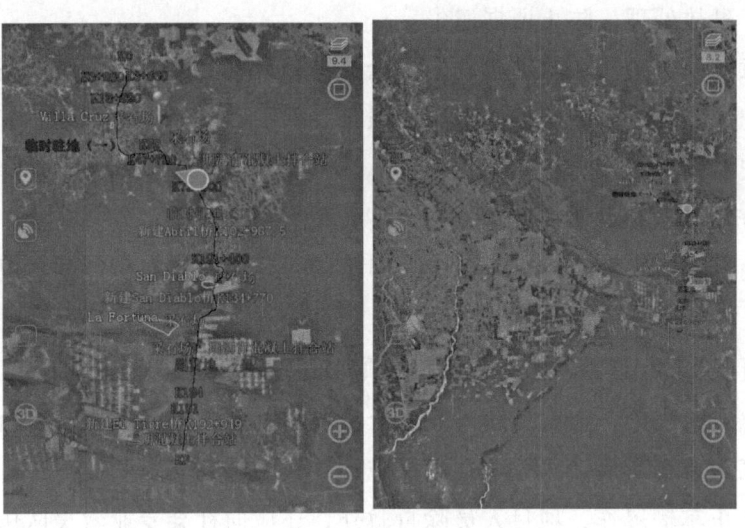

图 6-52 应急救援

当项目全线中某一位置发生事故时,首先将伤员送至最近的社区,再转送到连接项目的起点和终点城市。

图示指向位置为圣克鲁斯市,若遇项目沿途不能救治伤员,转至圣克鲁斯市。

(9) 事故报告。

①事故发现人员,应立即向组长(副组长)报告。如果是火灾事故,必须同时

打119向消防部门报警，急救拨打118；

②组长接到报警后，通知副组长、组员，立即启动应急救援系统；

③根据事故类别向事故发生地政府主管部门报告；

④报告应包括以下内容：事故发生时间、类别、地点和相关设施，联系人姓名和电话等。

（10）参考国内管理模式，对施工人员发放防疫物资，并专门设置人员管理工人健康状况（见图6-53和图6-54）。

图6-53　防疫日常管理

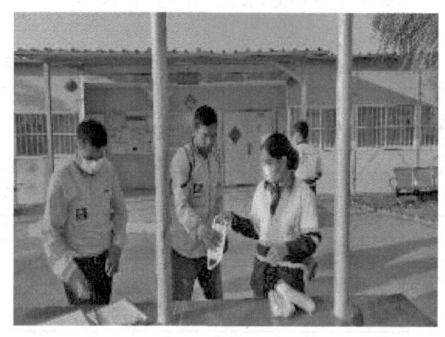

图6-54　施工人员领取防疫物资

（11）演练。

在现场模拟演练上述几项应急事件的处理情况，且每年不少于一次的演练，找出不足和存在问题，及时进行修订（见图6-55）。演练的内容包括：

①事故期间通讯系统能否运作；

②人员能否安全撤离；

③应急服务机构能否及时参加事故抢救；

④能否有效控制事故进一步扩大。

图6-55　应急演练

六、生物和生态环境保护及管理

公路工程场地清理、征地拆迁和施工建设必定对沿线土地资源、水资源和景观资源等会造成一定程度的影响。同其他南美国家一样，玻利维亚非常重视环境保护，对于环境的保护要求严格，且受民众监督，一切施工均要以环境为前提，环境保护要求百分百服从，不允许任何破坏和污染，除对房屋、道路等用地进行了必要的地表硬化以外，其他皆被草地或森林覆盖。

具体的环境减轻措施如表 6-46 所示。

表 6-46　　　　　　　　环境减轻措施

Nº	Descripción 工作内容描述	Und. 单位	Cantidad 数量	专家责任人	中文讲解	备注
9. MEDIDAS DE MITIGACION AMBIENTAL 环境减轻措施						
94	FORESTACION 造林	HA	10.40	环境专家	项目后期，主要在社区、平交口，种小树苗（高 50~100cm）	
95	EXTENDIDO DE TIERRAVEGETAL CON SIEMBRA DE SEMILLA 种草地表绿化	HA	30.00	环境专家	种草籽，主要场站、弃土场、取土场	
96	TRASLADO DE FAUNA 动物迁移	GLB	1.00	环境专家	蜥蜴（鳄鱼）迁移，两个月完成，后面就不用了，建议 3~4 月可以实施，要向环境部（当地政府）申请	
97	PERFILADO DE BANCO DE PRESTAMO LATERAL 料场沿线整形完善	HA	15.00	环境专家	路权 50 米以内取土场修复	
109	PROG. COMUNICACION, CAPACITACION Y RELACIONAMIENTO COMUNITARIO 交流培训计划和社区关系	GLB	1.00	环境专家	正在实施，还未完成	
110	PARADEROS DE TRANSPORTE PUBLICO 公交车站	UND	12.00	环境专家	沥青完成后开始	
111	MONITOREO ARQUEOLOGICO 考古监测	GLB	1.00	环境专家	正在实施，还未完成	
140	EDUCACION VIAL Y AMBIENTAL A PUEBLOS INDIGENAS (PEVPI) 土著村落道路和环境教育	GLB	1.00	环境专家	一个缓解计划，社会专家在做，提交监理后 6 个月计量一次	

续表

Nº	Descripción 工作内容描述	Und. 单位	Cantidad 数量	专家责任人	中文讲解	备注
141	DIFUSION Y SEÑALIZACION DE TERRITORIOS INDIGENAS, AREAS TURISTICAS Y AMBIENTALES（PTIATP） 土著地区、旅游和环境区宣传和标示	GLB	1.00	环境专家	一个缓解计划，社会专家在做，提交监理后6个月计量一次	
142	SEGURIDAD DEL TERRITORIO INDIGENA 土著地区安全	GLB	1.00	环境专家	一个缓解计划，社会专家在做，提交监理后6个月计量一次	
144	TRASLADO DE POSTES Y/O RIENDAS DE TENDIDO DE ENERGIA ELECTRICA 电线杆迁移和/或电力铺设配置	GLB	1.00	环境专家		
145	CENTRO MULTIPROPOSITO Y APOYOALACOMERCIALIZACION DE LA PRODUCCION INDIGENA 多种用途中心和土著产品商业化支持	GLB	1.00	环境专家	后期建一个建筑物，用于土著产品商业化，砖混结构	

（一）属地生物保护

公路工程除对生态环境造成一定影响外，对野生动物的生存也影响极大。玻利维亚当地对动物保护的要求十分严格，动物迁移时必须先向监理报送动物迁移计划。举个例子，如果监理和环境工程师看到转运土方的工程中遇到泥鳅未处理，就会批评施工方没有放生并发出警告，当地对此情况管控非常严格。

尤库莫属于雨林气候，水獭、鳄鱼比较多，项目建设涉及动物迁移时，施工方应向监理报送详尽的动物迁移计划，包括保护措施与放生计划等。而两圣项目附近有较多农场，由于牛羊为圈养模式，因此该项目未涉及动物迁移事宜，但要注意防护圈养动物。

特别需要注意的是：

①如果在施工过程中发现受威胁物种的栖息地，无论是独特的还是优先保护的，都应考虑追踪的替代方案。在证明存在受威胁后，地方性或濒危动物物种或其栖息地可能因其建设而改变的地区，项目应远离。

②如果在规划阶段确定了项目涉及区域内敏感物种的存在，则应包括进行救援和重新安置的方法。

③禁止所有项目人员进行狩猎和捕鱼，或鼓励第三方进行此类活动。即使在假期或休息日，工作人员也有义务及时报告这些行动并遵守禁令。

④在施工过程中，如需开车，必须控制车辆的速度，以避免涉及野生动物或家畜的事故，特别是当它们穿过森林区域时。

（二）属地生态环境保护

在国内，建设项目在报规划部门及国土资源部门审批的同时要经过环保部门的环保审批才能动土施工，建设过程的各个环节也应满足环境监管的要求，由地方环保主管部门进行检查。与国内不同的是，玻利维亚当地环保部门不介入项目的环境监管，而是由项目聘请专门的环境工程师负责环境管理，施工方按月提交环境报告，由监理与环境工程师共同审批。每个月环境部门需要编制环境保护管控计划和方案、考古报告、防疫报告上报监理。

玻利维亚对承包商关于保护环境的责任很细化，需要承包商做到如下几点：

①承包商应遵守提交给可持续发展和规划部的预防和缓解计划中包含的所有环境规范和建议，以获得环境影响声明（DIA），以及环境部门在授予环境影响声明时提出的建议。

②承包商应对其运营产生的环境质量负责，并有义务与主管协调防止影响发生。

③承包商有责任监督其分包商的活动，以维持PPM中建立的环境标准和玻利维亚公路管理局社会环境管理的建议。主要承包商应对其分包商的行为及其后果负全部责任。如果施工过程中发生违反环境保护的行为，将受到合同规定的罚款和处罚。此外，还必须遵守监理关于纠正不合规和修复任何最终环境损害的措施和截止日期的决定。

④承包商必须制订铺路工程应急计划，制订有效的运营计划，以便立即响应人员、设备和机械以及环境的紧急情况。应急计划必须考虑采取的行动，以确保监督与项目有关的所有人员的人身安全、减少紧急情况的原因、防止或减轻对环境的影响。承包商制订的应急计划必须在开工令之后的前3个月内提交，必须经过监理的同意和批准。

⑤为了进行项目临时和最终验收工作，应事先进行现场环境检查，目的是确认实际情况是否符合环境研究和玻利维亚公路管理局建议中规定的所有环境减缓措施。未能遵守一项或多项行为将导致不能签署相应的验收证书。

1. 取土

玻利维亚，与国内不同的是，当地土地私有化，路权开放需要与地主协调，因此路权开放困难。项目部施工所需要的土方、料场在使用之前必须由安全部主导进行考古发掘并形成考古报告,后续使用开挖前需要编制环境管理计划和方案,监理需要验收。例如,项目进入后期阶段项目部需要将之前所有开挖的部位进行整平并签订土场关闭协议。施工过程中,因路权开放比较少,工期相应会延长。此外,工程施工可能导致农场主的围栏破坏,造成牛的丢失,农场主会找到公司索赔,若找不到牛就需要帮助农场干活作为补偿。由于环境造成的施工影响非常严重,一定要做好前期的雨季旱季、土源土质的调查。

在玻利维亚尤库莫项目中,主要面临取土困难的问题。其一是取土受到路权范围影响,需要与周边地主协商取土事宜,当地没有农耕,主要是畜牧业,地主需要挖坑,积水蓄水给牲畜使用,因此通常是以帮助其修理堤坝和水塘换取土壤的征用,但对于修理堤坝和水塘的费用,监理和业主通常不会给予额外补偿;其二是尤库莫项目沿线地形没有山体,全是平地,土方施工非常困难,只能先取土坑再填地,当地雨季长,导致取土坑不能挖太深,土壤含水量非常大,就算是干地开挖,挖完地下水也会上涌,变成湿地,全是湿的泥巴,不能直接填,需要晾晒 2~3 天,天气不好的时候 4 天也有可能,这对于工期和费用的影响非常大;其三是当地对取土场的边坡要求很高,要缓于 1:3。取土与晾晒如图 6-56、图 6-57、图 6-58 所示。此外,雨水对边坡沟壑冲刷很大,由于没设置急流槽,很容易冲坏,需要进行重新修复。监理验收时雨前雨后要进行两次,雨季工程需要多耗费很多,因此雨季能不施工尽量不施工。而两圣地区的土很干,需要洒水才能压。

图 6-56 取土场与路侧取土场

针对土壤资源的保护,需要注意的是:

①应尽可能避免在雨季进行伐木和清理作业。

②为了避免废物管理和处置不当造成的土壤污染,应建立固体废物管理系统和液体废物管理系统。

③在制备或运输混凝土或沥青时,必须立即去除任何混合物溢出物,以恢复先

图 6-57 含水取土坑

图 6-58 泥巴晾晒

前存在的土壤条件。用于运输和处理沥青的设备、工具和车辆必须定期维护，并且必须在每个工作日之后进行清洁。

④必须建立特定的过境路线，用于施工现场的车辆和机械可以通过这些路线，从而防止其他区域的土壤压实和分解。

2. 拆迁

两圣项目的拆迁由业主和监理推进，合同清单项里有对拆迁房子重建的子项，但是监理和业主对原住民的补偿没有谈拢，原住民不愿意拆迁，项目处于土方施工阶段，此阶段并不会涉及对房屋的拆迁。

3. 植被修复

对于植被的修复，在尤库莫地区自我修复很强。如图 6-59 所示，清表后需要尽快施工，不然很快又要长草，重新清理。如果一个土场关闭 3 个月后，裸露的地表很快开始生长草皮和植被；路基边坡也差不多。土场有撒草籽的要求，但一般等到关闭的时候草皮基本都长起来了。取土场关闭的时候才进行绿化修复，目前还没有。针对取土场留下的坑洼地，极少数是挖鱼塘，道路两边基本是牛羊养殖农场，砂土地段，不是雨季不易积水，挖个蓄水池，凭借帮助原住民形成的天然水塘可以覆盖住，供牛羊喝水，不用进行植被恢复。

图 6-59 土场修复（蓄水池）

针对植被，需要注意的是：

①项目涉及的拆除和移除植被覆盖物以允许通行，应严格限于必要的范围，这应由环境专家在干预前确定。

②应尽可能避免砍伐特殊树木（苗圃、特有物种或有价值物种）。必须在识别清单中识别和标记这些。如果可行，这些物种的年轻个体将被移植到该区域以外的其他地方进行干预。

③禁止使用农用化学品（除草剂）来消除植被覆盖。

④参与清理工作的人员不得携带打火机、火柴或在操作区域吸烟，以避免意外火灾。清理的植物材料（树枝和树叶）必须通过形成绳索积累，以便在植被修复过程中用作覆盖物。

⑤在建造可拆卸的基础设施时，使用预制材料（锌板，胶合板等）以避免使用原始森林中的木材。如果项目建设需要木材，则可以使用土地清理工作产生的材料，但不能进行特定的树木切割以获得建筑材料。如果土地清理产生的材料不足以进行施工，则必须使用从授权供应商处购买的木材。

4. 项目相关的具体措施

项目的建设将会促进道路沿线经济的发展，但与此同时也不可避免地会对自然环境造成一定程度的破坏，如土质的改变、植被的破坏、动植物生活环境的污染、空气污染等。为了减少不良影响，项目可采取以下措施：

①进行定期和不定期的环境监测，实时了解项目的环保动态，根据监测结果及时调整环保措施。

②对全线路段进行洒水降尘，以便控制由于车辆通行引起的扬尘，从而避免对附近的居民、植物和动物造成干扰。

③道路两侧水域的保护,一方面禁止在附近的水域中清洗设备和机械;另一方面,在监理和项目环境专家建议的抽水点抽水时,控制抽水量不超过水体流量的20%。

④路基清表产生的无用材料和垃圾,存放在路权范围的附近或者监理指定的区域,随后将这些材料用于恢复受破坏的区域,促进表面植被生长。

⑤严禁在没有取得砍伐许可的情况下砍伐沿线林木,对路权范围内的珍稀树种进行保护。

⑥危险品废弃品、固体废弃物、液体废弃物和建筑垃圾等分区设置存放处,不得随意丢弃;施工机械定期进行保养,以降低作业时机械产生的噪声;砼运输罐车清洗水不得随意排放,必须经三级沉淀池,每年至少要对废弃水源进行一次水质检测并形成报告上报至监理处。

⑦在雨水充沛季节,及时设置排水沟及截水沟,避免边坡崩塌、滑坡产生;及时疏通作业区的沟渠,减少生态破坏;施工驻地的生活污水、生活垃圾等集中处理,绝不直接排入水体,每年根据监理要求至少进行一次对水质检测并形成报告上报至监理处。

(三)属地施工过程中的考古管理

玻利维亚的考古规范跟中国标准要求差别极大,玻利维亚是世界文明古国,历史可追溯至1.5万年至2万年前的旧石器时期。古代印第安人在这片土地上创造了丰富灿烂的文明,并影响至今。蒂亚瓦纳科文化(公元1世纪至12世纪)和印加文化(12世纪至16世纪)是其中的重要代表。因此,留下了众多的遗产。两圣项目和尤库莫公路项目,途经多个地区,而且涉及取土、拆迁等行为,需要严格按照考古规范来做,而且一旦发现古代器物,应尽力保护,同时因为处理时间较长对施工工期和成本管理造成困扰,所以项目应提前做好准备工作,预留时间和成本,以便项目前期就能够预判。

1. 考古人员组成

考古小队组成人员为5~6人,主要由考古专家带领,中方人员1~2名,不要求技术背景,普通小工即可,考古费用由中方项目部负责。

2. 文物保护措施

施工过程一旦发现地下有考古、地质研究价值或地下文物时,及时停止施工,用最快的方法通知业主及有关文物保护部门,及时采取保护现场的紧急措施,避免人为的破坏(见图6-60)。

图 6-60　考古发掘

（1）施工中如发现地下古墓葬、古居址、古作坊遗址、古桥梁、古井等文物时，应当立即停止施工，采取临时性措施保护好现场，并在 4 小时内报告建设单位和文物行政主管部门，在接到文物行政主管部门处理意见后方可进一步施工。

（2）施工现场自发现地下文物至考古发掘开始前，项目部指定专人保护地下文物现场，在考古发掘结束前，不得继续施工。以土场为例，土场要和地主签订土壤协议，需要考古 1 个星期以上，若发现考古碎片过多，将不允许使用。

玻利维亚项目开挖土场前，需要进行试验看土是否能用，确定能用后，要安排考古小组人工开挖进行考古，耗费需要 10~15 天，之后再进行修路开挖取土坑。

七、本节小结

本节内容在写作过程中，与项目组一线同志交流和协商，发现在质量管理方面的差异化不是很大，主要根据两圣项目和尤库莫项目的工程特点、项目质量管理部体系的组织结构、各质量管理体系的分工与作用、各质量管理体系的相互作用和质量管理体系的创新进行玻利维亚公路工程项目质量管理模式的总结，提供参考。

安全管理的内容无论是美国规范、玻利维亚规范还是中国规范要求都差别不大，都注重施工的安全管理，差别在于程序上，内容不多，主要涉及安全交底和安全费用等方面，需要注意。

重点在环境管理，在玻利维亚环境管理特别重视，这是一个特别重视环境保护的国家，针对每个项目都制定了详细的环境管理规范，并严格按照执行，因此这部分内容在研究中特别强调，主要基于两圣项目和尤库莫项目，从属地生物保护、属地生态环境保护、取土和拆迁与植被修复等方面进行分析差异要求。根据玻利维亚项目的经验，需要特别注意前期对气候（雨季旱季）、土源土质的考察，前期考察不到位，会对工期和预算带来非常严重的影响；此外，还要充分考虑当地对环境的规范要求，一定要严格遵守制定相应的措施制度。

第六节 公路工程商务管理差异化

为保障我国施工企业在玻利维亚公路工程施工投资成本得到控制，充分重视公路建设工程的招投标、施工、竣工等各个环节，全方位增强我国公路工程在南美洲造价管理服务质量显得格外重要。以下针对中国和玻利维亚公路工程项目造价管理对比进行了深入的分析和探讨，由此保障我国公路工程在南美投资施工项目造价得到科学合理的风险防范。

一、招投标管理

（一）招投标文件

我国《公路工程标准施工招标文件》（2018版）规定，建设工程的造价文件由封面、总说明、汇总表、分部分项工程量清单与计价表、工程量清单计价综合单价分析表、措施项目清单与计价表、其他项目清单与计价表及规费税金项目清单与计价表等组成。

相比我国多层级的文件结构，玻利维亚清单计价模式的造价文件明显简单，可概括为工程费用及单价分析表两张表。工程费用表包含分部分项工程量清单及计价、直接费合计、管理、风险费、利润、税金及总造价合计。单价分析表为清单单价的费用组成分析表，含人材机的消耗与单价。

（二）工程计量及工程量清单差异化

1. 工程量计量的差异

我国《公路工程量清单计量规则及标准》规定工程量应当按照相关工程现行国家计量规范规定的工程量计算规则计算，在工程量计算规则上实现了全国统一。与我国规范统一的工程量计算规则不同，玻利维亚工程量的计算并未有统一的规则。

在清单工程量计算方面，国内只计量设计几何尺寸工程量，在玻利维亚除设计实际几何尺寸外，还须将国家通用计算系数所得工程量加入工程量清单数量表中。例如，填方计价时天然密实方与压实方系数在定额中调整并说明，压实加宽土体只计价不计数量，在玻利维亚压实加宽土体根据通用系数扩大后仍计工程扩大数量并计价。

玻利维亚建设工程市场普遍采用单价合同形式发包工程，工程结算以实际完成工程量为基础,承发包双方对图纸设计的实体计算的理解不同将导致工程量计算结果的不同,这种非成文潜规则式的工程量计算规则极易导致工程争议,增加了项目失败的风险。

2. 工程量清单

我国《建设工程工程量清单计价规范》规定分部分项工程量清单应按规范规定的项目编码、项目名称、项目特征、计量单位和工程量计算规则进行编制,工程计量规范不仅规范了工程量计算规则,还对分部分项工程的划分、项目编码、项目名称、特征描述及计量单位进行了明文规定,对安全文明施工、夜间施工等组织措施项的编码、名称、工作内容及包含范围等进行规定。

与我国规范化的清单编制要求相比,玻利维亚建设工程工程量清单编制主要表现为以下差异:(1)玻利维亚只编制分部分项工程量清单,措施项费用纳入管理费中,且无须列明管理费组成明细。(2)在清单编码方面,我国采用前十二位阿拉伯数字结构化编码,不在计量规范附录中的按补充项规定编码,同一项目无重码;玻利维亚无统一规定,可自由编码,甚至可重码,市场上各项目的清单编码五花八门。(3)在分部分项划分方面,我国计量规范明文规定了分部分项的章节;玻利维亚则无统一规定,完全由各从业人员根据经验划分章节内容,市场上各项目在章节及内容描述上各不相同。

通过以上对比研究可以发现,以玻利维亚为代表的南美洲造价管理相较于中国的规范化标准化管理是一种更加开放灵活的管理模式,无统一的计价体系,更多地以经验作为参考依据。

二、施工合同管理

(一)施工合同文件及优先顺序

在国内,组成合同其他文件及优先解释顺序如下:

(1)本合同协议书;(2)中标通知书;(3)专用条款;(4)通用条款;(5)招标文件(含工程量清单及答疑纪要);(6)标准、规范及有关技术文件;(7)图纸;(8)承包人投标文件及其附件;(9)工程报价单或预算书。

(二)合同清单、合同双方权利及责任

(1)合同甲乙方权利和责任。玻利维亚本地的合同条款,相当于业主自己制定的合同模板,承包商和业主之间权利责任不对等,对承包商有利的条款较少。例如,进度施工计划按季度未完成部分扣 10% 的罚款,前期提交的进度计划很重要不可以做修改;工程款支付并未在合同中并未约定必须支付的期限等。

(2) 合同清单。玻利维亚方清单显示是实体工程,不显示措施费、规费、试验费等费用,这些费用通过单价分析表,全部考虑在清单项里,不再单独体现。对于合同外的额外施工,监理方会考虑参考综合单价里人材机费用。

三、施工过程计量及成本管理

(一) 施工过程计量

1. 预付款的支付

工程预付款,又称材料备料款或材料预付款。预付款用于承包人为合同工程施工购置材料、工程设备,购置或租赁施工设备、修建临时设施以及组织施工队伍进场等所需的款项。国内预付款支付流程一般由承包人发起预付款申请,发包人应在收到支付申请的 7 天内进行核实后向承包人发出预付款支付证书,并在签发证书后 7 天内向承包人支付预付款。在玻利维亚,发包人给予项目预付款的支付一般是在中标通知书颁发之日起 42 天内,或在收到相关的文件之日起 21 天内,两者中取较晚者。

玻利维亚项目实际施工时,两圣项目实际支付 10% 预付款,完成合同约定比例,周期为 56 天,整体情况尚可;但对于尤库莫项目,预付款仅支付了合同约定比例的一半为 10%,支付情况并不是很好,加上玻利维亚因为疫情的原因,政府资金更加匮乏,款项支付受到了很大的挑战。

在预付款的扣除形式上,玻利维亚项目与国内存在着差异,国内是在施工进度的某一个节点开始,每一期进度款中扣除一定比例的预付款,直至扣除完为止;玻利维亚则是从第一期进度款开始扣除,直至扣除为止。相较于国内,玻利维亚所要求的预付款回款周期较短,会增加施工方的资金压力,需要施工方更强的垫资能力。

2. 过程计量

国内计量流程为"承总包—监理—业主",相比国内流程,玻利维亚计量流程为"总包—监理—业主代表—标段工程师—业主",比较复杂,周期长,过程确权率不高。每月的计量有时会推迟 2~3 个月才能够确权完毕,造成项目资金回款困难,资金垫付压力增大,这也是后续项目所需要特别关注的问题。

3. 进度款的支付

工程进度款是指在施工过程中,按逐月、多个月份合计(或形象进度、或控制界面等）完成的工程数量计算的各项费用总和。

在进度款支付时限上，国内进度款为承包人应在每个计量周期到期后的 7 天内向发包人提交已完工程进度款支付申请，发包人应在收到承包人进度款支付申请后的 14 天内根据计量结果和合同约定对申请内容予以核实，确认后向承包人出具进度款支付证书，在签发进度款支付证书后的 14 天内，按照支付证书列明的金额向承包人支付进度款。玻利维亚项目期为工程师收到报表及证明文件之日起 56 天内支付。

在支付及时程度上，国内上报进度款资料于监理、业主审核完成后，进度款的支付情况较及时，特别是工期比较紧张的阶段。玻利维亚因为疫情原因，政府需要给予本地居民生活补助，造成资金不充足，并且计量过程中业主的确权过程周期长，过程确权率不高，导致进度款支付的严重滞后，公司会垫付工程款以推进工程进度，增加了公司的垫资压力。此外，当地人对于中方公司资金雄厚的认知，也是过程计量不及时与进度款支付滞后的原因之一。对于这种情况，合同中仅规定了确权以后进度款支付需要 45 天以内支付，无法对监理和业主进行追责，需多加防范。

另外，进度款支付还存在被扣除的风险，合同中约定，施工方需要在施工前上交进度计划，如果未按时完成，则会扣款本期进度款的 10%，若施工进度未将此部分在一个季度中弥补，这部分罚款将不会退回；此部分的费用扣除风险也需要及时采取措施进行规避。

（二）人工、材料及机械设备管理

在成本控制方面，从工程投标报价到项目竣工结算，成本控制贯穿于项目实施的全过程。无论在国内还是国外，承包企业都寻求在保证工期和质量的满足要求的前提下，采取相应管理措施，包括组织措施、经济措施、技术措施、合同措施把成本控制在计划范围内，并进一步寻求最大程度的成本节约。

1. 人工费方面

根据玻利维亚《劳动法》第三章规定，所有企业或组织雇佣外国技术劳工，数量不能超过企业总雇工人数的 15%。

外籍劳工手续较为复杂。外籍劳工须取得由劳工部移民司颁发的劳工证（Carnet Laboral）后，方能在玻利维亚工作。劳工部劳工移民处负责接收劳工批准文件，并前往公司所在地进行核查后，宣布批准或拒绝申请。如果申请获通过，劳工移民处将填写表格，一式 4 份，分别寄往：劳工移民档案室、劳工市场司、雇主和申请人。完成所有手续、申请获准后，劳工移民处将发放外籍劳工证。

玻利维亚居民整体较为懒散，劳动力工作效率远远低于国内的劳动力的工作效率，因玻利维亚法律规定不能超过15%的外籍劳工，且外籍劳工手续复杂，因此项目大多数劳工都是玻利维亚当地的劳动力，会造成施工现场的进度达不到预期，项目需要雇佣超过预期的劳动力才能满足施工要求，最终导致项目的人工成本大幅增加。

2. 材料管理方面

（1）材料采购模式。

在国内，公路工程所需的钢筋、水泥、砂、碎石等材料，建筑公司会有自己的供应商分包名册，根据邀请招标的形式，根据公司所在地、报价、资信能力、质量以及社会信誉等方面确定供应商，由专门供应商进行材料供应。

相比于国内，玻利维亚当地资源较为稀缺，对于材料的采购，一般通过三种途径：一是中国采购，通过海运、空运等方式；二是一般物资或者急缺物资从第三国采购；三是在玻利维亚本地进行采购。

在砂石材料的供应方面，相较于国内，玻利维亚成品材料价格昂贵，并且比较稀少，所以项目部采用自行开采的方式进行砂石材料的供应，尤库莫项目是由施工方自行进行相关开采手续办理，并且交完资源管理税后，在政府指定的河道范围内，自行开采原材料，自己建造碎石生产线，自行破碎。为了节省工期，项目会采购一批别人开挖出来的河道鹅卵石，进行破碎，剩余差额部分项目部计划未来自行开采。

砂石材料的费用组成方面，主要由开采费、资源管理费、运输以及破碎费用组成。其中，原材料并不收取费用，开采费大约一年2万元，运输费用占比较高，主要因为政府不允许项目部进行私自运输，必须通过当地的运输协会才有资格运输，若施工方强行运输，会受到运输协会向政府抗议施压，并阻挠运输，运输价格按照当地市场价进行取费。通过综合计算，材料开采、运输、破碎等算到将近200元/吨，价格相比国内偏高。

对于主材钢筋、沥青的采购，由于玻利维亚物资的匮乏，基本都是通过进口进行采购；尤库莫项目计划从巴西进行沥青采购，材料费加上运输以及海关、保险等费用，价格比较昂贵。

除正常的建设用材料外，还有一些特殊情况，如尤库莫项目当地时常出现"油荒"情况，因此不得不高价从储油的人手中购买燃油，导致成本增加。

（2）材料采购风险。

材料采购的风险主要体现在两个方面：一是货源少，在玻利维亚当地，由于物资匮乏，无法货比三家；二是价格变化幅度大，同样的物品，不同商户价格差距较大，价格随意性较大。我方人员无法从报价中做出正确比选判断。

因此，在招投标报价过程中，应将材料采购成本相较于国内正常采购增加的部分考虑进单价之中，降低项目亏损的风险；此外，在入驻项目前期，应及时联系和考察物资的采购线路，避免出现因为材料采购不及时导致项目工期进度受到影响，从而增加项目的施工成本。

3. 机械设备方面

（1）设备采购。

玻利维亚现场设备有两种途径：一是通过国内采购知名品牌厂商机械设备，如三一重工、徐工集团、柳工等，通过海运的方式运输至玻利维亚；二是通过租赁日本、美国以及欧洲国家的机械设备。

（2）设备维修。

根据项目经验发现，国内采购的设备并不能适应当地的环境：一是耐用性不如日本或者美国品牌机械；二是材质较差，同样部位施工，中国采购机械出现马力不足，或者损坏等状况，损坏率较高，利用率低。而欧美的设备较为耐用，机械都配备了配件，而且零件在玻利维亚当地也可以采购到。中方设备容易损坏，零件阶梯次采购，周期较长导致机械停摆。在实际应用中，由于国内设备损坏率极高，需要在当地采购中资企业的配件进行机械维修，大大增加了项目所预估的机械费用。

（3）案例分析。

实际项目案例：尤库莫项目前期施工任务较轻，采用国内采购的8台徐工机械，仅仅使用一个月就损坏7台，项目采用零件交互替换的方式组合进行应急使用，但仅有5台机械可以使用，这对项目施工进度造成了很大的影响。

原因分析：一是国内机械质量有待提高；二是采购的机械功率不满足现场需求；三是机械设备全部由玻利维亚工人操作，当地工人未接受过专业培训，不了解设备原理，不懂得机械性能，不懂得爱惜保养机械；四是人员更换，由于休假、离职等多种原因导致多人接替操作同一台机械，操作人员缺乏责任意识。

项目部采取措施：一是赶在雨季结束前（4月前），对机械损坏零件更换维修完毕；二是和国内机械厂商签订合同，要求厂家提供技术人员驻场服务一年，保证项目施工短期两三年内不再受到机械损坏的困扰。

总结：根据尤库莫项目以及两圣项目经验，对于机械设备的招采，应主要以租赁日本以及欧美国家的工程机械，降低机械设备的损坏率，从而降低机械使用成本以及因设备问题带来的进度推迟的风险。对于国内的采购的机械，在签订采购合同时，应要求供应商提供驻场人员保证现场设备的正常使用，降低设备的损坏率以及在损坏时能够得到及时的处理和维修，同时加强施工现场对施工人员的培训，主要包括设备的正确使用、机械设备的运行原理以及设备的维修保养等，做好日常的维护和管理。

(三) 其他管理费

1. 节假日补偿

圣诞节对于南美洲国家是比较重要的，相当于中国的春节。在圣诞节，每年需要支付工人圣诞补助，相当于1个月工资，工时没到一年按月份计算；同时也根据国家经济情况确定具体补助金额，如国民生产总值达到较高水平国家可能规定企业支付双倍圣诞补偿。

在玻利维亚，工作满一年的工人第二年可申请十五天带薪年休假，并且规定男性一周工作时间不超过48小时，周日不允许履行生产活动，若工作支付3倍工资，日常加班及过节日如圣诞节需要支付双倍加班费。

2. 孕期补偿

国家规定如女职工怀孕（或男职工妻子甚至情人怀孕），从孕期5个月开始至婴儿满周岁每月付约2000玻币（6.96玻币＝1美元）生育津贴，不直接付给工人，有专门的公司账号，由专人通过这个账号专门负责购买礼品及奶粉营养品，新生儿出生还要单独奖励约2000玻币到员工账号（民事部门证明是亲生子）。不同于中国有生育保险，在玻利维亚需要企业承担这些费用。

企业雇佣员工在其妻子怀孕期间不能被开除，孩子出生一年之内，开除需要补贴工资。建筑企业男职工比较多，对于其妻子怀孕的情况难以掌握，若女职工怀孕要加以照顾，不允许加班和干重活。

3. 离职津贴

企业与工人签订劳工合同，法律明确规定的固定期限合同，分为3个月、6个月和1年，工人入职15天内需要确定合同类型，若不签订合同则默认为无固定期限合同，即项目期限，开除即需要赔钱。合同约定期限到期时，只能续约一年，再续即为无固定期限合同。工人辞职，需要支付离职津贴，根据时间长短补工资，如满12个月补1个月工资，同时若当年圣诞补助未发要补偿圣诞补助。公司开除员工的成本更高，需要补偿3个月工资。

针对尤库莫项目所遇到的雇佣情况，项目采取的雇佣方案为：工人入职签一年合同，观察期15天内可以直接开除，结工资即可。表现不错的工人再直接签一年再延续一年,用工两年无须签无固定期限合同。或者不管前段时间签了多久,让工人离场休息十几天或1个月(具体看当地律师如何解读规定),可以重新签订固定期限合同。

四、变更索赔及风险管理

(一) 设计变更与索赔

1. 设计变更

在国内,合同外设计变更在施工中是普遍存在的,根据现场的施工情况、业主的设计意愿以及设计安全等方面,施工单位、监理单位、设计单位和业主均可提出建议,根据实际问题进行四方会谈,确定最终变更方案,无须设计单位出变更图的可按变更方案执行,需要出变更图的,待设计变更图出图后执行。对于施工单位,收集现场资料,根据实际变更工程计算工程量和所需费用,上报监理以及业主确认,审核通过后并入每期进度款一起上报。

相比于国内,玻利维亚项目中对于合同外的变更很难给予确认,主要因为牵扯到费用的增加,监理方通过各种理由不给予通过,但对于费用的负变更,如减少土方量,容易获得监理方同意。

〔**案例**〕在尤库莫项目实际施工过程中,现场放坡坡度没有达到要求,监理仅进行口头下发施工指令,并不出具书面的施工指令单,对于现场增加的工程量无法计量,无法要到此部分费用。此外,因涉及中西语翻译问题,部分会议中口头下发的施工指令,监理口头答应给予计量,但实际现场施工完成后无法进行计量。

2. 索赔

在建设工程中,索赔是双向索赔,是承发包双方维权的一种表现形式。索赔不是惩罚,是一种正常履行合同权利的要求,属于经济补偿行为。公路工程施工索赔主要是指在合同履行过程中,对于并非自己的过错,而是应由对方承担责任的情况造成的实际损失向对方提出经济补偿和时间补偿的要求,主要包含工期索赔和费用索赔两个方面。

在国内,工程建设施工过程中由于国家政策、自然因素、施工合同修改等非施工方自身因素,经常会发生施工索赔问题,施工方、建设方和监理方根据合同条款约定,经过多次洽谈和博弈,通常会达成一致,给予施工方一定的费用补偿和工期补偿。

相比于国内,玻利维亚项目的索赔更加困难。由于监理做事拖沓效率低,人员配备不足，会影响现场施工进度，施工方进行工期追责索赔时，监理会以施工方机械不到位为理由进行搪塞，不予以进度补偿。对于下雨、罢工、堵路和暴乱等原因造成工期的停滞，按照合同约定可以申请工期补偿和费用补偿，但是在实际施工过程中，施工方发函申请索赔，通过洽谈，最终仅能获得工期的补偿，对于费用的补偿，目前还未有成功的案例。

3. 索赔案例

（1）工期索赔。

由于疫情影响，2020年3月21日波方国家颁布法令疫情期间封国封城导致项目停滞，在项目部和监理业主将近一年的博弈后，最终项目工期索赔成功：两圣项目获得123天工期补偿，尤库莫项目获得104天工期补偿。2020年玻利维亚因为总统大选，造成施工现场停工，最终两圣项目获得27天工期补偿，尤库莫项目获得35天工期补偿。

（2）费用索赔。

〔**案例1**〕尤库莫项目于2018年初中标，2018年中旬签合同，直到2019年8月底间隔近一年时间监理才中标确认，9月5日下发开工令。项目施工方对提前一年进场的费用申请索赔，监理方对于索赔问题以刚刚上任为由拒绝索赔，因为根据合同，开工令应由监理下发，业主无权下发。此外，2019年10月政府大选，政府人员大换血，人员更换频繁，政府职能短期空窗期，对项目前期造成很大影响，中间产生的管理成本监理与业主不给予索赔，极大地增加了项目的管理成本。

〔**案例2**〕因疫情影响，造成将近半年的窝工费用，并没有索赔成功，总统大选造成的窝工也未得到补偿。仅工期索赔得到了补偿，但对项目来说，没有费用补偿的情况下的工期延长对项目影响很大，各项管理费用是很大的支出，增加了项目亏损的风险。

（二）工期风险

在进度控制方面，工程进度控制是业主与承包商共同关心的问题。影响工程进度的内、外部因素很多，如施工力量、施工效率、设计图纸交付日期、设备、材料等物资到货情况，以及气候影响等。玻利维亚每年雨季长达6个月，从12月底到来年6月，雨季期间既有道路几乎无法通行，路基工程处于停工状态。某中资企业因施工组织和人机调配滞后，无法按既定项目工期完成任务，项目一度面临着兑付保函的风险。因此，项目承包商应合理安排施工组织，雨季备料，旱季抢工，必要时加班或者多班倒，满足工期要求。为了确保工程按期完工，必须对工程进度进行控制。

在国内，监理方受业主方委托，主要负责施工进度计划审核、现场监理等来控制进度，除正常向业主方提供工程量计量结果外，对于工程量变更等与工程造价有关的事项，监理需要报业主方审批后往下进行。

而在玻利维亚公路工程项目中，监理权力非常大，全权负责工程项目现场各个方面的管理，包括现场施工、竣工验收、工程款支付、结算等，对于工程变更与工程量确权，监理更是具有决定权。在建设现场，基本上一切行为都要有监理的认可或签字才能往下进行。即监理在很大程度上影响着工程进度。如玻利维亚当地项目采取"边设计边施工"的模式，承包方须对给出的初步设计图纸进行细化，经监理签字认可之后才能施工，但因监理签字不及时而影响施工进度时，监理会将此归结为施工方的责任，如报送文件太迟、图纸问题多等。针对玻利维亚设计施工同行导致的工期延误问题，我国承包企业只能被动地增加施工队伍中设计人员的数量来追赶进度。

（三）施工进度款风险

施工方前期会报给监理施工总进度计划，该进度计划会影响项目奖罚，并不可随意修改。例如，月进度 100 万元，实际完成 90 万元，那么 10 万元未完成的就会作为罚款；若季度计划完成，则取消该 10 万元的罚款，否则按照缺额罚款。

（四）劳务招聘风险

（1）技术劳务人员短缺。由于玻利维亚人口少，城市化程度低，且公路项目基本处在偏远地区，当地劳工数量有限，有经验的劳工更难招募，当地的汽车司机、机械操作手、钢筋工等劳务人员需要从拉巴斯或者圣克鲁斯等大城市招聘。目前玻利维亚在建公路工程项目较多，造成技术劳务人员严重短缺。

（2）法定项目属地化招聘比例要求高。玻利维亚劳工法严格要求项目的当地人员占 85%，外籍人员占 15%，这给承包商的人员招聘带来了极大的困难，很难批量招募。

应对措施以及风险防范：当地普通劳工成本低，大概在每月 2000 元人民币，在满足工程进度和质量的情况下，应尽可能地提高当地劳工的配比，但需要防范罢工、涨工资等风险。建议以向劳务公司支付佣金的方式雇佣工人，和当地劳工签订半年期的合同，降低人工成本。目前，中资企业基本靠劳务公司或者在当地知名的报纸和电视台刊登招聘信息来解决劳工问题，但高峰期也经常出现短工的现象。

（五）材料供应风险

东部地区属于亚马孙平原，可开采的石料极少，运距远，需要从几十甚至几百公里外运，运输道路状况差，砂石料价格昂贵，石料每方价格高达上百美金，路基（如 A4 结构，碎石和土各占 50%）回填标高的确定对工程造价将起到决定性作用。由于在建项目众多，砂石料已有涨价和供应不足的趋势。所以，投标期间应充分调研可行的石料供应源，项目中标后应尽快比选和石料供应商确定分包合同，尽可能自采石料，使用机制砂，或者使用华人的石料场作为供应商。所以，投标单位应通过相关渠道收集和分析公路沿线的水文资料，适时进行部分勘察测量工作，深化设计方案和优化力度，增加竞争力。在满足招标文件和当地技术规范要求的前提下，减少工程量，节约项目建设成本。

根据数个项目投标的经验，业主的招标文件对工程量的分析往往与后期实际情况相差颇大，而在玻利维亚的中资公司还没有出现过项目后期调价索赔成功的案例，这点值得我国相关企业深思。

（六）材料调差风险

在我国，一般合同内规定，实际施工日期主要材料价格变化幅度在 ±5% 以内，应为明确的风险控制范围，不允许材料价格的调差，超过 ±5%，根据实际施工日期的价格给予单价调整。

在玻利维亚尤库莫项目中，合同中规定为固定单价合同，材料的上涨风险为施工方在招投标中需要考虑的因素，但因为疫情以及总统大选，项目停工时间过长，材料价格较投标时钢筋价格上涨过多，2000～3000 元/吨，大大地增加了项目的施工成本。

总结：玻利维亚等南美洲国家，政治动乱比较频繁，项目停工风险较高，如果材料上涨，将会导致成本增加，因此在招投标中，应考虑材料大幅上涨的风险。此外，在签订合同时，应考虑加入材料调差的条款，降低项目亏损的风险。

（七）混凝土施工运输风险

由于两圣项目线路较长，在运输过程中需加入减水剂保证混凝土的可塑性，导致运输成本增加，量化后 1 方混凝土约增加成本 10 元，且由施工方自身承担。

（八）疫情防控风险

玻利维亚在 2020 年 3 月本土开始出现新冠疫情病例，随后国家下发了有关条文,尤库莫项目现场从 3 月 21 日开始停工,到 6 月底应 ABC 要求复工建设。在复工后,工地采取和国内类似的集中管理、动态防控的方案。

玻利维亚当地人对疫情并不恐慌,一是因为在当地受疫情影响而去世的人数不多,不足以引起重视;二是受文化影响,当地更倾向于美国追求的民主自由,导致防控意识并不强烈。在管理的过程中,项目管理层只能尽可能地结合当地的防控方案实施,对中国工人严格要求,不允许出入酒吧等公共场所,但属地工人无法做到严格限制,只能采取轮流上岗和隔离的措施。

五、采购管理差异化

(一)采购管理工作程序与内容

(1) 编制项目采购计划:在项目初期根据项目总体计划编制项目采购计划。

(2) 采买:主要工作是考察供货商,确定合格供货商名单;落实技术文件,接收设计"请购单";编制及发出招标文件或询价文件;开标、评标、技术及商务评审和谈判;编制合同文件及签订合同。

(3) 催交:在设备材料生产、制造阶段,为保证采购进度计划,对供货商的生产情况进行检查、监督和催促。

(4) 监造与检验:监督及检验货物的制造是否符合合同的规定及制造标准的要求。

(5) 运输与交付:确定运输包装方式,要求供货商按合同要求进行防护包装,刷制包装储运标志。

(6) 仓储管理:主要工作是现场接收、检验及移交、入库与保管、领用与发放。

(7) 供货商现场服务管理:包括现场培训服务、问题处理、开车指导等。

(8) 采购工作收尾及总结。

(二)采购管理差异化

对比公路工程项目采购管理工作程序与内容,玻利维亚公路工程项目采购管理范围和内容均有所扩大和延伸,有其不同的特点,具体表现如下。

(1) 玻利维亚公路工程项目采购在标准采用、货币支付、政府许可、保险等方面都有所不同。例如,采用欧美标准、外币支付、进出口减免税、海运保险。

(2) 玻利维亚公路工程项目采购货物的出口管理。

(3) 玻利维亚公路工程项目采购境外雇主参与的深度广度不同。例如,参与考察和确定批准设备材料供应商；项目部提供的采购技术文件，需要雇主工程师确定批准设备规格、参数；见证厂验和参加发货前检验。

（4）玻利维亚公路工程项目货物运输上具有海、陆、空运输方式多、装卸次数多、运输距离远和运输周期长的海外运输特点。

（5）供货商海外现场服务计划性强，费用高，技术服务人员要求技术过硬，具有海外服务的经验。

（6）玻利维亚公路工程项目采购协调管理范围广，除了与设计、供货商、施工、雇主、政府协调外，还需要与货运代理协调，与项目所在国当地华商组织、大使馆协调。

（7）玻利维亚公路工程项目采购质量、进度、费用控制具有控制点多、难度大的特点。例如，雇佣当地员工，对工程质量的影响，海外运输、清关对进度的影响，海外现场采购价格高对费用的影响。

（8）玻利维亚公路工程项目采购管理面临的风险不一样，主要有价格风险、海外经验不足风险、玻利维亚公路政治经济不确定风险等。

（三）采购管理的工作重点与管理措施

针对玻利维亚公路工程项目采购管理差异性特点，确定项目采购管理重点，制订相应的管理方案、措施。

1. 技术标准

明确工程设计和产品材料设备制造、验收标准，应尽可能采用我国现行的国家标准。在项目所在国推广应用我国标准，可以提高中国企业、中国标准、中国技术的海外影响力。

2. 支付

（1）明确规定支付的货币的种类和比例。汇率不稳定的国家、地区尽可能不用当地货币支付。

（2）合同中明确规定当地货币和外币的兑换形式，采用固定汇率或采用基准日期当天工程所在国中央银行确定的汇率。约定汇率机制，防范金融风险。

3. 许可

（1）明确雇主从项目所在国相关政府获取所有的承包商用于工程的永久性货物进口许可、授权或证书。

（2）明确雇主从项目所在国相关政府获取所有的承包商用于工程的临时性货物进口许可、授权或证书，这些设备在工程完成以后将运回中国。

(3) 如进口货物免税，应明确雇主免除关税以及其他费用，并获取这方面所有所需的许可、准许、执照和批准，并在进口设备和材料到达前获得关税和税费豁免和完成海关手续。

(4) 如进口货物免税，应明确雇主从项目所在国相关政府免除所有的承包商用于工程的办公用品、生活用品、自用车辆等进口任何税以及其他费用，并获取这方面所有所需的许可、准许、执照和批准。

4. 保险

保险是分担风险损失的方式之一，必须按法律法规、合同规定办理各项保险。玻利维亚公路工程货物采购管理主要涉及的保险是：货物运输险、境外现场采购人员的意外伤害险，货物出口融资的中国出口信用保险。

5. 雇主参与、审批项目确认

明确工程项目须雇主审核确定的主要设备规格、性能参数清单，须雇主参与选择、确定供货商的主要设备清单，须雇主参加的主要设备监造、检验的清单。

6. 玻利维亚公路工程项目采购货物出口管理

玻利维亚公路工程项目采购货物出口管理的内容和程序如下。

(1) 货运代理选择。货物出口业务通常委托货运代理全权处理报关、订船运输、清关等货物出口手续，直至将货物运输到雇主目的地。一般采用招标方式选择货运代理。

(2) 出口商检。项目部只有在报关前取得货物报关地商检机构签发的相应检验证书，才能保证货物顺利通关出运。项目部报检人员应查询国家商检部门制定的实施检验的进出口商品目录信息，确定其是否需要办理出口商检。工程项下设备出口商检涉及的检验主要是法定检验，即对重要出口货物的相关检验项目实施强制性检验。

(3) BV商检。玻利维亚公路工程中雇主所在国对国内部分特定产品的质量、安全、环境、健康认可，多采用国际第三方检验检测机构的认证、检验检测结果报告。

(4) 陆运集港。项目部根据生产、检验、包装情况通知货运代理定船订舱。货运公司根据所定船期通知商，要求供货商按时间节点将货物直接或装入货运代理安排的空集装箱运输到指定港口或港口仓库。

(5) 报关。玻利维亚公路工程的货物出口申报工作，应遵守外经贸部、海关总署《关于印发〈关于国际工程项目项下出口设备材料的工作规程〉的通知》和商务部、海关总署、质检总局2017年联合印发的《商务部办公厅、海关总署办公厅、质检总局办公厅关于做好国际工程资格审批取消后有关政策衔接工作的通知》。项目部准备报关文件，货运代理出口报关，海关审单、交验单证，办理验放手续。

（6）运输保险。保险要选择那种能保证货物安全运到工地的险种，发生意外应及时开展理赔。

（7）清关。项目部应提前关注项目所在国的海关最新规定和进出口政策，梳理清关要求。货物抵港后应及时清关，避免遭受高昂的仓储费、滞纳费等额外费用损失。货运代理和其委托的清关公司应及时报关、配合海关进口货物商检，确保清关工作的顺利，安排境外内陆运输，及时将货物运抵现场。

（8）出口退税。项目部运往境外的为境外工程所采购的出口货物，按照国家国际工程现行的税法规定可享受出口退税优惠政策。项目部货物报关出口并在财务上作销售处理后，在规定期限内，向主管出口退税的税务机关报送《出口货物退免税申报表》和《国际工程项目及出口货物退税统计表》，同时提供购进货物的增值税专用发票、税收（出口货物用）缴款书、出口货物报关单（出口退税联）、"国际工程项目及出口货物批准书"申报办理退税。

（9）运输包装管理。运输包装必须针对玻利维亚公路工程的特点，优化设计，合理用材，保证设备、材料在国内外全程运输过程中装卸、堆码、储存的方便和安全。做好货物的防雨、防潮、防霉、防锈、防震、局部防护包装。

（10）采购外部协调管理。

①采购与货运代理的协调：采购提供货运代理所需资料，货运代理发货通知集港协调，以及清关、装船、海运、清关、境外内陆运输等协调。

②采购与项目所在国当地华商组织、大使馆协调：参加项目所在国华商组织，参与组织活动，加强企业间的沟通与互助，加强联防联保，及时互通安全信息；根据《商务部办公厅关于做好国际工程项目备案管理的通知》（商办合函〔2017〕455号）按规定及时向我国驻项目所在国（地区）使（领）馆经商机构报告，相关驻外经商机构登记企业项目报告情况。定期向使（领）馆通报项目建设情况。

（11）采购质量控制。

①设备规格型号、性能参数设计应详细论证，主要设备按程序报雇主技术人员批准。

②选择合格的供货商，按程序邀请雇主考察、参观、评审。

③做好监造、性能试验、出厂检验，满足合同技术要求及制造标准，提前通知雇主参与，并签署《出厂检验认可书》。

④设备、材料包装和运输，确保货物在运输、保管、装卸过程中，不出现破损、遗漏、变形、受潮、受压、受冲击挤压等现象，特别是海运防腐包装，由于货物长期处于潮湿、多盐环境，所有部位应处于密封状态。

(12) 采购进度控制。

①严格监造、检验，控制货物的质量。雇主参与的监造、检验，务必计划周密，提前办理签证、机票，提前安排国内交通、食宿。质量问题对采购进度的影响是严重的，在需要更换货时应采用空运方式补救，降低对采购进度的影响，用资金换时间。

②选择有能力的专业代理商帮助工作以加快采购进度。

非正常的海运、清关对采购进度的影响比较严重，可能延期1~2个月，甚至更长时间，合适的货运代理、清关代理可以解决这些问题。

③做好境外现场接货、卸货、开箱检验、入库等工作。充分考虑项目所在国的节假日时间，玻利维亚的节假日是不加班的，正常工作日加班也较少，现场雇主参与的采购工作，需提前计划，合理安排。

(13) 采购费用控制。

货物采购费用包括设备材料制造出厂价格，运送项目所在国现场引发的附加费用（采购管理费、包装费、唛头制作费、国内运输费、商检费、港杂费、仓储费、制单费、报关费、清关费、国外运输费、装卸费、国外港口港杂费、物资移交、点交费用等）。

①根据货物的类别确定合理的包装方式，根据施工进度要求选择合理的运输方式，选择有能力的专业运输代理、报关代理，以降低运输及通关费用。

②一次订货，批量运输原则。根据现场进度，分批分阶段运输货物，一是防止大批货物的储存困难，二是不足的材料及时补充，下次运输时一并发货。降低二次订货发货成本。

③针对境外当地安全状况差的特点，货物在仓储及安装期间应采取妥善的安全保卫措施，以避免货物的丢失。

④设备、材料的采购冗余原则。考虑到现场工程施工、调试阶段，可能出现的货物质量问题或设计变更，如紧急现场采购，境外设备、材料价格普遍高于国内，部分价格甚至是国内的3倍以上；如通过国内采购空运现场，空运费有可能超过货物价值，综合费用同样较高。因此，实际采购清单中设备可多配备一些备品备件、材料，适当留有余量。从我们项目实践来看，实际上降低了采购成本。

⑤合理安排境内外采购管理人员，降低采购管理费用。

(14) 采购风险控制。

①设备材料质量、进度风险。

主要表现：设备运行达不到性能指标、材料质量不符合要求；供货进度延误不能满足施工、调试要求等。项目上采购的机械设备,由于质量问题,短时间内运行发生损坏,只有重新选择供应商、重新发货,造成恶劣影响。

应对措施:加强设计质量控制,选择有信誉、有业绩、一线品牌供货商,做好监造、质量检验,做好包装、运输、储存工作;加强进度控制,做好催交工作,选择合适的货运代理,协调好采购各环节,制定采购质量、进度奖惩措施。

②玻利维亚公路工程采购管理经验不足导致的风险。

主要表现:项目所在国标准和规范、适用法律、工程项目管理、外汇与项目资金管理、税务会计管理等不同导致的风险,境外政治制度、意识形态、价值观、历史文化传统、文化风俗习惯与宗教习俗等不同带来的风险,以及承包商契约观念不强,不重视合同管理,缺乏有效的风险管控机制等。

应对措施:做好所在国项目尽职调查,熟悉工程所在国的政治、经济、法律、标准、规范、项目管理制度等,依法合规经营;尊重当地宗教信仰、文化风俗习惯,处理好与当地政府和雇主的关系;掌握工程相关的玻利维亚公路条约、玻利维亚公路惯例、通用文件和合同条件等常用文件,提高国际化与规范化管理水平。

③玻利维亚政治、经济不确定增加的挑战风险。

主要表现:项目所在国国家安全状况、社会治安状况带来的风险、汇率变化带来的当地货币贬值风险、项目所在国政府与雇主违约的风险等。

应对措施:充分了解当地安全、治安环境,做好人员、物资安全保卫工作,做好项目采购管理应急预案;明确汇率兑换形式,防范货币风险;严格履行合同,注重对合同文件的管理,在雇主违约时,积极利用合同规定维护自己的权利;掌握工程师确定、专家裁决、友好解决与玻利维亚公路仲裁等玻利维亚公路工程纠纷解决方式,发生纠纷时,能够熟练运用纠纷解决方式,有效维护企业自身的利益。

六、本节小结

根据以上差异化对比研究,提出建议和对策如下:

(1)慎重做好项目前期的测算,提前做好市场调查。在招投标报价过程中,对于中玻差异化带来的材料采购费用以及人工成本费用的增加应考虑进单价之中,降低项目亏损的风险;此外,在入驻项目前期,应及时联系和考察物资的采购线路,避免出现因为材料采购不及时导致项目工期进度受到影响,从而增加项目的施工成本。

(2)注重机械设备的招采方式及设备使用人员的培训。项目机械设备的招采应以国内采购和租赁当地工程机械相结合的方式,对于国内采购的方式,考虑马力、规格是否适合项目，确保采购的机械设备可以更好地服务项目，对于不满足施工要求的设备，可以考虑在当地租赁机械，从而降低机械设备的损坏率、机械采购成本以及因设备问题带来的进度推迟的风险。对于国内采购的机械，在签订采购合同时，应要求供应商提供专业的驻场人员，保证现场设备的正常使用，降低设备的损坏率以及在损坏时能够得到及时的处理和维修，同时加强施工现场对施工人员的培训，主要包括设备的正确使用、机械设备的运行原理以及设备的维修保养等。

（3）提前预判进度款计量确权，同时做好资金周转。在面对进度款计量确权周期长、确权效率不高的情况，一方面项目应做好和业主以及监理的沟通工作；另一方面，企业也要准备好充足的资金应对项目资金的短缺，确保施工现场的进度，保证工程的顺利进行。

（4）熟悉合同索赔条款，做好索赔管理。在项目执行阶段，必须保持高度的索赔意识，善于识别和发现索赔事件，及时、认真做好索赔证据、索赔资料的收集和整理工作，定期对索赔工作进行总结和分析，严格按照合同条款履行我方索赔的通知义务，避免因超出合同规定时效而丧失索赔权利，同时还要综合运用合同依据、变更方式及谈判技巧等索赔策略，保证索赔成功，达到给项目减少损失、创造效益的目的。

第七节　公路工程财税政策差异化

在世界银行 2020 年发布的《全球营商环境报告》中，对 190 个经济体进行了营商环境排名，玻利维亚排名第 150 位，便利性得分 51.70 分，中国排名第 31 位，便利性得分 77.9 分。普华永道与世界银行发布的《2020 世界纳税报告》中玻利维亚排名第 186 位，得分 21.6 分，中国排名第 105 位。

中玻营商环境、会计准则、税制都存在较大差别，如何保证税务合规的情况下，通过合理合法的方式降低项目执行期间的整体税务成本？下面我们通过差异化分析提供一些管理建议。

一、中玻税制差异

玻利维亚的税收基本法是《税务改革法》（1986 年 5 月 28 日 843 号法案），对在玻利维亚境内开展经营活动所采用的税收办法作出了明确规定。1994 年 12 月 22 日颁布 1606 号法案及部分行业法规对《税务改革法》进行了修订。玻利维亚国税局查询入口：www.impuestos.gob.bo。中国的税法包括《企业所得税法》《个人所得税法》《税收征收管理法》,以及《增值税暂行条例》《消费税暂行条例》《消费税暂行条例》《土地增值税暂行条例》等。具体税种及税率对比如表6-47所示。

表 6-47 中玻主要税种税率对比表

税种	玻利维亚	中国
增值税	13%	6%、9%、13%;3%、5%
企业所得税	25%、12.5%、1.5%~4%	10%、15%、20%、25%
个人所得税	13%	3%~45%
交易税	3%	无
关税	0~40%	根据不同种类物品
外币交易税	0.30‰	无
资源税	2.5%~7%	1%~20%
车辆税	2%~5%	车辆购置税:10% 车船税:根据具体税目
不动产税	1%~20%	房产税:1.2%、12%
离境税	70*UFV	无
消费税	奢侈或限制类消费品缴纳	根据具体税目
印花税	无	0.3‰、0.05‰、1‰

二、主要税种及税率差异

(一) 增值税 (IVA)

增值税是以纳税人商品(含应税劳务)在流转过程中产生的增值额作为计税依据而征收的一种流转税。征收范围包括商品、服务、劳务、租赁、工程、进口等。玻国与中国增值税政策的差异如下:

(1) 纳税人:中国税制根据固定资产、员工人数及营业收入等基准将纳税人划分为一般纳税人及小规模纳税人,对小规模纳税人实施简易计税,一般按照其销售收入的3%征收增值税,供应商开具的进项税发票不允许抵扣;在玻利维亚境内销售货物或者进口货物的单位和个人实施同一政策,不进行分类。

(2) 税率:中国目前分为三档税率,13%作为基础税率;纳税人提供交通运输、邮政、基础电信、建筑、不动产租赁服务,销售不动产,转让土地使用权,销售或者进口粮食、天然气等货物,税率为9%;金融服务、无形资产、现代服务,税率为6%(另有规定除外);此外,还有对出口货物实施的零税率。玻国税率一律按13%征收。

（3）计税方式：两国都是用销项减进项计算，不同之处为：在中国增值税属于价外税，计算公式为应纳税额＝含税销售额÷（1＋税率）×税率－当期进项税额；在玻利维亚增值税属于价内税，应缴税额计算公式为当月应缴增值税额＝当月含税销售收入×13％－当月可抵扣增值税进项税额。此外，玻国企业进口商品或服务需要缴纳增值税，税率14.94％，但此时为价外税，实际与一般增值税的13％税率是一样的，只是表述方式不一样。

（4）发票认证及处理：中国自2020年3月1日起，增值税一般纳税人取得2017年1月1日及以后开具的增值税专用发票、海关进口增值税专用缴款书、机动车销售统一发票、收费公路通行费增值税电子普通发票，取消认证确认、稽核比对、申报抵扣的期限，可以通过增值税发票综合平台，勾选抵扣。玻国当月收取发票，需要次月进行发票的认证，逾期未认证，不可用于销项税的抵扣。如不能取得发票，则企业需要代收款方缴纳税金。

因此，在项目施工管理中，需要尽可能从大型厂家采购原材料，信誉有保证，可以获得完税凭证，同时也要及时进行发票认证，以免逾期无法抵扣进项税额。

（二）个人所得税（RC-IVA）

所有在公共和私人部门任职的纳税人，其工资（月薪或日薪）、附加工资、加班费、奖金等都应缴纳附加增值税。领取退休金和养老金的自然人无须缴纳此项税收。玻利维亚附加增值税的征收对象类似国内的个人所得税，扣除项目类似国内的增值税。

（1）纳税人：收入达到征税条件的个人。

（2）税率：13％。

（3）申报周期：玻利维亚个人所得税由企业代扣代缴，自行申报，每季度在季度末的下月20日前申报一次。

（4）可扣除项目：玻利维亚个人所得税扣除项目为个人缴纳社保、2倍最低工资、个人消费可抵扣税额等，如结果为负数，可用于抵扣以后月份税金，由于可使用消费发票抵减税金，且扣除标准较高，当地几乎不需要缴纳个人所得税。

（三）企业所得税（IUE）

实行属地税制，是针对在玻利维亚因开展生产经营业务所获盈利而征收的一种税收，也称"公司利润税"。征税范围：所有在玻注册为公司的企业、分支机构，或参照企业征税的个体企业，也包括部分业务在玻利维亚的非企业业务，以及未在玻利维亚注册，但相关业务在玻利维亚获得了增值但未缴纳企业类型税收的。

（1）纳税人：公司制企业、国外企业的分支机构、符合征收条件的个体企业、非本国注册但在本国开展的业务。

（2）税率：①企业：所有公司都须缴纳该项税收。政府、公立大学以及非营利性机构豁免该项税。税收比例是净利润的25%。②自由职业者：所有独立的具有自由职业的自然人，包括公证律师、经纪人及中间人等其所得净利润，扣除在本财政年度申报并缴纳的增值税后收入的50%，缴纳额为净利润的25%。③国外受益人：征税对象为将在玻利维亚所得利润汇往国外的自然人和法人、在玻利维亚开展部分业务的分公司；征税项目为：汇往国外的玻利维亚企业所得利润、在玻利维亚开展的部分业务收入；征税比例为：汇出总额的12.5%、在玻利维亚开展部分业务的汇寄总额的1.5%~4%。

（3）申报缴纳周期：每财年结束后120日内申报缴纳。

（4）代扣代缴所得税：在玻国注册的企业实行计算申报缴纳，非玻国注册企业由业务相对方在付款时代扣代缴境外受益者税（预扣税），代扣代缴税率为12.5%，具体情况根据收入性质的不同如表6-48所示。

表6-48　　　　　　　　　　　玻利维亚预扣税表

税目	税率	备注
利润与红利	12.5%	受益人为玻利维亚境外的企业或个人，本地人或企业无此税，由付款方代扣代缴，名义税率12.5%，实际税率为汇出金额的14.29%
利息	12.5%	
授权费	12.5%	适用于所有企业所得税纳税人
总部管理费	12.5%	适用于独立个体企业
专业服务	12.5%	由分支机构缴纳

（四）交易税（IT）

针对企业所进行的一切经济和商业活动（包括非营利活动）征收的一种税收，企业只要有销售收入，就要缴纳该税收，无论是否盈利，也称为"毛收入税"。征收范围：交易税征收范围为企业所发生的一切经济和商业活动所得，包括贸易、工业、专项服务、承包工程与提供劳务、动产、不动产以及其他权利的转让所得等。

（1）税率：3%。当月应缴交易税额=当月含税销售额×3%。

（2）申报周期：按月申报，根据开票金额缴纳，上期缴纳的企业所得税可以抵扣当期的交易税，按次抵扣。企业支出中不能取得发票的，需要补交3%的交易税。

(3) 免征交易税：①雇员收入，受雇于企业或其他机构获得的工资薪金等劳务报酬；②公共服务收入，如行使公务、为中央省市政府提供服务收入等；③出口业务收入（含本地多次销售后最终用于出口）；④银行定期及活期存款利息收入；⑤列入国家教育计划的私立教育机构获得的教育收入；⑥外交服务；⑦出版、进口、销售图书报刊等；⑧出售股权、有价证券收入。

（五）关税（GA）

关税指一国海关根据该国法律规定，对通过其关境的进出口货物征收的一种税收。玻利维亚的关税以进出口组成计税价格为计税基础，按比例征收，税率范围为 0~40%，业务发生时按次申报缴纳，为鼓励出口对大部分出口业务免征关税。计算公式为应缴纳关税额＝经海关审核的进（出）口组成计税价格×关税税率；进（出）口组成计税价格＝商品价格＋运输费＋保险费＋仓储费等。

（六）外币交易税（ITF）

外币交易税是玻政府为推行本国货币玻利维亚诺的广泛使用，减少外币流通量而推出的一个税种。纳税人为发生外币业务的企业和个人，以使用非玻利维亚诺作为媒介的收款、付款、转账、外币兑换等行为作为征税范围，一般由银行在业务发生时代扣代缴，无须申报，税率为 0.30%（收付款实行双向纳税，税率按照每年增长 0.05% 的方式，直到 0.6% 后不再增长，即 2025 年后税率固定为 0.6%）。在当地属不可税前扣除项目。

（七）资源税

在玻利维亚，矿产资源使用税是为补偿因不可再生资源开采而征收的一种税，由 2014 年出台的新《矿业法》进行规范，主要针对销售、出口矿产品。在矿产品销售时申报，计税基础为矿产品所含金属量的市场价值。企业自营出口时，税金由出口企业申报缴纳，企业本地销售时，由购买方按规定代扣代缴。该税金一次缴纳后，不做调整，较为有利且合法的避税方式是在矿产品管理局公布的价格较低时申报缴纳税款，可有效减少税金支出。

（八）车辆税

玻国仅有针对个人车辆使用税的缴纳规定，即 2014 年 12 月 20 日颁布的 843 号最高法令。企业车辆税缴纳标准暂未出台，在征收时参照个人车辆约 2 倍价格和税率,有车辆牌照的,参照发票进行计算。属于财产税,出售车辆时必须结清费用。

(九) 其他税种

玻利维亚的离境税规定:玻利维亚的本国居民、持有本国居留证明的外国人在离开玻利维亚时需要缴纳离境税,金额为 70 * UFV,持有公务护照的无须缴纳。

不动产税由当地税务部门核准,税率在 1%~20%,税务部门根据不动产所在区域,确定价格,并计算应缴纳税金。

三、税务管理工作建议

在跨国经营中,中国和玻国都对跨国企业具有征税权,当两个国家分别采用属人和属地原则进行征税时不可避免地出现了双重征税的情况。目前,中国采取双重税收管辖权,跨国企业面临着双重征税的局面,即使可以抵免,由于中国企业所得税税率较高,仍面临回国补税的可能性。

"十四五"以来,中国税收协定网络已覆盖 112 个国家(地区),但是不包括玻利维亚。玻利维亚仅对与周边国家签订了双边贸易协定,互享税收优惠政策。

从企业税务筹划角度对项目经营阶段进行划分,可粗略地分为境外经营主体创立阶段、项目签约阶段及项目执行阶段。下面对三个时期提出不同的税务管理建议。

(一) 境外经营主体创立阶段

在项目招标阶段,应该完成前期准备工作,充分掌握东道国的税收制度及投资环境,充分解读招标文件中是否存在可享受的税收优惠政策,了解母公司控股的境外机构、关联公司,考虑资本回收期等因素,通过对设立子公司、分公司、境外机构或项目部等形式签约执行合同的税务效益进行比较,从而选定境外经营主体的形式。

如果境外经营架构中需要设立中间控股公司,对于中间控股公司设立地点(国别)的选择需要考虑以下几点:(1)是否征收股息收入所得税、股息汇出预提所得税、利息汇出预提所得税、资本利得税,以及实际税率是否偏低;(2)是否拥有广泛的税收协定网络,与中国是否签订税收协定以及优惠条款中的"受益所有人"概念是否会被"穿透";(3)是否制定了严格的反避税法律体系,是否属于国际社会重点关注的避税地。例如,我国香港地区、新加坡、爱尔兰、瑞士、迪拜(阿联酋)、毛里求斯、卢森堡等地。

（二）项目签约阶段

中资熟知合同签约安排、分包商及供应商具体构成与安排、可能涉及的关联交易等情况，在合同谈判阶段尽可能争取对项目有力的税收条件。

例如，玻利维亚的税收优惠政策主要是为鼓励外国投资和增加出口而采取的一系列优惠政策，包括税收优惠政策、出口退税政策、临时免税政策、特定的免税区域、进出口优惠协定（国家之间）。临时免税政策主要针对加工出口。因中国尚未与玻利维亚签订进出口优惠协定，同时玻利维亚项目采购的设备也非工业设备，因此项目无法享受玻利维亚的税收优惠政策。如果企业在玻落地项目为首个项目，则须从国内或第三国采购机械设备，可在合同谈判时争取零税率。

（三）项目执行阶段

根据签约后更新的税收成本测算和设定，合理筹划项目执行期间所涉及的设备、材料、服务及技术采购等的供应链管理，设计境内外关联及非关联实体服务费、特许权使用费、管理费及技术费等各项费用的交易形式，降低项目执行期间的整体税务成本。

除了供应链管理和交易形式的筹划外，日常税务管理国内工作也是节税的措施之一。例如，玻利维亚规定当月取得的发票需要在次月税金申报期限前申报完成，逾期不得计入进项税额；当年发生的成本必须当年列支，逾期不得税前扣除。因此，企业应做好日常涉税事项如何处理的宣传工作，提高项目相关人员的节税意识。

四、本节小结

本节介绍了玻利维亚税务工作的差异化管理。通过中玻税制差异和玻利维亚税种及税率方面进行差异化比较研究，从境外经营主体创立阶段、项目签约阶段及项目执行阶段，提出了税务工作管理建议。

第八节 公路工程监理差异化

建设监理是一个由多学科、多专业构成的技术密集智能型组织，它在工程建设中起着举足轻重的作用。这一行之有效的建设管理制度被世界上许多国家和地区，特别是发达国家推崇已有上百年的历史。我国于1988年开始工程监理工作的试点，1996年在建设领域全面推行工程监理制度，取得了明显的社会效益和经济效益，促进了我国工程建设管理水平的提高,得到了全社会的广泛认同,监理已成为工程建设中不可缺少的重要环节。但与先进国家的工程咨询业(监理)相比较,我们的监理体制仍有一定的差距。

一、监理模式与监理范围的差异

(一) 监理模式的差异

国外的建设监理模式的主要包括:

(1) 业主项目管理模式,即业主聘请具有法人资格、独立开业的工程咨询公司或建筑师事务所等社会监理组织,承建工程咨询和组织设计,并派出驻工程现场人员,代表业主对建设合同的执行进行监督。这种模式由业主委托具有资质的社会监理单位进行。

(2) 工程建设设计方进行管理模式,即由工程建设的设计方一并对工程进行监理。工程建设设计方进行管理模式一般适用于工程建设规模较小、工程建设项目技术不太复杂的小型项目。

(3) 业主自己管理的模式,即作为业主的政府主管部门或社会团体直接派人组成项目管理机构,对其投资的工程实施监督管理。在国外,这种模式的应用较广,一般适合规模较小的工程。

(4) 管理承包商进行管理模式,这种模式将工程项目的设计和施工进行结合,增加了设计方案的可建造性,有利于降低工程成本。

我国的工程建设监理模式是根据美国、法国、日本等国广泛应用的项目管理理论,结合我国的具体情况而建立的。初期监理模式主要包括社会型、业主型和混合型。其中,社会型监理是国家一直推行的监理模式。《中华人民共和国建筑法》第三十二条明确规定,建设工程监理应当依照法律、行政法规及有关的技术标准、设计文件和建筑工程承包合同,对承包单位在施工质量、建设工期等,代表建设单位实施监督。我国的建设工程监理属于国际上业主项目管理的范畴,即业主委托项目管理咨询公司承担全部业主项目管理的任务。

(二) 监理范围的差异

国外的建设监理起步较早,建设监理的社会化程度相当高,不仅国家的重点建设项目要实行监理,一般的民用建筑同样要委托监理。从监理的范围看,不仅监理酒店、写字楼、商业设施、公路、桥梁、机场、工业厂房、学校等工程,还监理普通的民用住宅建设。只要有工程项目，一般都要找咨询公司，这已成为惯例，他们监理的覆盖率达到95%以上。

在我国，根据《建设工程监理范围和规模标准规定》，下列建设工程必须实行监理：（1）国家重点建设工程；（2）大中型公用事业工程；（3）成片开发建设的住宅小区工程；（4）利用外国政府或者国际组织贷款、援助资金的工程；（5）国家规定必须实行监理的其他工程。其中，项目总投资额在3000万元以上关系社会公共利益、公众安全的下列基础设施项目的第二条铁路、公路、管道、水运、民航以及其他交通运输业等项目。

二、监理与各参与方关系的差异

（一）监理与业主及业主代表的关系

1. 与业主方的关系

在我国，从法律意义上看，业主与监理的关系是委托与被委托的关系，而不是从属或雇佣关系。因此，在监理作为独立第三方开展工作的过程中，业主不得随意干涉监理方的工作，否则将被视为侵权性质的违约行为。同时，监理工程师也必须保持工作的独立性和公正性，不得与承包方及其人员串通来侵犯业主利益。但在我国的项目建设中，业主方对项目管理具有主导性作用，监理方作为业主方的代表，话语权较小。在某些情况下，业主聘请监理的目的只是负责工程质量把关，仅仅把监理人员当作工程质量检查员、监督员，业主仍控制着投资和进度，不肯下放权力给监理，即"大业主、小监理"模式极为普遍。

而在玻利维亚，业主方与监理方之间是平等的主体关系，这种关系最明显的特点表现为双方必须在各方的权限内行使各方的职权，承担相应责任，如果越权则会导致责任方无法进行合理的分担，因此与国内监理相比，海外业主方对监理方的干预较少。监理方开展工作的独立性更大，更能体现工程监理独立性和公平性的特征。

2. 与业主代表的关系

与国内差异较大的是，在玻利维亚，涉及监理所辖范围内的工作，承包商和业主直接对话比较难，监理方明确强调承包商和业主不能直接接触，对此业主也表示认同。在玻利维亚公路工程项目中，由于工程一般离城市较远，因此业主会聘任单独的公司或者从本公司内部相应岗位抽调人员作为业主代表与承包方、监理方一起驻现场，当施工方遇到监理审核进度有拖延时，可以请求业主代表催促监理，加快流程的审核，业主代表在承包方与监理的沟通上发挥了积极的作用。

在我国，"业主代表"的内涵与玻利维亚差异非常大。业主代表通常指房屋所有人群体，业主代表则是全体或部分业主推选出来的、经业主授权的、对相关事宜具有投票表决能力的人员，在国内房建、市政、高速公路、铁路等各类建设工程项目中，其职责为代表业主对工程实施过程进行管理，类似于总监代表的概念。

（二）监理与承包商的关系

监理工程师与承包商的关系是工程建设活动中一对最具体、最活跃的关系，涉及的方面很多，其处理的好坏，直接影响双方工作的正常运行和工程质量的优劣。

在我国，业主在选择承包商（施工单位）并签订承包合同时，会在承包合同中具体明确该工程聘任的监理工程师的权力，由业主和承包商双方协商一致，承包商以合同的形式接受管理。同时，业主通过与监理公司签订监理合同将对工程管理的权限委托给监理工程师进行管理，即监理工程师受业主委托对工程建设实行监督和管理。监理与承包商之间是以施工合同为纽带的工作关系，是监理和被监理的关系。

在实际工作中，监理工程师和承包商由于立场不同，常常出现利益对立的情况，从而导致监理与承包方关系的不融洽甚至冲突，如监理工程师要为业主利益着想，希望尽量合理地减小投资，而承包商多倾向于加大费用、提高利润达到挣钱获利的目的。监理工程师希望质优价廉，而承包商更注重降低成本等。国内监理与国外工程顾问工作方式有所差异，由于建设项目管理模式的不同，国内监理本就是代表业主方来管控工程实施，而国外工程顾问虽是受业主委托，但具有独立的地位，和业主没有管理上的上下级关系。当监理与承包方在出现处理利益冲突方面，国内人情社会注重以人和人之间的沟通为主来解决问题，而国外更注重契约和制度来解决问题。

三、监理工程师的权力范围与人员配备以及业主行为规范性的差异

（一）监理工程师的权力范围

监理方的权力一般由委托监理合同赋予或由业主方授予。在国外，监理工程师具有极高的权威。由他们签发的各种指令，如"开工令""停工令""付款令"等都具有法律效力。在工程竣工交付使用阶段，由监理工程师进行验收、结算、审核

工程资料,并负责工程竣工移交手续;这也保证了他们在投资、质量、进度控制上的顺利进行。

在我国,很多建设单位给监理工程师签证付款权流于形式,监理工程师并没有投资的实际控制权,而只让监理工程师管好进度和质量,从而极大地削弱了监理工程师的地位和作用,也就背离了工程监理的目标。

(二)监理工程师的人员配备

监理人员配备包括人员数量和人员素质两个方面,无论是国内还是国外,项目部现场监理人员数量不足都是亟待解决的问题。监理人员数量与工程项目类型、所处阶段、等级均有关,即使配备的监理人数相同,人员素质与工作能力也有所差别。

在国内,监理人员配备不足主要是因为建设单位支付的监理费用无法满足所需人员的必要开支。近年来,建设行政主管部门陆续出台现场监理人员配备的硬性文件,同时适当地鼓励和调整监理取费以缓解监理企业的生存压力。此外,监理人员的工作能力参差不齐,多数监理人员均只接受了必要的岗前培训即上岗工作。通过住房和城乡建设部职业资格注册中心查询,截至 2019 年 4 月,全国注册监理工程师人数仅达到 19.2 万人,尚无法有效满足建设工程对于监理执业水平的要求。与国内相比,国外对监理工程师的能力要求较高。在工作能力方面,要求监理人员是能够熟练运用 FIDIC 制订权威性国际通用范本、精通合同和经济方面的法律、具备施工安装各种专业知识同时掌握现代化管理方法和手段的高素质管理人才。

在玻利维亚尤库莫公路项目中,监理人员配备不足问题十分严重。按照合同约定,监理人员数量与施工方的管理人员数量应大致相等,但目前项目现场监理仅有 5~6 人,只达到合同规定人数的 30%,致使项目经常出现因为监理人数不足导致无法及时地开展验收工作以致耽误施工进度的情况。此外,对于需要现场进行的实验,监理方也需要施工方进行协助。经过发函催促,监理方虽承诺会增加人员,但施工方还是要单方面按照施工计划尽快往前推进。

(三)业主行为的规范性

业主行为规范与否,直接关系到工程建设项目能否顺利进行、建设目标能否如期实现。

在国外,监理与业主的关系,是委托和被委托方的合同关系,监理(顾问)工程师行使业主所授予的权利,监理工程师是工程建设项目现场的唯一管理者,业主委托了监理，就是由监理工程师去实施对工程建设项目的监督与管理，业主的意见和决策均应通过监理工程师实施，而业主所要做的是如何做好对监理的管理，而非直接对工程建设项目的管理。

在我国，业主行为不规范是一个普遍的现象。有的业主对监理工作干预较多，有的不通过监理工程师直接给承包商下达指令，造成不必要的纠纷和误解，规范业主的行为是确保工程建设项目顺利进行的前提条件。

四、监理从业人员素质与监理企业选择的差异

（一）监理从业人员素质的差异

国外监理从业人员的素质非常高，欧美国家的监理工程师都是按严格的程序认定的，一般经过学习（3~5年）→实习（3年以上）→考试或面试答辩→工程实践→颁发证书等五个阶段。法国对其资质要求更高，其监理工程师素质均达到精通法律，主要是经济合同法和FIDIC条款；善于管理，主要是熟练现代化管理方法和手段；有技术专长，具备施工安装各种专业知识，能进行技术经济分析。在监理公司的人员结构上，高职称高素质的人才占比较高，有的监理公司高技术职称人员所占的比例高达30%~40%以上，不仅有丰富的工程实践管理经验，还能熟练运用FIDIC范本和国际惯例。

我国的监理从业人员素质相对较低，尤其高水平监理人员严重不足。通过住房和城乡建设部职业资格注册中查询，截至2019年4月，全国注册监理工程师人数仅达到19.2万人，且有部分有资质的监理工程师并没有真正从事监理业务，仅从人员数量上看就无法有效满足建设工程对于高素质监理工程师的要求，造成多数监理从业人员只接受了必要的岗前培训即上岗工作的现状。此外，个别具有实践经验的监理工程师年龄偏大、年富力强且经验的丰富的专业监理工程师严重紧缺。

（二）监理企业选择的差异

关于监理企业的选择，尤其是社会监理企业的选择，无论在国内还是国外，业主方都必须选择依法成立的监理单位，被选择的监理单位的人员应具有良好的素质，具有足够的可以胜任建设项目监理业务的技术、经济、法律、管理等各类工作人员，具有良好的工程建设监理业务的技能和工程建设监理的实践经验和管理水平。高水平的监理单位可以提出较好的监理方案，更有利于监理项目目标的实现。

在国内，监理单位的确定可以通过公开招标、邀请招标、直接委托等方式。其

主要方式是公开招标,但特殊项目,如保密项目可采用邀请招标或直接委托。相对于国内,在国外邀请或直接委托的方式更常见。在玻利维亚,可根据项目的具体情况,在对相关咨询、监理公司进行调查了解的基础上,初步选定有可能胜任此项监理工作的 3~6 个公司,分别与其洽谈,重点讨论服务要求、工作范围、拟委托的权限、要求达到的目标、开展工作的手段等,并在洽谈过程中了解监理公司的资质、专业技能、经验、要求费用、业绩和其他事项,最终确定一家监理公司并与其签订监理合同。

五、监理工作内容与工作深度的差异

(一) 监理工作内容的差异

英、美工程咨询、监理制度历史悠久,业务发展均达到宽、深、长的高水准程度。无论是英国的 Q.S 制、美国的 CM 方式,还是 20 世纪 60 年代以来在美、德、法、日等国广泛采用的 PM 制,其核心都是对监理工程师的地位、资格、职责、义务、工作方式以及同业主、承建单位等在法律、经济上的定格,他们的服务范围已逐步扩展到从项目的前期论证、项目实施管理到后期评估等一整套系统监理。美国、德国、法国、日本发达国家明确将监理行业界定为咨询业,并大力发展和推广全过程工程咨询。工作环节贯穿工程建设的全过程,包括策划、评估、决策、设计、施工、竣工验收、投入生产或交付使用等阶段。在玻利维亚公路工程项目中,监理工作内容涉及工程项目建设的各个方面,包括施工计划审核、施工现场监理、工程款支付、工程量变更、竣工验收、结算等。

(二) 监理工作深度的差异

在国内,监理单位一般受业主方委托,仅在施工阶段和竣工验收阶段对承包单位建设行为进行监督管理,主要负责工程建设的投资控制、进度控制、质量控制、合同管理、信息管理、安全管理和组织协调等,即"三控、三管、一协调",与海外工程项目监理相比,我国监理行业的业务范围较窄,远远没有做到"全过程、全方位"的管理服务。实际上,工程监理不应仅在施工阶段介入,更应向工程建设程序的两端、特别是前端的投资决策阶段和设计阶段进行延伸,目前我国正在对监理企业进行改革优化,将全过程咨询作为监理行业的发展方向,各个监理企业应顺应时代的要求,根据自身的企业优势,调整公司定位,逐步发展成为与国际接轨的项目管理公司。

在国外，监理权力非常大，对应的工作也更深入细致。在玻利维亚公路工程项目中，监理工程师全权负责工程项目现场各个方面的管理，包括现场施工、竣工验收、工程款支付、结算等。在建设现场，基本上一切行为都要有监理的认可或签字才能往下进行，对于工程变更与工程量确权等具有绝对的控制权。由于尤库莫项目采取"边设计边施工"模式，承包方需对给出的初步设计图纸进行细化，经监理签字认可之后才能施工，为了确保工程的质量与进度，施工方与监理的沟通显得尤为重要。

在我国，监理工程师的工作主要集中在施工阶段的质量控制。在进度控制方面，监理方受业主方委托，主要通过施工进度计划审核以及现场监理确认等来手段来控制。在投资控制方面权力不大，除对施工方已完工程量的签认、向业主方提供工程量计量结果以外，对于工程量变更以及与工程造价有关的事项，监理需报业主方审批。

（三）监理工作态度的差异

无论是国内还是海外，监理人员的工作积极性都不高。在国内，监理人员的工作积极性不高，主要是监理行业市场存在严重的低价竞争现象，导致监理企业利润微薄、监理人员薪酬过低所致。而国际上监理费用相对较高，通常情况下约占工程总造价的1%~5%。此外，各国还会根据建设项目的种类、特点和服务内容等对监理费用进行调整，因此，海外监理人员工作积极性不高与薪酬无明显的关系。

在玻利维亚当地，通过对两个项目主要负责人的访谈，发现监理人员的工作态度较为懒散。在工作方面，对于日常变更令、工程令、弯沉实验报告、压实度报告等在合同中约定需要监理完成的工作，监理会直接或间接地安排施工方完成。对于施工现场检查、日常会议召开等，监理方也常常迟到。在沟通方面，我国人员与当地监理方、属地职工沟通主要依靠翻译，由于项目上的翻译人员有限，且两国文化存在差异，导致沟通的效果并不理想。例如，在请监理进行现场审核时，监理常以"不符合规范"为由不予签字确认工作，但不指明具体是哪一个规范。由于时间限制和语言差异，我国企业不可能完全细致地了解当地的规范和法规，因此在这方面较为被动。

经过分析，当地监理的工作积极性不高主要与该国劳动力人口不足以及地方政府对本地人员就业有地方保护政策有关。2019年统计结果显示，玻利维亚人口共1151.3万人，属于人口较少的国家，与我国这样的人口大国相比，玻利维亚劳动力的就业压力较小，劳动积极性普遍不高。在薪酬支付方式上，与计件工资相比，当地工人更倾向于不加班的周工资、月工资等固定工资支付方式。在工作时间方面，当地监理按时上下班，不会因为工作未完成而加班。在玻利维亚公路工程项目合同中，关于施工进度延期的处罚条款较多，施工方很容易收到监理的警告函，但多数是由于监理工作时间不充裕、工作安排不灵活所致。如两圣项目监理的住宿地点在整个施工路段的两端，距离工作验收地点需要1个小时的车程，一天4个小时的车程均计入工作时间，实际工作时间不足4小时。而现场需要监理质检完成后才能进行下一步施工，因此监理的工作安排会严重影响施工的进度。

（四）监理在处理质量问题上的差异化案例

国内外监理除了在工作范围和工作深度上有较大的区别以外，在监理过程中的关注点也有差异。国外更关注事前、事中的控制，对事后控制相对不是那么看重。只要前、中期得到监理方认可，那么最后监理就认可结果。另外，动物保护也是国外监理的工作内容之一，施工方的施工行为一定要在保护动物的前提下进行。

案例一：对于混凝土的施工监理，尤库莫项目的监理方主要看重混凝土强度、几何尺寸、钢筋型号、布筋方式等方面，只要前期得到监理方认可，成品后出现的混凝土外观质量较差、个别存在露筋和垫块等现象，监理并不会提出过多苛责。

案例二：以尤库莫路基施工为例，第一层土填筑完成验收合格后，进行第二层土填筑施工，假如经过雨水浸泡，或者车辙碾压等不良情况，玻方监理仍不会提出重新处置的要求，原因就是第一层得到过监理方的认可。而出现同样的情况，国内监理肯定会要求重新处理好第一层才能进行第二层施工。

六、监理取费与对监理人员生活服务的差异

（一）监理取费的差异

无论是在国内还是在玻利维亚，从事建设工程监理活动的企业，都应具备相应的工程监理企业资质，并在工程监理企业资质证书许可的范围内从事工程监理活动。针对不同资质的监理企业，其从业的范围不同，其取费是不同的。但总体来说，国外监理的取费相对较高，国际上最为流行的监理费用的计取主要有以下两种方式：一是按工程总造价的比例取费，二是按监理费用成本加一定比例的酬金。第一种方式更常见，通常监理取费约占工程总造价的1%~4%，由于建设项目的种类、特点、服务内容、深度等差异，各国略有不同。例如，以工程总价为基数，美国收取3%~4%，德国收取5%（含工程设计方案费），日本收取2.3%~4.5%（称设计监理费），东南亚大多数国家收取1%~3%。收费标准中还因监理资质等

级不同而有所浮动。

我国的监理取费基本上按国际惯例的第一种方式进行。但是，国内的监理行业市场存在严重的同行竞争压价现象，导致监理企业利润微薄、监理人员薪酬过低。近些年，建设行政主管部门对此现象进行了改革，已经出台相应的政策调整监理取费以缓解监理行业的生存压力。

（二）对监理人员生活服务的差异

在国外，对现场监理人员的生活服务有严格的规定，生活服务是否由承包商负责由施工合同界定。玻利维亚当地监理对承包商提供或配置的生活服务条件比较重视。尤库莫项目监理的生活设施由施工方负责，包括监理人员的住宿、办公等条件，如必须为员工宿舍配置风扇、衣柜等，另外监理的日常开销、吃喝住行和车辆保养均由施工方负责。两圣项目采用FIDIC条款，承包商不负责此类开销支出。鉴于我们对国外监理规定不够了解，在承接项目时，首先应争取尽量不提供监理服务，其次若必须提供监理服务，则要在合同中明确监理服务的具体内容和标准，并尽量详细。

七、监理对待索赔处理与环境保护的差异

（一）监理对待索赔处理的差异

工程索赔包括费用索赔和工期索赔，无论是国内还是国外，索赔都必须取得监理的认可，因此索赔的成功与否，监理起着关键作用。

在国内，承包单位向监理机构提交对建设单位的索赔意向通知书后，总监理工程师指定专业监理工程师收集与索赔有关的资料。总监理工程师根据所收集资料在进行索赔审查并初步确定合理索赔额度后，与承包单位和建设单位进行协商。

在玻利维亚的两个项目中，我国承包企业与业主方签订的合同本身并不平等，工程索赔难度极大，且监理以各种理由拒绝索赔。对于监理的不作为如图纸审核滞后导致工期进度的耽搁，虽然合同中存在制约条款，但实际并不会按照合同约定执行，很难达到索赔效果，施工方只能及时做出调整，防患于未然。对于比较严重的工期影响，要采取发函等措施保留证据，以增加日后谈判的筹码。对于下雨、罢工、堵路和暴乱等原因造成工期的停滞，从程序上来说可以申请工期补偿和费用补偿，但费用补偿即按国家银行利率计算利息基本不会批复。一般会进行双方协商，但只延长工期。两个项目的工程索赔具体如下：

在费用索赔方面，两圣项目在2018年年初中标，然后签合同进场，一年之后监理中标确认进场。在此过程发生的管理成本，甲方和监理不允许费用索赔，仅对工期进行延后，从监理进场发开工令之日起，按照合同约定工期进行后延。在工期索赔方面，两个项目建设经历了总统大选和新冠疫情两次不可抗力，分别耽误两圣项目工期27天和123天，尤库莫项目工期35天和104天。虽然两个项目的工期索赔成功，但历时很长，将近一年。此外，我方因监理方原因影响现场施工进度而提出追责索赔时，监理会以合同中一些不公正的条款进行抗辩。如合同中要求施工机械全部到位，施工机械全部到位需要1亿多元的资金量，资金需求太大且现场施工并不需要机械全部到位，但监理方往往以此为由进行搪塞，不予以进度补偿。

对项目来说，索赔是无奈之举，而且单单只有工期补偿而没有费用补偿的情况下的工期延长对项目影响很大。各项管理费用支出不可忽视，而对业主来说是几乎没有任何影响。另外，如果争取不到工程工期索赔，项目则面临不能按期完工的风险。

（二）监理对待环境保护的差异

公路工程场地清理、征地拆迁和施工建设必定对沿线土地资源、水资源和景观资源等造成一定程度的影响。在国内，建设项目在报规划部门及国土资源部门审批的同时要经过环保部门的环保审批才能动土施工，建设过程的各个环节也应满足环境监管的要求，由地方环保主管部门进行检查。与国内不同的是，玻利维亚当地环保部门不介入项目的环境监管，而是由项目聘请专门的环境工程师负责环境管理，施工方按月提交环境报告，由监理与环境工程师共同审批。

在尤库莫项目中，主要面临取土困难的问题，取土受到路权范围影响，需要与周边地主协商取土事宜，通常是以帮助其修理堤坝和水塘换取土壤的征用，但对于修理堤坝和水塘的费用，监理和业主通常不会给予额外补偿。在两圣项目中，主要面临拆迁补偿的问题，合同约定两圣项目的拆迁协商由业主和监理方负责推进，但业主与监理方尚未和原住居民就拆迁补偿达成一致意见，项目目前处于土方施工阶段，此阶段暂不涉及房屋的拆迁。

公路工程除对生态环境造成一定影响外，对野生动物的生存也影响极大，如侵占野生动物栖息地、噪声污染、光污染等。玻利维亚当地对动物保护的要求十分严格，如尤库莫属于雨林气候，水獭、鳄鱼比较多，项目建设涉及动物迁移时，施工方应向监理报送详尽的动物迁移计划，包括保护措施与放生计划等。若项目土方转运的过程中出现小动物，监理和环境工程师即会因没有放生而对施工方进行口头警告。而两圣项目附近有较多农场，由于牛羊为圈养模式，因此该项目未涉及动物迁移事宜。

八、其他

（一）建设监理的法律责任

1987年版FIDIC合同规定工程师的主要义务有：工程师应履行合同中规定的责任；工程师没有任何权力减轻承包商执行合同的义务。如果工程师违反了其法定和约定的义务，就应承担相应的法律责任。工程师是业主雇佣的管理合同的中间人，工程师对业主负有管理合同的义务，如果工程师没有履行或完全履行其管理合同的义务，应当对业主承担违约责任；其次，工程师居于业主和承包商之间的独立的地位，工程师不但要公正地进行监督，而且还应承担因其过错给承包商造成损失而引起的一系列法律责任。

在我国监理人一方面不仅仅是代表建设单位对工程进行监督，另一方面自己又独立地履行法律法规规定的义务，对监理合同的违约要承担责任，对没有履行法定义务同样要承担责任。监理单位要为其在监理委托合同中的违约行为承担民事责任，要为其在监理活动中的违约行为和违法行为承担行政责任，要为其在监理活动中的严重违法行为承担刑事责任，法定代表人和监理责任人员，要承担刑法的后果。

（二）职业道德准则化

发达国家的监理行业（咨询业）都对监理人员的职业行为制定了道德规范和准则，其核心内容强调了"正直、公平、诚信、服务"。有些国家与地区强制性规定，监理者与被监理者的行为，必须遵照行业行政法规和国家法律，建设监理活动必须遵守工程所在国与地区的经济法、行政法、民法等各种法律法规。

九、本节小结

通过以上研究，可以发现在监理模式与监理范围、监理与业主及业主代表、监理工程师的权力范围与人员配备以及业主行为的规范性、监理工作内容与工作深度、监理从业人员的素质、监理人员生活服务、监理对待索赔处理与环境保护的差异等方面存在较大的差异；而在监理模式、监理与承包商的关系、监理取费、建设监理的法律责任与职业道德准则化的要求上差异相对较小。目前，我国监理企业正处于一个改革转型的重要时期，加速与国际接轨是一个必然趋势。

第七章

中国工程建设标准国际化应用案例

案例一：中国企业"走出去"因为技术标准问题引起的争议及其解决路径

本案例来自中国某总包企业。总包企业国际工程争议解决思考——以反求诸己的态度，企业该如何应对/面对国际争议。这是一个企业人对国际工程争议解决的思考。做国际工程的中国企业，在遇到争议时，最好从争议事件的起因来看问题。本案例内容：争议起因的三种情况及其应对、争议解决的两个建议。

一、争议起因的第一种情况：技术标准规范差异引发

（一）投标时不知道项目适用标准对项目的影响

首次承揽国际项目的企业、借助国际市场跨行迈入新领域的企业、由产业链下游向上拓展做总包的企业，比较容易出现这种情况：企业按中国标准对国际项目进行投标报价并中了标，项目进入执行后，项目设计方案被拒，项目人员带着情绪去与业主工程师沟通，因为认知与情绪问题而无法与业主工程师有效沟通，国际项目的业主工程师大多是欧美人士，专业认识不足叠加文化差异与本就有的情绪糅合发酵，情绪化程度扩散加重，项目人员大概率把遇到的问题归结为受到了"歧视"，是业主工程师的傲慢与刻意为难，项目人员如此的情绪化极容易导致企业整体的情绪化，而企业整体情绪化的后果就是企业错过了弥补错误的时间窗口……亏损不可避免而来、各种争议蜂拥而至。

这情景是由企业整体能力不足的格局所导致的，是企业整体的"不知道"所导致的必然结果。悲催的是，魔鬼定律也适用于工程界：当企业因为"不知道"标准影响而陷入麻烦时，它们遇到的关于标准规范的问题很大概率还是连环的、组合

的。(1) 招标文件明确项目同时使用多种国际标准，承包商没注意。项目同时使用多种标准，意味着承包商需要掌握哪些标准、按哪些标准工作、按哪些标准采买、按哪些标准被验收等，这不仅意味着与承包商据以投标的中国标准比，成本大幅度上涨，而且合同工期也大概率控制不住。(2) 业主在面对总承包商不够熟悉国际通用标准的情况下，在合同谈判阶段对项目性能提出了超过国际通用标准的要求，承包商当时没留意，被写入了合同。性能指标要求高过通用标准，意味着承包商没更大的投入就不可能达到，更大的投入也不一定完全达到，达不到就可能会被罚款；这种条款被写入合同后，性能罚款就成了总包商大概率需要面对事件。(3) 合同约定设计图纸必须取得项目所在国当地政府部门的批准，承包商没关注。地方政府要审批图纸，意味着总包商要承受政府审核低效率的时间成本，意味着承包商可能成为被寻租的对象。万一所承接的项目又是那些政策喜欢"朝令夕改"的国别，总包商就只能欲哭无泪了。企业能不能从这些坑中爬出来？从坑中爬出来需要付出多大的代价？要看具体企业的造化和它历史积累的资本。第一种情景，我用"当时只道是寻常"来概况，当然这不是词的本义，但那个味道是有的，仔细品。

(二) 投标未关注到项目适用标准

依然是总包商按中国标准完成了国际项目的投标，并且中标签署了合同的情况。与第一种总承包商不掌握国际标准的情况不同，第二种情况是总承包商在懂得国际标准的情况下，因投标团队的某些原因，按照中国标准进行了投标。

与第一种情景的差别还在于，当设计方案被业主工程师拒绝后，总包商会立即知道发生了什么。知道了问题所在，还会发生争议的原因是：总包商按项目适用标准重新评估项目后，发现掉入的坑太大，如果履约下去将巨额亏损，于是难免会折腾终止合同的事宜，相应自然会产生各种争议。即便有能力把握不同标准的企业，也可能发生标准问题的。例如，某个专业主设人个人的不负责、如果正好叠加设总、项目经理的疏忽于审核，问题就会产生。关键岗位人员的责任心缺失叠加制度执行的流于形式，就可以将企业置于危险的境地之中。企业对标准足够重视、在标准的消化吸收上已积的多年之力形成了诸多成果；企业人才济济，在承揽项目时，往往又精英汇聚，但结果还是出了问题。这第二种情景，我用"只是当时已惘然"来概况既然是国际工程，就得按国际准则考虑问题，对前述的两种情景（不知道、疏忽了）引起的争议，我们提出以下建议：

建立机制以避免企业对局势的判断受到干扰，考虑借鉴回避制度：让直接当事人回避后续所有决策过程。发现争议事件后，第一时间核查问题出在哪里，避免误判。已消化掌握了相关国际标准的企业，大概率不会误判局势，因为消化掌握了国际标准，有快速纠错能力，快速纠错可以给企业后续的其他补救措施腾出操作时间与空间。只要尽快结束项目的争议状态，借机树立企业国际形象也是可以的。对于"不知道自己不知道"的企业，如果起争议时，项目尚处于早期，各方投入还不大，应该找机会退出。天下之事往往"好事很难成双，坏事则容易接踵"，不要对存在问题的项目心存幻想。

如果说前两种情景是投标阶段出的错，那么后两种就是项目执行期的错了。

（三）选择合作伙伴时，未关注合作伙伴是否具有相应能力

对于第三种情景而言，项目已进入执行阶段，发现合作伙伴实际不具备能力，如果不及时处理，这合作伙伴的麻烦迟早会变成整个项目的麻烦。要注意的是处理这种合作伙伴的过程，也极易产生争议。毕竟，实际不具备能力的商家为何会成为合作伙伴实在是极易成为争议事件的，只是这种争议可能不是我们今天聚焦的争议。

（四）选择合作伙伴时，未关注项目适用标准

对于第四种情景，在非企业界的朋友看来很不可理解，总包商选择合作伙伴，为何会不关注适用标准？

举个例子，现在很多企业都在搞集中采购，在招标采购环节，如果集采人员按你要求采购的设备直接套用了同样名称设备的国内招标文件（包括）范本，而后供货厂家按标书响应投标，而后从合同谈判到催交监造再到供货商发货，都是按照供货合同办理的，货物到达现场后才发现标准出了偏差，会造成较大的麻烦。国际工程，分包商的问题就是总包商的问题。争议解决建议：

发现合作伙伴实际不具备能力的情况，只要其工作不在关键路径上，直接更换，不要犹豫。如果其处于关键路径上，一定要尽快完成评估，有没有挽救措施，如何才能救场？对项目整体影响多大？有没有超过自身整体承受能力等等，要根据评估拿出应急预案，并立即落实。

对于这第三、第四种情景，我用苏东坡的"惊起却回头、有恨无人省"来概括。

二、争议起因的第二种情况：现场情况异常引发

（一）地质情况与招标文件存在大的偏差

EPC项目招标文件，业主会提供尽可能详细的现场资料，且经常会明示，业主

"不对数据准确性、完整性负责"。根据自由约定原则，发包人往往规定，承包商承认合同条件才能投标。英美法把"恰当原因做出的允诺"，作为可强制执行的唯一标准！英美法默认买方是善良纯洁的消费者，卖方是久经市场历练的聪慧商人，买方只要将要求讲清楚即可。但实际上，总包商在投标阶段对现场的踏勘，很难看清楚隐蔽于地下的现场地下条件。因此，目前关于地质情况异常的责任承担的各种处理和做法，都使总承包商处于不利的地位。至少对工业工程而言，这是值得各位去研究一下的。遇到地质情况异常，不仅地基处理费用增加，项目工期也会受到影响。而如果工期受到影响，各进场单位都有可能向总包商提出费用诉求。EPC 合同如果没明确约定，则承包商自然可以去争取；如果 EPC 采用黄皮书，则总包商可以"不可预见的物质条件"来主张。如果 EPC 采用银皮书，则总包商认命。当地下情况与预期出现大的偏差时，EPC 合同中未约定责任归属，容易与业主产生争议，可以理解。那是否 EPC 合同约定了归总包商自己承担就没争议了呢？也不一定：如果处理地基异常增加的工作量很大，总包商就必然要对增加的地基处理费用，工期延误导致的主合同工期罚款，分包商、供货商索赔等进行计算，如果涉及金额巨大，超过了总包商的承受程度，则难免需要评估是继续履约还是尽早终止合同。显然，地下情况越恶劣，产生争议的概率很大，而且产生争议后的激烈程度会越高。招标文件及其所提供资料是投标人报价的基础，就工业项目而言，无论是哪个国家的项目，在进行招标时，项目都应该已经过某几个阶段的审批。特别对于大型工业项目，业主开始招标应在国内可研审批完成之后，获批方案里都应有关于地质情况的考量，所以业主以"买方是善良纯洁的消费者"为基本逻辑不对现场情况负责的主张，在此类项目的此等情况下其实并不完全适用。也就是说，无论是从预防争议产生的效果看，还是从公平的角度看，工业项目中，业主不对地下情况负责的基础逻辑好像都有些问题。所以对于总包商的建议是：

确保投标团队理解：国际与国内项目在责任归属上的区别，踏勘以及报价时要考虑这些因素。

如果招标文件中未明示，在合同谈判阶段，就弄清楚相关责任的归属。

最好争取约定：如果项目详勘结果与招标文件的地质资料存在偏差，承包商有权提出索赔要求。

（二）与所在国政府有关

签证：中国技术工人无法获得签证进场，中国项目管理人员因签证无法及时入场，以至于工期受到影响，影响持续时间太长依然无法解决，则业主难免会对承包商的能力提出怀疑甚至提出终止合同，争议相应产生。

清关：项目所用工程设备、中国施工分包商的施工设备、专用工具无法顺利通关，导致产生滞港费、罚款、工期损失。如果是主设备或是项目主要施工承包商迟迟无法清关进场，则与相关方产生争议自然难免。关于此种争议的建议：

承接项目前，对于所在国的国别尽调要切实去做。尽调之外，与所在国有关的中国企业的"前车之鉴"也要能吸取到。

企业最好能将"签证"作为国际工程承接与否的决策考虑因素之一，企业最好将"签证"作为项目管理策划的独立环节对待。

项目所在国关于"清关"的规定、惯例、现状，应在承接项目前落实清楚。"清关"应作为项目管理策划的重要内容，作为项目招标关注的重点要素，作为项目采购管理的重点监控对象。

对签署合同时就存在担忧的，应至少在合同谈判阶段向业主提出需要其协助解决。至少应取得同意，在发生相应情况后，业主可以暂停工期计算。

合同谈判时，业主就拒绝提供此种协助的项目，如果恰巧这个国别有关于签证、清关的前车之鉴，建议等同重大风险项目进行决策是否承接。

对于合同里未明确，合同谈判时未提及，发生相关状况后，业主拒绝任何配合，反而坚称严格执行合同的，建议企业直接以项目出现重大风险事件对待。

若评估后的风险超出了企业愿意承担的范畴，则应找适用的专业律师。

（三）与业主行为有关

占便宜：在合同上设置承包商在收到业主指令后立即执行项目的条例，在项目过程中，采用拖延战术，等承包商执行完毕之后，再以极低的价格批复变更。

谋私利：在第三世界国家，业主方难免出现为获取私利而插手项目的事件，中国承包商又很默契地对此给予了不着痕迹的配合。当业主的行为逐渐发展至项目成本大量增加、工期大量延误时，业主又拒绝给予赔偿。

金蝉脱壳：EPC合同签署后，业主提出将合同主体改为新成立的关联公司，实际无资产的空壳公司。

关于此类争议的建议：出现这三种情景，争议极易产生，坦白讲，这些争议极难得到妥善处理。除非事先都有预判、有预案，相关问题暴露之后，及时做出应对。

加强企业合同管理建设，提升合同谈判能力。在招标文件审查时，能发现存在漏洞的条款、发现那些精心设计过的合同的精妙点所在，然后，可以在合同谈判阶段,以合理的方式与业主就此进行沟通与磋商。充分利用合同谈判的机遇期,寻求在合同中增加对业主代表现场干预的限制条款。即便最后无法让业主妥协,起码也可以做到在合同前让潜在风险充分暴露,为企业决策及项目管理策划打下基础。

合同意识,深刻理解英美法下关于"契约自由"的含义。对于已经识别出来的风险,应将风险评估工作做到位,风险应对措施要切实可操作。

规范项目管理,承包商不可能避免遇到业主(现场管理者)对项目的过度管理,虽然现代项目管理的重要内容之一是平衡各方利益,但按中国的话说,还是要有度,按国际标准说,是要合规。不要把总承包业务做成了"白手套"业务。这其实是一个企业的定位问题,到底是要靠踏实做总承包业务,以项目管理水平赢得市场,还是要靠做"白手套",以配合相关方腾挪资金来发展。

（四）进场单位履约异常

进场单位最容易惹出争议事件的是这三种类型:履约能力欠缺、德行有亏、进场单位破产,前两种情况大家时有遇到并具备一定的应对经验。进场单位陷入破产这种情况则需要加强关注,特别是工业项目,很多设备都是定制设备,如果供货商陷入破产,另选其他供货商就意味着在制造、集港、货运、清关等环节重新消耗一次时间,项目很难不受影响。而且疫情之下,全球卷入的厂家有增多趋势。因关键设备供货而致项目整体被终止,无论项目处于执行的哪个阶段,都会产生系列性的大争议事件。争议解决的建议:

总包商应对自己所在行业产业链上的主要商家、关键设备厂家的存续情况保持关注;在合适的时机,企业最好能建立起自己在市场生产发展所需要的生态链,以使全球业务开展起来更高效、更稳定。

确定项目合作伙伴时,一定对其企业状态充分了解;慎重选择资信能力弱的企业。

在具体项目中,对于处于关键路径上的定制设备要加强催交监造,把握其实际的生产状态,如此,对于供货商能力出状况的,可以做到尽早发现苗头。

一旦出现供货商因资金问题无法正常生产的情况,就应该立即考虑更换厂家的可行性。项目工期一旦起计,就需要当机立断处理各种意外事件,供货商无法保证生产的问题,不及时解决,发展到最后就不是总包商与此供货商之间的问题,而会成为影响项目全局的问题。

一旦出现供货商停产或破产,启动应急机制,除了全力寻找确保项目可持续的途径之外,也要同步开展法律应对的筹备及策划工作。企业应急不能乱了章法,要确保应急行为不授人以柄。

三、争议起因的第三种情况：项目收尾期异常情况

项目进入收尾期，项目各参与方的博弈进入尾声。业主对承包商没了顾忌，总包商不会再受供货商或施工方的要挟。项目进入收尾期，各方都在进行最后的利益结算，各种争吵难免。近些年，不知道是哪家企业带的头，有些项目经理频频向企业提议启动仲裁或诉讼来解决项目结算过程中的商业博弈问题。这是极其幼稚、极其不负责的行为，应该很笃定地向企业传递信息：总包商不要抱以诉讼来解决项目管理难题的想法。"善诉者不讼"，诉讼耗时耗力、费用可观且充满了不确定性。这些项目经理的这些提议，除了自己偷懒、推卸责任之外，实际上将企业置于更大的麻烦及不确定性之中。但如果在项目收尾期遇到恶意诉讼，绝不要退缩。到了项目收尾期，与任何一方的争议解决，拼的都是已有证据。规范的项目管理，自然已为妥善解决争议打下了坚实基础，有人来诉，干就行了。

四、争议解决的两个建议

（一）合同里关于争议解决的条款设置

合同里关于争议解决的条款设置，关系企业做国际工程能否获得公正。公正并不天然存在，规则决定结果！这个规则主要是通过在合同争议解决条款里设置，要素就是：争议解决适用法律、选仲裁还是选诉讼、仲裁地、仲裁机构、仲裁规则、仲裁语言。

（二）关于国际案件律师选择

中国企业直接选择境外律师代理案件好不好？

现实中，工程思维与法律思维是平行线，工程人员与法律专业人士互不理解的情况很普遍，不能指望中国工程企业与境外律师沟通会比国内律师沟通还有效。

缺乏有效的参照系与信息渠道，中国企业很难判读境外某个律师的价值，很难有效议价、很难评判其尽职。

合规，是需要顾忌的，左了，贻误战机；右了，自陷困境。在跨境项目上，裁决之后的效力认定以及执行很关键。中国企业缺乏经验，也无法判断某个境外律师是否可以有此涉及整合司法强制执行方面资源的能力。所以建议，至少短期内，还是选中国专业法律人士作为与境外律师沟通的桥梁合适。具体有以下两种形式：方

式1，中国律师做咨询，协助企业组建国际律师团队；方式2，由中国律师为牵头方组建跨国律师团队。无论哪种形式，在选择中国律师时，都应要求其提出可以整合的国际法律资源并说明这些资源与案件的匹配性，来看他对案件的判断力及国际视野；应要求其证明其具备整合国际法律资源的能力，来看他有无驾驭能力，网络上找几家国际知名机构的资料很容易，需要让他说明有能力整合这些资源。其他筛选标准按国内的就够了。但选国际案件代理，套用国内低价中标的规则不合适，低价中标是最不负责的官僚主义作风。既然是做国际案件，就应该了解在欧美国家，大律师之所以大，之所以收费高是与其办案成功率相匹配的。国际案件代理，追求低律师费很大概率会让企业付出更大的代价。

简单回顾一下：这个汇报是以"行有不得、反求诸己"的态度，围绕国际争议解决，讲了引起争议的三种情况，给了争议解决的两个建议。

对企业而言，无论争议事件的事前、事中、事后；无论是通过自救解决，还是通过法律救济，企业要确保体面，都应该在企业管理、项目管理、合同管理、风险管理上下功夫。唯有以规则的确定性才能应对风险的不确定性。最后用老子的话来作结：慎终如始、则无败事。

案例二：中国标准如何融入"一带一路"海外项目中的经验之谈

本案例来源于某总包企业总工的陈述。"一流企业定标准、二流企业做品牌、三流企业做产品"，一句话揭示了高科技行业的真谛。其实不光是高科技行业，在工程建设行业也是如此。随着我国经济的发展，国家陆续上马了很多超大型工程建设项目。通过这些超大型工程建设项目的实施，我国的工程技术获得了长足的进步，在大部分领域领先全球，同时也培养了一大批具备世界级技术水平的工程技术人员。我国也因此获得了"基建狂魔"的称号。从整体上，我国的工程建设行业只是突破了做产品的阶段，部分工程建设企业已在国外有了较高的美誉度，打出了自己的品牌。可在标准方面，尤其是在国际工程建设市场，现行标准还是多以英标、美标为代表的欧美标准为主。因此，虽然我国在国内建设了很多超大型项目，也拥有一批世界级的工程技术人员，但是在国际工程建设市场，我国的话语权还是非常小。我国的工程建设企业在国际工程市场因为标准问题，也是吃过亏，上过当的。

国际工程建设市场多以欧美标准为主，不光是在欧美本国市场，在其他国家市场也是如此。历史上，很多国家都是欧美国家的殖民地，因此这些国家都是直接采用原宗主国的工程标准。同时这些国家的工程技术人员也主要学习的是欧美标准，对欧美标准更为熟悉，而且设计思路也多为欧美设计思路。另外，欧美国家在这些国家经营多年，整个标准系统都为欧美系统，因此更改单个标准面临着与其他标准兼容的问题。例如，发电站的建设标准更改为中国标准，但输配电系统还是欧美标准，这就存在兼容问题。最后，就是我国发展较晚，很多国家盲目迷信欧美国家，对我国标准不信任。但是这种情况，随着我国经济发展，尤其是超大型工程建设项目的实施有了明显改善。很多国家也开始逐步接受了中国标准。

由于标准问题，我国的工程建设企业只能多集中在产业链中"施工"这一附加值较低的部分，而对于"设计"和"咨询"这一附加值较高的部分很少涉及。在项目实施过程中，企业需要花费大量的时间和成本在标准转换上。同时由于对欧美标准不熟悉的问题，很多刚踏出国门的工程建设企业为此支付了很多的"学费"。正如我前文所说，欧美的标准是一个系统，因此在项目实施过程中，因为标准的问题我国的工程建设企业不得不从欧美市场采购材料和设备。而这些设备和材料我国都能生产，且价格远低于欧美公司。最后，因为项目的"设计和咨询"多为欧美公司把持，造成我国工程建设企业在项目实施过程中较为弱势，对项目顺利实施造成了较大不便，也增加了项目的成本。

近些年，随着我国经济的发展、国力的增加，我国在世界上的话语权逐渐增强。尤其是工程标准领域，以"港珠澳"大桥、高铁等一大批超大型工程建设项目的实施，为中国标准"走出去"奠定了良好的基础。

现阶段，我国政府为推动中国标准"走出去"，也是采取了很多措施。例如，对需要中国资金的项目，必须要求项目包含一定的中国成分。这里的中国成分可以是中国设备，也可以是中国标准。而且中国成分的比例有最低的要求。我国的工程建设企业不再只是承揽施工项目，更多地转为EPC项目，个别实力较强的企业也开始尝试承揽BOT和PPP项目，因此在项目中的话语权也在增强。

我司在实际项目运作中，通过以下措施推动中国标准在项目所在国的应用。

（一）合同谈判阶段

在合同谈判阶段，我司为了便于项目融资，配合国家政策，同时为了便于项目后续实施，会在合同中要求采用中国标准。如果业主对此有异议时，我司多会争取中国标准和欧美标准都可以采用。在项目实施过程中，以最为符合项目要求的标准为主。例如，我司在东欧某国家开发一个大型水电站项目，我司要求采用中国标准。而且因为我国是世界上在建水电站最多的国家，所以我国在水电站建设方面不论是建设经验还是水电设备都是世界级水平,远超全球大部分国家。业主对此也是有所了解的,也是认可的。可因为国家法律及欧盟要求,合同不能只采用中国标准,必须用欧盟或者是当地标准。最后为了平衡各方,我司在合同中规定可采用中国标准或欧盟及当地标准。

(二) 项目设计阶段

在项目设计阶段,我国的工程建设企业一般都会找国内的设计单位进行设计,一是方便设计沟通,减少沟通成本;二是国内设计成本较低,利于项目成本控制。如同中国一样,很多国家都有施工图审查机构。为了便于审查通过,一般都会找当地的设计公司,进行设计转化,将图纸等转化为符合当地标准的图纸。例如,在上述大型水电站项目,项目的设计都是由中国设计院设计,但是我司在当地确定了一家当地实力最强的设计公司进行图纸转化,保证项目图纸通过当地审查结构审查。

考虑到在建筑设计,尤其是方案设计领域,欧美发达国家的知名设计事务所受认可程度高。因此对有些大型项目,我司往往会找欧美发达国家的设计事务所完成项目的方案设计工作,把剩余的设计工作,如技术设计、施工图设计等交由国内设计院进行设计。例如,我司在东非某国承揽的 DB 模式的航站楼项目,前期的方案设计和部分初步设计就是委托英国设计公司执行的,但剩余的设计工作都是由国内设计院完成的,当地设计公司负责设计标准转化等当地工作。

(三) 项目实施阶段

在项目实施阶段,我司会从项目成本、质量和进度控制的整体角度出发,对一些标准,如钢结构需要采购一种特殊钢材,而这种钢材我国不生产。且如果从欧美国家进口,成本较高。另外,合同中也规定只要满足质量要求,可以对材料进行替换。工程标准往往算是通用规定,而合同条款算是专用规定,且专用规定在效力上高于通用规定。因此,我司据此开展材料替换工作。首先,我司梳理合同采用欧美标准对该种钢材的质量要求。参照质量要求,选择中国标准进行匹配。其次,根据匹配的中国标准,选择相应替换的中国钢材。最后,为了取得咨询同意,我司对必要参数进行了实验,结合各实验数据和中国标准,成功说明替换的中国产的钢材完全符合合同要求。通过了材料替换,节省了成本和工期,为项目带来了良好的收益。

在推动中国标准"走出去"的过程中,有成功的案例,也有失败的案例。我司在东非某国一大型房建项目实施中,为了节省成本,拟在钢筋接头施工中采用国内已多次使用且非常成熟的"闪光对焊"的方式。但是因为根据英标，钢筋接头施工中没有"闪光对焊"，因此我们要想采用这种施工方式，必须证明这种方式的科学性，即意味着对英标这部分进行修改。然后我们再申请采用"闪光对焊"。而且在合同中没有规定中国标准也适用，因此我们必须严格按照上述流程方能进行相应施工。最后，我们出于各方面考虑，不得不放弃了"闪光对焊"的施工方式，还是采用了传统的英标认可的"搭接"方式。

作为工程建设企业，我们认为如果能够推动中国标准"走出去"，尤其是获得"一带一路"共建国家对中国标准的认可，将为我国工程建设企业不论是在项目开发中还是项目执行中带来非常大的效益。同时，中国标准的"走出去"不应是某一个标准的"走出去"，而应该是一个标准系统的"走出去"。更为重要的是，中国标准的"走出去"不能只是标准本身的"走出去"，而是标准背后的中国理念的"走出去"。

案例三：文化差异及历史属性对我国海外项目应用标准的影响

本案例来源于山东德建国际公司苏丹项目。中国"一带一路"倡议旨在帮助贫困和不发达国家，带动其经济发展，推动国际经济治理体系朝着公平、公正、合理的方向发展，传中国之先进经验，造国际共荣之势，但是国家不同、地区不同和文化的差异，以及各政局的怀疑态度给中国企业造成了不同程度的压力和阻碍。20世纪多数的非洲国家为欧美殖民地，到目前为止一直在学习和使用欧美的技术和管理，但学习效果一般。

苏丹就是我们山东德建国际公司发展的国家之一。山东德建国际公司在苏丹搞的是建筑业和贸易，在这里简单地说一下在建筑中经常遇到的两种情况：建筑工程的施工详图与材料样品的提交和旧结构的加固改造，因为当地咨询公司的工程师对于技术管理学习得似是而非和自大，感觉总是高人一等，会对工程的进度发展造成阻碍，甚至是隐患，需要大家特别注意！在这里我给大家分享一个工程中的两个案例共同分析学习。

苏丹喀土穆的冷库项目占地面积为约$4000m^2$的单层仓库，其中$2000m^2$是旧结构改造加固，原有旧结构是高度11.8m，长100m，宽20m，钢结构屋面，仓库内无任何链接，周围墙体每2.5m一道250mm×400mm的单梁与400mm×400mm的柱子组成框架，红砖砌体为围护墙，因为原有结构年久失修，结构混凝土风化严重出现局部混凝土脱落，甚至梁柱节点处的梁部钢筋外漏造成严重的锈蚀甚至断裂，要求将旧结构的基础和柱子加大进行包裹加固，旧墙体尽量保留不拆除，加固后的柱子为 600mm×600mm；T20Ø22 的钢筋周边均匀布置；另外，2000m² 是单多层钢结构（2层），高度同样是 11.8m，属于新建结构。我们在这里将分析的是施工详图深化的报验、材料样品的提交和旧结构梁柱节点加固施工方案的分析，希望能够对大家在国外的工作能有帮助。

（一）第一种情景

由于当地的技术和管理多数学习自欧美国家，因而设计图纸比较简单不够详细，不能满足施工要求，需要施工方做出更加详细的施工图纸进行深化，而这一点与我国的要求不同，我国的建筑施工图纸是由专业的设计院设计提供的，并经主管部门审批后提供，如果图纸存在疑问或争议将由建设部门组织各方进行图纸会审并有设计单位提出方案或提供变更图纸，作为施工单位无权提供图纸，只有提出建议的权利；施工过程中施工方将按照施工图纸结合节点图集与抗震图集的要求进行施工，提交报验申请单和符合施工图纸要求的施工部位详图，然后监理和建设等单位进行验收。而苏丹不同于中国，他们的设计图纸是由咨询公司进行设计（等同于中国的监理公司）的，由主管部门审批后交给施工单位或分包单位，但是设计图纸不能满足施工要求，需要施工单位或分包单位继续绘制施工详图进行深化，然后在重新交给咨询公司进行审批合格后才能进行施工，在这里需要大家注意的是，施工详图在审批的过程中发生的问题，因为他们对于详图的审批没有一定的标准和要求，完全是咨询公司或主管工程师的主观意见来确定，对一份图纸将会出现多次或无限制的更改，甚至是对图纸的一处部位进行多次不同的更改意见。

按说冷库工程的施工图纸的深化非常简单，因为国外的施工技术标准、规范和中国的规范、标准差不多，严格来说应该是低于我们中国的管理标准，且这个工程的结构非常简单，但是实际操作起来却恰恰相反，我们根据当地使用的图纸结合规范和当地采用的图集进行绘制施工深化详图，至少提交了 8 遍仍没有被通过，原因是什么呢？举两个例子：第一，旧结构仓库的基础放大、加固工作，在原有基础周围和上部需要植筋，植筋部位我们按照图纸要求的间距、深度在详图上详细标注，进入基础部分加粗加颜色进行标注，并且用文字进行说明，但是并没有审批通过，原因是要求在植筋部位画出孔洞标注并画出植筋胶图样形式及品牌；第二，所有的施工详图均按照咨询公司的要求绘制完成并达到合格要求，甚至主管工程师对图纸再挑不出任何问题，但是仍不被通过，最后没有通过的原因是以 CAD 绘图选用的颜色看不清为由不被通过，期间的图纸修改因为咨询公司更换工程师，而两个工程师对施工详图的要求不同，对此又没有交接，造成多次的修改，这也是苏丹没有相应的具体标准，工程师完全按照自己的想法审核造成的。对于出现的以上情况我们总结的经验是，首先与咨询公司安排的相关主管工程师进行沟通、解决图纸内出现的问题，然后以会议的形式进行沟通施工详图绘制的细节，索要特殊部位和特殊材料的品名及厂家名称，根据当地的规范、标准结合图集向咨询公司提交绘图选用的标准及意向，并标注各个部位所选用的颜色，以及各部位所用材料的名称、型号、厂家资料等信息要求对方审批通过后再进行绘图，这样可以避免重复工程师随意更改要求的问题，因为苏丹的工程师是不会为其不当行为和造成的损失负一点点责任，他们会找各种各样的理由来开脱责任，最后受到损失的还是我们中国企业。

现场材料的选用也会出现多次提交不通过的情况，原因有两种：一是采用当地的材料，无论你提供的材料合格与否均不会被采用通过，一般正常情况下需要提供3～4次，用来显示他们对工作态度的严谨和权威；二是需要进口的材料更是需要多次提交样品和资料，严重的时候一种材料咨询公司会安排多名工程师多次出国进行考察，出现这种情况由两种原因造成：（1）在20世纪苏丹一直是英国殖民地，比较崇尚欧美文化和风格，选用材料往往会超出合同量单报价许多，没有条件限制的情况下根本不会考虑承包单位或分包商的成本问题，材料价格越高越好。（2）出国考察的所有费用不需要咨询公司和工程师支付，全部由承包单位买单，我们中国企业作为承包单位肯定要考虑工程成本及造价，从而就会与咨询公司方在材料的选择方面出现分歧，造成意见不统一，对材料进行多次考察的局面。对于以上的情况我们总结的经验需要在以下几点控制：第一，工程采用的材料在工程报价中提交报价材料基价表。第二，标明材料的厂家、档次及价格浮动上下限。（3）限定更改材料和超出价格标准的索赔标准。（4）约定出国考察材料的费用标准及人数。（5）提前组织所有材料供应商组织考察资料及样品。（6）采用当地材料时由当地材料供应商陪同提交材料样品和资料（提供符合要求的材料2～3种），并有材料供应商向咨询公司介绍材料的品牌、性能，一般情况下比较容易通过审批（这也是苏丹人的排外心理）。

如果施工中遇到需要提供方案的问题，许多咨询公司会要求外企承包单位无限度地提供方案，但是不会采取任何一个，他们却会对其中的一个方案进行略加调整修改后下达施工方案指示要求，哪怕是这个方案并不如之前的方案，因为这样可以显得施工单位技术力量薄弱，能力低下，可以衬托出咨询公司的高能力、高标准、知识渊博。

(二) 第二种情景

在喀土穆冷库工程中的旧结构柱的加固施工中我们就遇到了这种情况，新柱的竖向钢筋通过梁柱节点处时，由于旧梁阻断主筋的原因新柱钢筋的施工必须做出施工方案（另注：2.5m 以下墙体因为新柱施工，旧柱两侧墙体大部分已经拆除），我方根据现场实际情况前后提交了两套方案。

方案1：在梁范围以外的柱钢筋正常通过，梁部分以内柱的竖向钢筋在梁的上、下侧打孔植筋并与柱主筋机械焊接链接（一根钢筋两侧的两根钢筋加大间距在梁的两侧通过），浇筑混凝土时在梁的下部预留 5~10mm 作为后浇层，用高一级混凝土填实（此方案为保证梁柱节点的整体性不被破坏）。

方案2：旧梁范围外新柱的竖向钢筋正常通过，旧梁范围内的新柱钢筋在梁底部截断（一根钢筋两侧的两根钢筋加大间距在梁的两侧通过），上部打孔植筋，机械焊接链接，柱净高上下 1/4 范围内箍筋加密，且在旧梁的上下面增加正反混凝土牛腿构件进行加固链接（此方案的好处是梁柱构件节点保证完整性不被破坏，且可额外的加大对旧梁构件进行加固处理）。

以上两个施工方案均能够保证混凝土构件的完整性不被破坏，且可以起到加固作用，但是均被咨询公司驳回，不被采纳的理由是提供的方案不是最佳方案。通过会议沟通协调，由咨询公司高级工程师提供方案，方案内容如下：将梁柱节点范围内的梁凿除20cm，新柱竖向钢筋均正常通过不可截断，梁的凿除部位在浇筑柱混凝土时一同浇筑，并要求我公司按照此方案提交书面申请。此方案被我公司严厉拒绝，理由是：(1) 2.5m 旧梁以下部位墙体已被拆除无支撑点，如梁节点凿除将无法承重上部的重量；(2) 仓库建设年数久远，混凝土构件风化严重，且有外漏钢筋锈蚀严重，并有断裂现象；(3) 凿除后将严重破坏原构件的完整性；(4) 根据以上两点，此方案请咨询公司方出具施工方案，与德建公司无关。对此方案的采纳与否两个公司在意见上一度出现僵持。我方的解决办法是由我方单独联系业主方进行沟通，将现场情况及三项施工方案一并提交，由业主方组织现场会议进行技术沟通，经过现场实地观察，最后决定采用我方提交的第一项方案，但提出了修改意见，要求将梁下部的三根钢筋间距加大，两根钢筋在梁的两侧通过不得截断，遇梁处将梁的外侧混凝土凿出 1.5~2.0cm，此方案得到了共同认可一致通过。

综上所述，一个工程两个案例均为很简单很小的施工方案和问题，但在对方总是存在打压和排外情绪，使我们这些中国外企造成了很多的阻碍和经济损失，希望通过和大家分享的两个案例可以对大家有所帮助，并希望在今后遇到的问题中都可以找到最好的解决方法避免造成损失。

由此可见,"一带一路"任重而道远,还需要我们共同努力,同非洲的国家和人民进行长时间的磨合,将我们中国的先进技术和经验传至海外贫困和不发达国家,使其经济得到发展,造就国际共同繁荣之大势,在此国际发展大势下,我们希望能尽一份绵薄之力迎合中国带动国际发展的大势头!

案例四:燃煤电站 EPC 总承包项目投标与合同谈判过程中的标准与规范问题

本案例来源于某总包公司莫桑比克项目。莫桑比克莫阿蒂泽燃煤电站项目位于莫桑比克泰特省露天煤矿矿区,泰特省的地下埋藏着世界级的焦煤资源,吸引了淡水河谷、力拓、英美资源等外国大型煤矿公司。这些大型矿业公司通过与莫桑比克政府签订各自采矿区域的特许开采经营权协议,控制了该区域的煤矿开采。但当地市政、能源、电力、道路等基础设施落后限制了采矿业的发展。因此,当地矿业公司需要自行建造坑口燃煤电站以保证采矿的需求。

在此背景下,淡水河谷公司与沙特 ACWA power 公司作为项目公司股东(sponsors of the project company)决定在该矿区投资建造一座 300MW 燃煤电站。项目股东采用项目无追索融资方式(nonrecourse project finance)建设该项目,在莫桑比克当地注册了一家特殊目的公司(special purpose vehicle)——项目公司(project company)作为项目的借款人。

由于项目融资的原则是贷款人(银行或其他金融机构)基于项目运营后预期产生的现金流对项目可融资情况进行信用评价,而不是基于项目股东自身资产或资信情况。信贷抵押物主要是项目自身资产,以及能给项目带来现金流量的各种合同协议,包括特许经营权、购电协议、各种保险、信用担保、EPC 与运维合同等。其核心是贷款协议基于项目本身的技术和经济性能、偿债和盈利能力,而不是基于项目股东的信用支持和项目有形资产的价值。

最典型特征就是在各个项目参与方之间分摊风险,尽最大可能把项目公司自身的风险与项目股东的风险隔离开。这种融资模式要求在建设期间将于建设有关的风险尽快地转移到 EPC 承包人身上,要求项目工期、质量和成本具备高度的确定性。因此融资模式在一定程度上决定了本项目招标文件对项目整体设计基准点选择的要求和总体设计规范和标准选定原则,与中国公司遇到的常规项目有较大差异。

(一) 项目设计基准点和考核工况的选定

按我国设计规范,一般常规火电项目往往选择项目所在地常年平均环境温度、平均湿度、大气压对应的汽轮机背压工况(低背压、高效)作为电厂设计基准点和性能考核点,即设计工况。将夏季极端高温下的高背压(低效)工况作为校核工况。

本项目位于运行环境较差的莫桑比克境内,为了可靠估算在常年极端气温下项目的运行成本,从而保证融资决策时项目现金流预测的可靠性,业主要求将设计基准点定在常年平均高温值41.8℃,并将此温度下对应的汽轮机背压(高背压工况)作为全厂系统设计的基准点和性能考核点。

这就要求设计院各专业和主机厂家转变常规设计和设备选型思路,适应业主要求,做好系统设计和主辅机设备选型。在各系统和主辅设备的设计选型中要充分考虑设计裕度。要在成本控制和性能要求之间做好平衡。在满足合同要求的前提下,使价格具备竞争力。

按国内火电行业性能考核和验收规范,一般将设计环境条件下汽轮机额定输出功率(100% TMCR)对应的发电机在额定功率因素、额定氢压(氢冷发电机)下输出功率作为机组最大连续功率,也即机组铭牌功率。将机组在设计环境条件下,输出的铭牌功率时的机组净热耗率作为合同中约定的性能保证值,此工况称为机组保证热耗率的考核工况。

由于发电机组系统设计和主辅机选型都是在100% TMCR(满负荷)工况下进行的,因此将此工况下的机组净热耗作为合同保证值和考核罚款指标是合理的。但本项目由于建设地点和项目融资的特殊性,机组有可能较长时间在部分负荷下运行,为可靠准确地预测项目在部分负荷时的运营成本和现金流量,以对项目的还款能力和盈利能力提供最大程度的保障。项目业主要求投标人,除100% TMCR(满负荷)工况外,必须提供机组在部分工况:即,75% TMCR,50% TMCR 工况下的全厂净热耗作为性能保证值和考核罚款指标。

这就给投标人带来了很大的技术挑战和罚款风险。其原因是机组的主辅机选型和系统设计都是以100% TMCR 工况为基础的,火电厂涉及规模庞大的设备和专业系统集成。很多设备厂家无法准确提供部分负荷下的性能指标,设计院做系统设计时也无法准确计算出部分负荷下的厂用电消耗指标,而业主又将提供部分负荷下的净热耗指标作为强制性要求和拒标条件。

我公司作为唯一的国内投标人考虑到作为竞争对手的其他国外投标人在这一问题上是处于同一水平线上的,中国在火电行业的设计制造能力处于国际领先水平,我们难以准确提供的数据,竞争对手也同样困难。公司投标团队召集设计院和主机厂各专业专家,在指标竞争力和罚款风险两方面反复平衡,最终给出了部分负荷的性能保证指标。事后证明,这一策略是正确的。部分负荷保证指标考核虽然在国内项目比较罕见,但我国作为火电大国,积累了大量火电机组设计制造运行经验,经过风险控制和权衡,还是可以就机组部分负荷提供较为可靠的保证值的。

（二）关于各专业技术标准和规范的选择与确定

根据招标文件和业主的要求,本项目对技术标准和规范选定的可归结为以下三个原则。

原则一：必须采用合同中列明的国际公认的技术标准和规范,主要有美标、欧标、ISO、英标、所在国标准。一律不得采用中国标准和规范。

原则二：如果合同列明的技术标准和规范对同一事项的规定存在冲突和不一致,则按照合同中列明的文件顺序进行罗列解释。

原则三：合同列明的技术标准和规范对同一事项的规定存在冲突和不一致时,根据合同中列明的文件顺序进行罗列解释,在由业主确定罗列出来的最高标准或最适应标准后,由承包商执行。

目前中国国内建设标准尚未很好地实现与国际公认标准全面接轨,要完全满足业主关于标准问题的三个原则性规定有很大困难。为此,我们针对标准问题制定了以下策略：

（1）详细盘点各专业、系统、设备的设计、材料、制造和性能试验标准,确定哪些可以完全按照国际公认标准执行,并将这些标准清楚明确地在合同文件中列明,以避免争议。

（2）业主关于标准的第三个原则性规定,当合同文件列明的技术标准和规范对同一事项的规定存在冲突和不一致时,业主对最终适用标准有裁定权,这将对承包人执行项目带来较大风险和不确定性。这需要投标人在合同谈判中对列明的适用标准进行详查,对有可能产生争议的事项,详细地列明拟所采用的标准,并与业主达成一致,尽可能避免合同执行过程中因标准冲突而产生的风险。

（3）对于主要设备和材料的供货商要严格选择,业主一般可以接受国际知名供货商或国际知名工程咨询公司列入其合格供货商参考名录的供货商的制造厂标准。在合同谈判中,将这些关键厂家的制造厂标准（Manufacturer's Code & Standard）也作为公认的国际标准列入合同。

（4）对于电网接入、环保、消防等专业标准,设计时应采用所在国标准。这些专业的设计由国内设计院进行基础设计，详细设计和标准转化问题考虑委托国外设计机构并与当地设计机构合作。

（5）对于未采用国际标准的大宗材料（主要是钢筋、型材等）、非承压结构件、低压管道等，应采用中国标准，但应提交中国材料标准与 ASTM（American Society for Testing Materials）的对比表供业主批准，证明所采用的中国材料标准不低于相应的美标。

经过与设计院和关键设备材料供货商以及相关专家盘点论证，认为目前国内火电行业各专业、系统、设备的设计、材料、制造和性能试验标准与国际公认标准接轨的基本情况总结如下。

（1）热机专业：承压汽水管道可以按 ASME 设计，采用 ASTM 材料制作。1.6MPA 以下汽水管道可以按美国 ASME 设计，中国材料制造。烟风煤粉管道可以按美国 CE 标准设计，采用中国材料制造。支吊架是只能按国内标准、国内材料设计制造。

中国机电类主设备能得到业主认可，应将中国主设备厂家的制造厂标准列入合同中国际公认标准。

（2）土建按美国和中国规范计算后比较，然后按统一规范执行，土建设计可以按美国规范进行计算。土建建筑、钢结构主要计算是按国际软件计算，出图按国内标准规范。土建混凝土如烟囱、汽机基础等可以按国内软件计算，国外业主有什么特殊要求可以进行沟通补充。国内土建软件没法按国际标准算，国外工程都只能按国内设计再修改，从功能性上满足业主要求。

（3）电气专业应统一采用 IEC 标准。美国 ANSI 标准比 IEC 高，国内使用的较少。应统一明确为 IEC 标准。电气设备问题不大，关键设备可以采用合资厂家供货。设备按 IEC 设计、制造。电缆、导线材料可以满足国内厂家都可以采用国际 IEC 标准，但如按 ASTM 标准比较困难，应明确为 IEC 标准。

（4）防腐设计，我国标准很多都是从英美翻译过来的，转换起来并不困难。标准分为两类，设计和设备，设备几乎都是等同 IEC，我们可以完全按 IEC 标准执行。防雷和接地，可以采用美国 NFPA，但设计费用和设计周期要成倍增加。消防考虑单独外包给当地公司做。

按国际标准出图方式不一样，出图要求很详细，设计工作量、设计费、设计周期都会大幅增加。

（5）热控电缆导线、电缆桥架材料跟电气一样，热控设备大部分采用国际标准，设计如按国际标准设计，出图很细，如小导管的连接等，工作量很大，设计费、设计周期都会大幅增加。

（6）总图专业关系不是太大，没问题。

（7）化学专业设计设备和材料标准、膜系统都是进口没问题。系统设计无法做到按国际标准出图设计，需要设计院是将材料列出清册和中外标准对比表，供业主认可。要从整理功能和性能上满足合同要求，加大与业主的沟通解释工作。

（8）水工专业采用美国传热协会标准 HEI，设计标准能到达要求。非承压管道都是标 Q235 材料，要求做阴极保护和防腐，执行标准是国标。水利模型计算可以采用美国水利协会标准 AWWA。

（9）暖通空调专业可以转换成 ASHRAE、CMACNA、NFPA 标准设计。但设计工作量、设计费、设计周期都会大幅增加。

通过对国内设计院所和关键设备厂家可以采用国际标准情况的盘点总结，结合项目合同风险管理控制的要求，尽可能减少项目执行过程中遇到的关于标准问题的争议和损失。我们在投标和合同谈判过程中尽最大可能细化了明确了各个专业、主要设备及其材料拟采用的标准规范，分成设计、材料、制造安装、性能试验四个部分，与业主反复磋商，最终就标准问题达成一致，如表 7-1 所示。

表 7-1　　　　　各专业、主要设备及材料标准规范对比

序号	项目	设计标准	材料标准	制造安装标准	备注
I	锅炉				
1.	汽包及其附属装置	ASME	ASTM	ASME	
2.	下降管	ASME	ASTM	ASME	
3.	水冷壁	ASME	ASTM	ASME	
4.	…	ASME	ASTM	ASME	
5.	…	ASME	ASTM	ASME	
6.	…	ASME	ASTM	ASME	
7.	…	ASME	ASTM	ASME	
8.	…	制造厂标准 Manufacturer's Code &Standards	制造厂标准 Manufacturer's Code &Standards	制造厂标准 Manufacturer's Code &Standards	
9.	…				
10.	…				
11.	钢结构	AISC	制造厂标准 Manufacturer's Code &Standards	制造厂标准 Manufacturer's Code &Standards	
12.	平台扶梯	AISC	制造厂标准	制造厂标准	
13.	地脚螺丝和安装架	AISC	制造厂标准	制造厂标准	
	…				

续表

序号	项目	设计标准	材料标准	制造安装标准	备注
Ⅱ	汽轮机				
1.	轴承	制造厂标准	制造厂标准	制造厂标准	
2.	转子				
3.	叶片				
4.	罩壳				
5.	凝汽器	HEI	制造厂标准	HEI	
	…				
Ⅲ	发电机	IEC60034	IEC60034	IEC60034	
1.	轴承	制造厂标准	制造厂标准	制造厂标准	
2.	转子				
3.	定子				
4.	励磁系统	IEEE Standard 421	IEEE Standard 421	IEEE Standard 421	
Ⅳ	外围系统				
1.	主给水	ASME	ASTM	ASME	
2.	主蒸汽及旁路	ASME	ASTM	ASME	
3.	…				
4.	…				
5.	…				
6.	…				
7.	…				
Ⅴ	土建和结构				
1.	混凝土结构	中国标准	ACI	N/A	
2.	钢结构	AISC	制造厂标准	制造厂标准	
3.	…	中国标准	ACI	N/A	
4.	…				
Ⅵ	仪表与控制系统	主系统主设备采用设计制造材料都采用国际公认标准如 IEEE、ISA、IEC 等 子系统应分别谈判明确 原则是如采用中国标准，承包商应证明所采用的中国标准等同或高于国际标准，并获得业主认可			
	…				
Ⅶ	性能试验				
1.	蒸汽纯度性能试验		ASME PTC 31		
2.	机组整体性能试验		ASME PTC 46		
3.	锅炉性能保证试验		ASME PTC 4.1		

续表

序号	项目	设计标准	材料标准	制造安装标准	备注
4.	汽轮机性能保证试验		ASME PTC 6		
	…				
Ⅷ	消防系统				
		NFPA 8502	NFPA 8502	NFPA 8502	
		NFPA850	NFPA850	NFPA850	
		NFPA20	NFPA20	NFPA20	
		NFPA24	NFPA24	NFPA24	
		NFPA14 – Cl 3	NFPA14 – Cl 3	NFPA14 – Cl 3	
		NFPA13 & 15	NFPA13 & 15	NFPA13 & 15	
		NFPA72	NFPA72	NFPA72	
		NFPA72	NFPA72	NFPA72	
		NFPA10	NFPA10	NFPA10	
ⅣV	暖通空调	ASHREA and SMACNA, NFPA90A	ASHREA and SMACNA, NFPA90A	ASHREA and SMACNA, NFPA90A	

以上关于标准与规范的谈判成果应该是基于中国承包商可以做到的国际化水平与业主要求之间取得的一个平衡。

随着中国工程企业不断走向国际市场，不可避免地面对国内标准和国际标准之间存在现实差异，换用比较通行的说法，是国内标准尚未很好地实现与国际标准接轨。针对适用的标准和规范问题，中国工程企业在国际工程实践中遇到的项目大致可以分成三类：

第一类：中国政府援建或采用中国政府优惠贷款融资建设的项目。此类项目，援建和贷款协议中大多明确了需要采用中国标准和规范。中国政府和企业也想借助这些项目成功的案例，将中国建设标准推向世界，扩大中国标准的影响力，使之在更广范围内成为国际市场上可接受的公认标准。

第二类：采用多边国际金融组织贷款融资建设的项目，如亚行或世行贷款项目。此类项目，大多数业主和贷款人对项目建设标准的要求并不苛刻，基本基于国际平均先进水平。等同于或高于国际公认标准的中国标准都能直接被业主接受。在项目执行过程中，如遇到标准问题，协商和沟通的余地也较大。

第三类：私人融资项目，尤其是采用项目融资模式的项目；或高端市场项目，如欧美中东等市场项目。此类项目往往业主在合同文件中对建设标准要求较为详尽、明确、苛刻，且在项目执行过程中如出现适用标准的争议问题，往往承包商协商解决的可能性较小,必须严格履行合同约定。面对此类项目,中国企业应摸清楚在项目覆盖的全部专业、主辅设备、材料上,可以按照国际公认标准或满足业主特殊要求的程度。在此基础上与业主展开谈判,应在投标和合同谈判中,尽可能明确所执行标准的细节,从而减少项目执行过程中遇到的关于标准问题的争议和损失。该力争时一定要力争,当妥协时也要根据合同风险评估和成本控制估算进行妥协。

参与此类高水平项目,也是给了中国企业更好适应融入国际标准规范体系的机会,提高了中国企业的整体竞争力和国际化水平。中国企业可以通过更多地参与高水平项目,进行国际标准接轨的努力。毕竟,全球经济一体化和标准国际化的趋势任何人都难以抗拒,中国企业正确的选择只能是理性地看待国内标准与国际标准之间存在的差异,并想方设法不断减少差异。如果低于其标准,当然必须迎头赶上,如果要想使自己的标准成为国际上的权威标准,则必须按一定的"国际惯例"和"程序"办事,高水平的建设完全中国标准实施的国际项目,使中国标准得到更广泛的认可。

案例五:"一带一路"海外项目中的小故事集锦

在"一带一路"海外项目中一个个鲜活的小例子,可以看出中国企业在"走出去"的路上的艰辛和成就,为践行"一带一路"倡议提供了宝贵的经验。

故事1:一把烫刀的故事

小故事来自某海外项目经理。在富查伊拉施工筏板阶段,施工缝处防水采用的橡胶止水带,橡胶止水带的交叉连接需要烫刀进行连接,项目部工程师在施工前未考虑到需要该工具,批准材料计划时也未考虑到,因此到需要的时候,项目部因为没有烫刀面临停工,项目材料部立即到市场采购,得到反馈信息供应商采购该烫刀需要1个月时间,怎么办?项目部围绕这个问题项目经理组织大家开始行动,到附近的工地打听有没有,到与公司有合作的分包那询问,到各个在施的项目询问,否则国内采购派专人送过来?最后从各方打听后得知在中东公司的一个在施项目有一把坏的,于是派专人去取来坏的由项目部的设备部进行修理,前后耽误一天时间,监理同时要求我们必须先做样板验收后才能现场施工,又耽误一天,因为一把烫刀导致整个筏板浇筑滞后两天,这是一个深刻的教训。

因此,项目经理带领工程师对每项工作的反复演练,实实在在地保障了项目的工期节点。合理的穿插，将所有的工作的开始时间尽量提前，延长每单项工作的工期，尽早暴露出未考虑的问题，是解决问题的又一办法。富查伊拉项目结构做三层开始砌筑，砌筑完成三层开始抹灰，抹灰完成三层开始做防水、防水做三层开始贴砖……正因为我们的合理穿插，才能实现我们的所有节点。

因我们的工期得到了保障，业主在海湾合作网上进行了该项目的报道，业主、监理、当地政府都宣传中建这个项目是他们见到的施工最快，最好的项目。

故事 2："特金会"破裂引发的故事

"特金会"破裂后，因对朝鲜制裁，阿联酋停止对朝鲜工人续签签证，整个中东市场面临用工荒。Downtown 项目 1 号楼、2 号楼使用的东海分包，因为此事件项目流失一半工人，随着工程的进展，朝鲜工人签证到期，将全部流失，如何整合劳务资源，确保项目工期变得十分艰难。东海分包因工人流失，要求全面退出 Downtown 项目的施工，项目部立即与东海分包进行了谈判，东海分包同意将所有的朝鲜人全部整合到 1 号楼施工，并负责替换期的管理工作，并承诺工人流失中如我们的队伍补充不上来的情况下，项目上临聘的工人可以交由他们协助管理，谈妥该协议的当天我们长长出了一口气。结合该协议，项目部拟订了 1 号楼由科威特撤下的结构 3 队逐步替换，但需要补充工人 200 人，2 号楼由富查伊拉撤下来的结构 1 队施工，但结构 1 队需要补充 150 人，同时立即到印度、菲律宾招聘所缺的工人，新招工人按照最快速度办理签证需要 3 个月，3 个月的过渡期以及新工人的适应过程则全部需要临聘工人，裙楼（非关键线路）工人进行保障，造成了一个楼多队伍、多班组、新班组进行施工的局面，协调工作量、管理难度成倍增加。如何保障过渡期的施工则成为了项目工期能否完成的关键。

（1）组织上保证。

公司层面的决策委员会所有管理全部下沉到项目部，当好外围保姆，负责材料、机械、设备等的调配保障，负责协调机电、预应力、爬模、设备等外分包严格按照现场的需求进行全面配合，负责组织项目部计划部、技术部、商务部等根据现场需求进行全面保障。

项目部则按照 1 号楼和 2 号楼各设置一个项目经理进行结构施工的管理，下设工程部（5 人）、安全部（4 人）、QAQC 部（2 人）、设备部（管理人员 2 人 + 工人）四个部门，将劳务公司的管理人员按照"1 班长 + 3 小班长 + 60 工人"捆绑管理，项目部采购的临时工人自带小班长，尽量安排其干最简单的活。项目经理要每天对所有的现场工作进行排班，召开现场碰头会，大部分工作全部在楼上，项目部主抓材料、机械、图纸保障,以及到现场指导并检查,劳务公司主抓教工人干活,抓工人效率,每天一次总结,分析,确定明天的工作。

(2) 安全、消防保障。

对于所有可能出现的安全问题、消防问题全部罗列清单,下发到现场的各级管理人员,确保安全施工。且必须在确保安全的情况下才能进行施工。

(3) 沟通保证。

每栋楼设置一个微信群和一个 WhatsAPP 群,用于现场问题的沟通。

(4) 多举措优化工序。

根据现场施工的实际进度情况进行分析,优化施工顺序,并召集劳务公司管理人员,现场工程师,专业分包寻求最优工作面划分方案和施工方案,得出了很多提高效率的方法,如柱子在下一层板浇筑前绑扎,小于 1 米的柱子在下面绑扎完成后直接采用塔吊吊装上去安装,机电管线较多部位优先安排施工,将竖向结构模板全部换成铝模,减少塔吊使用;爬模进行优化后,核心筒内的安全通道可直接与室内楼梯联通确保安全通道畅通,部分外柱施工时因爬架跟不上将出现层层重新搭设施工架,改成采用挂架等。

(5) 资源保障不过夜。

这里面有很多的故事,在此讲个小故事,在晚上 11 点验收的时候监理要求增加两根钢筋,此时该楼栋已经没有钢筋作业,否则不同意浇筑混凝土,我们的工程师发现该钢筋现场没有,立即联系材料部协调从其他项目调配,项目材料员晚上立即与各项目联系,同时从宿舍出发到其他项目上拉,然后运到现场,采用现场切割机切断后与材料员一起将两根钢筋弯曲成型,并抬到楼上进行绑扎,绑扎完成后,重新叫监理验收,确保了凌晨 2 点开盘。高度的责任心和专业知识,确保了工程的顺利进行。

目前过渡期基本完成,Downtown 项目从开始的 1 个月做 3 层到现在的 1 个月做 4 层,预计 1 个月后将达到 1 个月做 5 层。取得了很好的社会效益,树立了品牌。

① 深化设计管理能力 Engineering。

在 FIDIC 条款下,建设方给的图纸不能直接用于施工,还需要项目部进行深化设计,深化设计后绘制的施工图才能用于施工,主要对于方案设计中的不完善部分进行完善,对各专业之间进行协调,结合施工和采购进行优化。

项目部的设计和深化设计管理工作主要由项目的技术部进行管理。项目的图纸深化设计工作主要由项目部直接组织绘制、外包设计院绘制和专业分包绘制三种模式。通常情况下专业分包的工程均由专业分包单位组织完成。

②整合深化设计资源。

项目部招聘当地有经验的外籍建筑工程师、结构工程师、机电工程师、外籍项目经理等专业人士根据我们的意图进行对标外国标准,负责与监理单位、设计院、当地的咨询公司、有名的设计院进行沟通交流,促进目标实现。项目部中国人给外国人出题,如钢筋优化1000吨,外国人解题。

③深化设计计划管理。

一个图纸的形成往往要经过三个阶段:第一个阶段是各专业初步的协调图,以及相应材料设备质量、品牌的批准等准备工作完成;第二个阶段则是各专业协调后绘制初步的施工图;第三个阶段则是项目上各部门、各劳务分包进行图纸会审后绘制出正式的施工图报咨询公司工程师批复,如咨询公司工程师批复不同意则需要重新再来一次。为缩短工期,通常都是边设计边施工,因此为了保障现场的施工,需要编制详细的设计工作计划以及出图时间。该计划也要统筹到计划部统一负责。

④限额设计管理。

原则上能拆解成一个个小EPC项目均拆解成小的EPC项目,如机电工程、钢结构工程、幕墙工程、门窗工程、吊顶工程。该部分通常采用EPC项目进行招标进行成本控制。

对于自己施工部分则在招标设计前,由技术部编制设计任务书,结合商务部制定限额,技术部在向监理报送图纸前需要商务部对图纸工程量进行核算是否符合我们的要求,如不符合则技术部需要进一步进行优化,如无法优化也达不到要求则需要出具专门的报告报项目管理委员会决策。

⑤设计服务施工。

在施工中往往因为设计导致施工难度增加,导致工作面无法展开等,通常情况下,项目工程部以及劳务公司需要提前审核图纸,提出合理化建议。

故事3:龙建路桥孟加拉国项目标准冲突处理

派拉桥项目位于孟加拉国博里萨尔—帕图卡里的连接被视为孟加拉国其中一条最重要的国家公路的一部分,即达卡—马尔瓦—Bhanga—博里萨尔—帕图卡里—Kuataka公路(N8)。Kuakata距离达卡约287千米,它是一个著名旅游胜地,在这座城市,正在实施大量的开发工程。在第189千米处的位置,坐落着Paira河流,其道路交通目前通过Labukhali的轮渡服务得以实现。孟加拉国政府计划在Paira河流上建造一座桥梁。横跨Paira河流的桥梁建设将确保达卡到Kuakata可实现平顺的交通连接，并可促进 Kuakata 以及孟加拉国整个南部区域的发展。轮渡服务站点位于有潮河川，在雨季，会对道路交通造成巨大影响。轮渡服务站点的拟建桥梁将改善道路交通，桥梁也将改善当地的社会—经济条件和工业发展水平。

孟加拉国派拉桥主桥为矮塔式斜拉桥，共计 3 座主塔，最高塔顶距离桥面 25.8m；主桥桥宽 19.76m，基础为钻孔灌注桩，过渡墩桩径 2.5m，桩长 110m，2 个墩共计 12 根，主墩桩径 2.5m，桩长 130m，3 个墩共计 40 根，钻孔桩钢筋笼采用双层组筋，每根桩钢筋笼自重达 140 吨，采用 60m 长壁厚 50mm 的永久钢护筒，为提高钻孔桩的承载能力采用桩底注浆技术；承台高度为 4m、4.5m 和 3m。钢筋混凝土斜柱式墩身；上部结构为 115m + 2×200m + 115m 预应力混凝土变截面连续箱梁，桥面为 6.5cm 厚沥青混凝土。

孟加拉国派拉桥河岸防护工程采用土工布袋抛填和预制混凝土块抛填，抛填位置距离河岸 83m 的矩形带，最大水深 30m，计划使用 GPS 定位系统进行抛填，河床扫描仪进行检验抛填位置，这在我公司尚属首例。

建设单位：孟加拉人民共和国政府、道路运输及桥梁部、道路运输及公路局；

设计、监理单位：洲际顾问和技术专家私营有限责任公司、韩国 Kunhwa 工程顾问有限公司、科威特 Dr. Nabeel Abdul – Raheen 顾问公司、达卡工程计划顾问公司联营体；

施工单位：龙建路桥股份有限公司。

根据本项目在孟加拉国施工期间对孟加拉国的了解和不同于国内的施工经验，分三个板块叙述如下：

(1) 孟加拉国市场情况概述。

孟加拉国是南亚地区乃至全球最具经济发展活力的国家之一，GDP 平均增速连续多年保持在 6% 以上。丰富廉价的劳动力资源、积极有效的对外政策、不断完善的硬件条件以及极具潜力的国内市场都是推动孟加拉国经济发展的重要因素。但同时，孟加拉国目前又是最不发达国家之一，经济发展水平较低、基础设施差、土地匮乏、能源短缺等问题较为突出，因此在孟加拉国开展路桥工程输出，是一个机遇与挑战并存、困难与希望同在的事业。

孟加拉国位于南亚次大陆东北部的恒河和布拉马普特拉河冲积而成的三角洲上。国土面积约 14.75 万平方千米。东、西、北三面与印度毗邻，东南与缅甸接壤，南濒临孟加拉湾，海岸线长 550 千米。全境 85% 的地区为平原，东南部和东北部为丘陵地带。大部分地区属亚热带季风型气候，湿热多雨。全年分为冬季（11 月至 2 月），夏季（3 月至 6 月）和雨季（7 月至 10 月）。年平均气温为 26.5℃。

冬季是一年中最宜人的季节，最低温度为4℃，夏季最高温度达45℃，雨季平均温度30℃。

孟加拉国是最不发达国家之一，经济发展水平较低，国民经济主要依靠农业。孟加拉国近两届政府均主张实行市场经济，推行私有化政策，改善投资环境，大力吸引外国投资，积极创建出口加工区，优先发展农业。

孟加拉国现有国际机场3个（达卡、吉大港、锡莱特）。2个海港，吉大港和蒙革拉港（国际港），国内港口9个。孟加拉国铁路总长2835千米，其中宽轨铁路660千米，米轨铁路1835千米，双轨铁路345千米，车站440座。目前，孟加拉国铁道部拥有内燃机车286台。孟加拉国公路总长20.34万千米。其中，国家高速公路3537.91千米，地区高速公路4278.07千米，支线公路13471.83千米，乡村公路18.22万千米，桥梁18258座。据孟加拉国交通综合调查，76%的货运及73%的客运由公路运输承担。

（2）孟加拉国建筑市场情况。

①人员状况。

孟加拉国工地上人员的工资就其基数而言较低，一般在8000~15000达卡，折合人民币不到1000元；存在着地区差，首都达卡地区人工工资取上限，偏远及乡村地带工资取下限；但施工市场上的人工工资比起纺织工或其他行业仍算是高薪一族。

孟加拉国整个社会的工作效率低下，根据其人工工资与其劳动纪律、自觉性、干活的效率相比，其内在工资也不算低。孟加拉国的工人干活状况与我国打破"三铁"之前国企状况类似，工人工资低，无积极性，混时间等下班的人群较多，比起中国二十年前的状况有过之而无不及，当时中国尚有劳动定额约束，尚有干得好提干、涨工资之激励体系，但根本原因是缺失激励体系。

②材料状况。

孟加拉国的钢材全靠进口，海关关税40%，因此其钢材价较中国高，且钢材在市场上并不充足，一般须预订方可供货。

达卡以南地区施工用碎石非常贵，在采石场出场价每方达130元左右（折合人民币价），再加上200~300千米的汽车运输，所以到工地碎石价每方可达300多元；主要原因是孟加拉国资源匮乏，没有山，无处开采；孟加拉国与印度交界，而国境线就在山脚，看得见的山大部分是印度的，隔着边境铁丝网，看得见摸不着；大量须从印度进口，或从达卡以北地区长途运输，运费达每方200元以上。

孟加拉国江河较多，产砂，但大部分是细砂或粉砂，价格每方20~30元，但若使用中粗砂则因产砂场较少，价格则在 70~80 元以上。

孟加拉国的水泥基本自供，但原材料全靠水上运输，其水泥厂基本依大江大河而建，有自建码头、船坞，装卸材料较方便，类似于浙江、江苏、上海一带。综合上述材料供应情况，在孟加拉国如 C30 以上高标号混凝土成本达 1000 元以上。

孟加拉国的砖厂很多，砖的质量较稳定，出厂价大约折合人民币 8 角钱一块，所以砖碴（或由人工或由破碎机破碎将整砖破碎成 20~40mm 大小）的使用范围较广，用于公路的基层、底基层骨料、低等级混凝土如 C15、C20 的粗骨料等。

这几年孟加拉国的投资建设日益加大，材料价格也显涨价趋势，外资企业若不事先知觉，损失较大，中国水电在达卡至吉大港的公路扩建项目中，因基层、底基层粗骨料用量大，因进场两年来因片石、碎石涨价相比当地公司损失较大。

孟加拉国严重缺电，达卡用电高峰期拉闸限电是以小时来轮换控制的，所以经济状况略好一些的家庭或企业、商场均必配发电机，自动转换；因而大部分建筑工地全靠发电机发电，用电成本较高，但油价较中国便宜 10%~20%。

③机械设备情况。

孟加拉国内经济状况不佳，建筑企业与私人老板都非常热衷于从世界各地购买旧机械与旧设备，因为价格便宜，机械设备五花八门，但使用率极低，主要受制于维修人员的水平与配件供给，因旧设备来自世界各地，有的早已淘汰，故配件在孟加拉国极难购买，孟加拉国的大城市如达卡与吉大港的配件市场规模也非常有限，故很多配件须从国外进口，一则耽误时间，二则成本费用也极高。

孟加拉国的旧设备月租金与我国市场上设备租金基本相当，但其效率仅为国人的 1/3。

（3）工程承包注意事项。

受孟加拉国政治斗争、社会矛盾、基础设施、自然条件等因素的影响，在孟加拉国从事工程承包具有一定的潜在风险、建议拟进入孟加拉国市场承揽工程的企业充分做好市场调研，提前与中国驻孟加拉国使馆经商参处进行咨询，听取相关建议或意见，并在到达孟加拉国后第一时间向经商参处报备。

①概述。

桩底注浆在世界范围内已成功应用于大直径、超长桩的灌浆。在印度、孟加拉国超长桥梁和斜拉桥目前正变得越来越流行。因此，对于斜拉桥结构，需要大直径的长桩。桩底清洗通常是一个常见的问题，从桩的载荷试验发现实际桩承载力对比设计值较小。桩承载力的提高可以通过桩后注浆施工。

② 注浆原理。

渗透注浆和挤密注浆的原则是：通过强化钻孔桩底部与所接触土层之间的粘结，提高钻孔桩的承载力。

③ 管道布置。

单根钻孔桩采用 8 根钢管两两连接成 4 个 U 形回路加桩底 TAM 管的设计，如图 7-1、图 7-2 所示。注浆管为 8 根内径 40mm 无缝钢管。这 8 根无缝钢管沿钢筋笼周长方向均匀布置，安装在钢筋笼内侧。表面距离桩底混凝土表面 30mm。注浆时通过分配器连接注浆泵、压力表和 4 个回路管道，注浆管顶部一端与注浆泵连接，进浆孔和出浆孔通过阀门控制使每个"TAM 管"分别完成注浆。

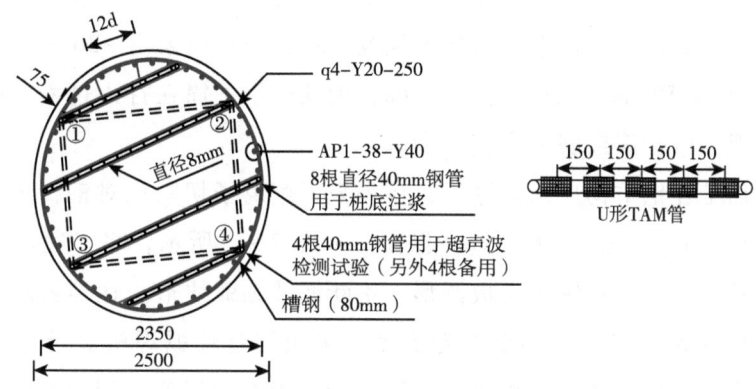

图 7-1 管道布置

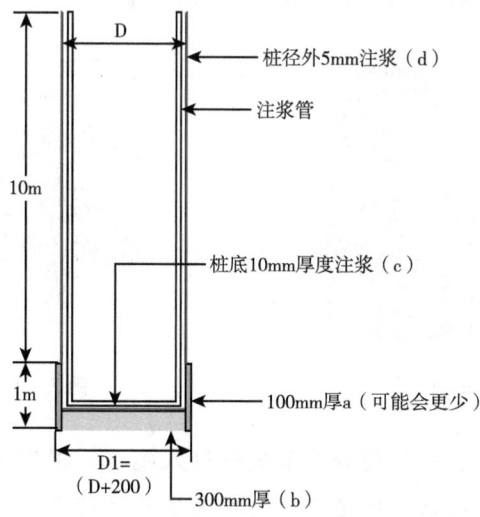

图 7-2 钻孔桩

④底部注浆管布置。

TAM 管：使用内径 40mm 钢管作为注浆管道，在钢管朝桩底部方向钻 8mm 的孔，注浆孔间距按 15cm 布置，作为单向阀作用的橡胶衬套居中覆盖在出浆孔上，橡胶衬套采用 1mm 厚 100~120mm 宽的伸缩性良好橡胶，包裹 2 层后用胶粘牢，两端用喉箍固定于注浆管上，在与出浆孔相同高度位置切 2 个直径 5mm 的孔，此 2 孔与管圆心的连线呈 30 度夹角，朝向钻孔桩孔壁外侧。

⑤注浆管连接。

在桩混凝土外的注浆管使用连接器连接，在桩混凝土内的注浆管采用焊接连接。

注浆步骤：

注浆管道水裂检查→水泥浆准备→注浆→压力保持→卸压→清洗管道→水裂。

第一，钢护筒加工。根据美国技术规范要求，钢护筒采用 A36 钢板卷制，内径为 3.7m，壁厚为 50mm。钢护筒全长 60m，为减少钢护筒在打入过程中的阻力，防止护筒底变形，钢护筒最底节设置刃脚。

钢护筒加工在钢结构厂房内进行，首先采用等离子切割机对钢板进行切割，内外两侧切割掉 2cm，剩余中间的 1cm 保留。如图 7-3 所示，将打完坡口的钢板运至卷板机位置，卷板机将钢板卷成圆形，不断调整圆弧线形，达到要求后人工进行焊接纵缝。纵缝焊接完成后移至滚轮支架，采用摇臂埋弧焊机进行内外纵缝的焊接。最后由人工采用气体保护焊进行环缝焊接。为方便运输，钢护筒分节制作，为减小钢护筒在运输过程中的局部变形，在每节钢护筒两端设十字交叉的钢管支撑。每节钢护筒完成后涂刷防腐沥青，如图 7-4 所示。

图 7-3 钢护卷制

图 7-4 钢护筒涂防腐材料

第二，钢护筒打入。钢护筒分 6 节进行打入施工，根据钢护筒的设计厚度，以及现场有地质情况，经过对振拔锤型号及技术参数的调查，本工程采用 YZ-400 液压振动锤进行钢护筒打入，如图 7-5 所示。

由于钢护筒较长，对钢护筒的斜率要求较高，故钢护筒采用双层定位导向架上下两层间距5m。导向架四周设螺旋式顶，用于钢护筒倾斜角度调整。打入过程中采用两台全站仪成90度角观测钢护筒垂直度，并及时进行纠偏，如图7-6所示。

图7-5 钢护筒打入

图7-6 桩底注浆施工

(4) 中国标准和国外标准冲突的案例。

①钢筋焊接长度。中国规范焊接要求，对双面焊缝不应小于5d，单面焊缝不应小于10d（d为钢筋直径）。美国规范要求，主筋搭接长度不应小于40d。箍筋搭接长度不应小于12d。主筋搭接采用单面点焊，不得少于7个焊点。分析得出，使用美国施工规范施工的项目对比中国规范，由于钢筋搭接长度的要求，增加了钢筋的使用量。

②模板拆除周期。中国规范要求，非承重侧模板应在混凝土抗压强度达到2.5MPa，且能保证其表面及棱角不致因拆模而受损坏时方可拆除。美国规范要求，下部模板拆模时间为7天，工字梁拆模时间为7天，桥面板拆模时间为28天。分析得出，使用美国施工规范施工的项目对比中国规范，由于拆模周期过长，增加了施工的整体时间和模板的投入。

③经验教训。根据同孟加拉国的监理和业主的交往，发现孟加拉国人说话大部分是守信用的。关于工作上的事，一定要落实在纸面上，这样将来拿到所有地方都会被认可。如果光是嘴上说，作为施工方一定需要谨慎而行，不然将来会吃大亏。

参考文献

[1] 关于加快推进工程建设标准"走出去"的建议[J]. 中国建设信息化, 2018 (05): 54-55.

[2] 姚涛. 深化工程建设标准改革引领住房城乡建设高质量发展[J]. 工程建设标准化, 2019 (07): 49-52.

[3] 康延领, 尤日淳, 唐文哲, 等. 中外工程建设标准体系差异及发展策略研究[J]. 建筑经济, 2020, 41 (08): 10-13.

[4] 郭伟华, 赵新, 尤孝方. 工程建设领域推动中国设计和标准"走出去"的建议[J]. 中国标准化, 2020 (10): 133-136.

[5] 夏炎. 我国铁路工程建设标准国际化措施研究[J]. 铁道标准设计, 2019, 63 (01): 165-168.

[6] 闵柯, 井国庆, 董骁. 中国铁路标准"走出去"的思考与建议[J]. 建筑, 2019 (15): 28-31.

[7] Mohammed Salem Jalzahrani. Internationally Recognized Framework of Building Engineering Standards [J]. Journal of Social Science and Humanities, 2020, 2 (7).

[8] Anonymous. Global coalition formed to unify construction standards [J]. Building, 2015, 65 (4): 9.

[9] Zhi Sun, Shoujian Zhang. Complex system modeling on establishment of construction standard system [J]. Structural Survey, 2014, 32 (1): 5-13.

[10] 刘彬, 王蔚蔚, 黎艳. 我国工程建设标准改革和推进团标发展的实践及思考[J]. 中国给水排水, 2021, 37 (24): 135-138.

[11] 张梓升, 魏永明, 胡炳. 中国工程建设标准国际转化研究[J]. 工程建设标准化, 2020 (10): 59-65.

[12] 周家祥. 工程建设标准国际化战略与实施的探讨[J]. 当代石油石化, 2013, 21 (01): 35-40.

[13] 王玮. 继续深化工程建设标准化改革奋力推进住房城乡建设事业高质量

发展——在改革和完善工程建设标准体系工作交流座谈会上的讲话[J].工程建设标准化,2020(02):11-18.

[14] 中国工程建设标准与东南亚地区工程标准体系互适性分析[J].中国勘察设计,2019(02):28-33.

[15] 许佑顶,高柏松,杨吉忠,等.中国铁路工程建设技术标准"走出去"战略研究[J].铁道工程学报,2016,33(05):116-122.

[16] 刘辉.中外铁路工程建设标准对比及海外应用探讨[J].铁道工程学报,2017,34(09):1-8.

[17] 郝江婷.中国工程建设标准海外应用情况分析及对策[J].标准科学,2019(01):73-80+96.

[18] 中国工程建设标准海外应用分析[J].工程建设标准化,2021(12):41-45.

[19] 郭伟,李晓峰,蔡成军.中国工程建设标准国际化现状及发展思考[J].中国标准化,2021(05):66-69+75.

[20] 张立."一带一路"建设中的人才互通:模式、实施路径及存在的问题[J].技术经济,2017,36(12):38-44.

[21] 杨帅.国际工程技术标准差异应对管理探讨[J].居舍,2021,(09):147-149.

[22] Wei Wang, Shoujian Zhang, Andrew Philip King. Research on the adoption barriers of the engineering construction standards in China[J]. Structural Survey, 2016, 34(4/5): 367-378.

[23] 刘喆.铁路建设标准国际化的政策[J].工程建设标准化,2019(09):69-72.

[24] Hong Xue, Shou Jian Zhang. Relationships between Engineering Construction Standards and Economic Growth in the Construction Industry: The Case of China's Construction Industry[J]. KSCE Journal of Civil Engineering, 2018, 22(5): 1606-1613.

[25] 工程建设标准国际化的上海实践[J].中国勘察设计,2019(02):18-21.

[26] 胡健,张维群,邢方,等."一带一路"国家经济社会发展水平测度与评价研究——基于丝路沿线64国指标数据的分析[J].统计与信息论坛,2018,33(06):43-53.

[27] Zhiheng Wu, Guisheng Hou, Baogui Xin. Has the Belt and Road Initiative

Brought New Opportunities to Countries Along the Routes to Participate in Global Value Chains？［J］. SAGE Open，2020，10（1）.

［28］Feiting Lin. The Prospects and Challenges of Sino – India Cooperation under "the Belt and Road" Initiative——Based on the Five – Link Index［A］. Research Institute of Management Science and Industrial Engineering. Proceedings of 2017 3rd International Conference on Innovation Development of E – commerce and Logistics（ICIDEL 2017）［C］. Research Institute of Management Science and Industrial Engineering：计算机科学与电子技术国际学会（Computer Science and Electronic Technology International Society），2017：8.

［29］赵振宇，李兴才，姚蒙蒙. "一带一路"沿线国家基础设施现状及市场机会研究［J］. 建筑经济，2016，37（07）：5 – 10.

［30］Yao Yao. Trade Costs and Transport Infrastructure：Evidence from China and Countries along the Belt and Road［J］. Journal of Global Economy，Business and Finance，2020，2（9）.

［31］Chao Wang et al. Railway and road infrastructure in the Belt and Road Initiative countries：Estimating the impact of transport infrastructure on economic growth［J］. Transportation Research Part A，2020，134：288 – 307.

［32］刘怡林，蔡成军，柴华. 加快标准国际化步伐为我国建筑业"走出去"保驾护航［J］. 工程建设标准化，2019（10）：65 – 68.

［33］王辉，王亚蓝. "一带一路"沿线国家语言状况［J］. 语言战略研究，2016，1（02）：13 – 19.

［34］秦颖，彭飞，董军. 我国工程建设标准在"一带一路"沿线国家的应用［J］. 建筑经济，2019，40（04）：11 – 16.

［35］张水波. 加快我国工程技术标准国际化对接［J］. 施工企业管理，2022（4）：56 – 56.

［36］Yang Gao. How the Belt and Road Initiative Informs Language Planning Policies in China and among the Countries along the Road［J］. Sustainability，2020，12（14）.

［37］李铮. 加快工程建设标准国际化步伐是历史必然、时代课题［J］. 工程建设标准化，2018（12）：66 – 73.

［38］刘伊生，华梦圆，叶美芳. 我国工程建设技术标准国际化影响因素及机理研究［J］. 建设科技，2012（24）：79 – 81.

［39］王振宇，张海斌. 标准"走出去" 助力"一带一路"新格局［J］. 石

油工业技术监督,2019,35(12):37-39.

[40] 孙峻,雷坤,骆汉宾,等."一带一路"沿线国家城市轨道交通及工程建设标准适应性研究[J].工程管理年刊,2018,8(00):29-40.

[41] 刘雪强.促进中国工程建设标准和规范"走出去"[J].国际工程与劳务,2015(01):65-66.

[42] 展磊.中国工程建设标准国际化调研报告[J].工程建设标准化,2020(04):57-64.

[43] Adedigba Olawoyin Gregory, Lin Runhui, Ud Din Nizam. The degree of internationalization of Chinese Multinationals along the belt and road initiative countries[J]. PloS one, 2020, 15(7): e0236636.

[44] 李爱仙.我国标准化工作的现状、成就及展望[J].工程建设标准化,2019(12):20-27.

[45] 许劲,曹阳,冯曦.中国在"一带一路"沿线国家工程承包现状、问题与对策研究[J].经贸实践,2018(24):23-25.

[46] 王博.工程建设标准国际化的实践与思考[J].工程建设标准化,2022(05):65-71.

[47] 李燕,李晓,周丹,程艺."一带一路"背景下我国城乡规划标准在西亚应用问题及对策研究[J].小城镇建设,2019,37(09):71-76.

[48] 中华人民共和国标准化法[J].陕西省人民政府公报,2017(24):5-9.

[49] 李旭.我国食品标准的发展历程及体系现状[J].食品界,2018(8):52-53.

[50] 尼古莱·J.福斯,克里斯第·安克努森.面向企业能力理论[M].大连:东北财经大学出版社,1998.

[51] Prahalad C K, Hamel G. The core competency of the corporation[J]. Harvard Business Review, 1990, May-June: 79-90.

[52] 袁纯清.共生理论及其对小型经济的应用研究(上)[J].改革,1998(2):101-105.

[53] 于景元.系统科学和系统工程的发展与应用[J].钱学森研究,2019(02):99-124.

[54] R.爱德华·弗里曼.战略管理:利益相关者方法[M].王彦华,梁豪译.上海:上海译文出版社,2006:55.

[55] 陈有毅.基于价值链理论的餐饮业盈利相关因素分析[J].北方经贸,2021,445(12):138-140.

附　录

附录一：专家背景汇总表

单位	专家	职务	经验背景
北京建筑大学	专家1	高校教授	2021年承接"南美地区公路工程施工中美技术标准研究"课题，对工程建设项目外部环境及工程建设标准应用情况进行调查研究，结合案例深入分析项目执行过程中所遇到的技术标准问题，对工程建设标准研究十分深入
	专家2	高校教授	2018年参与住房和城乡建设部标准定额司关于开展"一带一路"基础设施领域工程建设标准应用情况的调研课题，对调研结果进行分析并发表北大核心期刊一篇。 2021年承接"一带一路沿线工程项目差异化研究"课题，研究以玻利维亚为代表的南美地区路桥设计、施工、检测、验收及运维等工程建设管理及标准与中方之间存在的差异化机制，对工程建设标准研究十分深入
	专家3	高校教授	2009年担任尼罗河大桥荷载试验总指挥，在当地没有提供任何资料和数据的情况下现场采集数据，并按照中国规范来计算荷载要求，与倾向于使用欧美规范的监理方（英国博士毕业）多番沟通，推动方案采用中国标准，具有丰富的实践经验
中国建筑标准设计研究院有限公司	专家4	科技标准部负责人	2018年调研并整理汇总"一带一路"民用建筑工程标准应用情况调研报告，对"一带一路"沿线民用建筑工程建设管理制度、建设标准化现状、工程认证制度、发达国家和地区的建筑工程标准国际化经验、我国民用建筑工程在国外的应用情况、我国民用建筑工程在国外应用遇到的困难等进行了梳理与总结，具有扎实的研究基础和专业的判断能力
中国一冶集团有限公司	专家5	项目管理部负责人	2018年调研"一带一路"基础设施和城乡规划建设工程标准应用情况，主要以2013年以来的典型对外承包工程为主（包括但不限于设计、总承包和施工企业）进行问卷调查，将对外承包工程的标准应用情况、为适应国外标准而使工程受到的影响、中国工程标准国际化存在的问题等进行了汇总分析，具有扎实的研究基础和专业的判断能力
中建市政工程有限公司	专家6	技术中心主任	负责公司的技术研发、专利申请和知识产权管理等工作，为工程建设提供技术支持，必要时参与中国工程建设标准的技术论证和协商谈判，具有先进的技术经验和丰富的实践经验
	专家7	副总工程师	2018年1月玻利维亚两圣道路建设工程项目中标，担任项目副总工程师，在一线协助项目总工程师对工程建设进行总体控制。在设计方进行初步设计、施工方据此进行深化设计的模式下，确定工程的技术难点和控制要点，推动部分分项工程、子分项工程采用中国标准进行施工建设，具有丰富的实践经验
	专家8	项目经理	2018年1月玻利维亚两圣道路建设工程项目中标，担任项目经理，对项目进度、质量、安全和文明施工进行全面管理。确需申请设计变更时，组织进行地质水文条件、结构受力、造价控制分析等，并推动变更后分项工程采用中国标准，具有丰富的实践经验

续表

单位	专家	职务	经验背景
中建市政工程有限公司	专家9	项目经理	2018年7月玻利维亚尤库莫公路工程项目中标，担任项目经理。由于客观原因导致无法实施原定标准的情况下，经业主方和监理方同意后召开技术论证会或聘请咨询专家论证我国标准可行性，具有丰富的实践经验
	专家10	综合管理部负责人	2018年7月玻利维亚尤库莫公路工程项目中标，担任项目综合管理部负责人，主要负责与业主方、监理方的翻译工作（西班牙语）及人事调动工作，对因文化、语言等差异造成的沟通困难及应对措施具有丰富经验，从该角度对我国标准推广影响因素提出完善建议

附录二：我国工程建设标准国际化影响因素修正访谈提纲

尊敬的专家：您好！

我是某大学的一名研究生，正在进行我国工程建设标准国际化影响因素研究，现诚恳地邀请您参与此次访谈。本次研究共识别出 40 项影响因素，请您根据自己的认识与经验，对每个影响因素的研究价值进行判断，并对表述不准确的影响因素及其描述提出完善建议，判断原则如下：

（1）该因素是否是研究我国工程建设标准国际化的必要因素，即缺少该因素是否将导致研究结果出现偏差。

（2）该因素含义是否准确唯一，即其他因素是否与该因素的相关性保持在合理水平，其他因素是否是该因素的可替换因素或可整合因素。

我国工程建设标准国际化影响因素初步识别

序号	影响因素	描述	修正意见
1	中国制定国际标准数量	在 2.6 万项国际标准中，中国主导制定或参与制定国际标准数量或比例	
2	中国在国际标准化组织中所属机构数量	在国际标准化组织中的 750 多个技术机构中，中国所属机构数量或比例	
3	国家相应机构是否增设标准管理职能	国家标准化管理委员会、住房和城乡建设部标准定额司等机构是否增设标准管理职能	
4	标准更新周期	标准审查、修订、发布的周期	
5	标准国际认证程度	标准通过国际认证数量或比例	
6	标准评定机制完善程度	对标准制定、评定和执行的有效监督程度	
7	标准体制合理性	强制性标准和推荐性标准相结合的体制的合理性	
8	标准供给模式合理性	标准立项、发布、实施均由政府管理的合理性	
9	国内标准组织权威性	与国外标准化组织对接的我国社会性标准组织的权威性和代表性	
10	标准指标合理性	标准技术指标的合理性	
11	标准内容科学性	标准方法、原理、经验等内容的科学性	
12	标准内部协调性	标准内容是否存在关联性过弱或交叉重复的协调性问题	
13	标准外部兼容性	标准引用外部标准如国际标准、地区标准数量或比例	

附 录

续表

序号	影响因素	描述	修正意见
14	技术先进性	与标准相应的技术先进性	
15	材料、设备质量	与标准相应的工程材料、设备质量是否满足采购要求	
16	标准宣传力度	标准宣传力度和宣传范围	
17	标准国际化信息平台是否建立	与ISO、IEC类似的多语言版本的标准国际化信息平台是否建立	
18	标准外文版本翻译情况	标准外文版本翻译数量和质量	
19	标准论证工作量及成本	企业收集规范编制配套资料进行标准论证和翻译的工作量及成本	
20	高水平复合型人才数量	企业熟悉国际标准化规则、掌握高水平专业技能、具有优秀的外语表达能力的高层次复合型人才数量	
21	企业标准管理水平	企业标准管理体系健全程度和管理水平	
22	国家标准推广支持力度	我国对标准推广的支持力度，包括政策倾斜和财税优惠等	
23	企业金融融资渠道	企业开拓海外市场的金融融资渠道，包括国际商业银行、多边金融机构等	
24	建筑相关企业推广标准积极性	我国设计、咨询、施工、监理等建筑相关企业推广标准积极性	
25	企业建设与运营项目衔接情况	企业建设与运营项目衔接情况、运营效果和后期评价等	
26	项目所在国政治环境	项目所在国政府对于建筑行业实施的方针和政策、政权变动与社会秩序等	
27	项目所在国经济发展水平	项目所在国经济发展水平	
28	项目所在国基础设施建设水平	项目所在国基础设施建设水平	
29	项目所在国殖民地性质	项目所在国殖民地性质	
30	项目所在国语言	项目所在国语言种类、沟通交流难易程度等	
31	项目所在国宗教信仰和风俗习惯	项目所在国对建筑形体或其他方面有特殊要求的宗教信仰和风俗习惯等	
32	项目所在国标准体系健全程度	项目所在国工程建设标准体系健全程度	
33	项目所在国对采用外国标准限制程度	项目所在国法律法规对工程项目采用外国标准的限制程度	
34	因地理差异导致的我国标准适用程度	因气候和地域差异等地理环境原因导致的我国标准适用程度	
35	发达国家标准先发优势	发达国家在前期推广标准所积累的优势	

续表

序号	影响因素	描述	修正意见
36	项目所在国对发达国家标准路径依赖	项目所在国对发达国家标准路径依赖	
37	项目所在国技术人员接受西方教育程度	项目所在国技术人员接受西方教育的比例	
38	项目投资性质	包括中国政府援建、中国贷款、中方企业投资及当地政府或企业投资等	
39	项目承包单位性质	包括大型中央企业、国企、民营企业等	
40	项目运作模式	包括BOT、PPP、EPC、DB、CM	